긍정심리학
성격강점 기반
인성교육

아동 · 청소년 행복을 위한 교육과 상담

김광수 저

Character Education Based on Character Strength
of Positive Psychology
Education and Counseling for Happiness

학지사

이 저서는 2015년 정부(교육부)의 재원으로 한국연구재단의 지원을 받아 수행된
연구임(NRF-2015S1A6A4A01014508)
This work was supported by the National Research Foundation of Korea
Grant funded by the Korean Government(NRF-2015S1A6A4A01014508)

모든 개인, 가족, 직장, 사회, 인류는 행복을 소망한다. 새해를 맞을 때마다 우리
가 하는 대표적인 인사가 '새해 복 많이 받으세요.'라는 기원이다. 이 인사는 한마
디로 '행복하세요.'라는 의미를 담고 있다. 이처럼 행복은 이미 오래전부터 모든
사람의 삶의 바람이자 목표가 되고 있다. 인간의 모든 바람과 행동의 목표가 다양
하게 표현되고 있지만 그 궁극적인 지향점은 행복이라는 말로 수렴될 수 있다. 인
간이 학교라는 제도를 만들어 낸 이유도, 부모가 자녀를 학교에 보내는 이유도, 학
생들이 학교에 가는 이유도 그리고 교사가 교육을 하는 이유도 다양하게 표현될
수 있지만, 그 궁극적 목적은 행복이라는 말로 수렴될 수 있을 것이다. 따라서 행
복한 삶은 당연히 교육의 목표 그리고 인성교육의 목표가 될 수 있다.

이러한 맥락에서 인간의 행복을 과학적으로 연구하며 그 궁극적 목표를 인간 행
복의 증진에 두고 있는 긍정심리학은 학교교육과 인성교육에 주는 시사점이 매
우 크다고 할 수 있다. 긍정심리학 연구에 헌신한 Christopher Peterson은 "긍정심
리학은 인간의 탄생에서 죽음까지 그 사이에 일어나는 모든 사건과 경험에 있어
서 좋은 삶, 올바른 삶, 행복한 삶이 무엇인지에 대해서 과학적으로 연구하는 학문
이다."라고 정의한 바 있다. 그리고 Peterson과 긍정심리학자들은 세상을 더 좋은
곳으로 만들고 인간이 좋은 삶, 올바른 삶, 행복한 삶으로 가도록 돕는 과학적 도
구로 성격강점을 제시하고 성격강점과 덕목의 분류체계를 개발하였다. 성격강점
은 인간의 생각, 감정 및 행동에 반영되고 표현되는 긍정적 특성으로 개인과 공동
체가 건강하고 행복한 삶을 살기 위해서 필요한 성격특성을 말한다. 긍정심리학
에서는 인간이 행복한 삶을 살기 위해서 필요한 핵심 기술 중의 하나로 성격강점
을 이해하고 발견하며 활용하는 것을 강조하고, 다양한 실증적 연구를 통해서 이
를 입증하고 있다.

그동안 우리 사회는 여러 가지 문제와 참사를 경험하면서 이러한 문제와 참사의 근본적인 원인은 인성의 문제라고 지적하고 인성교육에 대한 강조를 꾸준히 제기해 왔다. 그리고 최근에는 국가적·법적 차원에서 인성교육을 강조하고 실행하기 위한「인성교육진흥법」까지 제정·시행하고 있다. 지금까지 교육적·사회적으로 꾸준히 인성교육에 대한 강조가 이루어지고 이에 대한 여러 가지 모습으로 실행이 진행되었지만, 그동안의 인성교육은 나름의 한계와 문제점을 드러내었다. 기존의 인성교육은 문제 중심적 접근에 치중해 왔고, 일회성에 그치거나 체계적이고 꾸준한 운영이 부족했으며, 무엇보다 학생들의 내적 동기와 지속적인 실천을 이끌어 내지 못했다는 한계점이 지적되었다.

앞으로의 인성교육은 타발적·일회적·문제 중심적·부정적 접근에서 개인의 자발적 동기부여와 참여를 통한 성장과 발달에 초점을 둔 긍정적 접근으로의 전환이 요구된다. 특히 학생들 속에 잠재된 바람직한 가치 실현에 대한 내적 동기를 발견하도록 돕고 이를 지속적으로 활용하도록 격려할 필요가 있다. 무엇보다도 이론과 실제, 결과 평가에 있어서 경험과학적이고 실증적인 인성교육이 이루어질 필요가 있다. 이러한 맥락에서 긍정심리학과 성격강점의 연구는 인성교육의 새로운 패러다임 설정에 의미 있는 시사점과 도전을 주고 있다.

긍정심리학 연구를 통해서 인성교육의 목표는 행복이며, 진정한 행복은 개인의 성격강점과 미덕을 찾아 이를 일, 학습, 놀이, 진로개발, 대인관계 및 문제해결에 발휘하면서 긍정적 정서, 몰입, 의미, 성취, 나눔을 경험하는 데 있음을 시사 받는다. 본질적으로 행복을 추구하는 인간은 태어나면서부터 행복을 위하여 스스로 성장할 수 있는 잠재력, 자기실현 경향성을 부여받은 존재이다. 문제는 그 잠재력이 무엇인지 자각하지 못하고 있으며 그 잠재력을 발휘할 동기부여가 되지 못하고 있다는 점이다. 긍정심리학에서는 개인의 성격강점을 찾아 이를 계발, 활용해 나갈 때 스스로 동기부여가 이루어지며 개인과 공동체가 행복을 향해 나아갈 수 있음을 실증적 연구를 통해서 검증하고 있다.

성격강점은 시간과 환경에 관계없이 꾸준히 나타나는 인간의 심리적 특성이다. 성격강점 중에서 개인 내 상위강점인 대표강점(signature strengths)은 자신에게 더 자연스럽게 나타나는 강점으로 자신에게 동기를 유발하고 에너지를 주며 자신의 중심 모습이자 정체성을 드러내는 소중한 심리적 자산이 된다. 이 대표강점을 발견, 계발하고 활용해 나갈 때 자기 자신을 이해하고 발견, 수용하면서 자신에 대한 자존감과 가치감이 증진되고 진정한 자신의 모습을 발견하고 자기를 실현해 나갈 수 있게 된다. 이때 대표강점이 삶에서 자연스럽게 사용되기 위해서는 그 가치를 이해하고 이를 꾸준히 계발, 활용하는 다양한 방법 사용과 실행 과정을 통한 연마와 훈련이 필요하다. 따라서 이를 위한 외부의 조력과 지지가 필요하지만 긍정심리학 성격강점 연구가 발견한 중요한 사실은 자신의 대표강점이 발휘될 때 기쁨의 정서가 나타나고, 학습속도가 빨라지고, 더 활용하고 싶은 자발적 욕구가 나타나며, 자기 존재에 대한 확신을 갖게 해 줌으로써 내적 동기부여가 이루어진다는 점이다.

성격강점은 보편적이고 도덕적인 가치를 보유하고 있어 인성교육의 구성요소로 선정될 수 있고, 성격강점을 발휘하는 것은 개인과 사회에 유익한 가치를 실현하는 것이므로 인성교육이 추구하는 바와 관련된다. 또한 성격강점은 측정 가능하므로 관련 자료를 활용하여 인성교육을 보다 체계적으로 운영할 수 있다. 성격강점 중에서 개인에게 두드러지게 발달한 대표강점은 개인의 내적 동기에 의해 발휘되고 구축된 성격강점이므로 대표강점의 인식과 계발을 돕는 것은 각 개인이 소중히 여겨 온 도덕적 가치 실현에 대한 내적 동기와 실천 의지를 강화한다는 점에서 인성교육의 방향과 관련된다.

이 책은 기존 인성교육의 한계를 극복하고 보완하는 하나의 대안으로서 긍정심리학 연구의 초점이 되고 있는 인간의 바람직한 인격특질인 성격강점에 주목하여 성격강점의 이해, 인식, 계발을 통한 구체적인 인성교육 방안과 실제를 제시함으로써 학교교육 현장에서 과학적이고 체계적인 인성교육의 실행에 기여하고자 하는 의도로 집필되었다. 구체적으로 기존의 인성교육이 지닌 한계를 극복할 수 있는 하나의 대안으로 성격강점을 활용한 인성교육 방안을 마련하기 위하여 인성교육의 개념, 방향 및 성격강점과 인성교육의 관련성을 탐색하였다. 그리고 성격강점 기반 개입 효과를 밝힌 최근 연구들의 시사점에 기초하여 성격강점을 활용한 인성교육 실제를 제시하고 그 효과적인 적용을 위한 추후 과제를 제시하였다. 총 6장으로 이루어진 이 책의 각 장별 내용을 간략히 제시하면 다음과 같다.

먼저 제1장에서는 인성교육의 개념과 방향에 대해서 살펴보았다. 인성교육이 강조되는 시대·사회적 배경을 살펴본 후 기존 인성교육의 한계와 문제점을 분석하였다. 인성교육을 '개인의 자아실현과 사회의 발전에 기여하는 바람직한 가치를 삶 속에서 다양하게 실현할 수 있도록 타고난 잠재력을 발견하고 계발하도록 돕는 교육'으로 정의한 후 학교 인성교육이 지향해야 할 방향에 대해서 논의하였다.

제2장에서는 성격강점과 인성교육의 관계에 대해서 살펴보았다. 성격강점의 개념에 나타나 있는 인성교육과의 관련성 분석을 통해 긍정심리학에서 연구되어 온 인간의 긍정적인 특성인 성격강점을 인식하고 활용하며 계발하도록 돕는 접근이 기존 인성교육의 한계점을 극복하는 하나의 대안이 될 수 있음을 제시하였다.

제3장에서는 성격강점 연구와 인성교육에 주는 시사점에 대해서 살펴보았다. 성격강점 연구의 실증적 결과와 성격강점 기반 개입의 효과를 입증하는 연구들이 인성교육에 주는 시사점과 더불어 대표강점의 인식 및 활용에 대한 실증적 연구가 인성교육에 주는 시사점을 기술하였다.

제4장에서는 성격강점 활용 인성교육 방안의 실제에 대해서 살펴보았다. 성격강점 활용 인성교육 방안을 성격강점의 이해, (대표) 성격강점의 인식, 성격강점의 활용(계발)으로 나누어 제시하였다. 먼저 성격강점의 이해를 돕는 구체적 활동들

과 교사 지도안을 제시했고, 이어서 대표 성격강점의 인식(탐색, 자각)을 돕는 구체적 활동들과 교사 지도안, 대표 성격강점의 활용 및 계발을 돕는 활동들과 교사 지도안을 제시했다. 더불어 교사들이 학생들로 하여금 대표강점을 찾아서 인식하고 자신의 대표강점을 그들의 인간관계, 진로탐구, 학습활동, 놀이와 여가 등의 다양한 생활 장면에 효과적으로 활용하도록 지도할 수 있는 구조화된 방안으로 KICS 아동 진로성격강점검사와 아동 성격강점카드 활용 지도방안을 제시하였다.

제5장에서는 성격강점 활용 학급단위 인성교육 활동 운영 방안에 대해서 살펴보았다. 먼저 학년 및 학기 단위로 학교나 학급의 상황과 여건에 맞게 선택해서 활용할 수 있도록 다양한 운영 방안을 제시하고, 이어서 학교 심리교육이나 학교 집단상담 활동의 일환으로 성격강점 기반 인성교육을 실시할 수 있는 구조화된 강점 프로그램을 제시하여 교육현장에서 그대로 혹은 교사나 지도자의 재량에 따라 수정ㆍ보완해서 활용할 수 있도록 하였다.

제6장에서는 성격강점 기반 인성교육의 효과적 실행을 위한 과제에 대해서 살펴보았다. 앞으로 성격강점 활용 인성교육이 교육현장에서 효과적으로 적용되고 좋은 효과를 얻기 위해서 교과교육과 통합 연계 과제, 학습활동 촉진 연계 과제, 진로교육 활동 연계 과제, 교사 역량 계발 과제 및 기타 연구과제들을 제시하였다.

이 책은 예비교사 및 현직교사의 인성교육 교재로 활용될 수 있을 것이다. 구체적으로 교육대학과 사범대학의 교사 양성과정의 교재로 활용될 수 있으며, 현직교사의 재교육이나 교사연수 교재 및 교육 및 상담대학원 교재로 활용될 수 있을 것이다. 또한 체계적 인성교육과 상담교육에 관심이 있는 부모나 상담자 그리고 아동ㆍ청소년 지도자 교육용으로 활용될 수 있을 것이다.

우리가 직면한 오늘날 사회를 4차 산업혁명의 시대라고 말하고 있다. 인공지능, 사물인터넷, 빅데이터 등과 같은 기술과 지식의 혁신으로 말미암아 교육과 직업세계가 큰 변화를 겪게 될 것이고 그 변화의 속도가 매우 빠르게 진행되리라 예측된다. 4차 산업혁명 시대의 중심은 '기술'이라고 생각할 수 있지만 그 기술을 만들고 그 안에 가치를 담고 창조하는 주체는 인간이다. 지식과 기술 혁신의 시대에 지식과 기술이 인간에게 큰 혜택을 줄 수도 있지만 자칫 더 큰 폐해와 고통을 가져다줄 수도 있다. 이러한 지식과 기술을 가치 있게 활용할 인성역량의 계발과 발휘는 개인과 공동체의 행복을 위해서 그 어느 시대보다 더 중요하게 대두되고 있다. 따라서 건강한 개인의 특성 계발과 관계 형성 및 공동체 형성을 위한 인성교육 탐구와 실행은 꾸준히 지속될 우리의 과제가 되며, 이 책은 이를 위해 동참하는 작은 발걸음이라 할 수 있다. 긍정심리학 연구가 초기 단계에 있듯이 이제 막 시작된 성격강점 기반 인성교육 연구와 실행이 앞으로 많은 연구와 검증을 통해서 발전되어 가면서 우리의 교육 현장에 기여할 필요가 있을 것이다.

 이 책이 나오기까지 많은 분의 수고와 도움이 있었다. 학교교육 현장을 포함하여 세상을 좀 더 좋은 곳으로 만들고 교사와 학생들이 좀 더 좋은 사람으로 성장하도록 돕기 위한 목적을 가지고 긍정심리연구 모임에 꾸준히 함께하며 다양한 지식과 정보를 나누며 동기를 부여해 준 김경집, 하요상, 한선녀, 기경희, 양곤성 선생님 그리고 긍정심리 및 성격강점 연구의 필요성을 자각하고 이를 학교현장과 학생들에게 적용하기 위해서 다양한 연구를 실시해 온 김수연, 남현우, 이민아 선생님 등 서울교육대학교 상담교육 전공 대학원 학생들과 졸업생들에게 감사를 드린다. 또한 인성교육의 중요성을 인지하고 인성교육 관련 서적의 출간을 적극 지원해 주신 학지사의 김진환 사장님과 이 책의 출간을 위해서 수고해 주신 박지영 님을 비롯한 출판사 관계자의 도움과 노고에 감사드린다.

2019년 3월

저자 김광수

제**1**장 인성교육의 개념 및 방향[1]

1) 『초등상담연구』특집호「인성교육 실현을 위한 학교상담의 역할과 과제」(김광수, 2016)의
내용 중 일부를 수정 · 보완하여 작성하였다.

1. 인성교육 강조의 시대 · 사회적 배경

1990년대 성수대교의 붕괴, 대구 지하철 공사장 가스 폭발참사, 삼풍백화점 붕괴참사, 부모를 살해하는 패륜범죄들의 발생, 오랫동안 은폐하고 공개적으로 인정하지 않던 학교 내의 폭력과 괴롭힘 문제들에 대한 매스컴의 대대적인 보도 등은 우리 사회의 기본 도덕의 회복이 필요하며 학교에서 무엇보다 인성교육을 중시해야 한다는 사회적 요구 분출로 이어졌다(이인재, 손경원, 지준호, 한성구, 2010). 이러한 가운데 교육계는 1995년 '5.31 교육개혁'에서 인성교육을 특히 강조하였다. 즉, 초 · 중등교육의 목표를 "학습자의 다양한 개성을 존중하고, 인성 및 창의성을 최대한 신장시키는 교육체제를 갖춤으로써 모든 학습자의 잠재능력을 최대한 계발하도록 한다."라고 제시하였다.

그 후 2009년 개정 교육과정에서도 창의성과 인성교육이 강조되었다. 또한 2011년 부분 개정한 교육과정에서도 "모든 교육활동을 통해 인성교육을 실천할 수 있도록 교육과정을 구성한다."라는 항목을 신설하고 초 · 중 · 고교에서 유기적으로 연계된 인성교육이 이루어질 수 있도록 학교급별 교육목표에 인성교육 요소를 반영하고 있다. 그리고 2011년 인성 및 공공의식 함양을 위한 학교문화 선진화 방안과 폭력 · 따돌림 없는 학교 만들기 추진, 학교폭력 예방 및 대책 5개년 기본계획 수립 및 실시(2005~2009, 2010~2014), 2012년 학교폭력근절 종합대책 등을 통해 인성교육 관련 정책들을 꾸준히 추진해 왔다(정창우, 2015).

그동안 우리 사회는 여러 가지 문제와 참사를 경험하면서 이러한 문제와 참사의 근본적인 원인은 인성의 문제라고 지적하고 인성교육에 대한 강조를 꾸준히 제기해 왔다. 특히

2011년 대구 중학생 학교폭력 자살 사건은 각계각층이 참여하는 '인성교육범국민실천연합'이 창설되는 자극이 되었고, 2014년 세월호 참사는 온 국민을 또 한 번 충격에 빠지게 하면서 급기야 2014년 국회에서「인성교육진흥법」발의와 제정을 통해 2015년 7월부터 이 법의 시행에 이르게 되었다.

지금까지 우리 사회와 학교교육에서 꾸준히 인성교육이 강조되면서 관련된 수많은 연구물과 프로그램이 쏟아져 나왔지만 그러한 시도와 노력이 무색할 정도로 문제가 더 심각해지는 현실을 피할 수 없었다. 특히 교육계는 1995년 5월 31일 교육개혁을 기점으로 각종 인성교육 프로그램을 개발하는 연구들을 지원하고, 초·중등학교의 인성교육 우수사례를 공모하고, 교육부 및 도 지정 시범학교들을 운영하였다(이인재 외, 2010). 그리고 2004년「학교폭력예방 및 대책에 관한 법률」이 국회에서 제정되고 2005년부터 5년 단위로 수립되어 시행된 학교폭력 예방 대책에서도 가장 중요한 핵심 대책으로 인성교육 강화를 표명했지만 그 실효성과 성과는 실감할 수 없었다. 인성교육 관련 우리의 이러한 실상은 일회성 성격의 순간적인 강조나 문서로만 명시된 인성교육이 아닌, 우리의 학교교육 현실에 대한 보다 근본적인 진단에 토대한 인성교육, 특히 교육의 본질적인 목표, 방향, 가치와 연결되고 통합된 인성교육에 대하여 고민하도록 도전하고 있다.

인성교육을 의무로 명시하기 위하여 세계 최초로 만들어진「인성교육진흥법」으로 인해 이제 모든 초·중·고등학교에서는 인성교육과정을 만들어 가르쳐야 하며 학교는 인성교육을 잘하고 있는지 매년 평가를 받아야 하는 현실이 되었다. 이러한 우리의 현실 속에서 우리 학교교육의 실상에 대해 성찰한 후 인성교육의 개념 및 방향을 살펴보고, 기존 인성교육의 한계와 문제점을 분석한 후 인성교육이 지향해야 할 방향에 대해서 제시하고자 한다.

2. 우리 학교교육의 실상과 성찰

오늘날 우리 사회에서 학교는 교육적 제도로서 아동, 청소년 그리고 젊은이들의 삶에 가장 중요한 영향을 미치는 기관이 되었다. 그런데 공식적 교육기관인 학교가 학생들의 건

강한 심신상의 발달을 촉진해야 하는 본래의 기대와는 달리 많은 어려움과 문제를 드러
내고 있다. 보건복지부(2014)의 '2013년 한국아동종합실태조사'에 따르면 한국아동의 '삶
의 만족도'는 OECD 34개 회원국 중 33위로 최하위권으로 조사되었다. 또한 9~17세 아
동의 3.6%가 최근 1년간 '심각하게 자살을 생각한 적이 있다.'라고 답하였고, 이들 가운데
25.9%는 실제 자살을 시도한 적이 있다고 말했다. 학생들이 겪고 있는 학업스트레스와 학
교폭력, 부적응, 자살, 우울증, 인터넷·스마트폰 중독 등의 정신건강 문제는 학교문제를
벗어나 사회문제가 된 지가 오래되었다.

특히 학교폭력 문제는 오래전부터 심각한 사회적 문제로 대두되어 급기야 2004년에는
「학교폭력예방 및 대책에 관한 법률」이 제정되어 시행되고 있지만, 여전히 학교는 학교폭
력으로 어려움을 겪고 있다. 교육부(2013)의 학교폭력실태조사에 따르면 특히 전체 피해
사례의 16.5%를 차지하는 집단따돌림은 피해 학생들이 겪는 정서적 고통 수준이 가장 심
한 것으로 나타났으며 집단따돌림을 목격하는 상황에서 학생들의 대처방식은 모른 척한
다는 응답이 많아 방관자 역할을 하는 학생들이 많음을 알 수 있다. 학교폭력은 주로 피해
자 문제로 제기되었지만 2000년 이후 피해자면서 동시에 가해자인 학생들의 수가 증가되
고 있으며(청예단, 2014), 관련 당사자들뿐 아니라 방관자를 포함하여 학교의 모든 학생이
고통을 겪는 문제로 인식되고 있다.

학교의 교육현장에서 학생들의 학업 및 생활지도와 더불어 수많은 업무를 처리하면서
학생들이 직면하고 있는 다양한 문제도 해결해야 할 사회적 기대를 온몸으로 받고 있는 교
사들 또한 과중한 업무와 획일적이고 평가 위주의 교육시스템과 교권 추락의 현실 속에서
심한 스트레스와 어려움을 겪고 있다(임채은, 2011). 실제로 2013년 국정감사 자료에 따르
면, 정신적 질병으로 휴직이나 면직을 한 교사는 2009년에 61명, 2010년과 2011년에는
각 69명이었으나 2012년에는 112명, 2013년 8월 말까지는 86명으로 급증하였다(이승우,
2013. 10. 11.). 또한 스스로 목숨을 끊은 교사도 2004년에는 7명에 불과했지만 2011년에
는 31명이나 되는 것으로 나타나(최정근, 서영민, 영성모, 2014. 3. 28.) 학생뿐만 아니라 교사
들의 정신건강 또한 위협받고 있음을 알 수 있다. 2014년 한국교원신문이 전국 유·초·
중·고 교원 1,674명을 대상으로 한 설문조사에서도 유사한 결과가 나왔는데, 조사에 참
여한 교사의 96.5%가 '스스로 감정노동을 하고 있다.'라고 응답했고 이에 따른 분노, 우울,

자존감 상실 등 스트레스가 '심각한 수준'이라는 응답이 78.1%에 달하고 있다.

인간의 성장과 발달을 통한 행복 추구를 지향하는 학교가 이렇게 어려움을 겪고 있는 이유를 여러 가지로 분석해 볼 수 있지만, 학교가 교육의 본질과 가치에 충실하지 못하고 교육의 비본질적 특성, 즉 학교 밖의 사회적 요구나 기대에 따라 결정된 교육과정의 수행과 평가에 치우쳐 학교교육이 단지 사회적 성취를 위한 길인 입시 위주의 교육으로 전락한 데 가장 중요한 이유가 있다는 지적을 피할 수 없을 것이다. 이러한 학교교육은 학생들의 내적 욕구나 기대, 특성들은 무시, 간과한 채 오직 학교 밖 사회의 요구나 기대에 따라 이미 결정된 교육과정의 이해와 습득을 달성하는 것만이 일차적 목표가 되고 그 외의 것들은 무시하거나 우선순위에서 밀어내고 있다. 이러한 우리 학교교육의 현상에 대해서 장상호(1986, 2000)는 '교육의 비본질성'에 몰두하고 있는 학교의 모습이라고 지적하며 교육이라는 이름하에 학교가 실제는 교육 이외의 요구, 즉 사회적 요구나 목적의 수행을 대행하는 데 치우쳐 있음을 비판한 바 있다. 이러한 지적은 학교가 교육의 본질과 가치를 바로 이해하고 이를 제대로 수행하는 기관이 될 때, 오늘날 학교교육 현상과 더불어 나타나는 여러 가지 문제, 즉 우리의 학생들이 겪고 있는 심각한 학업스트레스와 더불어 학교폭력, 학교 부적응, 자살, 우울증, 인터넷 중독 등 그들의 정신건강 문제와 교사들의 소진 및 정신건강 문제들이 극복되고 바람직한 교육적 성과를 얻을 수 있음을 시사해 준다.

교육의 본질은 학생에게 단순히 정보를 제공하고 지식을 주입하는 것이 아니라 그들의 내면에 있는 의식과 잠재력(가능성, 강점)을 이끌어 내는 데에 그 핵심이 있다. 최근 미국의 고등교육분야에서 가장 영향력 있는 원로 지도자 가운데 1명이자 주요 의제 결정자 중의 한 사람으로 지명된 Palmer(2008)는 오늘날 학교교육이 질문을 기다리지 않고 답을 주는 덫에 너무 자주 그리고 많이 빠져 있다고 지적하면서, 교육이라는 단어의 근본적 의미는 '이끌어 내는 것'임을 강조하고 있다. 즉, 단순히 지식과 정보를 주는 것이 아니라 학생들의 내면에 있는 잠재력을 이끌어 내는 것에 교육의 본질이 있음을 강조하고 있다. 요컨대, 교육이 키우고자 하는 모든 잠재력, 즉 통찰력, 관찰하고 분석하는 능력, 인식하는 능력, 창의적인 에너지 등이 밖으로 표출되도록 학생에게 충분한 자기신뢰와 자기확신을 만들어 내는 것이 교육의 핵심임을 주장하고 있다. 교육에 대한 Palmer의 이러한 지적은 아직까지 입시 위주의 주입식 교육과 양적 성취에 치중해 있는 우리 학교교육의 현실을 깊이 성찰하고 학교교육의 방향과 목표를 재구성해야 할 필요성을 제기해 준다.

또한 Burgis와 Rendón(2006)은 현대교육이 지적인 것, 즉 객관적 사물, 사건과 행동과 같은 외적 세계에 대한 지식 및 정보 중심의 학습과 교육에 치우쳐, 학생 내면의 세계(자기이해와 성찰, 정서 등)를 간과함으로써 조각조각 분절되고 뒤틀려 있다고 진단하였다. 그는 교사가 가르치는 것(교과)뿐만 아니라 이에 대한 학생의 정서적·직관적·신체적 반응에도 초점을 둘 필요를 강조한다. 즉, 교육에서 외부세계 지식과 정보의 제공, 습득만이 아니라 학생의 내적 삶의 기술 개발(inner life skill development)도 중요함을 강조한다.

이러한 주장은 Miller(2000)가 인간 외부의 세계와 물체에 대한 지식에 초점을 둔 외적 생활 교육과정(outer life curriculum)뿐만 아니라 명상, 상상, 꿈 작업, 성찰일기 쓰기, 정서능력 개발 등과 같은 내적 생활 교육과정(inner life curriculum)을 개발하여 적용할 필요가 있다고 한 주장과 맥을 같이하고 있다. 요컨대 교육이 외부의 사회적 기대나 요구를 달성하기 위한 지적능력 개발과 더불어 개인 내면세계의 특성을 이해하고 그 욕구와 기대를 충족하며 내재된 잠재력을 이끌어 내는 정서·사회적, 영적 학습이 이루어지는 전인적 학습(holistic learning)을 추구하는 균형적 관점과 방향이 필요함을 시사해 준다.

이상의 논의는 오늘날 학교교육에서 파생되는 다양한 부작용을 극복하고 교육의 본질과 가치를 추구하는 방향으로 나가기 위해 학교교육의 두 기둥이자 축인 교과교육과 생활지도 및 상담이 어떻게 이루어져야 할지에 대한 깊은 성찰을 제시해 준다. 특히 인간의 인간다운 본성을 제대로 발현시켜 건강하고 온전한 사람을 기르는 인성교육을 제대로 실현하는 데 학교교육이 어떠한 역할을 해야 할지에 대해 성찰하게 한다.

3. 인성교육의 개념 및 방향

교육의 본질을 구현하기 위한 인성교육에 대해 진지하게 고민하고 이러한 인성교육이 학교현장에서 이루어지기 위한 방안을 탐색하기 위해서는 인성의 개념에 대해서 살펴볼 필요가 있다.

1) 인성 개념의 다양한 관점

인성은 동서양의 역사 속에서 오랫동안 논의되고 회자되어 온 개념이다. 일반적으로 인성은 인격, 인품, 기질, 개성, 성격, 인간성, 사람됨, 인간의 본성, 심성, 도덕성 등과 같이 다양하게 사용되어 왔다. 그런데 이러한 일반적이고 추상적이기까지 한 인성에 대한 다양한 이해는 구체성과 명료성이 없어 무엇이 인성이며 이에 따른 인성교육의 내용과 방법이 무엇인지에 대해 모호함과 혼란을 주고 있다. 한편, 교육현장에서는 인성교육이 필요하다는 요구에 밀려 학교나 교사에 따라 상이한 내용과 방식으로 인성교육이 실시되어 왔으나 이에 대한 효과성에는 의문이 제기되고 있다. 따라서 이러한 혼란과 모호함을 줄이고 보다 초첨이 있는 인성교육의 실행을 위한 전제조건으로 인성에 대한 구체적인 이해와 정의가 먼저 이루어질 필요성이 제기된다(안태용, 2015).

(1) 역사적 이해

역사적으로 볼 때 그동안 인성에 대한 다양한 논의 속에서 인성의 개념 또한 다양하게 제시되어 왔다. 동양철학과 서양철학에서는 오래전부터 인성의 개념에 대한 체계적 논의를 제시해 왔다(정창우, 2015). 동양철학의 유교의 관점에서는 인성이란 심(心), 성(性), 정(情), 의(意)를 모두 포함하는 인간됨의 바탕으로 보면서 인간의 지적 능력과 정의적 능력, 도덕성을 아우르는 개념으로 이해했다. 도교의 관점에서는 정(精), 기(氣), 신(神)을 포함하는 개념으로 보고 인위(人爲)를 가하지 않은 인간의 본원적 자연성으로 이해했다. 그리고 불교의 관점에서는 모든 생명의 근원으로서 텅 비고 고요하되, 또렷또렷하여 일체를 밝게 아는 능력, 즉 불성(佛聖)을 포함하는 개념으로 보았다. 이러한 동양철학의 관점에 의하면 인성이란 외부에서 주어지는 것이 아니라 타고난 본성, 내재된 본성으로서 긍정적 특성을 지니고 있다. 한편, 동양의 『중용』에서는 '인성'을 모든 개별적인 존재로서의 인간이 따르고 구현해야 할 가치로 보았다(장성모, 1996).

서양철학에서는 인간에 대한 이해를 전제로 철학자마다 인성에 대한 상이한 시각을 보이고 있다. 인간의 이해에 있어서 플라톤의 경우 인간의 본질을 비물질적, 불멸하는 영혼으로 보고 감각과 육체적인 것으로부터 영혼이 해방되는 것을 강조하였다. 아리스토텔레스의 경우, 영혼의 불멸은 인정하지만 육체와 결합된 현세적 인간에 더 관심을 가지고 인간을 식물적 영혼, 감각적 영혼, 정신적 영혼을 동시에 지닌 존재로 이해하며 타고난 자연, 교육적 노력에 의한 습관, 인간 고유의 기능으로서 이성이 조화된 인간 모습을 강조하였다. 한편, Kant는 인간을 예지적 차원이 깃들어 있는 존재로 보고 이성의 자발성, 즉 인격을 강조하였다. 이러한 인간이해에 기초하여 서양철학자들의 인성 이해에는 학자에 따라 상이한 시각과 강조점이 나타나지만, 인간이 계발하고 형성해 나아가야 할 심원한 내면성, 즉 영혼과 인격으로 이해하는 공통점이 있다.

(2) 현대적 이해

현대의 인성 개념에서는 '인간성'이라는 정의적 영역이 강조되면서 2가지 방향에서 변화를 보이고 있다. 먼저, 인성이 과거의 추상적이고 태어나면서 가지고 나온다는 선천적 개념에서 교육을 통해 길러질 수 있는 구체적이고 세분화될 수 있는 개념으로 변화되고 있다. 그리고 기존의 인성 개념에 현대사회에서 새롭게 필요로 하는 역량들이 추가되어 확장되는 방향에서 이해되고 있다(도승이, 2015).

인성의 개념이 관점에 따라서 다양하고 현대로 오면서 더욱 확장되는 관점에서 복합적인 요소들을 내포하고 있기에 오늘날에도 인성 개념은 다양하게 정의되고 있다. 오늘날 제시되는 인성 개념의 정의들을 살펴보면 다음과 같다. 인성은 '좁게는 도덕성, 사회성, 정서(감정) 등을 의미하고, 넓게는 지ㆍ덕ㆍ체 또는 지ㆍ정ㆍ의를 모두 골고루 갖춘 전인성'(이근철, 1996), '성품, 기질, 개성, 인격 등 다른 사람에게 주는 그 사람의 전체적인 인상'(이윤옥, 1998), '사람의 바탕이 어떠하며 사람된 모습이 어떠한지를 말하는 개념으로서, 사람의 마음과 사람됨'(한국교육학회, 1998), '존중, 공정성, 보살핌 등의 도덕적ㆍ윤리적 가치와 책임감, 신뢰, 시민성 등을 망라하는 것으로, 개인 또는 집단의 정서적ㆍ지적ㆍ도덕적 자질은 물론 이러한 자질들이 친사회적 행동으로 발현되는 것'(U.S. Department of Education, 2008), '자신의 내면적 요구와 사회 환경적 필요를 지혜롭게 잘 조화시킴으로서 세상에 유익함을 미치는 인간의 특성'(조연순, 2007), '인간이 도달해야 하는 이상적인 성품, 인간 본연의 모습'(강선보 외, 2008), '보다 긍정적이고 건전한 개인의 삶과 사회적 삶을 위한 심리적ㆍ행동적 특성'(지은림, 양명희, 2011), '인간이 개인적으로 갖추어야 할 바람직한 심성과 사회적으로 갖추어야 할 가치 있는 인격 및 행동 특성'(박성미, 허승희, 2012), '도덕성, 사회성, 감성의 3가지 차원으로 존재하는 더불어 살아갈 수 있는 품성과 역량'(교육과학기술부, 2012) 그리고 '긍정적이고 건강한 개인적 삶과 사회구성원으로서의 삶을 살아가기 위해 갖추어야 할 바람직한 특질과 역량'(현주 외, 2014) 등으로 정의된다(지은림, 도승이, 이윤선, 2013에서 재인용).

(3) 인성 개념에 기초한 이해

앞에서 살펴본 인성 개념들은 인성에 대한 사회적 합의를 이끌어 내거나 사회적 합의에 토대한 관점이라는 특성을 가지고 있다. 한편, '인성'의 개념 규정을 사회적 합의에서 찾기보다는 그 개념 성립의 근거를 탐구하는 관점에서 인성을 이해하려는 관점이 있다(김민수, 2014) 이 관점에서는 먼저 '도덕성'을 인성의 핵심 구성요인으로 보고 도덕성이 '습관'을 뜻하는 '에토스(ethos)'에서 유래했음을 아리스토텔레스의 『니코마코스 윤리학(Nicomachean ethics)』에서 확인하고 있다. 즉, '습관'이 도덕의 기원이면서 인성의 기원임을 밝히면서 도덕과 인성은 고정적인 것이 아니라 '과정적'인 성격을 지니고 있으며 특히 인성은 '사람'을 중심과 주어 자리에 놓고 그것의 성(性)을 말하는 것으로 보고 있다. 요컨대 인성을 말한다는 것은 '개별적인 사람', 즉 '나'라고 이름 붙일 수 있는 사람을 중심에 놓고 '성(性)'을 말하는 것이라고 본다.

인성에 대한 이러한 관점은 인성의 기원이 '습관'에 있지만 인성교육이 '좋은 인성 계발' 차원에서 '습관의 강화'에만 머무는 한계를 뛰어넘을 것을 강조하고 있다. 인성교육에서 좋은 품성이나 덕을 지향하는 '습관의 강화'만을 통해서는 학생 스스로, 즉 자발적으로 그 좋은 덕목들과 일치하는 행동을 할 수가 없게 된다. 따라서 이러한 한계를 넘어설 수 있는 방안으로서 '인성'의 기원적 근거(습관) 이외에 선험적 근거로서 '상상력'을 제시한다. '습관'만이 아니라 '상상력'이 인성의 근거로 제시될 때 인성의 주체인 '나 개인'은 스스로를 이해하는 '자기이해'의 가능성을 지니게 되는데, 이 가능성을 확장시키는 방향으로 인성교육이 이루어질 때 보다 건강하고 올바른 방향으로 인성교육이 이루어질 수 있다고 본다. 인성에 대한 '습관'과 '상상력', 즉 인성에 대한 기원적 근거와 선험적 근거에 기초한 인성 개념의 이해는 학생의 자발적이고 주체적인 인성교육 참여를 이끌어 내는 데 필요한 시사점을 주고 있다.

(4) 현대 학문적 이해

현대 학문적 관점인 철학적 관점, 심리학적 관점에서의 인성 개념 이해를 살펴보면 다음과 같다.

① 철학적 이해

철학적 관점의 인성 이해에 있어서 강선보 등(2008)은 동서양의 과거에서 현대에 이르기까지 다양한 철학 속에 녹아 있는 인성 개념에 대한 탐구와 현대사회의 특징에 대한 검토를 토대로 21세기 인간 삶에 어울리는 '21세기형 인성'의 필요성을 제시하고 '21세기형 인성의 구성요소'를 7가지로 제시하고 있다. 첫째, 관계성: 상호관계적 삶을 추구하는 공생인, 둘째, 도덕성: 도덕적 통합성을 추구하는 인격인, 셋째, 전일성: 인간의 모든 측면이 조화롭게 발달한 전인, 넷째, 영성: 초월적인 것을 체험하는 영성인, 다섯째, 생명성: 온 생명을 살리는 생명인, 여섯째, 창의성: 삶과 상황을 재창조하는 창의인, 일곱째, 민주시민성: 공동체에 참여하는 민주시민 등을 인성의 구성요소로 제시하고 있다.

21세기 인성의 구성요소와 관련하여 다원성, 관계성, 전인성은 현대사회의 인성 및 인성교육의 개념과 관련하여 다른 개념을 포괄하는 중요한 개념으로 여겨진다. 먼저, 다원성의 개념에 따르면 하나의 단일한 이상적인 인성이 존재하지 않으며, 사람들은 저마다 서로 다른 인성을 형성해 나간다고 본다. 다음으로 나와 타자의 관계를 의미하는 관계성에 의하면, 나와 자기 자신, 타인, 자연, 지구, 우주에 이르기까지 생물과 무생물 모두를 포함하여 모든 것과 관련이 있고 서로가 연결되어 있음이 강조된다. 그리고 전인성은 인간의 모든 측면, 즉 지성, 감성, 신체, 상상력, 영성, 창의성, 도덕성, 심미성 등 모든 측면이 조화롭게 발달된 상태를 의미한다.

한편, 관계성은 다원성과 전인성 각각과 밀접한 관련을 맺는 중심적 구성요소이다. 먼저 관계성과 다원성의 연계성 측면을 포스트모더니즘 인성관을 토대로 살펴보면 다음과 같다. 포스트모더니즘에서는 하나의 고정된 인간의 본질이 있다고 보지 않고, 개인은 각각 자신만의 독특한 인성을 구성해 나간다고 본다. 따라서 인간이 다양성과 차이를 넘어서 타자에 대한 배려나 이해, 존중, 관용의 덕을 지닐 때 타자와의 진정한 관계가 가능한 것이다. 이로 보건대 관계성은 인성의 다원성을 구현해 나가는 원리이며, 다원성은 관계성의 전제 조건이 된다.

다음으로 관계성과 전인성의 연관성에 있어서 한 사람이 전인이 되기 위해서는 다른 존재자의 도움이 절대적으로 필요한데, 이는 전인성이 관계성의 기초 위에서만 가능함을 보여 준다. 지금까지 논의에 따르면, 관계성은 인성의 다양성을 인정하고 자신만의 독특한 인성을 구성해 나가도록 하는 중요한 요소임을 알 수 있다. 또한 인성의 개인적 측면과 사회적 측면, 자기지향적 가치와 타자·공동체 지향적 가치의 조화와 통합을 통한 균형된 인성을 발달시켜 나가는 원리로 기능하는 것을 알 수 있다. 요컨대 관계성은 인성의 여러 요인 중에서 우리 사회에서 요구되는 인성의 핵심적 요인임을 알 수 있다.

② 심리학적 이해

인성에 대한 심리학적 관점의 이해와 관련하여 대표적인 관점으로 긍정심리학 관점을 들 수 있다. 긍정심리학의 핵심적인 연구 주제인 인간의 긍정적 성품과 성격강점의 측면에서 인간의 인성을 이해할 수 있다. 긍정심리학의 인성 이해는 기존의 윤리, 철학의 범주에서 주로 다루어진 인성의 이해를 경험적이고 과학적인 접근을 통해 밝히고 있다는 특성이 있다. 인간의 긍정적 성품과 성격강점에 대한 체계적인 경험적 연구의 기초는 Peterson과 Seligman(2004)에 의해 『성격강점과 덕목의 분류(Character strengths and virtues)』라는 저술로 구체화되었는데, 개인의 잠재력을 키워 주고 긍정적 발달을 돕기 위해 품성 분류체계를 만들고 그 측정방법을 고안하려고 노력하였다. 그 결과 각 시대와 문화를 통틀어서 공통적인 6가지 덕성을 찾아 이를 지성, 인간애, 용기, 절제, 정의, 초월로 제시하고 있다. 그리고 각 덕성들에 이르도록 돕는 성격강점들을 분류하여 각 미덕마다 3~5개의 성격강점을 구성하여 총 24개의 성격강점을 제시하였다. 이 부분에 대해서는 다음 장에서 더 상세히 다루도록 한다.

심리학적 인성 이해와 관련하여 인성에 있어서 도덕성만이 아니라 사회성 및 정서의 발달 또한 강조되면서 사회·정서적 유능성을 추구하는 사회정서학습(social and emotional learning) 접근이 있다. 이 접근은 최근 아동·청소년의 부적응 문제와 정서행동 문제가 큰 문제로 부각되면서 이러한 문제를 예방, 극복하고 보다 긍정적인 발달을 촉진하기 위한 접근방식으로 대두되고 있다(도승이, 2015; 정창우, 2015).

인성의 심리학적 관점의 이해는 인성을 개인과 환경의 상호작용으로 파악하여 인성을 개인적 차원과 사회적 차원에서 동시에 조망하고 있다. 이와 관련하여 정창우(2015)는 인성을 개인적 차원, 대인관계적 차원, 공동체적 차원(환경 차원 포함)을 포함하는 개념으로 제시하였는데, 이에 따르면 오늘날 인성은 자기지향적 가치와 타인 · 공동체적 가치의 조화와 통합을 통해 개인과 사회 공동체가 공존 · 공영하기 위해서 현 사회와 미래사회에 요구되는 핵심역량의 특성을 담고 있어 인성 계발이 교육의 중요한 목표가 됨을 시사해 준다.

2) 인성교육의 관점과 개념

인성교육의 개념을 밝히려면 인성의 개념부터 살펴야 하는데, 학문적으로 연구되어 온 인성의 개념에 대한 관점은 다음과 같이 3가지로 구분해 볼 수 있다(이철주, 2014; 정탁준, 이경원, 이왕주, 2014; 한국교육학회, 2001).

첫째는 인성을 개인의 심리적 특성으로서 '성향 또는 성격(personality)'으로 보는 관점이다. 성격심리학자 Allport(1937)는 인성(personality)을 '개인의 특유한 사고를 결정하는 심리 · 신체적 체계로서 개인 내의 역동적 조직'으로 보았다. 같은 맥락에서 박영태(2002)는 인성을 '한 개인이 자신을 둘러싸고 있는 다양한 대상과의 상호작용에서 표출되는 내면적 특성'이라고 보고, 건강한 인성을 가진 사람의 특성을 다음과 같이 기술하였다. 즉, '건강한 인성을 가진 사람은 현재의 의식이 과거에 대한 무의식적 기억을 조절하여 미래를 계획하고 선택하는 자유를 누리며, 사랑을 바탕으로 모든 사물에 대한 호기심을 가지고 개방적이며, 자아실현을 시도하는 성장 동기가 충만하다.'라고 하였다. 인성을 개인의 심리적 특성으로 보는 이러한 관점에 따르면 인성교육은 건강한 인성 또는 바람직한 인성을 기르는 교육이라 할 수 있다.

둘째는 인성을 도덕적 가치가 포함된 '품성 또는 인격(character)'으로 보는 관점이다. Davidson, Khmelkov와 Lickona(2010)는 인성의 개념을 수행적 인성(performance character)과 도덕적 인성(moral character)의 2가지 측면으로 구분하였다. 수행적 인성은 재능을 계발하고 탁월함과 성공을 이루기 위한 것으로 자신감, 근면, 투지 등이 이에 포함된다. 도덕적 인성은 공동체 안에서 바르게 살아가고 시민의식을 실천하기 위한 것으로 진실성, 존중, 정의, 공감 등이 이에 포함된다. 우리나라 교육부(2014)의 인성교육 강화 기본계획에도 이러한 관점이 나타나 있다. 그에 따르면 인성은 '자신의 내면을 바르고 건전하게 가꾸고 타인, 공동체, 자연과 더불어 살아가는 데 필요한 인간다운 성품과 역량'이며 인성교육은 '친사회적 덕목을 갖추도록 하는 교육'이라고 밝히고 있다. 이러한 관점을 반영한 인성교육은 도덕적으로 가치 있는 덕목을 내면화하고 실현하도록 촉진하는 교육이다. 최근 제정된「인성교육진흥법」에서는 인성교육을 '내면을 바르고 건전하게 가꾸고, 타인·공동체·자연과 더불어 사는 데 필요한 인간다운 성품과 역량을 기르는 교육'으로 제시하고 있다(교육부, 2015)

셋째는 천부설에 기초하여 인성을 '인간 본성(human nature)'으로 보는 관점이다. 인성의 개념을 탐구한 강선보 등(2008)은 인성을 '인간이 도달해야 할 이상적인 인간다운 성품, 인간 본연의 모습'이라고 보고, 인성교육은 '인간의 진정한 아름다움을 실현하는 교육, 인간의 본래적인 성품을 회복하고 계발하는 교육'이라고 정의하면서, 7가지 인성요소인 관계성, 도덕성, 전일성, 영성, 생명성, 창의성, 민주시민성이 조화롭게 발달되도록 인성교육이 이루어져야 한다고 제안하였다. 욕구위계이론을 바탕으로 인간의 자아실현을 강조한 Maslow(1970)와 자아실현 경향을 강조하며 완전히 기능하는 사람의 특성을 밝힌 Rogers(1961)의 경우에도 인간의 타고난 선한 본성을 가정하였다는 점에서 이와 유사한 관점을 지닌다. 이러한 관점에 따른 인성교육은 타고난 선(본래적 성품)을 발견하고 실현하도록 돕는 교육이다.

인성 및 인성교육에 대한 세 관점을 살펴보면 인성에 대한 견해는 각기 다르지만 인성교육에 대한 견해는 바람직한 가치를 지향한다는 점에서 공통적이다. 인성에 대한 세 관점을 종합적으로 고려할 때 인성교육은 '개인의 자아실현과 사회의 발전에 기여하는 바람직한 가치를 삶 속에서 다양하게 실현할 수 있도록 타고난 잠재력을 발견하고 계발하도록 돕는 교육'으로 정의할 수 있다.

3) 기존 인성교육의 한계 및 과제

우리 사회와 교육계에서 오랫동안 인성교육에 대한 관심과 노력을 기울여 왔음에도 불구하고 그동안의 인성교육은 성공적이지 못했다는 평가를 받아 왔다. 1990년대 중반 이후 학교폭력과 자살 등 아동·청소년의 정신건강 문제가 심각한 사회문제로 대두되면서 지난 20여 년간 국가적 차원에서 인성교육 강화정책을 지속적으로 펼쳐왔지만 미흡한 점들이 지적되어 왔다(강선보 외, 2008; 교육부, 2014; 이명준 외 2011; 최준환 외, 2009). 요컨대, 기존의 인성교육은 문제 중심적 접근에 치중해 왔고, 체계적이고 꾸준한 운영이 부족했으며, 학생들의 내적 동기와 지속적인 실천을 이끌어 내지 못했다는 등 여러 한계점이 있는 것으로 분석, 평가되고 있다.

따라서 향후 인성교육은 기존의 문제 중심적인 부정적 성격을 지닌 접근에서 벗어나 학생의 긍정적 성장과 발달에 초점을 둔 접근으로 전환할 필요가 있으며, 보다 체계적인 운영을 위하여 관련 교육 자료를 종합적으로 마련·보급·활용해야 하며, 학생들 속에 잠재되어 있는 바람직한 가치 실현에 대한 내재적 동기를 발견하도록 도움으로써 지속적인 실천을 촉진할 필요성이 있다. 또한 교사 중심의 일 방향적이고 지시적인 교육에서 벗어나 교사 학생 간의 상호작용을 통한 학습과 나눔, 친밀감 증진에 기반을 둔 교사·학생 동행 인성교육이 필요하다.

최근 「인성교육진흥법」의 제정이 인성교육을 법으로 강제한다는 부정적 인식을 주기도 하지만 법 제정의 본래 의도가 인성교육이 잘 이루어지도록 지원하기 위한 것으로 본다면, 그동안 형식적이고 전시적으로 이루어진 인성교육에서 과감히 탈피하여 교육의 본질을 구현하기 위한 진정한 인성교육 실행의 계기로 삼을 필요가 있다.

1995년 5.31 교육개혁 이후 국가적으로 인성교육의 중요성을 강조하며 아동·청소년의 인성함양을 위한 노력을 지속해 왔지만 그 성과는 미진한 것으로 보고되고 있다(이명준 외, 2011). 따라서 보다 실효성 있는 인성교육 방안을 모색하려면 기존 인성교육의 한계점을 살펴보고 그 극복을 위한 인성교육의 방향을 정립할 필요가 있다.

강선보 등(2008)은 기존 인성교육의 한계점으로 '교사들은 학생들의 문제점을 변화시키는 데 치중하여 학생들 스스로 성찰할 수 있는 기회를 주지 못하고, 학생들은 인성교육에 대해 규칙이나 규범을 수동적으로 받아들이는 것으로 오인하여 자발적인 실천 의지가 부족하며, 인성교육 프로그램이 체계적이지 않고 일부 특정 덕목만 강조하고, 학생들의 다양한 관심과 흥미를 반영하지 못해 왔음'을 지적하고 있다.

최준환 등(2009)은 초·중등학교 교사와 전문가를 인터뷰하여 다음 4가지 한계점을 제시하였는데, '첫째, 제한적 범위의 덕목만을 강조하고 학생의 흥미에 부합하지 않으며 머리로는 알지만 실천으로 이어지지 못하는 점, 둘째, 문제학생과 관련된 문제해결이나 문제예방을 위한 활동으로 오인되는 경우가 많은 점, 셋째, 인성교육을 실시할 학교 구성원들의 의지와 능력 및 시스템이 미흡한 점, 넷째, 체계적인 프로그램과 체험기회가 부족한 점' 등이다.

한국교육과정평가원에서 조사한 바에 따르면(이명준 외, 2011), 전국 초·중·고의 학생과 교사, 학부모를 대상으로 인성교육 실태를 조사한바 '인성교육이 잘 안 되는 요인'에 대한 복수 응답 결과를 살펴보면, 인성교육 시간 부족 64%, 인성교육 프로그램 부재 46.8%, 제도적 여건 미비 44.1%, 많은 학급당 인원수 31.5%, 교사의 관심과 열의 부족 19.8%, 풍부한 인성관련 지도 자료 부족 16.2%, 상담활동의 미약 16% 등의 순으로 보고되었다.

또한 교육부의 인성교육 강화 기본계획(2014)에 제시된 한계점은 '학력중시 풍토 속에서 학교교육 활동이 입시 위주로 교사중심의 지시적이며 일 방향적으로 이루어져 체험과 실천 위주의 상호작용적 인성교육이 이루어지지 못했고, 발달단계에 따른 인성교육 프로그램이 부족하며, 학교와 가정의 연계를 통한 실천이 미흡하고, 인성교육에 대한 법적·제도적 지원체계가 마련되지 못했다.' 등이다.

최근 「인성교육진흥법」에 이르기까지 기존 인성교육에서 강조된 인성요소들이 주로 도덕적인 인성특성에 치우친 경향이 있어서 도덕적 가치를 온전하고 효과적으로 실행하며, 정신적으로 건강하고 행복한 삶으로 나아가는 데 필요한 수행적 인성특성이 간과되어 온 점 또한 한계점으로 지적되고 있다(최용성, 2016).

한편, 기존 인성교육의 한계를 극복하기 위한 최근 인성교육 정책 동향을 살펴보면, 첫째, 인성을 도덕적 덕목 교육 차원으로만 국한하지 않고 개인, 타인, 관계의 다양한 차원과 관련되는 교육으로 바라보는 점, 둘째, 배려, 나눔, 공감, 소통, 존중 등 관계성에 초점을 둔 가치도 주요하게 다루는 점, 셋째, 교과만이 아니라 학교교육 전반을 통한 인성교육을 추구하는 점, 넷째, 실천과 체험 중심의 인성교육을 지향한다는 점, 다섯째, 학교뿐만 아니라 가정, 사회, 국가의 역할도 적극적으로 강조한다는 점을 들 수 있다(김수진, 2015).

지금까지 기존 인성교육의 한계점을 살펴보았는데 이러한 한계점을 극복하고 앞으로 해결해야 할 인성교육의 과제를 살펴보면, 첫째, 일부 학생의 문제해결과 예방뿐 아니라 모든 학생의 긍정적 발달과 성장을 도모하는 것, 둘째, 도덕적 인성과 더불어 수행적 인성 그리고 사회 · 정서적 인성, 창의 · 인지적 인성 및 정신건강적 인성 특성 등 다양한 인성 가치가 반영된 체계적이고 통합적인 인성교육 프로그램을 마련하는 것, 셋째, 인성특성의 의미와 가치에 대한 이해뿐 아니라 체험 및 실천을 통한 내면화와 발달을 도모하는 것, 넷째, 학생의 흥미와 관심을 고려하여 자발적이고 적극적인 실천동기를 이끌어 내는 것, 다섯째, 교과학습뿐만 아니라 생활지도 및 상담활동 중에 인성교육이 통합적으로 이루어지는 것, 여섯째, 교사와 학생의 친밀한 상호작용을 통해서 교사의 인성과 학생의 인성이 더불어 성장할 수 있는 방안을 개발하고 적용하는 것 등을 들 수 있다. 요컨대 앞으로의 인성교육은 기존의 한계를 극복하면서 도덕적으로 바르고 착한 학생의 육성뿐만 아니라 이들이 인지적 및 사회 · 정서적 측면에서도 성숙하고, 정신적으로도 건강하며 다양한 장애와 어려움을 극복하면서 궁극적으로 안녕하고 행복한 자아와 관계, 공동체 형성을 위해 나아가도록 돕는 포괄적 관점에서 인성교육을 추구할 필요가 있다(김광수, 한선녀, 2015; 최용성, 2016).

4) 인성교육의 방향

앞에서 인성교육을 '개인의 자아실현과 사회의 발전에 기여하는 바람직한 가치를 삶 속에서 다양하게 실현할 수 있도록 타고난 잠재력을 발견하고 계발하도록 돕는 교육'으로 제시한 바 있다. 이러한 관점에서 우리의 교육현장에서 기존의 인성교육 문제와 한계를 극복하고 보다 바람직한 인성교육의 실행을 위해서 우리의 인성교육이 지향해 나가야 할 방향을 보다 구체적으로 살펴보면 다음과 같다.

(1) 학생의 발달특성과 발달적 요구에 기초한 인성교육

한 인간의 인성의 형성은 전 생애적인 단계에 걸쳐 이루어진다. 따라서 각 발달단계의 특성에 적합한 인성교육이 이루질 필요가 있다. 특히 초등학교 시기는 신체 및 운동과 성 발달, 인지 발달, 정서 발달, 성격 및 사회성 발달, 도덕성 발달, 학업 및 진로 발달 등 여러 발달적 측면에서 이후 청소년, 성인기의 발달과 삶의 기초와 토대를 형성하는 중요한 발달적 시기이다. 이 시기에 아동은 보다 체계적이고 공식적인 학교생활을 경험하고, 물질적ㆍ사회적 세계에 대한 지식과 이해를 넓히기 시작하며 자기인정을 받기 위해서는 무엇인가를 생산해야 한다는 것을 깨닫고 과제를 완성함으로써 오는 즐거움을 체험하기 시작한다. 또한 자기 안에 양심과 도덕, 가치관을 형성하면서 자기 자신에 대한 전인적 이해가 시작되고 친구와의 관계를 중요시하며 단체의식이 생기는 시기이다. 남자끼리 또는 여자끼리 등의 단체의식이 형성되면서 동성과 이성의 구별을 통한 성정체감 발달이 이루어지는 시기이다(임은미 외, 2013). 따라서 이 시기의 발달특성과 발달과제에 대한 보다 종합적 이해에 기초하여 아동ㆍ청소년의 건강하고 긍정적인 발달을 촉진하며 문제와 장애를 효과적으로 예방, 대처하는 인성교육이 이루어질 필요가 있다. 특히 기존의 추상적이고 관념적인 인성교육이나 일회적이고 전시적인 활동, 행사 위주의 인성교육이 아니라 아동의 건강한 발달과 행복을 촉진하는 인성교육이 이루어질 필요가 있다.

(2) 학생 발달의 전 영역에 체계적으로 통합되는 인성교육

학생의 개인적 발달, 사회적 발달, 학업 발달, 진로 발달, 공동체적 발달 등 학생 발달의 전 영역에 체계적으로 통합되는 인성교육이 이루어질 필요가 있다. 요컨대, 학생 개인적 차원에서 건강한 자아상ㆍ자아개념ㆍ자아정체성ㆍ자존감ㆍ자신감ㆍ자기통제력 등을 길러 주는 인성교육, 사회적 차원에서 친구ㆍ선생님ㆍ가족 등 타자와의 관계에서 발생하는 갈등이나 문제를 잘 해결하고 건강한 관계 형성에 도움이 되는 대인관계능력을 길러 주는 인성교육, 학업적 차원에서 학습동기ㆍ학습태도ㆍ학습기술 등의 개발을 통해 학업을 관리하며 주도적으로 학습할 수 있는 능력을 길러 주는 인성교육, 진로개발 차원에서 자신과 세상을 이해하며 진로를 탐색ㆍ이해ㆍ준비해 나가는 진로적응성을 길러 주는 인성교육 그리고 공동체 차원에서 건강한 자아, 관계, 학업과 진로 발달을 촉진하는 데 중요한 토양이 되는 건강한 학급 및 학교 공동체 형성 능력을 길러 주는 인성교육이 필요하다. 우리의 교육현장에서 인성교육 과목을 따로 만들어 기존 교육이나 교과와 따로 분리, 구별해서 이루어지는 또 하나의 교과과목으로서의 인성교육이 아니라, 학교현장에서 진행되고 있는 교과교육과 상담 및 생활지도에 자연스럽게 스며들어 감으로써 학생의 주요 발달 영역인 개인, 사회, 학업 및 진로개발의 각 영역에 체계적으로 통합되는 인성교육이 이루어질 필요가 있다.

(3) 인성의 핵심인 도덕성 증진을 촉진하는 인성교육

2009년 교육과정은 도덕 교과과정을 도덕적 주체로서의 나, 우리·타인과의 관계, 사회·국가·지구공동체, 자연·초월적 존재와의 관계라는 4개 영역으로 나누고 각 영역별로 학년에 따라 습득해야 할 인성 내용들을 세분화하고 있으며 초등학교 및 중학교 과정에서 반복적으로 교육하게 되어 있다(홍순혜, 2014). 도덕성은 인간이 이웃, 환경과 더불어 바람직한 방향으로 조화롭게 공존하며 살아가는 데 요구되는 중요한 능력이다. 오늘날 학교에서의 도덕교육은 인간이 자신을 둘러싼 여러 대상과 건강한 관계를 맺고 조화롭게 공존하는 능력을 키우는 데 초점을 두고 있다. 또한 1990년대 중반 이후 인성교육 및 도덕교육에서 통합적 접근이 강조되면서 종래의 교육이 인지적 발달 위주의 접근에 치우쳐 있음을 지적하면서 초등학생들의 바람직한 인성함양이나 도덕성 발달을 위해 사회·정서적 능력 함양의 필요성이 제시되고 이에 대한 교육전략도 강조되고 있다(이인재 외, 2010).

혼자 사는 존재가 아니라 사회 속에서 더불어 사는 존재인 인간이 타인과 조화를 이루어 살기 위해서 반드시 필용한 속성이 바로 도덕성이다. 따라서 학생들이 친구와 가족 그리고 점점 넓혀지는 다양한 관계에서 갈등이나 문제를 극복하고 개인적인 안녕과 행복만이 아니라 동시에 사회적인 안녕과 행복을 추구하는 데 필요한 도덕성 증진 촉진의 인성교육이 이루어질 필요가 있다. 이를 위해 우리 학생들이 보다 건강하고 조화롭게 공존하며 그 관계를 발전시켜 갈 수 있도록 조력하고 촉진할 수 있는 실제적인 방안, 기술, 기법과 프로그램의 개발이 필요하다. 요컨대, 학생들이 자신을 둘러싼 여러 대상과 건강한 관계를 맺고 갈등을 극복하며 조화롭게 공존하는 데 필요한 핵심 인성인 도덕성 증진을 가져올 수 있는 실천적, 체험적 방법을 제공하는 인성교육이 이루어질 필요가 있다.

(4) 인성의 주요 내용인 품성(핵심가치·덕목)의 계발을 촉진하는 인성교육

바람직한 인성의 토대인 덕(virtue)은 오래전부터 철학이나 윤리학에서 강조해 왔고 최근에는 심리학에서도 이에 대한 논의가 활발하게 이루어지고 있다. 고대 아리스토텔레스의 윤리학적 덕에서부터 동양의 덕 그리고 최근에 다양한 덕에 대한 논의에 이르기까지 인간에게 길러져야 할 덕에 대한 논의가 그동안 매우 다양하게 이루어져 왔다. 그리고 최근 인성교육 주창자들이 제시하는 핵심덕목들과 학생, 학부모, 교사 등을 대상으로 이루어진 설문에서 인성교육을 통해서 길러야 할 주요 덕목 또한 다양하게 제시되고 있다(정창우, 2015). 최근 제정·시행되는 「인성교육진흥법」에서는 인성교육의 목표가 되는 '핵심가치·덕목'으로 예(禮), 효(孝), 정직, 책임, 존중, 배려, 소통, 협동 등을 들고 있다. 이런 핵심 가치, 덕목은 기존의 인성교육과 도덕교육에서 중시해 온 덕목으로 인간에게 길러지고 계발되어야 한다고 강조되었다.

한편, 긍정심리학자인 Peterson과 Seligman(2009)은 청소년들의 잠재력을 키우고 긍정적 발달을 돕기 위해 각 시대와 문화에 걸쳐 공통적인 6가지 핵심덕목, 즉 '지성, 인간애, 용기, 절제, 정의, 초월'을 찾아낸 후 이러한 핵심덕목에 이르도록 돕는 200여 개의 긍정적인 특질 중에서도 도덕적 가치 보유, 실현에 기여, 측정 가능성 등 10가지 준거에 부합하는 긍정적 특질들을 24개 성격강점으로 선정한 후 핵심덕목별로 3~5개씩 성격강점을 분류하여 제시하였다. 즉, '지성'의 덕목 증진에는 '창의성, 호기심, 개방성, 학구열, 지혜'의 성격강점을, '인간애'의 덕목 증진에는 '사랑, 친절성, 사회지능'의 성격강점을, '용기'의 덕목 증진에는 '용감성, 끈기, 진실성, 활력'의 성격강점을, '절제'의 덕목 증진에는 '용서, 겸손, 신중성, 자기조절'의 성격강점을, '정의'의 덕목 증진에는 '시민의식, 공정성, 리더십'의 성격강점을, '초월'의 덕목 증진에는 '심미안, 감사, 낙관성, 유머, 영성'의 성격강점을 분류하여 제시하였다. 이에 따라 '성격강점과 덕목의 분류체계(classification of character strengths and virtues)'가 구성되었고 이에 대한 측정방법 또한 고안되었다. 이후 다양한 특성을 지닌 여러 참여자를 대상으로 이루어진 성격강점 연구는 덕에 기초한 성격강점이 아동으로부터 성인에 이르기까지 한 인간이 건강하고 행복하며 안녕된 삶을 살고 바람직한 성취를 이루어 나가는 데 밀접한 관련이 있음을 경험 과학적으로 밝혀 나가고 있다(김광수 외, 2015).

이러한 맥락에서 최근 긍정심리학에 기초한 학교상담연구는 인성의 주요 내용인 핵심가치, 덕목, 품성의 계발과 발달을 체계적으로 증진하는 데 많은 시사점을 제공하고 있다. 특히 학생들이 자신의 성격강점을 인식(발견)하고, 이를 자신의 일과 놀이·학습·대인관계·진로탐색·문제나 스트레스 대처 등 다양한 삶의 영역에서 성격강점을 활용하고 계발해 나가도록 돕는 개입을 실시한 결과 학생들의 문제행동 개선, 인간관계 증진, 학습동

기 및 학습성취 증진, 안녕 및 행복 증진 등의 효과를 보고하고 있다. 따라서 이러한 긍정
심리학 연구 및 결과 자료를 활용하여 학생의 품성 계발과 발달을 체계적이고 경험 과학적
으로 촉진함으로써 이전과는 달리 보다 실효성 있는 인성교육이 이루어질 필요가 있다(김
광수, 한선녀, 2015).

(5) 인성역량의 계발을 촉진하는 인성교육

「인성교육진흥법」에서는 덕목 구현을 위한 수행력 및 실천력을 강화하는 인성역량
(competencies)으로서의 핵심역량을 강조하고 있다. 즉, "핵심역량이란 핵심 가치 · 덕목을
적극적이고 능동적으로 실천 또는 실행하는 데 필요한 지식과 공감 · 소통하는 의사소통
능력이나 갈등해결능력 등의 기술과 태도가 통합된 능력을 말한다."라고 제시함으로써 인
성교육을 통해서 이러한 핵심역량이 개발될 필요가 있음을 보여 주고 있다.

Begun과 Huml(1998)은 자아실현적 삶을 위한 인성역량으로 생활기술(skill for living)을
들고 있다. 생활기술은 사회적 적절성과 학업적 적절성의 기초가 되며 반사회적 행동을
예방하고, 개인이 효과적으로 기능하고 성공적으로 생존 · 발전할 수 있는 기술을 의미한
다. 그는 특히 학교폭력 예방과 관련하여 친구관계기술, 가족생활기술, 스트레스 및 위험
대처기술, 자살방지기술, 약물사용방지기술, 범죄방지기술, 존중기술, 분노조절기술 등을
구체적 생활기술의 예로 들기도 하였다.

최근 우리나라 학교폭력과 관련된 연구결과에 의하면, 학교폭력의 가해자와 피해자는
모두 의사소통기술, 감정표현 및 분노조절기술, 주장적 자기표현기술 등과 같은 '사회적
기술'과 이타성, 공감 능력, 용서능력, 갈등해결능력 등과 같은 '대인관계능력' 그리고 자아
존중감, 스트레스 및 불안관리능력, 자아탄력성 등과 같은 '자기성찰과 자기통제 능력'이
부족했다고 보고된다. 따라서 학교폭력을 예방하고 보다 바람직한 적응과 발달을 촉진하
기 위해서 사회적 기술, 대인관계능력, 자기성찰과 자기통제 능력 등의 인성역량의 개발이
강조된다(홍종관, 2012; 한국초등상담교육학회, 2016).

오늘날과 같이 급속하게 변화되는 사회 속에서 학교교육과정을 통해 길러야 할 학생들
의 핵심역량이 무엇인지, 그러한 핵심역량을 어떻게 기를 수 있는지에 대한 논의가 국내
외에서 진행되고 있다. 우리나라에서는 한국교육과정평가원을 중심으로 창의력, 문제해

결능력, 의사소통능력, 정보처리능력, 대인관계능력, 자기관리능력, 기초학습능력, 시민의식, 국제사회문화이해능력, 진로개발능력 등이 핵심역량으로 제시되었다(정창우, 2015; 한국교육과정평가원, 2011). 이러한 핵심역량이 인성역량과 관련이 있음을 추론할 수 있지만, 아직 핵심 인성역량에 대한 논의와 연구는 부족한 상황이다.

한편, 정창우(2015)는 핵심 인성역량을 바람직한 인성의 측면에 부합되면서 인성함양을 위해 필요한 기본적, 보편적, 필수적인 능력으로 보았다. 그리고 개인적 차원과 관계적 차원(타인, 공동체, 자연과의 관계)에서 필요한 핵심 인성역량을 제안하고 있는데, 먼저 개인적 차원에서는 '문제해결능력, 긍정적 태도, 자기관리능력, 자기성찰능력'을 그리고 관계적 차원에서는 '의사소통능력, 대인관계능력(타인관계), 공동체의식, 다문화·세계시민의식(공동체관계), 환경윤리의식(자연관계)'을 핵심 인성역량으로 제언하고 있다. 앞으로 핵심 인성역량 연구에 토대하여 보다 더 체계적이며 효과적으로 학생의 핵심 인성역량 개발을 촉진하는 인성교육이 이루어질 필요가 있다.

지금까지 살펴본 바와 같이 기존 인성교육의 한계나 문제점을 극복하고 앞으로 해결해야 할 인성교육의 과제와 지향해야 할 인성교육의 방향을 고려했을 때, 긍정심리학에서 연구되어 온 인간의 긍정적인 특성인 성격강점을 인식하고 계발하도록 돕는 접근은 기존 인성교육의 한계점을 극복하고 바람직한 인성교육을 지향하는 하나의 대안이 될 수 있음을 알 수 있다. 이에 다음 장에서 긍정심리학 및 성격강점과 인성교육의 관련성을 살펴보고자 한다.

제**2**장 성격강점과 인성교육

1. 긍정심리학

긍정심리학은 삶을 더욱 의미 있고 가치 있게 하는 주제에 대해 탐구하는 새로운 접근이다. 긍정심리학은 인간의 부정적인 측면을 부정하지 않는다. 그러나 긍정심리학은 그동안 심리학이 부정적 측면의 제거에 많은 관심을 기울여 온 데 비해서 긍정적 측면의 향상에는 상대적으로 소홀했다는 반성 속에 이러한 측면에 대해서 좀 더 많은 관심을 기울이는 노력이 필요함을 강조한다.

긍정심리학은 기존의 심리학이 소수 문제의 소유자와 그들의 부정적 문제에 너무 집착하여 대다수 사람의 성장과 행복을 증진하는 데 소홀히 했음을 지적하고 일반 보통 사람들이 지니는 강점과 덕성에 대한 과학적 연구를 강조하고 있다. 즉, 보통 사람들이 건강하게 기능하고 바르게 행동하며 삶을 향상시키도록 만드는 것이 무엇인지 찾아내고자 한다(Sheldon & King, 2001). 긍정심리학은 인간이 해낼 수 있는 최선의 기능에 대한 연구를 통해 개인과 지역, 사회가 번성할 수 있는 요인들을 발견하고 증진하는 데 초점을 둔다. 이런 측면에서 볼 때 긍정심리학은 인간의 긍정적 심리적 특성을 과학적으로 연구하고 인간의 행복과 성장을 지원하는 학문이라고 할 수 있다(Seligman & Csikszentmihalyi, 2000).

긍정심리학의 관점에서는 인간의 정신병리 및 문제에 집중하여 증상을 효과적으로 경감시키고 문제해결을 가져오더라도 그것이 인간의 행복, 삶의 질, 심리적 안녕감을 효과적으로 증진시킨 것은 아니라고 본다. Ryff와 Singer(1996)는 인간이 "심리적 안녕이 없는 경우 살면서 경험하는 문제와 역경의 대처 및 해결에 취약하게 되므로 지속적인 회복과 적응으로 가는 길은 증상의 제거에 그치는 것이 아니라 긍정적인 것을 함양하고 고양하는 것이다."라고 하였다. 요컨대 긍정심리학은 기존의 심리학에서 목표로 했던 문제나 부정적인 측면의 제거에서 멈추지 않고 그 사람이 어떤 출발선상에 있든지에 상관없이 문제나 증상의 제거를 넘어 그 이상의 상태로 변화시켜 행복한 삶으로 이끄는 데에 그 목표를 두고 있다.

긍정심리학의 배경, 인간관과 기본 가정, 주요 연구 주제, 목표 그리고 긍정심리교육 등에 대해 살펴보면 다음과 같다.

1) 긍정심리학의 배경, 인간관과 기본 가정

(1) 긍정심리학의 배경

심리학은 그동안 인간의 내면의 고통과 상처, 성장과정의 부정적 경험 등과 같은 병리적인 문제들 때문에 개인의 삶이 힘들어지고 불행하게 되기에 개인의 부정적이고 병리적인 문제들을 없애거나 줄일 수 있다면 개인은 더욱 건강하고 행복해질 수 있을 것이라 생각하게 되었다. 그래서 인간의 부정적 문제, 증상들의 특성을 이해하고 그 배경을 밝히며 그 증상이나 문제들을 제거, 감소시키는 데 주력하였다. 이러한 심리학적 노력에 의해 어느 정도 문제가 감소되고 해결되는 결과들이 나타나고 이에 대한 축적을 통하여 심리학은 문제 감소와 제거에 대한 많은 방법을 개발하고 소개할 수 있었다. 그러나 개인의 부정적, 병리적 문제나 증상에 초점을 맞추고 이를 제거, 감소하고 치료, 해결하려는 접근은 개인의 문제나 증상에 집착하여 오히려 이를 더 확대하고 그 문제와 증상에 더 함몰되는 부정적 결과를 가져오기도 했다(강연정, 2015).

인간의 문제와 증상에만 초점을 두고 이를 치유, 해결하려는 시도와 접근의 한계가 드러나면서 이에 대한 반성과 성찰 속에 기존과는 시각을 달리하여 인간의 내면에 잠재해 있는 능력과 가능성, 긍정적인 자원에 초점을 두고 이를 개발하도록 촉진함으로써 문제의 예방과 발달, 성장을 통한 행복에 이르도록 돕고자 하는 노력이 시작되었다. 특히 미국의 Seligman(1999)은 심리학이 질병모델에 근거한 심리학에서 벗어나 "이제는 과학 분야에서 삶을 불행하게 하는 부정적 심리 상태가 아니라 긍정적 정서 및 특성에 대해서 연구하고, 개인의 강점과 미덕을 추구하여 일찍이 아리스토텔레스가 말한 '행복'으로 이끌어 줄 학문이 될 때가 되었다."라고 주장하였고, "심리학이 인간의 약점과 장애에 대한 학문만이 아

니라 인간의 강점과 덕성에 대한 학문이기도 하며, 진정한 치료는 손상된 것을 고치는 것
만 아니라 우리 안에 있는 최선의 가능성을 이끌어 내야 하는 것이어야 한다."라고 주장하
면서 심리학의 새로운 패러다임으로 긍정심리학을 제안하였다.

(2) 긍정심리학의 인간관과 기본 가정

긍정심리학은 인간 본성에 대해 기존 심리학과 다른 관점을 취하고 있다. 기존 심리학
의 관점(DSM-IV)에서는 인간을 본성적으로 정신병리나 문제에 대한 취약성을 지닌 존재
로 보고 인간의 긍정적 덕목이나 특성은 인간 본성에 대한 일종의 방어기제로 가정하였다
(American Psychiatric Association, 2000; McWilliams, 1994: Rashid, 2008에서 재인용). 반면, 긍
정심리학은 인간은 정신병리의 근원이 될 수 있는 부정적 특성과 행복의 씨앗을 잉태할 수
있는 긍정적 성향을 함께 가지고 있는 존재로 보고 있다. 인간의 긍정적 정서와 강점은 인
간의 약점만큼이나 진정한 것이며 본래의 가치를 지닌 것으로 여긴다(Rashid, 2008). 요컨
대, 인간은 부정적 측면과 긍정적 측면을 함께 소유하고 있으며 부정적 측면은 약화 내지
제거해야 하되 긍정적 측면은 강화해야 할 것으로 본다. 그리고 인간은 근본적으로 성장
과 행복을 추구하는 존재, 행복해지기를 원하는 존재, 잠재능력의 개발과 발휘를 통해 성
장하려는 욕구를 지닌 존재, 자신의 삶을 개선하기 위해 끊임없이 노력하는 존재로 이해한
다. 그리고 우울증을 비롯한 인간의 다양한 부정적 문제나 증상들은 단지 부정적 증상만
을 감소시키는 것만이 아니라 긍정 정서와 성격강점, 삶의 의미를 직접적으로 증진함으로
써 보다 효과적으로 다룰 수 있다는 것이 인간문제 대처에 대한 긍정심리학의 기본 가정이
다(Seligman, Steen, Park, & Peterson, 2005).

2) 긍정심리학의 연구 주제

긍정심리학은 개인, 집단 그리고 사회의 성장과 번영을 촉진하는 것을 목표로 한다. 이
를 위해 긍정심리학은 심리학 내의 연구에서 무엇이 삶을 가치 있게 만드는 지에 대한 의
식적인 논쟁을 자극하고 괜찮은 삶, 좋은 삶(good life)이 무엇인지를 이해하고 설명하며 이
러한 삶을 살 수 있는 방안을 탐구한다. 심리학적으로 좋은 삶과 관련하여 긍정심리학은

긍정적인 주관적인 경험(예: 행복, 삶의 만족, 성취, 몰입), 긍정적인 개인적 특성(예: 성품, 흥미, 가치), 긍정적인 대인관계(예: 우정, 결혼, 동료애) 그리고 긍정적인 집단 및 기관(예: 가족, 학교, 기업, 지역사회) 등의 주제 영역을 제시하고 있다. 긍정심리학은 긍정적인 집단 및 기관을 통해서 긍정적인 대인관계와 특성이 나타나고 발전할 수 있으며 이것은 또한 긍정적인 주관적 경험을 가능하게 한다고 본다. 따라서 사람들이 긍정적인 기관에 속하여 긍정적인 대인관계를 맺고 긍정적인 특성을 나타내고 발전시키며 긍정적인 경험을 하게 될 때 최상의 기능을 발휘하며 좋은 삶, 행복한 삶을 살고 있다고 본다.

인간이 나타낼 수 있는 최선의 기능 상태에 대한 과학적 연구(Sheldon & King, 2001)를 수행하는 긍정심리학은 긍정심리학의 세 기둥이라고 불리는 긍정 상태(positive states), 긍정 특질(positive traits), 긍정 기관(positive institutions) 등의 세 주제에 초점을 맞추어 연구하고 있다(Seligman & Csikszentmihalyi, 2000; 강연정, 2015). 먼저 개인이 주관적으로 경험하는 다양한 긍정적 심리 상태, 즉 긍정 상태에 관심을 가지고 있다. 행복, 안녕감, 만족감, 사랑, 친밀감 등의 긍정적 정서와 자신과 미래에 대한 낙관성, 희망, 열정, 활기, 확신 등을 연구하며 이러한 긍정 상태의 구성요소와 유발 요인, 긍정 상태가 삶에 미치는 효과, 긍정 상태의 증진방법 등의 연구에 관심을 가지고 연구한다. 긍정 상태와 관련하여 지금까지 많이 연구되고 있는 주제는 행복한 심리 상태, 긍정 정서, 삶의 만족도, 주관적 안녕, 몰입과 최고의 기능, 삶의 의미 발견 등이 있다.

다음으로 개인의 긍정적 성격특성 및 강점자원, 즉 긍정 특질에 대해서 연구를 한다. 긍정적 특질이란 개인이 지속적으로 보여 주는 긍정적인 행동양식이나 성품 및 덕목을 의미하는데 여기에는 앞으로 다른 절에서 살펴볼 6개의 미덕과 24개의 성격강점이 포함된다. 긍정 특질과 관련하여 지금까지 많이 연구되고 있는 주제는 행복증진 성격, 긍정 성품 및 덕성, 재능과 역량, 성격강점과 미덕, 회복탄력성, 자기실현적 삶 등이 있다. 끝으로 긍정심리학은 개인의 행복한 삶을 지원하는 긍정적인 기관과 제도 등에 관심을 가지고 연구한다. 개인이 속하여 살아가는 기관이나 조직이 개인의 행복과 능력 발휘에 효과적 도움을 주면 개인의 행복과 조직의 발전이 상보적으로 이루어질 수 있기에 긍정심리학은 건강하고 긍정적인 가족, 학교, 직장, 공동체, 지역사회의 특성과 실현방법을 연구한다.

앞에서 살펴본 바와 같이 긍정심리학이 개인과 개인의 특성, 기관 및 제도의 긍정적인

측면을 과학적으로 연구하고 개인의 성장과 행복을 지원함으로써 인간 이해와 성장, 발달
에 있어서 유용한 관점을 제시해 주고 있어서 심리, 상담, 교육 등 제반 학문 영역과 교육
의 실천에 새로운 시각과 관점을 시사해 주고 있다.

3) 긍정심리학의 목표: 행복

모든 개인, 가족, 직장, 사회, 인류는 행복을 소망한다. 새해를 맞을 때마다 우리가 하는
대표적인 인사가 '새해 복 많이 받으세요.'라는 기원이다. 이 인사는 한마디로 '행복하세
요.'라는 의미를 담고 있다. 이처럼 행복한 삶은 이미 오래전부터 모든 사람의 삶의 바람이
자 목표가 되고 있다. 따라서 행복한 삶은 당연히 교육의 목표 그리고 인성교육의 목표가
될 수 있다. 그렇다면 모든 사람의 바람이며 목표이자 교육과 인성교육의 목표가 되는 행
복한 삶을 살기 위해서 우리에게 필요한 것은 무엇인가?

행복한 얼굴(미소), 말, 마음이 결혼, 건강, 수명, 인간관계, 성취, 연봉 등에 영향을 준다
는 연구결과들은 우리가 행복한 삶의 중요성을 인식하고 이를 추구해야 한다는 것을 역설
해 주고 있다. 특히 행복에 대한 오해나 잘못된 이해를 극복하고 진정한 행복의 모습을 바
르게 이해하고 학습할 필요가 있음이 강조되고 있다(서울대학교 행복연구센터, 2011).

긍정심리학의 목표인 행복에 대해서 이해하기 위하여 먼저 역사적 관점에서의 행복을
살펴보고 이를 토대로 긍정심리학의 행복을 살펴보고자 한다.

(1) 역사적 관점에서의 행복의 이해

'행복이란 무엇인가?'는 많은 사람의 주된 관심사였으며, 고대부터 많은 철학자와 종교
인들은 행복에 대한 다양한 의견을 제시하였다. 그러나 행복에 대한 견해는 시대와 문화
및 학자에 따라 의미하는 바가 다르고, 아직까지 합의된 정의는 부족한 실정이다(Park &
Peterson, 2006). 고대의 철학적 전통은 개인의 이성과 수양을 중시하는 입장의 헬레니즘과
신과의 관계를 중시하는 종교적 입장의 헤브라이즘이 주축이 되었다(권석만, 2008).

고대 그리스 철학자들 중에 대표적으로 소크라테스, 플라톤, 아리스토텔레스는 인간의
이성적 사유와 성찰을 통해 행복에 이를 수 있다고 믿었다. 소크라테스(Socrates, B.C. 470~

399)는 진정한 행복은 자기성찰을 통해서 지혜를 계발하고, 이를 통해 영원불변한 진리를 탐구하고 실천하며 사는 것이 행복한 삶이라고 하였다. 소크라테스의 제자 플라톤(Platon, B.C. 427~347)은 감각적 쾌락을 추구하기보다 진정한 자기를 발견하고 실현하려는 노력을 통해 인생의 본질과 의미를 지향하는 것이 행복이라고 여겼다.

플라톤의 제자 아리스토텔레스(Aristoteles, B.C. 384~322)는 최선의 삶은 일시적인 욕망 충족보다 도덕적 완성, 인격적 덕성을 구현하는 것이라고 주장하였다. 이러한 삶의 상태를 유대모니아(eudaimonia), 즉 행복이라고 하는데 이는 이상적 목표를 지속적으로 지향하는 삶으로서 도덕적 완성이나 덕성을 구현하는 중용을 이룰 수 있는 삶을 의미한다(김대오, 2000). 아리스토텔레스는 누구나 타고난 잠재된 덕성을 계발하여 행복에 이를 수 있다는 덕성이론을 주장하였는데, 용기, 관용, 자존, 친밀, 재치, 정의, 절제, 희망, 온유, 정직, 양심, 고결 등의 12가지 덕성을 제시하였다. 아리스토텔레스의 행복관은 오늘날 긍정심리학에서 성격적 강점과 덕성의 계발을 중시하는 자기실현적 행복관의 철학적 기초가 되었다(권석만, 2008).

한편, 그리스 철학자들 중 아리스티포스(Aristippos, B.C. 435~355)는 즉각적인 감각의 만족과 고통의 최소화가 행복한 삶의 조건이라고 주장하였다. 후에 에피쿠로스(Epikuros, B.C. 341~270)는 행복이란 정치적 세계에서 벗어나 친구들과 안락한 상태에 평온하게 머무를 때 얻어지는 것이라 주장하는 쾌락주의를 주장하였다. 편안함, 절제된 쾌락, 고통이나 걱정으로부터의 자유, 좋은 친구들과의 교제는 오늘날에도 행복한 삶의 중요한 요소로 여겨지고 있다(권석만, 2008). 긍정심리학은 행복의 중요한 측면으로 긍정 정서와 주관적 만족감을 중시하고 있는데, 이는 에피쿠로스의 쾌락주의적 전통을 이어받은 것이다(Compton, 2005).

헤브라이즘 전통의 종교적 행복관은 신과의 관계를 중시한다. 유대교는 유일신인 하나님의 뜻에 따라 순종하며 사는 것이 최선의 삶이라 여기고, 십계명과 같은 계율과 금지사항에 순종하며 쾌락 추구적 행동을 절제하면 행복을 얻게 된다고 주장한다. 유대교에서 발생한 기독교는 하나님을 두려움의 대상이 아니라 인간에 대해 깊은 사랑을 지닌 존재로 발전시키며 종교적으로 헌신하는 삶을 중시한다. 기독교인들은 하나님과의 관계 속에서 신뢰와 사랑을 표현하고 타인과의 나눔을 통해 평화, 행복, 구원을 얻을 수 있다고 믿는다.

중세시대는 기독교가 주도한 시대이기 때문에 진정한 행복은 세속적 쾌락 추구가 아닌 영적 추구를 통해 사후세계에서 얻어지는 것이라 믿었다. 그들은 인생의 본질을 육체적 욕망과 영적 추구 간의 갈등적 투쟁이라고 보았는데, 내세에서의 구원과 영생을 얻기 위해 하나님과의 관계 속에서 덕성을 구현하며 살아가는 것이 최선의 삶이라고 생각하였다(권석만, 2008).

15세기 르네상스 시대에는 행복을 추구하는 방식에 영향을 미친 개인주의 성향이 발달하였고, 17세기 말 산업혁명과 과학의 발달은 이성주의, 경험주의, 기계주의 철학의 발생에 영향을 주었다(Compton, 2005). 이후에 최대 다수의 최대 행복이 개인적 행동과 사회적 제도의 옳고 그름을 판단하는 기준이 되어야 한다는 공리주의적 사상은 개인의 행복과 안녕에 대한 관심의 증가와 과학적 이해를 지향하는 데 영향을 미쳤다(박영식, 2002; Compton, 2005).

18세기 중반, 1775년 미국의 독립선언과 1789년 프랑스 시민혁명을 계기로 사회구성원 개인의 자유와 행복이 중요하다는 인식이 확산되었다. 19세기 초에는 자기발견과 내면 경험에 충실하려는 낭만주의가 태동되어 개인주의 확산과 개인의 정서적 경험과 표현이 중요시되었다. 자신의 행복을 위해서 진정한 자아를 발견하고 표현하는 것이 중요하다는 낭만주의의 영향은 사랑이 결혼의 가장 중요한 동기가 되어야 한다는 생각의 변화와 더불어 사랑과 친밀감 추구가 오늘날 행복의 핵심적 요건임을 밝히는 데 중요한 역할을 하였다(박영식, 2002; Compton, 2005).

20세기는 인간의 자유와 선택권이 강조되는 한편 인간의 심리적 세계에 대해 체계적이고 과학적으로 접근이 본격적으로 이루어진 시기이다. 이 시기에는 다양한 심리적 이론의 발전으로 행복한 삶에 대해 여러 입장이 제시되었다. 정신분석학을 창시한 Freud는 무의식적 역동을 중시하였는데, 인간의 성욕과 공격성과 같은 본성적 욕망은 환경과의 갈등을 겪게 되는데 이러한 갈등을 최소화하는 것이 최선이라는 행복의 소극적 · 비관적 관점을 제시하였다. Jung은 Freud의 성욕설을 비판하면서 자기실현을 위해 자신의 무의식 속에 자리 잡은 자기원형에 따라 살아가는 것이 최선의 삶이라고 주장하였다(이부영, 2002). 개인심리학을 주장한 Adler는 대인관계 속에서 인간의 권력의지, 열등감 보상동기, 사회적 관심이나 공동체의식 등이 정신건강과 행복의 중요 요소가 된다고 하였다.

1960~1970년대의 인본주의 심리학자들은 인간을 자기실현을 추구하는 성장지향적인 존재라고 보았다. 그들은 인간의 건강과 긍정적 측면에 관심을 지녔다는 점에서 긍정심리학의 선구자라고 할 수 있다(권석만, 2008). Maslow(1970)는 욕구 위계설에서 자신과 타인을 수용하고 유대를 형성하며 자율성과 독립성을 가지고 자신의 일에 몰입하여 자기실현을 이루는 삶이 행복한 삶이라고 하였다. Rogers(1961)는 자신의 모든 잠재력을 발현하여 유능한 존재가 되려는 타고난 성향을 의미하는 자기실현 경향성을 이루는 삶이 행복한 삶의 조건이라고 하였다.

한편, 동양에서는 고대부터 유교, 도교, 불교, 힌두교가 동양인의 행복관에 영향을 미치고 있다. 유교에서는 긍정적이고 조화로운 인간관계 속에서 평화로운 사회와 국가를 위해 공헌하는 것, 도교에서는 세상만사의 근본원리인 도를 따르는 것이 최선의 삶이라고 주장한다. 불교는 인도의 고타마 싯다르타(Gautama Siddhartha, B.C. 563~483)에 의해 창시되었는데, 수련을 통해 모든 집착에서 벗어난 자유로운 경지인 해탈과 열반에 이르는 삶이 최선의 삶이며, 힌두교에서는 정신수련을 통해 개인이 최고신과 하나임을 깨닫는 신비한 직관을 체득함으로써 해탈에 이루는 삶을 지향하고 있다.

역사적으로 행복에 대한 정의가 다양하게 제시되었지만 행복은 개인의 감정이나 정서를 반영하는 것과 관계가 깊으며 행복의 정도가 고차원적인 측면을 지닐 때 개인의 자아실현, 삶의 질 등이 향상되는 공통점이 있다. 다시 말하면, 행복은 좁은 의미에서 긍정 정서의 하나이지만, 넓은 의미에서는 '좋은 삶'을 영위하는 것이라 볼 수 있다(Park & Peterson, 2008). 그리고 좋은 삶이란 긍정 정서가 부정 정서보다 크고 삶에 대한 만족감이 있으며 미래에 대한 희망과 과거에 대한 감사하는 마음을 가지고 타인과의 친밀한 관계 속에서 자신의 장점을 인식하고 이를 활용하여 목표를 추구하는 삶이라 할 수 있다(Park & Peterson, 2006).

(2) 긍정심리학 행복의 철학적 근거

앞에서 살펴본 바와 같이 행복은 오랫동안 철학이나 종교 및 여러 학문의 주관심사였다. 특히 철학이나 종교가 행복에 대해 형이상학이나 교리에 근거한 규범적 주장을 하는 반면, 최근 긍정심리학은 행복에 대해 '사실'에 기초한 경험 과학적 주장을 하고 있다. 긍정심리학은 긍정적인 심리 현상에 관한 객관적인 사실을 밝힘으로써 인간이 행복한 삶을 위한 최선의 결정을 내리도록 돕는 데 기여하려고 한다. 한편, 긍정심리학이 행복에 대한 경험 과학적 접근을 강조하지만 긍정심리학의 행복에 대한 주장은 행복에 대한 쾌락주의적 입장과 자기실현적 입장에 철학적 근거를 두고 있다.

오래전부터 종교와 철학에서 논의되었던 행복에 대한 대표적 관점은 2가지 흐름으로 나누어진다(권석만, 2008; 임영진, 2010). 첫째는 쾌락주의적 행복관이다. 이 관점에 의하면 행복은 즐거움을 극대화하고 고통을 최소화함으로써 이룰 수 있는 것이다. 행복은 부, 명예, 성공 등으로 평가되는 객관적인 삶의 지표라기보다는 개인이 자신의 삶에 대해 주관적으로 느끼는 마음의 상태, 즉 주관적 안녕감(subjective well-being)을 뜻한다. 주관적 안녕감은 인지적 요소와 정서적 요소로 구성되는데(Diener, 1984), 인지적 요소는 개인의 삶의 상태를 자신이 설정한 기준과 비교하는 인지적 평가를 말하며 삶의 만족도(life satisfaction)로 지칭된다. 정서적 요소는 흥미, 즐거움, 편안함과 같은 긍정 정서와 두려움, 슬픔, 분노와 같은 부정 정서를 뜻한다. 긍정 정서를 강하고 자주 경험하면서 부정 정서를 약하고 드물게 경험하는 경우 정서적 측면의 주관적 안녕감 수준이 높다고 할 수 있다. 요컨대, 쾌락주의적 행복관은 행복을 즐거움(쾌락)으로 이해하고 행복한 삶이란 즐거움을 증진하고 고통을 없애는 것으로 보고 있다.

둘째는 자기실현적 행복관이다. 이 관점에 의하면 행복은 최선의 모습에 도달하도록 자신의 영혼을 이끌고 중용에 맞게(안정감 있고 균형 있게) 행동하여 미덕을 실천하는 것이다. 행복은 개인을 넘어 사회적으로 가치 있는 미덕을 계발하고 이를 발휘함으로써 의미 있는 삶을 실현하는 것, 즉 심리적 안녕감(psychological well-being)을 갖는 삶을 뜻한다. 쾌락주의적 행복관의 주관적 안녕감과는 달리 심리적 안녕감은 심리적 기능이 건강하고 원활한 상태로 환경의 통제, 개인적 성장, 목적 있는 삶, 타인과의 긍정적인 인간관계, 자율성, 자기수용 등의 6가지 요소로 구성되어 나타나는 것으로 연구되고 있다(Ryff, 1989; Schmutte & Ryff, 1997). 요컨대 자기실현적 행복관은 행복을 개인의 주관적 체험을 넘어 객관적으로 드러나며 개인을 넘어 사회적으로 바람직한 삶으로 나타나는 것으로 본다. 그리고 행복한 삶이란 개인의 잠재능력과 미덕을 충분히 발현하여 자신뿐만 아니라 사회적으로 가치 있고 의미 있는 삶을 사는 것으로 본다.

Ryan과 Deci(2001)는 행복을 적합하게 개념화하려면 주관적 안녕감과 심리적 안녕감을 통합해야 한다고 보았다. 그리고 Keyes(2002)는 주관적 안녕감과 심리적 안녕감뿐만 아니라 '한 개인이 자신이 속한 사회의 기능에 대해서 부여하는 주관적 평가'를 의미하는 '사회적 안녕감(social well-being)'까지 포함한 '정신적 안녕감(mental well-being)' 개념도 제안하였다.

(3) 행복에 대한 긍정심리학 관점

긍정심리학은 Seligman의 행복이론(2002, 2012)에 주로 근거하고 있다. 행복을 적합하게 개념화하려면 주관적 안녕감과 심리적 안녕감을 통합해야 한다는 주장(Ryan & Deci, 2001)을 받아들여 Seligman은 행복에 대한 기존 두 관점을 통합하여 새로운 행복이론을 제안하였다. 이 이론에 따르면 초기에 행복이라는 모호하고 불분명한 개념이 경험 과학적으로 측정 가능하고 다루기 쉬운 3가지 구성요소, 즉 긍정적 정서(positive emotion)인 즐거운 삶, 몰입(engagement)인 적극적인 삶, 삶의 의미(meaning)인 의미 있는 삶으로 제안되었다. 그리고 최근에는 이를 더 확장·보완하여 5가지 구성요소, 즉 즐거운 삶(positive emotion), 몰입하는 삶(engagement), 함께하는 삶(relationships), 의미 있는 삶(meaning), 성취하는 삶(accomplishment)으로 제안되고 있다(Seligman, 2012). 최근 웰빙이론이라고도 불리는 행복의 각 요소들을 살펴보면 다음과 같다(김광수, 2012).

첫째, 행복한 삶은 '즐거운 삶'이다. 즐거운 삶이란 현재, 과거, 미래에 대한 긍정적인 감정을 느끼며 살아가는 삶을 말한다. 과거에 대해 만족감(contentment), 흡족감, 평온함 등을 느끼는 긍정적 정서, 미래에 대해 낙관주의, 희망, 신뢰, 믿음, 자신감 등을 느끼는 긍정적 정서, 현재에 대해 즐거움(pleasure)과 만족(gratification) 등을 느끼는 긍정적 정서가 행복한 삶의 첫 번째 요소로 제안된다. 여기서 말하는 긍정적 정서는 황홀경 혹은 흥분을 뜻하는 것이 아니며 보통 수준의 긍정적 정서를 의미한다. 긍정 정서는 사람의 마음가짐을 바꾸고 주의의 폭을 확장시키며 직관을 증대시킨다. 또한 면역체계 기능을 증강시키고 안녕(well-being)을 증가시키는 사고-행위 레퍼토리(thought-action repertory)를 확장시킨다. 그리고 확장된 레퍼토리는 다시 사회적·심리적 자원을 구축함으로써 삶의 만족감을 향상시킨다. 긍정 정서는 우울을 비롯한 심리적 문제 증상들의 완충제 역할을 하며 회복탄력성(resilience)을 증가시키는데, 긍정적 정서의 결핍은 정신병리의 증상인 동시에 부분적으로는 정신병리의 원인이 되기도 한다(Rashid, 2008).

둘째, 행복한 삶은 '몰입하는 삶'이다. 몰입하는 삶은 일, 여가생활, 인간관계에 적극적으로 관여, 몰두, 참여, 집중하는 삶을 말한다. 몰입은 활동에 최고조로 참여할 때 나타나는 심리적 상태다. 이 상태에서는 시간이 빠르게 흐르고, 현재 과업에 대한 강렬한 집중이 일어나며, 몰아지경의 상태를 경험하고, 때때로 자신에 대한 인식이 사라지기도 한다. 사람들은 제각기 다양한 활동과 장면에서 몰입을 경험할 수 있지만 몰입은 자신의 능력에 적당히 어울리는 일을 할 때 경험할 수 있다. 즉, 자신의 능력에 비해 너무 쉬워 아무런 도전이 되지 않을 때는 지겨움에 빠지기 쉽고, 자신의 능력에 비해 너무 어렵고 벅찬 도전이 될 때에는 두려움에 빠질 수 있다. 많은 심리적 증상이 몰입의 결핍과 관련이 될 뿐만 아니라, 몰입의 결핍 자체가 증상을 일으키기도 한다. 몰입은 권태, 불안, 우울 등의 해독제 기능을 한다(Rashid, 2008).

셋째, 행복한 삶은 '의미 있는 삶'이다. 의미 있는 삶은 자신보다 더 큰 무엇인가를 위해서 기여하고 헌신하는 삶을 말한다. 가족, 직장, 지역사회, 국가 공동체, 다음 세대, 소외 계층, 학문, 예술, 가치 있는 목표 등이 '자신보다 큰 무엇'이 될 수 있다. Victor Flankl(1963)은 행복이란 행복해지기 원함으로써 달성되는 것이 아니라 자신보다 더 큰 목표를 위하여 일할 때 의도치 않은 결과로서 얻게 되는 것임을 강조한 바 있다. 의미 있는 삶은 사람에 따라 다양한 방식으로 나타날 수 있지만, 의미에 필요한 중요한 조건은 자신보다 더 큰 어떤 것에 대한 애착과 연결성이다. 자원봉사에 대한 효능성에 대한 메타분석 결과, 자원봉사자들이 비자원봉사자들에 비해 두 배의 행복감을 경험한다는 결과와 자원 봉사가 권태를 감소시키고 목적의식을 제공하여 행복에 기여한다는 결과, 이타적 행동을 통해 삶에 대한 만족도가 24% 정도 향상되었다는 연구결과들이 제시되고 있다(Rashid, 2008). 긍정심리 상담의 관점에 의하면 의미의 결핍이 우울증을 비롯한 여러 심리적 장애를 초래할 수 있으며, 의미 있는 삶을 통해 보다 큰 자신과 연결될 때 심리적 문제도 해결될 수가 있다.

넷째, 행복한 삶은 '성취하는 삶'이다. 성취하는 삶은 자신이 원하는 어떤 목표를 달성하는 삶을 말한다. 사람들은 성공, 성취, 승리, 정복 그 자체가 좋아서 그것을 추구한다. 그것은 긍정적 정서나 의미, 긍정적 관계라고 할 만한 그 어떤 것도 제공하지 못할 때조차 그러하다. 행복의 네 번째 요소로서 성취는 일시적인 상태로는 업적이며, 확장된 형태로는 '성취하는 인생', 성취를 위해 업적에 전념하는 인생이다. Seligman(2012)은 성취하는 삶을 행복의 요소로 추가한 이유에 대해서 긍정심리학의 과제가 사람들이 행복을 얻기 위해 실제로 행하는 것을 규정하기보다는 행복의 특성과 상태를 묘사하기 위해서라고 밝히고 있다. 그는 성취하는 인생을 적극 지지하거나 제안하기보다는 어떤 의무나 강제 없이 사람들이 그 자체가 좋아서 선택하고 성취하는 것을 더 잘 묘사하기 위해서 '성취하는 삶'을 추가했다고 설명하고 있다.

　마지막으로 행복한 삶은 '함께하는 삶'이다. 함께하는 삶은 사랑하고 아끼는 사람과 함께 어울리는 삶을 말한다. 함께하는 삶은 행복한 삶의 핵심 요소이다. 인간이 행복을 경험하는 때는 대체로 다른 사람과 함께하는 순간이다. 다른 사람과 함께하고 나누며 다른 사람을 행복하게 할 때 행복을 느끼게 된다. 긍정심리학의 창시자 중 1명인 Peterson(2006)은 긍정심리학과 행복을 "타인"이라는 단 한 단어로 요약할 수 있다고 말한 바 있다. 긍정적인 것이 혼자 있는 경우는 극히 드물다. 기뻤을 때, 심오한 의미와 목적을 감지했을 때, 자신의 성취에 자긍심을 느꼈을 때, 그 모든 순간은 타인과 더불어 그리고 타인을 중심으로 일어나기 마련이다. 타인의 존재를 빼놓고 '우리'라는 단어를 제외하고는 행복을 제대로 설명하거나 행복감을 제대로 느낄 수가 없을 것이다. 이상에서 살펴본 것처럼 긍정심리학에서 보는 행복은 앞에서 제시한 5가지 행복의 요소가 편중되지 않고 균형을 갖추어 경험할 때 느끼는 충만한 삶(full life)을 뜻한다.

4) 행복증진을 위한 긍정심리교육

　자기실현적 행복관을 주로 견지하는 대표적인 학자이며, 긍정심리학의 창시자인 Seligman(1999)은 심리학의 사명을 환기시키면서 심리학의 새로운 방향에 대해 "심리학은 인간의 약점과 장애에 대한 학문만이 아니라 인간의 강점과 덕성에 대한 학문이기도 해야 하며, 진정한 치료는 손상된 것을 고치는 것만이 아니라 우리 안에 있는 최선의 역량을 이끌어 내는 것이어야 한다."라고 제시하였다. 이는 기존의 심리학이 '인간에게 없어야 할 것(우울, 불안, 무기력감, 분노, 폭력 등)이 존재하는 상황'에 관심을 가지고 이를 효과적으로 제거, 통제하는 데 관심을 가진 반면, 긍정심리학은 '인간에게 있어야 할 것(몰입, 평안, 안녕, 평화, 번영 등)이 부재하거나 부족한 상황'에 관심을 가지고 있어서 행복, 낙관성, 몰입, 사랑, 창의성, 정신건강, 역경이나 어려움을 이겨 내는 회복탄력성 등과 같은 인간의 미덕, 긍정적 특성들을 중점적으로 연구해야 할 필요가 있다는 방향과 맥을 같이하고 있다.

이러한 긍정심리학에 기초한 긍정심리교육은 개인의 정신병리나 고통을 치료하고 문제해결을 조력할 뿐 아니라 이에서 더 나아가 개인의 안녕과 행복증진을 위해서 개인의 삶에 긍정 정서, 강점 및 의미를 구축하려는 시도를 한다. 긍정심리교육은 개인의 행복에 대한 이해를 증진하고 진정한 행복을 촉진하는 것을 목표로 한다. 지금까지 연구에 의하면 긍정심리교육의 목표인 행복한 삶이란 즐거운 삶(과거, 현재, 미래에 대한 긍정적인 감정을 느끼며 살아가는 삶), 몰입하는 삶(일, 여가, 인간관계 등 생활에 적극적으로 관여, 몰두, 참여, 집중하는 삶), 의미 있는 삶(자신보다 더 큰 무엇인가를 위해서 기여하고 헌신하는 삶), 성취하는 삶(자신이 원하는 목표를 달성하는 삶), 함께하는 삶(사랑하고 아끼는 사람들과 함께 나누고 어울리는 삶)이 편중되지 않고 균형을 갖추어 경험할 때 느끼는 충만한 삶이다. 충만한 삶은 대개 개인이 어떤 일을 통해 즐거움, 몰입, 의미, 성취를 경험하며 소중한 사람들과 함께하면서 경험되는 삶이다(김광수, 2013; Seligman, 2012).

긍정심리교육은 Seligman의 행복이론(2002, 2012)에 주로 근거하고 있다. 이미 앞에서 살펴본 바와 같이 Seligman은 행복에 대한 기존 두 관점을 통합하여 새로운 행복이론을 제안하였다. 이 이론에 따르면 초기에 행복이라는 모호하고 불분명한 개념이 경험 과학적으로 측정 가능하고 다루기 쉬운 3가지 구성요소, 즉 긍정적 정서(positive emotion)인 즐거운 삶, 몰입(engagement)인 적극적인 삶, 삶의 의미(meaning)인 의미 있는 삶으로 제안되었다. 그리고 이를 더 확장하여 5가지 구성요소, 즉 즐거운 삶(Positive emotion), 몰입하는 삶(Engagement), 함께하는 삶(Relationships), 의미 있는 삶(Meaning), 성취하는 삶(Accomplishment)으로 제안되었다. 이 행복의 5가지 요소는 기억하기 쉽게 영어의 첫 글자만 따서 PERMA라고 명명하였다.

긍정 정서 Positive emotion	만족, 기쁨, 즐거움 등 긍정적인 감정을 갖는 것
열정 및 몰입 Engagement	일과 여가 등에 열정적으로 몰입하는 것
긍정적 관계 Relationships	친밀하고 지지적인 인간관계를 맺는 것
의미 Meaning	개인의 행위와 삶에 소중한 의미를 찾고 가치를 부여하는 것
성취 Accomplishment	자신이 정한 목표를 이루고 업적을 내는 것

[그림 2-1] Seligman의 행복(웰빙) 구성요소

Seligman에 의하면, 행복한 삶이란 즐거움과 같은 긍정 정서를 많이 느끼고 자신의 일에 열정적으로 몰입하며, 사람들과 긍정적인 관계를 맺고, 자신보다 더 큰 것과의 연결감 속에서 삶의 의미를 추구하며, 자신이 세운 목표를 성취하는 삶이라고 할 수 있다. 그의 수정된 행복이론인 웰빙이론은 인간으로서의 '번영'을 추구한다는 점에서 기본적으로 자기실현적 관점을 취하고 있지만, '긍정 정서' 또한 중시하고 있다는 점에서 쾌락주의적 행복관도 수용하고 있다고 할 수 있다.

긍정심리교육은 앞에서 정의된 행복한 삶을 가르칠 수 있다는 주장에 입각하여 긍정심리학의 경험 과학적 연구 성과를 학교에 적용하는 교육적 프로그램 개입이다. 긍정심리학을 교육현장에서 보다 광범위하게 적용하고자 하는 시도로 펜실베니아 자아탄력성 프로그램(Pennsylvania Resilience Program: PPR), 호주의 질롱 그래머스쿨 프로젝트(Geelong grammar school project)가 있다(Seligman, 2012). 이러한 교육과정은 근본적으로 가르치기, 응용하기, 실천하기로 구성되어 있으며, 긍정심리학이 학교 안에서 체계적이고 효율적으로 학습될 수 있다는 점에 기초하여 효과성이 입증되고 있다. 긍정심리교육 개입은 미국, 영국, 호주, 포르투갈, 이탈리아 등 다양한 나라와 그리고 우리나라에서도 이루어지고 있는데 긍정심리학적 연구결과가 학교 학생의 다양한 부정적 문제를 감소시키고 궁극적으로 학생들의 주관적 안녕과 심리적 안녕 등의 행복도 증가와 더불어 학습동기 및 학습능력 증가에도 긍정적 결과를 보고하고 있다(김광수, 2012).

긍정심리교육은 초기에는 긍정심리학의 주요 내용을 가르침으로써 행복의 기술을 배우는 데 초점을 두었지만, 최근에는 학생, 교직원, 학교 전체 공동체의 회복탄력성과 웰빙(행복) 증진을 목표로 교육적 환경에 웰빙과학을 적용하는 교육으로 의미와 기능이 확장되고 있다(Green, Oades, & Robinson, 2011).

2. 성격강점

긍정심리학의 주요 연구 주제 중 하나인 인간의 긍정적 특성의 핵심 영역이 인간의 성격강점이다. 여기서는 성격강점의 의미와 분류체계를 살펴보고 성격강점과 행복의 관계를 살펴보고자 한다.

1) 성격강점의 이해

긍정심리학의 연구 주제는 크게 긍정 상태(positive state), 긍정 특질(positive trait), 긍정 기관(positive institution)으로 구분할 수 있다(Peterson & Seligman, 2004). 이 중에서 성격강점은 긍정심리학의 두 번째 주제인 인간의 긍정 특질을 연구하고자 하는 데서 등장한 개념이라고 할 수 있다. 앞에서 언급한 바와 같이 최근에 Seligman(2012)은 이전에 제시하였던 진정한 행복의 3가지 구성요소인 '긍정적 정서' '적극적 참여' '의미'와 더불어 '관계'와 '성취'가 균형 잡힌 삶인 플로리시(flourish)를 제안하였다. 플로리시한 삶은 긍정심리학의 궁극적 목적이자 삶의 번영을 뜻하는데, 성격강점은 이러한 균형 잡힌 삶을 달성하는 핵심 방법론에 해당한다.

삶을 더욱 가치 있게 하는 주제에 대해 탐구하는 긍정심리학은 기존의 심리학에서 목표로 했던 문제나 증상의 제거에만 멈추지 않고 개인이 어떤 출발선상에 있든지에 상관없이 문제나 증상의 제거를 넘어 그 이상의 상태로 변화시켜 행복한 삶으로 이끄는 것을 목표를 하고 있다. 그리고 인간의 행복증진을 촉진하는 긍정심리학의 핵심적인 연구 주제가 바로 인간의 긍정적 성품과 성격강점이다.

인간의 긍정적 성품과 성격강점에 대한 체계적인 학술 연구의 기초는 2004년 Peterson 과 Seligman에 의해 『긍정심리학의 입장에서 본 성격강점과 덕목의 분류』라는 저술로 구 체화되었다. 이들은 개인의 잠재력을 키워 주고 긍정적 발달을 돕기 위해 품성 분류체계 를 만들고 그 측정방법을 고안하려고 노력하였다. 그 결과 각 시대와 문화를 통틀어서 공 통적인 6가지 덕성을 찾아내었는데, 지성, 인간애, 용기, 절제, 정의, 초월이 그것이다. 그 리고 각 덕성들에 이르도록 돕는 성격강점들을 분류하여 각 덕성마다 3~5개의 성격강점 을 구성하여 총 24개의 성격강점을 제시하였다([그림 2-2] 참조).

[그림 2-2] 덕성(미덕)과 성격강점

먼저 성격강점에 대한 이해를 넓히기 위해 이에 대한 여러 학자의 정의를 살펴보면 다음 과 같다. Roberts(1995)는 성격강점이 인간의 고유한 특성 차원에서 그리고 사회적 차원, 즉 사회적 조화의 면에서 우리의 삶을 잘 살 수 있도록 하는 개인 내적 특질이라고 정의하 였다. Baumeister와 Exline(2000)은 성격강점은 신체적 강건함이 아닌 심리적 강건함이라 고 하였고, Schimmel(2000)은 인간의 성격강점을 신체적 건강, 행복, 정의롭고 온정적인 공동체와 사회의 형성에 기여하는 심리적 · 발달적 · 성격적 과정과 이들의 결과로서 나타나는 태도와 행동의 발현이라고 보았다. Park과 Peterson(2006)은 성격을 인간의 바람직한 삶을 위해 중요한 긍정적 특질의 총체라 보고, 성격강점은 철학, 종교적으로 가치 있게 여겨진 덕목을 정의하는 심리적인 절차와 기제라고 정의하였다. Peterson과 Seligman(2004)은 성격강점을 '인간의 사고, 정서 및 행동에 반영되어 있는 긍정적 특질'로 정의하였다. McCullough와 Snyder(2000)는 '일관성 있게 한 사람이 자기 자신 및 사회에 모두에 혜택을 주기 위한 생각이나 행동을 하도록 할 수 있게 해 주는 심리적 과정'으로 성격강점을 이해하였다. 성격강점에 대한 학자들의 이해나 정의가 다양하지만 성격강점이 개인과 사회가 건강하고 행복한 삶을 영위하기 위해서 중요한 기능을 하는 인간의 긍정적 특질임을 알 수 있다.

한편, 성격강점은 인간의 능력(ablility)이나 재능(talent)과는 구분되는 것으로 보는데 성격강점이 다음과 같은 점에서 능력이나 재능과는 다른 속성을 지닌다. 첫째, 재능과 능력은 성격강점과 덕목에 비해서 좀 더 선천적으로 타고나는 것이며 환경에 의해 변화되기 어렵고 의도적으로 나타내기 어려운 것이다. 둘째, 재능과 능력은 그 자체보다 그 구체적 성과에 의해서 가치가 인정되는 반면, 성격강점과 덕목은 그 자체로 긍정적인 가치를 지닌다. 요컨대 성격강점이란 구체적 성과와는 관련 없이 그 자체로 가치 있으며 선천적 능력이나 재능과는 달리 노력에 의해 의도적 계발이 가능한 인간의 긍정적인 특질인 것이다(권석만, 2008). 성격강점은 단순히 다른 사람보다 잘하는 것이나 좋아하는 것이 아니라, 삶에 대처해 가는 자세로서 비록 기초가 약해도 얼마든지 계발할 수 있는 도덕적 특성이다(Peterson & Seligman, 2004).

Peterson과 Seligman(2004)은 사람마다 나름대로의 다양한 성격적 강점과 재능을 가지고 있다고 말하면서 이러한 강점들 중에서 개인의 독특성을 가장 잘 보여 줄 수 있는 두드러진 성격적 강점들을 '대표강점(signature strengths)'이라고 칭하였다. 대표강점은 개인이 실제로 가지고 있고, 일상생활에서 자주 드러내 사용하며, 그 사람의 특성을 가장 잘 나타내는 것이라고 사람들이 인정하는 강점이다(Peterson & Seligman, 2004). 대표강점은 통찰과 직관을 통해서도 발견될 수 있으며, 개인은 자신의 대표강점을 발휘하는 과정에서 소진되기보다 오히려 고무되고 기쁨을 느낀다. 또한 대표강점과 관련된 주제를 배우거나 연습할 때 매우 빠르게 학습함은 물론 꾸준히 새로운 방식으로 학습을 지속하는 경향이 있다

(Peterson, 2006; Seligman, 2002). 개인이 자신의 대표강점이 무엇인지를 발견하고 생활 속에서 그것을 확인할 수 있다는 것은 곧 진정한 자기이해의 출발이며, 자기실현의 근원이 됨을 뜻한다(Peterson, 2006; Peterson & Seligman, 2004; Seligman, 2002). 나아가 대표강점의 활용은 개인이 자신이 처한 환경에 보다 적극적으로 참여할 수 있도록 유도하며, 그 속에서 타인과의 긍정적인 상호작용을 통해 즐겁고, 의미 있는 삶을 영위할 수 있도록 도와준다(Rashid & Anjum, 2008).

2) 성격강점 분류체계

훌륭한 삶에 대한 특징을 기술하는 것은 긍정심리학의 핵심 주제이다. 좋은 사람과 훌륭한 삶의 의미는 덕목과 밀접하게 관련되어 있고, 긍정심리학은 덕목을 특별히 두드러진 가치를 지닌 것으로 보았다. 이것은 행동 가치에 관한 프로젝트(Values in Action Project: VIA, Peterson & Seligman, 2004)에서 가장 뚜렷하게 나타났는데, 이 프로젝트는 정신의학회에서 개발한『정신질환의 진단 및 통계 편람(DSM)』에 대응하여 성격강점과 덕목에 관한 분류의 개발을 목표로 하는 프로젝트였다. 이 프로젝트는 DSM과 유사하게 포괄적인 분류체계를 만들고자 했으며, 인간의 문제나 약점이 아닌 강점에 초점을 맞추고자 하였다. 이 프로젝트에서는 훌륭한 삶을 영위하는 건강한 사람의 특성, 즉 긍정적인 인간의 질적 측면들을 기술하고자 하였다. DSM은 '영하(below zero)'의 삶을 기술하고 있다[여기에서 '영점(zero)'은 정신건강과 정서적 질병을 나누는 경계가 된다]. 그러나 VIA의 목표는 '영상(above zero)'의 삶을 기술하는 것이었다(즉, 정신적인 건강함과 강점을 정의하는 특질을 확인하는 것). 이러한 목표는 문제가 있는 인간 행동에 초점을 맞추었던 심리학의 전통적인 관점 대신에 균형 회복이라는 점을 강조한 긍정심리학의 목표와 일치하는 것이다(Baumgardner & Crothers, 2009).

(1) 성격강점의 선정 과정 및 준거

성격강점의 선정은 먼저 핵심적인 학자들(Donald Clifton, Mihalyi Csikszentmihalyi, Ed Diener, Kathleen Hall Jamieson, Robert Nozick, Daniel Robinson, Martin Seligman, George Vaillant)이 브레인스토밍을 통해 잠정적인 목록을 만들었다. 초기목록은 Peterson의 주도

하에 몇 차례의 긍정심리학 학술대회에서 의견을 수렴하여 완성도를 높여 갔다. Peterson
은 심리학, 정신의학, 청소년발달, 철학에서 좋은 인격에 관한 문헌 조사를 통해 역사적으
로 영향력 있는 인물들이 제시한 좋은 성격 목록들을 수집하였다. 또한 청소년 단체 및 인
성교육 프로그램 등에서 제시하고 있는 목록들, 영화나 소설, 광고, 낙서 등에 나타난 대중
적인 강점과 덕목들을 수집하고 검토하였다. 이러한 작업을 통해 약 200여 개의 성격강점
후보들을 1차 선정하였고, 좀 더 확실한 성격강점을 선별하기 위한 준거 〈표 2-1〉을 마련
하였다. 이러한 준거들을 적용한 결과, 준거들 대부분을 충족시킨 성격강점은 24개로 압
축되었다(윤병오, 2013; Peterson, 2006; Peterson & Seligman, 2004). 이러한 성격강점을 선정
하고 설명하는 데 기초가 되는 심리학과 덕 윤리 관련 내용에 대해 살펴보면 다음과 같다.

① 심리학

연구자들은 성격강점 분류체계를 형성하기 위해 많은 심리학자(E. L. Thorndike, E. Erikson,
A. Maslow, E. Greenberger, M. Jahoda, C. Ryff, M. Cawley, L. Kohlberg, G. Vaillant, H. Gardner,
S. Schwartz, D. M. Buss)의 연구 성과를 검토한 후 다음과 같이 정리하였다. 첫째, 대부분의
심리학자는 인간의 성격특성을 하나의 특질로 본다. 즉, 성격특성은 상대적으로 안정되고
일관성이 있는 개인차 있는 특성이다. 둘째, 거의 모든 심리학자는 다양한 성격강점을 제
안하고 있다. 4, 5개에서 수십 개까지 제안하고 있는데, 이렇게 차이가 나는 이유는 주로 구체
성 및 추상성의 정도 때문이다. 셋째, 대부분 성인의 강점들만 제시하고 아동이나 청소년
의 강점 또는 발달과정을 언급하고 있지는 않으므로 이에 대한 보완이 필요하다. 넷째, 덕
목이나 강점들을 분류하고 정리할 수 있는 하나의 통일된 이론을 만드는 것은 어렵더라도
덕목과 강점들을 체계적으로 정리할 필요성이 있다. 다섯째, 많은 심리학자가 성격강점을
측정하는 도구로서 자기보고식 검사를 사용했다. 이는 자기보고식 검사에 대한 비판이 있
지만 이것이 강점 측정도구로 사용 가능하다는 것을 보여 준다(윤병오, 2013).

② 덕 윤리

VIA 분류체계는 고대로부터 내려온 덕 윤리의 전통과 문제의식을 그대로 계승하고 있
다. 하지만 VIA 분류는 덕 윤리에서와 같은 철학적 탐구가 아닌 사회과학적 탐구의 소산이

다. 인간의 탁월성을 의미하고 자기실현에 기여하는 인간의 바람직한 성품을 의미하는 덕 개념을 수용하되, 성격상의 '긍정적 특질'이라는 심리학적 개념으로 전환하였다. 그리고 추상성의 수준에 따라 덕목, 성격강점으로 구별하였다. 덕목들이 갖는 사회문화적 다양성을 확인하였고, 이를 토대로 보편적인 덕목을 만들기 위해 노력하였다. 이외에도 청소년발달 프로그램과 기타 덕목 및 대중적 덕목들을 검토하여 200여 개의 성격강점 후보들을 추출하였고, 다음의 선정 준거들의 심사를 통해 최종적인 성격강점을 선정하였다. 선정 준거들은 〈표 2-1〉과 같다(권석만, 2008; Peterson & Seligman, 2004).

〈표 2-1〉 성격강점 선정 준거

준거	내용
보편성 및 편재성	대부분의 사회와 문화에서 긍정적인 덕목으로 여겨야 한다.
도덕성	가시적인 결과에 관계없이 그 자체로 도덕적 가치를 지녀야 하며, 노력과 의지로 획득하는 것이어야 한다.
타인에게 해롭지 않음	해당 강점을 발휘하는 것이 타인의 강점을 감소시키거나 타인의 능력 발휘를 저해하지 않아야 한다.
반대어의 부정성	명백히 부정적인 의미를 지닌 반대말이 있어야 한다.
측정 가능성 (특질)	측정 가능한 개인의 행동(생각, 감정, 행위)이어야 하며 상황과 시간 변화를 고려했을 때 어느 정도 안정성과 일관성을 지닌 특질이어야 한다.
특수성(단일성)	다른 강점과 구별되어야 하며, 다른 강점으로 분해되어서는 안 된다.
모델의 존재	해당 강점을 지닌 이상적 인물, 역사적 인물이든 현존 인물이든 아니면 이야기 속의 허구적 인물이든 전형적 인물이 존재해야 한다.
신동의 존재	모든 강점에 해당되는 것은 아니지만 해당 강점을 가진 어린이나 청소년이 존재해야 한다.
결핍자의 존재	해당 강점이 현저하게 부족한 사람이 존재해야 한다.
촉진제도 존재	해당 강점을 발달, 함양시키기 위한 사회적 제도나 관행, 풍습 등이 있어야 한다.

(2) 성격강점 분류체계의 구조

Peterson과 Seligman(2004)은 이러한 기준들을 잘 충족시키는 6개의 핵심덕목과 24개 강점으로 구성된 분류체계를 제시하였다. 그것이 성격강점과 덕목에 대한 VIA 분류체계이다. 이 분류체계에 포함된 6개의 핵심덕목은 지성(wisdom & knowledge), 인간애(humanity),

용기(courage), 절제(temperance), 정의(justice), 초월(transcendence)이다. Peterson과 Seligman(2004)에 따르면, 이 핵심덕목은 방대한 문헌을 조사한 결과, 시대와 문화를 통틀어 놀라울 정도의 공통성을 보인 것들로서 '상위 6개 핵심덕목(the high six)'이라고 불린다. 핵심덕목은 각각 3~5개의 하위 강점으로 구성되어 있다. VIA 분류체계에 포함된 6개의 핵심덕목과 그 하위요소인 24개 성격강점에 대한 기존 연구(권석만, 2008, 2011; Peterson & Seligman, 2004)를 기반으로 아동·청소년 수준에 부합하도록 덕목과 대표강점의 개념을 제시하면 다음과 같다(권석만, 2011, 2017; 김광수 외, 2015).

① 지성과 관련된 강점들

지성(wisdom & knowledge)은 좋은 삶에 필요한 정보의 획득과 이의 활용 관련 긍정적 특질이다. 보다 나은 삶을 위해서 지식을 습득하고 활용하는 것과 관련된 인지적 강점으로 삶에서 지혜로운 판단과 지적인 성취를 돕는 강점이다. 덕목에 대해 관심을 가지던 많은 철학자가 다른 모든 것을 가능케 하는 주요 덕목으로 지혜나 이성을 제안했는데 사회성, 공정성, 희망, 유머, 종교성과 같은 강점들도 인지적인 측면을 다루고 있지만 VIA 분류체계에서는 인지적인 특성이 더욱 두드러진 5가지 강점으로 창의성, 호기심, 개방성, 학구열, 지혜를 제시하고 있다.

❶ 창의성(creativity)

자신이나 타인의 삶에 긍정적인 영향을 미치면서 독창적이면서도 유용한 생각과 행동, 산물을 생성해 내는 능력을 의미한다. '독창성'과 '적응성'이라는 요소를 모두 충족시키는 개인적 특성으로 내재적 동기(내면의 의도와 열의), 독립성, 위험 감수, 실패에 대한 인내의 특성이 포함되기 때문에 창의성은 개인에 따라 상당한 차이가 있고 다양한 모습으로 나타날 수 있다. 가정이나 직장에서 경험하는 일상적인 문제들을 독창적으로 해결하는 능력을 뜻하는 '일상적 창의성(everyday creativity)'과 뛰어난 과학자들이나 예술가들이 나타내는 놀라운 독창성을 지칭하는 '위대한 창의성(big creativity)'으로 구분되기도 한다(Simonton, 2000). 창의성의 대표적 인물의 예로 아인슈타인, 스티브 잡스, 마리 퀴리, 빌 게이츠 등을 들 수 있다.

❷ 호기심(curiosity)

새로운 정보, 지식, 경험을 얻고자 하는 욕구로서 탐색적인 행동을 유발하는 심리적 성향을 의미한다. 새로운 경험과 학습을 촉진하고 내적 만족과 성취를 이루게 하는 긍정적 심리특성으로 긍정적인 정서(활력, 즐거움), 새로운 경험에 대한 수용성, 넓어진 인지적 과정, 과제 몰입, 흥미 원천에 대한 적극적 탐구의 특성이 나타난다. 호기심의 대표적 인물의 예로 콜럼버스, 마젤란, 에디슨, 헬렌 켈러 등을 들 수 있다.

❸ 개방성(open-mindedness)

자신이 지지하는 신념, 계획, 목표에 반대되는 증거들도 적극적으로 탐색하며 그것이 적절한 것이라면 기꺼이 수용하려는 열린 마음자세를 의미한다. 경직되고 방어적이며 편견적인 태도와 대비되며 사실을 있는 그대로 받아들이려는 객관적 태도로 분석적이고 비판적인 사고력, 비방어적 태도, 공감적 조망능력, 자기반성적 태도, 유연한 안목, 부조화에 대한 인내력 등의 특성이 나타난다. 개방성의 대표적 인물의 예로 프랜시스 베이컨, 링컨, 스티븐 호킹 등을 들 수 있다.

❹ 학구열(love of learning)

새로운 지식과 기술을 배우는 것에 대한 갈망과 더불어 그러한 지식과 기술을 숙달하면서 긍정 정서를 경험하는 성향을 의미한다. 무언가를 배우는 과정에서 긍정 정서뿐만 아니라 좌절 등의 부정 정서를 경험하더라도 배움에 대한 사랑, 즉 학구열은 이러한 좌절과 곤란을 극복하면서 학습을 지속하도록 돕는 긍정적 추진력을 준다. 체계적인 지식과 기술의 습득에 대한 열망, 다양한 새로운 것에 대한 흥미, 흥미로운 초점적 주제에 대한 깊은 관심, 인지적 만족 등의 특성이 나타난다. 학구열의 대표적 인물의 예로 벤자민 프랭클린, 정약용, 파브르 등을 들 수 있다.

❺ 지혜(wisdom)

개인과 사회를 위해 유익한 기능을 지니는 것으로서, 특히 복잡하고 혼란스러운 상황에서 현명한 판단과 대응을 하게 해 주는 심리적인 능력을 의미한다. 판단 및 조언 능력, 인생의 의미에 대한 통찰력, 자신과 사회의 안녕에 기여하려는 강한 욕구 등의 특징이 나타 난다. 특히 지혜로운 사람은 자기이해를 잘하고 있고, 어떤 결정을 할 때 감성과 이성을 모두 잘 활용하며, 폭넓은 안목과 관점을 지니며, 다른 사람과 사회를 위해 기여하려는 욕구가 강하고, 자신이 알 수 있는 것과 할 수 있는 것의 한계를 잘 알고 있고, 중요한 문제의 핵심을 파악할 수 있으며, 다른 사람에게 현명한 조언을 해 줄 수 있는 긍정적 특성을 보인다. 지혜의 대표적 인물의 예로 예수, 석가모니, 노자, 솔로몬, 소크라테스 등을 들 수 있다.

② 인간애와 관련된 강점들

인간애(humanity)는 동정하고, 공감하며, 연민을 느끼고, 사랑으로 타인과의 관계를 맺는 능력을 말한다. 인간애는 나의 요구와 이득보다는 타인의 요구에 초점을 맞추어서 관계를 형성하고 유지하기 위한 토대가 된다. 인간애는 도움이 필요한 타인을 기꺼이 도와주고, 친절하고 너그러우며, 타인의 감정과 가치를 존중하는 것으로 표현된다. 이 덕목은 3개의 강점, 즉 사랑, 친절성, 사회지능으로 구성되어 있는 대인관계 강점 혹은 정서적 강점이라 할 수 있다.

❶ 사랑(love)

다른 사람과 상호적인 관계 속에서 깊은 애정을 형성하고 유지할 수 있는 심리적 능력을 의미한다. 다른 사람에게 애정을 느끼고 전달할 뿐만 아니라 상대방의 애정을 받아들임으로써 깊이 있는 관계를 안정적으로 유지할 수 있는 능력을 포함한다. 가족, 부부, 친구 및 다양한 인간관계 형성에 영향을 미치는 개인의 행복과 안녕에 기여하는 성격강점으로 대표적 인물의 예로 테레사 수녀, 슈바이처 등을 들 수 있다.

❷ 친절성(kindness)

자신의 이익에 상관없이 자발적으로 타인의 행복을 위해 호의를 베풀며, 선한 행동을 함으로써 보살펴 주려는 성향을 의미한다. 이타적 동기, 공감적 반응, 보살핌 행동 등의 특징이 나타난다. 친절성의 대표적 인물의 예로 나이팅게일, 몬테소리, 시슬리 손더스(호스피스 운동을 시작한 인물) 등을 들 수 있다.

❸ 사회지능(social intelligence)

자신과 타인의 동기나 감정 상태를 잘 파악하여 상황에 알맞게 자신의 감정을 조절하고 표현함으로써 대인관계를 원활하게 만드는 개인적 능력을 의미한다. 자기자각, 자기관리, 사회적 자각, 관계 관리 능력의 특징을 나타내며 정서지능으로 불리기도 한다. 타인뿐만 아니라 자신에 대한 정확한 이해와 평가를 뜻하는 개인적 지능(personal intelligence)과도 밀접한 관련이 있으며 인간관계를 원만하게 만드는 성격강점이다. 사회지능의 대표적 인물의 예로 서희(고려시대 외교가), 오프라 윈프리 등을 들 수 있다.

③ 용기와 관련된 강점들

용기(courage)는 저항과 역경에 직면했을 때 두려움을 극복하는 의지적 강점이다. 용기는 목표 추구의 과정에서 내·외부적 난관에 직면하더라도 이를 극복하면서 목표를 성취하려는 강인한 투지(grit)를 보이는 강점으로 강력하게 분발하고 맹렬히 추진하는 능동적인 강점특성과 고통과 좌절을 인내하고 유혹을 견디어 이기는 수동적인 강점특성 모두를 포함하는 의지적 강점이다. 자기 자신의 죽음에 직면하여 수용하는 것, 병마와 싸워 이기는 것, 자신의 한계와 나약함 혹은 나쁜 습관에 정직하게 직면하는 것, 부정적인 결과의 가능성에도 불구하고 누군가의 확신에 편을 들어 주는 자세와 관련된 특징이 나타난다. 인간의 의지력과 관계있는 용기의 덕목은 4가지 강점, 즉 용감성, 끈기, 진실성, 활력으로 구성되어 있다.

❶ 용감성(bravery)

위험하거나 위협적인 상황에서 두려움을 이겨 내고, 그 상황을 극복하기 위한 적절한 행동을 자발적으로 실행하는 능력을 의미한다. 위협, 도전, 난관, 고통으로부터 위축되지 않고 이를 극복하려는 능력으로 반대가 있더라도 옳다고 생각하는 것을 주장하거나 다른 사람들이 싫어하더라도 신념을 따라 행동하는 것으로 자발성, 위험인식, 결과를 감수하겠다는 자세를 보인다. 용감성은 두려움이나 공포를 모르는 것이 아니라 이를 이겨 내는 것으로 극복하고자 하는 두려움이나 공포의 내용에 따라 육체적 용감성, 도적적 용감성, 심리적 용감성 등으로 구분할 수 있다. 용감성의 대표적 인물의 예로 이순신, 잔 다르크 등을 들 수 있다.

❷ 끈기(persistence)

여러 어려움과 좌절에도 불구하고 목표를 이루기 위한 행동을 자발적으로 지속하는 태도와 능력을 의미한다. 시작한 일을 지속하여 마무리, 완성하는 능력으로 어려움이나 장애물에도 불구하고 일련의 행동을 지속해 나가면서 과제를 완성하고 그로부터 만족을 느끼는 태도로서 관심의 일관성과 노력의 지속성이 특징으로 나타난다. 끈기의 대표적 인물의 예로 에디슨, 박지성, 엄홍길 등을 들 수 있다.

❸ 진실성(authentisity)

자기 내면의 생각과 감정, 의도나 행위를 언제나 거짓 없이 드러냄으로써 자신에게 솔직해지려고 노력하는 인격적 특질을 의미한다. 가식이나 위선 없이 자신에 관한 진실을 말하고 자신의 감정이나 행동에 대해서 책임을 지려는 태도를 의미하며 정직성(honesty), 성실성(integrity)과 유사한 특성을 갖는다. 경험과 자각의 일치, 자각과 행동의 일치, 외부적 영향의 수용, 자기통일성 등의 특징을 보이며 대표적 인물의 예로 정몽주, 안중근 등을 들 수 있다.

❹ 활력(vitality)

활기차게 적극적으로 살아가며, 자신이 하는 일에 강한 흥미를 가지고 열정적으로 추진하는 성격적 특성을 의미한다. 유사한 개념으로 열정(zest, enthusiasm)이 있는데, 이는 추구하는 목표를 향해 열의를 지니고 강력히 추진하는 태도를 뜻한다. 활력을 열정과 동일한 개념으로 보기도 하는데 활력은 긍정적 생동감, 자발적 목표 추구, 에너지의 효율적 집중의 특징을 나타낸다. 활력은 신체적으로 건강한 상태에서 나타날 수도 있지만 자기통합이 잘 이루어진 상태에서 삶의 분명한 목적과 방향을 지니고 살아갈 때 경험된다. 활력의 대표적인 인물의 예로 모차르트, 차두리 등을 들 수 있다.

④ 절제와 관련된 강점들

절제(temperance)는 지나침이나 극단으로 빠지지 않게 조절, 통제하고 자기와 타인에게 해가 될지도 모를 충동을 억제하여 우리를 보호하는 중용적 특징의 강점으로 4개의 강점, 즉 용서, 겸손, 신중성, 자기조절이 포함된다. 용서는 미움과 증오로부터 우리를 보호하며, 겸손은 교만으로부터, 신중성은 장기적으로 해를 초래할 단기적 위험이나 쾌락으로부터, 자기조절은 다양한 종류의 파괴적인 극단적 감정이나 상태로부터 우리를 보호하는 강점이다.

❶ 용서(forgiveness)

부당하게 상처 입은 후에 생겨나는 분노와 적대감을 극복하고 이에서 더 나아가서 상대에게 긍정적인 반응을 보이는 태도와 능력을 의미한다. 상처로 인해 비롯된 부정적 인지, 정서, 행동 반응을 극복하고 긍정적 인지, 정서, 행동 반응으로 나아가는 변화를 의미한다. 용서는 상대방에 대한 부정적 반응을 극복할 뿐만 아니라 사회구성원 간의 갈등과 폭력을 감소시킨다는 점에서 친사회적 강점이라고 할 수 있다. 용서의 대표적 인물의 예로 예수, 손양원 목사, 넬슨 만델라 등을 들 수 있다.

❷ 겸손(modesty)

자신의 재능과 성취를 객관적인 시각에서 바라보며 과장된 오만함을 가지지 않고 자신에 대해 절제된 평가를 하며 이와 일치되는 행동으로 자신을 드러내는 태도를 의미한다. 객관적 자기인식 자세로 우월의식이나 과시를 지양하는 특징으로 나타나며 대인관계뿐만 아니라 여러 영역에서 긍정적인 영향을 미치며 정서적 안녕감과 자기조절능력의 향상을 촉진하는 강점으로 여겨지고 있다. 겸손의 핵심적 특성으로 자신의 능력과 성취에 대한 평가절하가 아닌 정확한 이해/자신의 실수, 불완전함, 한계를 인정할 수 있는 능력/새로운 생각, 상반된 정보, 충고에 대한 개방적 자세/자신의 능력과 성취를 균형 있는 관점에서 바라보는 것/자신에 대한 초점을 약화시키거나 자신을 잊을 수 있는 능력/세상 모든 것의 소중함을 인정하는 자세 등을 들 수 있다(Tangney, 2000, 2002). 겸손의 대표적 인물의 예로 맹사성, 이태석 신부 등을 들 수 있다.

❸ 신중성(prudence)

자신이 처하게 될 미래상황에 대해 심사숙고하여 준비하고 행동하여 불필요한 위험, 후

회할 말, 행동 등을 미리 예방하는 태도와 능력을 말한다. 계획성 있고 언행에 있어 사려 깊고 숙고하고 반성적 태도로 자신이 추구하는 장기적 목표가 효과적으로 성취되도록 체계적인 접근을 하는 특징으로 나타난다. 신중성의 대표적인 인물의 예로 이순신, 허준 등을 들 수 있다.

❹ 자기조절(self-regulation)

지향하는 목표나 기준에 도달하기 위해서 또는 사회적 · 환경적 요구에 따라 자신의 생각, 감정, 욕구, 행동을 조절하고 통제할 수 있는 능력이다. 따라서 자기조절은 도덕적 행위 일뿐만 아니라 현실적인 목표 달성에 도움이 되는 성격강점이다. 자기조절을 잘하는 사람은 자신의 감정이나 욕구를 적절한 방법으로 드러내거나 이를 적절히 억제함으로써 높은 자기수용 및 자아존중감과 더불어 높은 적응수준 및 정신건강을 나타내 보인다. 자기조절의 대표적 인물의 예로 칸트, 김연아 등을 들 수 있다.

⑤ 정의와 관련된 강점들

정의(justice)는 공동체 구성원의 평등성과 공평성을 실현하는 데 필요한 강점으로 개인과 집단 간의 건강한 상호작용이 이루어지게 하는 사회적 강점이다. 정의는 건강한 사회와 공동체 그리고 타인과의 건전한 관계를 위한 필수적인 요소로 사람들이 자기본위에서 벗어나 공정한 마음을 가지고, 타인과 협력하고, 공동의 목표를 이루기 위해 주도권을 가지고 공동체의 행복에 공헌하게 하는 사회적 강점으로 3개의 강점, 즉 공정성, 시민의식, 리더십으로 구성된다.

❶ 공정성(fairness)

편견 및 선입견이나 주관적 감정의 개입 없이 모든 사람을 동등하게 대하고 공평한 기회를 주며, 일의 처리과정과 결과를 사회가 합의한 절차에 따라 투명하게 진행해 나가는 태도를 뜻한다. 절차의 공정성, 기회의 공정성, 결과(분배)의 공정성이 특징으로 나타나며 공정성의 대표적 인물의 예로 방정환, 히포크라테스 등을 들 수 있다.

❷ 시민의식(citizenship)

자신이 속한 집단의 구성원으로서 집단의 이익을 위해 최선을 다하고 협력하며 자신에게 주어진 역할과 임무를 충실하게 수행함으로써 사회, 집단에 대한 책임감과 헌신을 나타내는 의식과 태도를 의미한다. 이기심, 자기중심성, 무책임성 등과 반대되는 의미를 가지며 인간에 대한 가치 인식, 공동체의식과 참여, 준법성, 책임감 등의 특징으로 나타난다. 시민의식의 대표적 인물의 예로 간디, 김구 등을 들 수 있다.

❸ 리더십(leadership)

개인이 속한 모든 삶의 영역에서 집단 활동을 계획 · 조직하여 이끌어 나가며 구성원들을 고무하고 사기를 진작하여 개인과 집단의 목표에 도달할 수 있도록 돕는 능력을 의미한다. 리더십은 집단활동을 조직화하고 그러한 활동이 진행되는 것을 파악, 관리함으로써 집단을 이끌어 가는 능력으로 개인의 성취뿐만 아니라 집단의 발전에 기여하는 성격강점이다. 인간관계기술, 자아이해기술, 집단활동기술, 의사결정기술 등이 특징으로 나타나며 대표적 인물의 예로 세종대왕, 처칠 등을 들 수 있다.

⑥ 초월과 관련된 강점들

초월(transcendence)과 관련된 강점은 우리의 행위와 경험으로부터 삶의 의미와 가치를 발견하고 보다 큰 세계 및 우주와 연결감을 갖게 하는 강점이다. 일상적인 것을 넘어서는 것을 의미하는 초월은 우리로 하여금 일상적으로 실재하는 선입견에서 벗어나게 해 주며, 세상에 대한 더 넓은 관점을 제공함으로써 개인화된 편협한 견해에서부터 벗어나게 도와준다. 형태가 어떻든지 간에, 초월적 강점은 인생을 더 포괄적으로 이해하게 하고 삶에 대한 더 깊은 의미를 찾게 하며 가치 있는 세계 및 존재와 연결해 준다. 초월과 관련된 강점은 심미안, 감사, 낙관성, 유머, 영성의 5개 강점으로 구성된다. 심미안은 아름답고 탁월한 것과, 감사는 선한 것과, 낙관성은 미래의 소망과, 유머는 유쾌한 방식과, 영성은 우주 및 신과의 연결감을 통해 인생의 의미를 깊고 풍요롭게 한다. 초월적 강점은 당장의 직업적 성취나 인간관계에 도움을 주기보다는 우리의 삶을 보다 넓은 관점에서 풍요롭고 행복하게 하는 데 기여한다.

❶ 심미안(appreciation of beauty & excellence)

　삶의 모든 영역에서 아름다움과 탁월함을 인식하고 추구하며 이로부터 즐거움을 느낄 수 있는 능력이다. 또한 심미안은 인간, 자연, 예술, 학문, 일상의 경험 등의 삶의 다양한 장면에서 나타나는 뛰어난 모습, 노력의 결과와 성과물을 깨닫고 이를 음미하고 감상할 수 있는 태도로 나타난다. 아름다움과 탁월함에 대한 심미안을 지닌 사람은 매일 점점 더 큰 기쁨을 느낄 뿐만 아니라 자신의 삶에서 더 많은 의미를 발견하고 다른 사람들과 더 깊은 관계를 맺을 수 있다. 심미안의 대표적 인물의 예로 김홍도, 피카소 등을 들 수 있다.

❷ 감사(gratitude)

　자신에게 베풀어진 다른 사람의 수고와 배려를 인식하고 고마움을 느낄 뿐만 아니라 이에 보답하려는 개인적 성향을 의미한다. 수혜를 받는 사실에 대한 기쁨과 축복감, 수혜를 베푼 대상에 대한 고마움과 소중함을 인식하고 느끼며 이를 표현하려고 행동하는 경향성을 포함한다. 누군가에게 감사하는 따뜻한 감정, 그 사람에 대한 우호적 감정, 감사를 느끼는 따뜻한 감정과 우호적 감정을 행동으로 옮기는 성향을 감사의 요소로 보기도 한다(Fitzgerald, 1998). 감사의 대표적 인물의 예로 헬렌 켈러, 닉 부이치치 등을 들 수 있다.

❸ 낙관성(optimism)

　미래에 대하여 긍정적인 기대와 희망을 가지고 현실의 상황을 긍정적으로 인식하고 해석하며 일상의 다양한 문제 상황에 효율적으로 대처, 극복할 수 있다는 마음으로 살아가는 태도를 의미한다. 미래에 대한 긍정적인 태도를 뜻하는 낙관성은 목표지향적 행동을 촉진하며, 긍정 정서와 자신감, 목표달성을 위해 활기차고 적극적으로 행동하는 경향성으로 나타난다. 낙관성은 부정적 가능성을 외면하는 것이 아니라 현실의 문제나 어려움, 실패 등을 인정하고 이를 직면하고 수용하면서도 미래에 대하여 긍정적 측면을 중시하는 경향성이다. 낙관성을 긍정적인 결과에 대한 구체적인 기대(예: 오늘은 재미있는 놀이를 할 수 있을 거야)를 의미하는 작은 낙관성(little optimism)과 모호하지만 더 커다란 기대(예: 내 인생의 꿈은 이루어질 것이다)를 뜻하는 큰 낙관주의(big optimism)로 구분하기도 한다(Tiger, 1979). 낙관성의 대표적 인물의 예는 월트 디즈니, 마틴 루서 킹 등을 들 수 있다.

❹ 유머(humor)

웃음을 유발하거나 즐거움을 제공하는 능력을 의미한다. 농담이나 유머자극을 이해하는 능력, 재미있는 생각이나 이야기를 만들어 내는 능력, 유머나 즐거운 일을 효과적으로 표현하고 전달하는 능력, 다양한 유형의 농담이나 유머를 즐겁고 유쾌한 것으로 감상하는 능력, 유머를 적극적으로 찾아 나서는 성향, 자신의 삶에서 경험한 재미있는 사건이나 농담을 기억하는 성향, 부정적인 상황에서 유머를 대처기제로 사용하는 경향성을 포함한다. 유머는 자신의 인생을 즐겁고 유쾌하게 만들 뿐만 아니라 주변 사람들을 즐겁게 함으로써 친화적인 인간관계를 촉진한다. 유희적인 삶의 태도와 장난기 있는 특징으로 나타나며 인생의 역경 및 고통과 모순적 측면을 좀 더 의연하고 즐거운 태도로 극복하며 초월적 태도로 임하게 하는 성격강점이다. 유머의 대표적 인물의 예로 찰리 채플린, 유재석 등을 들 수 있다.

❺ 영성(spirituality)

인간의 실존적 한계를 초월하는 궁극적인 것, 절대적인 것, 영원한 것, 성스러운 것, 개별적인 자기를 넘어서 더 큰 존재나 가치를 추구하며 이에 연결되려는 태도와 행동 경향을 의미한다. 궁극적인 가치와 의미, 초월적인 것에 대한 관심과 믿음, 수행 노력, 종교 활동 참여의 특징으로 나타난다. 영성은 삶의 방향성과 목적의식을 갖게 도와주며 심리적 안정과 더불어 역경을 이겨 내는 심리적 강인함을 부여해 주고 삶과 세상에 대한 다양한 의문과 회의를 해소하는 데 도움을 준다. 영성의 대표적 인물의 예로 공자, 달라이 라마 등을 들 수 있다.

3) 성격강점과 행복

(1) 성격강점과 행복의 관련성

성격강점은 인간의 긍정 특질을 연구하는 데서 등장한 개념이다. 성격강점은 일시적인 심리 상태가 아니라 개인이 지속적으로 나타내는 긍정적인 행동양식이나 탁월한 성품과 덕목을 의미한다(권석만, 2008). Seligman(2002)은 인간이 자신의 강점을 찾아내어 계발하고 활용함으로써 진정한 행복을 발견할 수 있다고 보고, 성격강점을 좋은 삶을 살아가는 데 도움이 되는 가장 중요한 도구로 제시하였다. 성격강점은 '인간의 사고와 정서 및 행동에 반영되어 있는 긍정적 특질'로서 노력을 통해 향상 가능한 특성을 지닌다(Park, Peterson, & Seligman, 2004).

앞에서 살펴보았듯이 Peterson과 Seligman(2004)은 개인의 행복에 기여하는 긍정적 특질을 밝히기 위해 각 시대와 문화에 걸쳐서 공통적인 6가지 핵심덕목(지성, 인간애, 용기, 절제, 정의, 초월)을 찾아내었다. 성격강점은 각 핵심덕목에 이르도록 이끄는 24개의 특질을 의미하며 VIA 분류체계(지성 성격강점: 창의성, 호기심, 개방성, 학구열, 지혜/인간애 성격강점: 사랑, 친절성, 사회지능/용기 성격강점: 용감성, 끈기, 활력, 진실성/절제 성격강점: 용서, 겸손, 신중성, 자기조절/정의 성격강점: 시민의식, 공정성, 리더십/초월 성격강점: 심미안, 감사, 낙관성, 유머, 영성)로 제시되었다.

성격강점은 건강한 활용과정을 통해 충만한 삶에 이를 수 있도록 돕거나, 때로는 성격강점 자체로서 충만한 삶에 직접적으로 기여한다(Lopez & Snyder, 2003). 성격강점과 행복과의 직·간접적인 관련성을 입증하는 연구들이 진행되어 왔다(김지영, 2011; Seligman, 2007). 특히 VIA 검사의 개발은 24가지의 성격강점을 포괄적으로 평가할 수 있는 연구들을 활성화하는 데 기여하였다(Peterson & Seligman, 2004). VIA 분류체계에 포함된 성격강점들은 행복과 자아실현에 중요한 영향을 미치는 성격강점들로 구성되어 있다(권석만, 2008; Seligman, 2007). 24개의 성격강점 중에서 행복과 가장 밀접한 관계를 지니고 있는 성격강점을 알아보기 위해 각 강점과 삶의 만족도의 상관을 구해 본 결과, 낙관성과 활력, 사랑, 감사 및 호기심은 삶의 만족도와 매우 밀접히 관련되어 있는 반면, 겸손이나 창의성, 학구열, 지혜, 심미안 및 신중성은 삶의 만족도와의 상관이 상대적으로 낮게 나타났다(Park & Peterson, 2006; Park et al., 2004).

아동의 성격강점과 행복감 간의 관계를 살펴본 연구에 의하면, 부모가 평정한 아동의 성격강점 중에서 낙관성, 활력 및 사랑이 모든 연령 아동의 행복과 높은 상관을 보였다(Park & Peterson, 2006). 또한 미국인을 대상으로 한 종단연구에서 활력, 낙관성, 사랑, 감사, 호기심이 삶의 만족도 및 주관적 행복과 높은 상관을 보였으며(Peterson, Ruck, Bermman, & Seligman, et al., 2007; Park, Peterson, & Seligman, 2006), 중국계 홍콩인의 경우에는 낙관성, 활력, 자기조절, 감사의 순으로 삶의 만족도와 높은 상관을 보였다(Chan, 2009). 즉, 삶의 만족도는 연령이나 동서양의 문화에 상관없이 학구열, 창의성, 개방성과 같은 인지적 강점들보다 활력, 감사, 낙관성, 사랑과 같은 정서적 강점들과 더 밀접한 관계가 있는 것으로 나타나고 있다.

또한 24개 성격강점 모두 삶의 만족도에 유의미한 영향을 미치는 것으로 밝혀진 연구들이 있다. Park 등(2004)은 미국 성인을 대상으로 24개의 성격강점과 삶의 만족도 간의 상관관계를 확인한 결과 모두 유의미하게 정적 상관관계가 있음을 보고하였다. 국내에서도 권석만, 유성진, 임영진과 김지영(2010)이 우리나라 성인 대상 성격강점검사(Character Strengths Test: CST)를 개발하는 과정에서 24개 성격강점과 주관적 행복 및 긍정 정서의 상관관계를 확인한 결과 24개 성격강점 모두 유의미한 정적 상관을 나타냈다. 그리고 김광수 등(2015)이 아동 진로성격강점검사(Korean Inventory of Character Strengths for Children: KICS)를 개발하는 과정에서도 24개 성격강점과 삶의 만족도 사이에 유의미한 정적 상관관계가 있음이 확인되었다. 이는 특정 성격강점이 삶의 만족도에 대한 변량 대부분을 설명할 것이라는 가설은 입증되지 않았음을 시사한다(김지영, 2011).

행복을 자기실현적 입장에서 보는 연구자들은 인간의 긍정적 특질, 즉 개인이 지니는 성격강점을 충분히 발휘함으로써 행복을 이룰 수 있다고 본다. 특히 대표강점은 24개의 성격강점 중 개인의 특성을 잘 반영하고 그의 독특성을 보여 주는 긍정적 성격특질을 말한다(Seligman, 2002). 인간은 누구나 2~5가지의 대표강점을 가지고 있는데 행복한 삶을 위한 필수조건은 자신의 대표강점을 찾아내고 계발해서 일, 학업, 인간관계 등 일상생활에서 활용하고 발휘하는 것이다(Peterson & Seligman, 2004). 개인이 지니고 있는 대표강점을 발견하고 계발하여 삶의 중요한 영역에서 발휘하는 것은 행복, 자기실현 및 사회적 공헌에 있어 필수요소가 된다(권석만, 2008).

대표강점을 계발하여 일상생활 속에서 잘 활용하는 사람은 활기와 열정을 느끼게 되며(권석만, 2008), 대표강점을 활용할 때 자신감을 가지고 열정적으로 몰입해 자신의 역량을 최대한 발휘할 수 있으므로 행복의 수준을 높일 수 있다(Peterson & Seligman, 2004). 자신의 대표강점 중 하나를 택하여 일주일 동안 매일 그러한 강점을 일상생활 속에서 다양한 방식으로 활용하는 것은 행복을 증진하는 데 효과적이다(Seligman et al., 2005). 임영진(2010)은 성격강점에 기반을 둔 행복증진 프로그램을 개발하여 실시한 후 삶의 만족도, 긍정 정서 및 행복 수준이 유의미하게 증가되었음을 보고하였다. 이 외에도 여러 대상에 대한 관런 연구에서도 이러한 가설이 입증됨으로써 대표강점을 일상에서 활용하면서 지내는 것이 더 큰 만족과 진정한 행복에 이르는 매우 확실한 방법이라는 것을 보여 주고 있다(김수연, 김광수, 2014; 김미진, 2015; 남현우, 김광수, 2015).

요컨대, 자신의 성격강점을 인식하는 과정에서 긍정적 자기지각이 가능해지고, 성격강점을 활용함으로써 몰입 경험과 의미 있는 경험을 인식하게 되기 때문에 성격강점을 인식하고 활용하는 것이 행복에 이르는 방안이 되고 있다(Seligman et al., 2005). 따라서 행복을 증진하기 위해서는 대표강점을 인식하고 생활 속에서 활용하는 것이 중요하며 또한 행복과 높은 상관을 보이는 성격강점을 주요 개입의 대상으로 하여 이를 계발, 증진, 활용하게 하는 것도 효과적인 방안이 되고 있다(김지영, 2011). 한편, 행복을 측정할 때에 삶의 만족도라는 주관적 안녕감의 인지적 강점뿐만 아니라 정서적 강점을 포함한 다양한 구성요인을 고려하여 측정하는 것은 행복을 보다 더 종합적으로 이해하는 방안이 되며 이에 대한 더 많은 탐색이 필요해 보인다(김수연, 김광수, 2014; Seligman, 2012). 무엇보다 성격강점은 후천적 함양이 가능한 특성을 가지고 있기에 이의 계발을 통해 더 행복한 삶을 영위하게 할 수 있다는 점에 비추어 볼 때 행복증진을 위해 가능한 한 많은 성격강점을 계발하고 이를 학습, 진로, 여가, 대인관계, 직업과 직무 수행 등 삶의 다양한 측면에 활용하도록 교육하고 지원해야 할 필요가 있다.

(2) 대표강점과 행복

Seligman(2012)에 의하면 행복은 웰빙을 구성하는 5가지 요소인 긍정 정서, 열정 및 몰입, 긍정적 관계, 의미, 성취를 통해 실현된다. 그러면 이 5가지 요소는 어떻게 얻을 수 있는가? 그는 이것을 개인의 성격강점에서 찾고 있다. 사람은 누구나 자신의 강점을 가지고 있는데, 이를 충분히 발휘할 때 이 5가지 요소가 증가된다고 보고 있다. Seligman은 특히 개인의 두드러진 강점을 대표강점(signature strengths)이라고 하였는데(Seligman, 2009), 이 대표강점의 발휘가 웰빙의 실현에 핵심적인 역할을 한다고 보았다. 대표강점은 VIA 분류체계에 근거한 성격강점검사를 통해 알 수 있는데 대부분의 사람은 누구나 2~5개의 대표강점을 가지고 있다. 이러한 대표강점의 특성은 다음과 같다(김광수 외, 2015; Peterson, 2010).

- 자신의 진정한 본연의 모습(나다움)이라는 느낌을 준다.
- 대표강점을 활용할 때 기쁨과 즐거움을 느낀다.
- 대표강점과 관련된 것을 배우거나 연습할 때 학습 속도가 매우 빠르다.
- 대표강점을 발휘할 수 있는 새로운 방법을 지속적으로 찾는다.
- 대표강점에 따라 행동하기를 원한다.
- 대표강점은 저절로 드러나며 그것을 사용하는 것이 당연하게 느껴진다.
- 대표강점을 사용할 때 숨겨진 능력과 잠재력이 발현되는 느낌을 받는다.
- 대표강점을 사용할 때 지치기보다 오히려 더욱 고무된다.
- 대표강점과 관련된 일을 추구하고 만들어 낸다.
- 대표강점 사용에 대한 내적 동기를 가진다.

이와 같은 특성을 지닌 대표강점을 발휘하여 행복의 5요소를 증진하면 행복에 이를 수 있다고 보고 있다. 즉, 자신의 긍정적 성품, 특히 대표강점을 발견하고 계발하여 인간관계, 학업/직업, 여가 활동, 자녀 양육, 사랑 등 자신의 주요 생활 장면에서 발휘함으로써 진정한 행복이 실현될 수 있다고 보았다(Seligman, 2012).

권석만(2011)은 Seligman의 행복이론을 정리하면서 [그림 2-3]과 같이 긍정적 성품이 개인의 행복과 사회의 번영에 미치는 영향에 대해 제시하였다. 그림에서 보는 바와 같이 행복은 자신의 긍정적 성품, 특히 개인의 대표강점을 자신의 일, 여가, 인간관계 등 주요 생활 장면에서 발휘함으로써 정신적으로 건강하고 즐겁게 좋은 인간관계를 형성하며, 열정적이고 의미 있고 성취하는 삶을 이루어 개인적으로 번영하고, 좋은 가정, 직장, 국가를 만들어 사회적으로도 번영하는 것을 의미하고 있다(권석만, 2011; 윤병오, 2013).

대표강점은 개인이 지닌 여러 강점 중에서 높은 빈도를 나타내며 자신을 대표한다고 인식되는 강점을 의미한다. 대표강점의 행복증진 방안으로 대표강점 탐색 및 인식하기, 대표강점 활용 및 계발하기 등을 들 수 있다. 대표강점 탐색 및 인식하기는 성격강점검사와 같은 자기보고형 설문지를 작성한 뒤 그중에서 점수가 높은 5가지 성격강점을 자신의 대표강점으로 피드백을 받고 더불어 자신의 삶을 돌아보면서 자신의 일화 속에서 강점을 탐색하고 인식하게 하는 기법이다. 대표강점 활용(계발)하기는 자신이 탐색, 인식하여 찾아낸

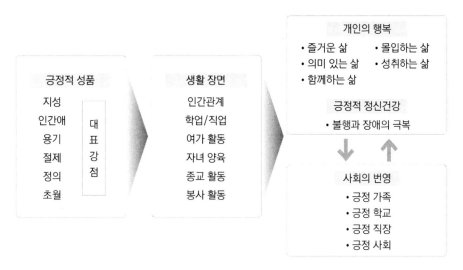

[그림 2-3] 긍정적 성품, 대표강점이 개인의 행복과 사회의 번영에 미치는 영향

출처: 권석만(2008) 참조 수정.

강점을 자신의 일상생활, 즉 일, 사랑, 놀이, 학습, 대인관계, 문제 장면 등 다양한 상황 속에서 새로운 방식으로 활용하는 것이다. 학생은 자신의 대표강점을 인식하는 과정을 통해 자신의 강점을 알게 되어 긍정적인 자기지각이 생기며, 우울감이 줄어들고, 행복감 수준이 상승된다는 결과가 보고되었다. 또한 대표강점을 활용하는 것은 몰입 경험을 촉진하고 적극적인 삶을 가능케 하여 자아존중감, 주관적 안녕감, 유능감, 효능감, 숙달감, 정신건강, 풍부한 대인관계, 회복탄력성 증진 등과 같은 결과물을 산출한다고 보고되었다(김수연, 김광수, 2014; 남현우, 김광수, 2015; Joseph & Linley, 2006; Seligman et al., 2005). 대표강점의 인식과 활용이 인간의 행복도를 증진하는 것이 경험적으로 입증되고 있다.

대표강점을 인식하고 발견할 수 있는 방법으로 객관적인 검사도구가 개발되고 활용되고 있다. 이미 언급한 바와 같이 Seligman과 Peterson(2004)은 청소년들의 잠재력을 키워 주고 긍정적 청소년 발달을 돕기 위해 품성 분류체계를 만들고 그 측정방법을 고안하려고 노력하였다. 그 결과 CST 성격강점검사가 개발되어 제공되고 있다. 성격강점검사는 성인용, 청소년, 아동용 등으로 구분될 수 있는데 우리나라에서도 성인용, 청소년용 검사와 더불어 아동의 긍정적 성품인 덕성과 성격강점을 자기보고식으로 측정하는 검사인 KICS 아동 진로성격강점검사가 개발되어 활용되고 있다(김광수 외, 2015).

<표 2-2> 아동용 6개 덕성과 24개 성격강점의 내용

덕성	성격강점	내용
지성	창의성	어떤 일을 하면서 새롭고 더 좋은 방법을 생각해 낼 수 있는 능력
	호기심	새롭고 신기한 것을 좋아하며 흥미 있는 것을 적극적으로 탐색하려는 태도
	개방성	다양한 관점에서 생각하고 나와 다른 생각을 기꺼이 받아들이려는 태도
	학구열	새로운 것을 배우고 익히는 데 재미를 느끼고 열심히 노력하는 태도
	지혜	폭넓게 생각하고 어려운 상황에 처했을 때 좋은 해결방법을 생각해 내는 능력
인간애	사랑	관계를 소중히 여기고 그러한 마음을 행동으로 잘 실천하는 능력
	친절성	다른 사람들을 존중하고 위하는 마음으로 상냥하게 대하고 도움을 주려는 태도
	사회지능	나와 다른 사람들의 마음을 잘 알아차려 사람들과 잘 어울리는 능력
용기	용감성	두려운 마음이 드는 상황에서도 위축되지 않고 두려움을 극복하는 능력
	끈기	시작한 일을 포기하지 않고 끝까지 마무리하여 완성하는 능력
	진실성	자신의 생각이나 감정을 솔직하게 표현하고 진실하게 행동하려는 태도
	활력	열정과 에너지를 가지고 활기차게 생활하는 능력
절제	용서	내게 잘못을 저지른 사람을 너그럽게 용서해 주는 능력
	겸손	지나치게 자신을 드러내어 잘난 체하거나 뽐내지 않고 자신이 무엇을 더 노력해야 하는지 아는 태도
	신중성	말이나 행동하기 전에 한 번 더 조심스럽게 생각하는 태도
	자기조절	자신의 다양한 감정, 욕구, 행동을 적절하게 조절하는 능력
정의	공정성	사람을 대하거나 일을 처리할 때 차별하지 않는 태도
	시민의식	집단 구성원으로서 집단의 이익을 위해 최선을 다하는 태도
	리더십	집단 활동을 계획, 조직하고 좋은 성과를 이루도록 이끌어 가는 능력
초월	심미안	다양한 영역에서 아름다움과 뛰어남을 발견하고 느낄 줄 아는 능력
	감사	좋은 일을 알아차리고 그에 대한 고마움을 느끼며 표현하는 행동과 태도
	낙관성	자신의 경험에 대해 긍정적으로 생각하고 좋은 일을 기대하며 행동하는 태도
	유머	웃고 재미있는 것을 좋아하며 다른 사람에게 웃음과 즐거움을 주는 능력
	영성	삶의 의미와 목적에 대한 관심과 믿음을 가지고 눈에 보이지 않는 보다 넓은 세계와 연결되기를 바라는 태도

출처: 김광수 외(2015).

3. 성격강점과 인성교육

지금까지 긍정심리학과 긍정심리학의 주요 연구 주제인 성격강점에 대해서 살펴보았다. 여기서는 성격강점의 개념적 특성과 선정 준거에 토대해서 성격강점과 인성교육의 관련성을 제시하고자 한다. 앞에서 살펴본 바와 같이 긍정심리학 연구의 대표 학자인 Peterson 과 Seligman(2004)은 Mayerson 재단의 후원으로 2000년에 VIA 연구소를 설립하여 '좋은 성격' 또는 '바람직한 인격'의 의미와 내용, 측정방법, 발달 및 개입에 대한 체계적인 연구를 수행하였다. 그 결과 문화, 철학, 종교를 초월하여 대부분의 사회에서 가치 있게 여기는 6개의 핵심덕목(the high six)과 핵심덕목에 이르도록 이끄는 200여 개의 특질을 찾아냈으며 그중 10가지 준거에 부합하는 24개의 특질을 성격강점으로 선정하여 '성격강점과 덕목의 분류체계(VIA 분류체계)'를 제시하였다.

〈표 2-3〉 성격강점 선정의 10가지 준거

준거	내용
실현(fulfillment)에 기여	그 강점을 발휘하는 것이 자신과 타인의 행복에 기여하는가?
도덕적 가치 보유	그 자체가 도덕적으로 가치 있는가?
타인에게 무해함	그 강점을 표현하는 것이 주변 사람들의 강점을 감소시키지 않는가?
반대 특성 존재	그 강점과 반대되는 부정적 특성이 있는가?
측정 가능성	개인의 사고, 감정, 행위의 범위에서 측정 가능한 방식으로 나타나는가?
특수성	다른 강점과 잘 구분되는가?
모범 존재	그 강점을 지닌 모범적 인물이 있는가?
신동 존재	어릴 때 그 강점을 뛰어나게 발휘하는 사람이 있는가?
부족한 사람 존재	그 강점이 현저하게 부족한 사람들이 있는가?
제도 존재	그 강점을 기르기 위한 제도나 풍습이 있는가?

출처: Peterson & Seligman (2004).

<표 2-4> 6개의 핵심덕목과 24개의 성격강점

핵심덕목	성격강점
지성	창의성, 호기심, 개방성, 학구열, 지혜
인간애	사랑, 친절성, 사회지능
용기	용감성, 끈기, 진실성, 활력
절제	용서, 겸손, 신중성, 자기조절
정의	공정성, 시민의식, 리더십
초월	심미안, 감사, 낙관성, 유머, 영성

출처: Peterson & Seligman (2004).

'인간의 사고와 정서 및 행동에 반영되어 있는 긍정적 특질'을 의미하는 성격강점의 개념적 특성과 선정 준거에 기초하여 성격강점과 인성교육의 관련성을 제시하면 다음과 같다.

첫째, 성격강점은 보편성과 도덕적 가치를 지닌 긍정적 특질이므로 인성교육의 구성요소로 선정될 수 있다. 인성교육 방안을 탐구한 최근 연구들(손경원, 정창우, 2014; 이명준 외, 2011)에서 인성교육의 구성요소 선정을 위한 선행연구 검토과정에서 24개 성격강점을 고려한 바 있으며, VIA 분류체계에 포함된 덕목과 성격강점이 윤리학의 덕에 해당함을 밝힌 연구(윤병오, 2012)는 이러한 관련성을 뒷받침해 준다. 따라서 많은 문화권에서 가치 있고 도덕적이라고 여겨지는 이 24개의 성격강점은 인성교육에서 바람직한 덕목으로 선정되고 실천이 강조되어야 할 중요한 요소들이다.

둘째, 성격강점의 발휘는 개인과 사회에 유익한 도덕적 가치를 실현하는 것이므로 인성교육이 추구하는 바와 관련된다. 성격강점의 선정준거 중 '실현(fulfillment)에 기여함'은 성격강점을 발휘하는 것이 자신과 타인의 행복에 기여함을 나타낸다. 성격강점을 발휘함으로써 자신과 타인의 행복에 기여하는 삶을 사는 것은 개인으로서 사회구성원으로서 건전하고 바람직한 삶을 살아가게 하려는 인성교육의 목표와 일치한다.

셋째, 성격강점은 인간의 바람직한 인격특질을 밝히려는 긍정심리학자들의 과학적인 연구를 통해서 제안된 개념이며 개인의 문제점보다 긍정적인 성장과 발달에 초점을 두고 있음으로 성격강점의 인식과 계발을 돕는 것은 문제초점적 접근에 치중해 온 기존 인성교육의 한계를 극복할 수 있는 하나의 대안이 될 수 있다.

넷째, 성격강점 측정도구와 축적된 연구 자료들은 체계적인 인성교육의 가능성을 열어 준다. 인성교육의 구성요소로 선정되어 온 덕목들은 추상적이기 때문에 그에 대한 교육 효과를 밝히기 어려웠으나(손경원, 정창우, 2014), 성격강점은 그 측정도구를 활용하여 다양한 경험 과학적인 연구 자료를 축적하여 체계적인 교육자료를 제공해 줄 수 있다(김광수 외, 2015).

다섯째, 성격강점 중 개인에게 특히 발달된 대표강점을 인식하고 계발하도록 돕는 것은 자신에게 내면화된 가치를 발견할 수 있는 기회를 제공하여 바람직한 가치 실현에 대한 흥미와 관심 및 자발성과 실천 의지를 높일 수 있다. Peterson과 Seligman(2004)은 대표강점을 실현하는 것이 자기완성에 이르는 길이라고 제안하면서 대표강점의 10가지 특성을 제시하였다. 대표강점은 첫 번째, 진정한 본연의 모습(나다움)이라는 느낌을 준다. 두 번째, 발휘할 때 유쾌한 흥분감과 기쁨을 느낀다. 세 번째, 관련된 일을 배우고 연습할 때 빠른 학습 속도를 보인다. 네 번째, 발휘할 수 있는 새로운 방법을 지속적으로 찾게 된다. 다섯 번째, 그와 일치되는 방향으로 행동하고 싶은 열망을 느낀다. 여섯 번째, 사용할 수밖에 없고 억제할 수 없음을 느낀다. 일곱 번째, 숨어 있던 자신의 능력이 드디어 발현되어 나타나는 것처럼 여겨진다. 여덟 번째, 활용 시 소진보다 의욕과 활기가 넘친다. 아홉 번째, 그와 관련된 중요한 일을 만들고 추구하게 된다. 열 번째, 사용하려는 내적 동기를 지닌다. 대표강점의 특징 중 소유의식, 열망, 내적 동기 등은 대표강점이 자발적 의지로 구축되어 왔음을 시사한다. 또한 이러한 특성들은 대표강점을 인식하고 증진해 나가는 것이 왜 자기를 실현해 가는 과정인지 보여 주고 있다. 요컨대, 대표강점을 인식할 때 각 개인은 스스로 내면화해 온 도덕적 가치를 발견하는 통찰을 경험할 수 있고 도덕적 가치 실현에 대한 내적 동기와 실천 의지를 높이며 진정한 자기를 발견하고 실현해 나가는 삶을 살 수 있다.

여섯째, 개인마다 특정한 대표강점을 지닌다는 점은 인성교육에서도 개인차를 고려한 개별화 교육이 가능함을 보여 준다. 기존의 인성교육은 교육과정이나 교육 프로그램의 구성요소로 선정된 몇몇 제한적 인성요소를 모든 학생이 같은 방법으로 익히고 실천하도록 지도해 왔다. 그러나 개인마다 다양한 삶 속에서 자발적으로 대표강점을 구축해 왔다는 점은 도덕적 가치를 실현하는 과정에서 각 개인의 특성과 관심이 다양하게 반영될 수 있는 가능성을 열어 준다.

일곱째, 성격강점 접근은 학교교육 현장에서 기존의 일 방향적 · 지시적 인성교육에서 교사 학생, 학생과 학생 간 양방향적 상호작용을 통한 협력적 인성교육으로의 변화에 기여할 수 있다. 자신의 성격강점을 이해하고 자각하고 이를 개발, 활용하는 과정은 자기에 대한 긍정적이고 창조적인 이해를 가능하게 하여 자기성찰능력과 자존감 향상에 기여하며 또한 타인의 성격강점을 이해하고 존중하는 과정을 통해서 타인과 더불어 긍정적으로 상호작용할 수 있는 대인관계능력을 향상시킴으로서 자신의 내면을 바르고 건전하게 가꾸고 타인과 더불어 살아가는 데 필요한 인간다운 성품과 역량을 길러 주는 인성교육의 목표 달성과 긴밀히 관련이 된다. 특히 자신과 타인의 강점의 발견과 이해 및 계발과 활용의 과정은 혼자가 아니라 더불어 상호작용하면서 협력적으로 이루어질 때 효과적이기 때문에 교사와 학생, 학생과 학생 간의 긍정적인 상호작용과 협력학습을 통한 인성교육에 기여할 수 있다.

여덟째, 성격강점 개입은 모든 사람의 삶에서 경험할 수 있는 역경을 극복하고 이를 도약의 발판으로 삼아 일어서는 힘, 즉 회복탄력성을 길러 줌으로써 역경 후 성장으로 나아가게 하는 인성교육 방안이 될 수 있다. 회복탄력성은 스트레스와 위기, 실패와 좌절을 경험하는 삶의 실존 속에서 전 생애에 걸쳐서 중요한 가치를 지니는 능력이다. 특히 아동기와 청소년기는 발달상의 미성숙으로 그리고 수많은 발달과업 수행과 학업적 압박 속에서 이에 대한 적절한 대처와 효과적 통제력을 갖지 못한 채 이로 인해 문제와 어려움을 더 크게 지각하게 되어 적응과 정신건강에 위협을 받을 수 있다. 회복탄력성은 역경에 직면하여 자신의 긍정적인 자원을 활용하도록 돕는 자기조절능력, 역경을 극복하는 데 있어 필요한 사회적 지지체계를 형성하도록 돕는 대인관계능력, 역경을 긍정적으로 해석하고 극복할 수 있다는 신념을 갖게 하는 긍정성을 구성요소로 하는 심리 특성인데(신우열, 김민규, 김주환, 2009), 개인의 고유한 성격강점을 통해 회복탄력성이 증가될 수 있고 이는 실증적 연구를 통해서 입증되고 있다(남현우, 김광수, 2015). 즉, 성격강점을 통해 회복탄력성을 높이려는 시도는 먼저 자신의 내부에서 문제해결 자원을 찾아내어 문제에 대처해 나가는 지속적인 힘을 기를 수 있다는 장점이 있다. 또한 성격강점은 상황에 맞는 구체적 문제해결의 실마리를 제공해 주어 현실적인 해결책을 고안할 수 있는 역량을 키워 준다. 그리고 개인이 가진 고유의 성격강점을 자원으로 활용하여 자신의 성향에 맞는 문제해결법을 고안할 수 있다. 나아가 성격강점이 가족·사회·환경 등의 다차원적 맥락에 활용되게 조력하는 개입과정은 회복탄력성의 발현에 필요한 개인 내적·외적 자원을 통합적으로 활용하게 하는 장점을 지닌다. 즉, 성격강점 개입법은 회복탄력성 증진에 있어 자신이 가진 자원에 기반을 둔 개별적, 구체적인 접근을 가능하게 하며, 그 자원을 통합적, 지속적으로 활용하게 함으로써 사회적 적응과 발달의 기초가 되는 핵심 인성역량 개발을 가져오는 인성교육 방안으로 기능할 수 있다.

끝으로 성격강점의 이해, 인식, 계발 활용의 방안은 오늘날과 미래사회에서 요구되는 창의적 인성을 계발하는 데 기여할 수 있다. 성격강점 접근은 참여 학생이 자신의 성격강점들을 발견하고 이해하고 활용, 개발할 수 있는 다양한 경험과 구체적 활동 방안을 창의적으로 찾아 계획, 실행함으로써 자신과 타인과 일과 삶의 공동체에서 주관적 안녕감과 심리적 안녕감을 경험하면서 궁극적으로 자신만의 성공적인 삶을 창조하는 법을 배우고 개발하고 실행하여 타인과 공동체와 더불어 행복한 삶을 추구하게 하기 때문에 미래사회에서 요구되는 창의적 인성을 계발하는 데 기여하는 바람직한 인성교육의 방안이 될 수 있다.

4. 긍정심리학 기반 학교 인성교육의 방향

성격강점 연구의 기초가 되는 긍정심리학은 최근 세상에 소개되고 연구, 적용되기 시작하는 초기 걸음마 단계에 있기 때문에 앞으로 더 많은 연구와 검증이 필요한 것이 사실이다. 하지만 결점과 문제 및 질환을 다루는 것을 넘어서서 자기실현과 성장의 관점에서 인간의 정신건강과 행복을 추구하는 긍정심리학의 관점과 연구결과들은 학교심리학 및 학교상담을 포함해서 다양한 실천 분야에서 의미 있는 주목을 받고 있다(Miller & Nickerson, 2007). 이러한 맥락에서 인간의 긍정적 특질인 성격강점 연구를 진행하는 긍정심리학이 우리의 학교 인성교육에 주는 시사점과 긍정심리학 기반 인성교육의 방향을 살펴보면 다음과 같다.

1) 긍정심리학이 인성교육에 주는 시사점

기존 학교 인성교육은 단편적이며 일과성에 그치는 경향과 사회화에 필요한 일부 덕목을 제시하는 덕목적 접근의 특성이 있었다. 제시되는 덕목들도 부분적이고 단편적이어서 인성교육 내용으로서 덕목 선택의 타당성이 확보되지 않았으며, 주로 도덕적 인성강점에 초점을 맞추고 있어서 수행적 강점을 통한 학생들의 지적 성취나 정서적 안녕과 성장, 행복에 기여하지 못했다. 특히 학생들의 필요와 자발적 동기 유발에 성공적이지 못했으며, 학생들의 정신건강에 기여하지 못한 약점이 지적되었다(최용성, 2016). 한편, 최근 연구가 진행되고 있는 긍정심리학 접근은 기존 인성교육의 여러 가지 한계를 극복하면서 도덕적으로 바르고 선한 학생으로 육성할 뿐만 아니라 인지적 · 정서적 · 사회적 측면에서도 성숙하고, 정신적으로도 건강하며 다양한 장애와 어려움을 극복하면서 궁극적으로 안녕되고 행복한 자아와 관계, 공동체성을 성취해 나아가도록 돕는 포괄적 관점에서 인성교육이 가능할 수 있다는 시사점을 주고 있는바, 이에 대해 구체적으로 살펴보면 다음과 같다(정한길, 2016; 최용성, 2016).

첫째, 긍정심리학은 인성의 정서적 측면을 강조함으로써 균형 있고 통합적인 인성교육이 가능하게 하는 역할을 할 수 있다. 그동안 인성교육을 포함한 우리의 전체적인 교육내용이 인지적 측면 위주로 진행되었고 보상이나 벌 위주의 행동주의적 학습동기 유발에 치우쳐 온 특성이 있었다. 최근 인간의 정서에 대한 관심과 연구가 증진되고 정서가 점점 더 부각되면서 도덕심리학 분야에서도 정서는 도덕성의 중요한 요소로 인정되고 있다. 도덕성의 정서적 측면은 인지적 측면에 영향을 미칠 뿐만 아니라 도덕적 행위를 촉발하거나 변화시킬 수 있으며 나아가 인성형성의 중요한 요소가 되고 있다. 특히 도덕성의 인지, 정서, 행동의 측면에서 서로 공통적으로 중첩되는 부분은 바로 정서적 측면의 도덕성이며 인지와 행동을 매개해 주는 중요한 요인이 정서적 측면이라는 시각에서 볼 때 정서적 측면의 도덕성을 함양하는 것은 인성교육의 중요한 관건이 되고 있다. 이러한 관점에서 볼 때, 긍정심리학에서 제시되고 있는 'VIA 성격강점과 덕목'은 지식과 지혜, 지성의 덕목과 같은 인지적 강점 덕목과 더불어 인간애와 같은 정서적 강점 덕목을 함께 포함하고 있고 더 나아가 용기와 같은 의지적 강점 덕목, 정의와 같은 사회적 강점 덕목, 절제와 같은 중용적 강점 덕목, 초월과 같은 긍정적 강점 덕목을 포괄하고 있어서 한쪽으로 치우친 기존의 인성교육의 약점을 보완함으로써 보다 균형 있고 통합적인 인성교육을 가능하게 할 수 있다.

둘째, 긍정심리학은 인성교육의 긍정성을 강화하는 역할을 할 수 있다. 우리 사회에서 '도덕적인 사람'은 나름대로 정직하고 신뢰할 만한 사람이라는 이미지가 있지만, 동시에 융통성이 없고 고지식하며 여유가 없는 사람이라는 느낌을 주는 것을 부인하기가 쉽지 않다. 기존의 덕 윤리는 행위의 도덕성을 규칙에 맞추어 판단하는 법치주의 도덕성의 특성이 강했다. 주로 의무와 금지 위주로 이루어진 법적인 도덕 개념은 행위자 사람보다는 행위 자체에 초점을 두어 사람보다 규칙을 중시하게 된다. 따라서 이런 도덕 개념은 '~을 해야 한다.'라는 의무와 '~을 해서는 안 된다.'라는 금지를 강제하는 것으로 인식되어 최소한의 도덕만 지키면 인간으로서 도리를 다하는 것으로 인식하게 되었다. 그리고 복잡한 현대사회에서 도덕적인 사람은 심지어 처세를 잘 못하는, 수완이 부족한 사람과 같은 부정적 모습으로 비추어지기도 한다. 한편, 긍정심리학의 'VIA 성격강점과 덕목'은 기존 덕 윤리의 장점은 수용하되 단점은 보완함으로써 도덕과 인성교육의 부정성을 극복하고 긍정성을 강화하는 데 기여할 수가 있다. 긍정심리학의 'VIA 성격강점과 덕목'은 도덕적인 사람은 단순히 행위 규칙을 지키는 것을 넘어 건강하고 행복하며 멋있는 삶을 사는 사람이라는 것을 보여 주고 있다. 긍정심리학은 행복을 중심적인 주제로 다루고 있으며, 특히 'VIA 성격강점과 덕목'은 행복교육을 통한 인성교육이 가능하다는 것을 시사하고 있다. 긍정심리학 접근은 기존의 인성교육에서의 도덕적인 사람에 대한 부정적 관점(특정한 규칙을 의무감에서 지키는 편협한 사람)에서 벗어나 다른 사람을 배려하고 따뜻한 마음을 지닌 사람, 자기실현을 위해서 노력하는 사람, 몸과 마음이 건강하고 행복한 사람이라는 긍정적 관점으로 바라볼 수 있는 경험 과학적이고 사실적인 증거를 제시해 주고 있다.

셋째, 긍정심리학은 인성교육에서 도덕적 인성강점뿐만 아니라 수행적 인성강점을 증진하는 역할을 할 수 있다. 수행적 인성은 '과업완수 지향적(mastery orientation)'이고 노력, 근면, 인내력, 강한 근로윤리, 긍정적 태도, 창의성, 자기규율 과 같은 자질로 구성된다. 이러한 수행적 인성은 학과 공부, 공동 학업활동, 직장과 그 외 자기가 일하는 어느 곳에서든 자신의 잠재 가능성을 탁월하게 발휘하는 데 필요한 자질로 구성된다. 기존의 인성교육에서 제시된 인성덕목이나 인성강점들은 수행적 인성덕목보다는 도덕적 인성덕목에 한정

되는 한계를 지니고 있다. 특히 최근 제정되어 시행되고 있는 우리나라 「인성교육진흥법」의 총론에서 제시되고 있는 인성강점인 효, 예절, 정직, 존중, 배려, 소통, 책임과 협동심은 모두 도덕적 인성덕목으로서 몰입연구에서 제시된바, 학생들의 학업 성취를 위해서 필수적 요소가 되고 있는 절제와 인내와 같은 수행적 인성덕목, 인성강점이 간과되고 있다. 재능을 발달시키는 데 있어서 성공적인 학생들은 강한 인내로 특징지어지는 습관을 가지고 있는데, 일이나 학업에 있어서 인내와 같은 강한 수행적 인성은 재능을 현실화하는 데 있어서 매우 중요한 역할을 하는 것으로 나타나고 있다(Csikszentmihalyi, Ratunde, & Whalen, 1993). 더불어 절제라는 수행적 인성강점 역시 좋은 성적을 내는 데 중요한 역할을 하고 있다. 그뿐만 아니라 도덕적 인성덕목에만 초점을 둔 기존의 인성교육에서는 긍정심리학의 성격강점인 끈기, 활력, 자기조절, 학구열, 창의성, 호기심, 지혜, 개방성, 신중성, 낙관성과 같은 수행적 인성 역시 포함되지 못하고 있는 실정이다. 긍정심리학에서는 수행적 인성강점이 특히 용기와 절제 덕목과 관련해서 많은 위치를 차지하고 있는데 이러한 수행적 인성강점이 기존의 인성교육에서 간과되어 왔다. 따라서 긍정심리학은 기존의 인성교육 한계를 보완하여 도덕적 인성강점과 더불어 수행적 인성강점의 탁월성을 증진하는 인성교육을 강화할 수 있다.

넷째, 인성교육 방법을 다양화하는 데 긍정심리학이 실제적 역할을 할 수 있다. 인성교육은 어느 하나의 방향이나 방법을 설정하기보다는 인성의 의미와 실천의 광범위성을 인정하고 복합적이고 다원적인 양태를 포함하는 종합적인 관점에서 이루어질 필요가 있다. 경험 과학적으로 그 효과가 검증된 긍정심리학의 다양한 상담기술 및 교육방법들은 종합적이고 다양한 방법으로 인성교육을 하는 데 실제적으로 활용될 수 있다(김광수, 2012). 예컨대, 과거, 현재, 미래에 따른 긍정적 정서 함양방법들이 인성교육에 활용될 수 있는데, 과거에 대한 긍정적 정서 함양을 위해 감사하기, 용서하기, 삶을 뒤돌아보는 삶의 무게 측정하기 등의 개입을 활용할 수 있다. 현재에 대한 긍정적 정서를 함양하기 위해서 향유하기(다른 사람과 공유하기, 추억 만들기, 자축하기, 집중하기, 심취하기 등), 몰입하기, 관심 기울이기(적극적이고 건설적 반응하기), 강점 파악하기 등의 개입을 활용할 수 있다 그리고 미래에 대한 긍정적 정서를 함양하기 위하여 낙관성과 희망 키우기(이상적 자기 그려 보기, 최고의 모습 묘사하기, 사명선언서 쓰기, 인생 시나리오 작성하기, 인생로드맵 작성하기 등), 비관적

생각 반박하기(명백한 증거 제시하기, 대안 찾기, 숨은 진실 찾기, 부정적 생각 뒤집어 보기 등)
등의 개입을 활용할 수 있다. 또한 낙관성 증진하기(미래의 최고의 모습 떠올리기, 새옹지마
경험 찾기), 향유하기(다른 사람과 공유하기, 추억 만들기, 자축하기, 집중하기, 심취하기, 상상여
행하기) 같은 개인 초점적 개입을 활용할 수 있고 또한 사랑(친밀한 사람의 성격강점 찾기, 적
극적이고 건설적인 반응하기, 강점데이트하기), 감사(축복 헤아리기, 감사편지 쓰기), 용서(용서
경험 나누기, 용서편지 쓰기), 친절성(친절한 행동 헤아리기, 친절한 행동 수행하기, 시간을 선물하
기, 마니또 수행하기) 등과 같은 관계 초점적 개입 등을 다양하게 활용할 수 있다.

　다섯째, 긍정심리학은 학교폭력 예방과 대처의 궁극적 목표가 되고 있는 인성교육의 실
현에 기여하는 중요한 역할을 할 수 있다. 학교폭력에 대한 예방과 대처개입은 단순히 피
해자와 가해자의 양자 구도에서 벗어날 필요성이 있다. 학교폭력을 학교나 학급 내 집단
구성원들이 다양한 참여역할을 취하면서 일어나고 유지되는 집단적 현상으로 이해하고
피해자나 가해자에 대한 개입을 넘어서서 학교폭력에 연관된 모든 학생, 즉 학급 전체에
개입을 해야 함이 제기되고 있다(Salmivalli, Voeten, & Poskiparta, 2011). 학교폭력 피해자와
가해자의 개인적인 속성을 변화시키는 개인적 직접적인 접근도 필요하나 바람직하지 않
게 형성된 학급 분위기, 집단 규준 속에서 가해자가 얻는 사회적 보상을 줄이고 가해행동
을 억제하기 위해 주변인들의 행동을 변화시켜 가해자가 얻고자 했던 힘과 영향력을 얻지
못하게 하는 체제적 접근의 필요성이 강조되고 있다. 이를 위해서 구체적으로 가해를 방
관하거나 강화하는 행동을 조장하는 학급 분위기를 변화시키고 가해행동을 억제하고 가
해행동에 대해서 방어를 하는 긍정적 학급 응집력, 집단 분위기, 집단 규범을 만들어 나가
는 개입을 할 필요가 있는데, 긍정 정서와 긍정 특성을 촉진하는 긍정 조직(공동체) 형성을
강조하는 긍정심리학이 이에 기여할 수 있다.

　최근 심리학의 자체 반성과 긍정심리학 연구실천은 오늘날 우리의 학교교육, 특히 학교
폭력에 대한 그동안의 대처 방안 및 방향에 대한 반성과 변화를 위한 시사점을 주고 있다.
요컨대 학교폭력을 예방하고 대처하여 감소시키고 제거하는 데 멈추지 말고 가해자, 피해
자, 방관자를 포함한 모든 학생의 삶에 긍정 정서, 강점과 의미를 구축하여 주는 보다 적극
적이고 긍정적인 개입을 할 필요가 있다. 부정적인 것의 부재, 문제의 제거와 감소만으로
는 문제가 해결되고 건강하게 된 것이라고 할 수가 없다. 부정적인 것의 제거를 넘어서서

긍정적인 것을 함양시키는 적극적 개입이 학교폭력에 대한 보다 근원적이고 올바른 개입 방향이자 방안이 될 수 있다. 따라서 학교폭력 예방과 대처는 보다 적극적으로 학생들의 안녕과 성장을 촉진하는 건강하고 행복한 학교를 만들기를 목표로 할 필요가 있는데 긍정심리학의 연구결과들은 이러한 목표달성에 기여할 수 있음을 보여 주고 있다. 2012년 발표된 '학교폭력 근절 종합대책'의 학교폭력 근절 7대 실천정책에서 4개의 직접대책과 더불어 제시된 3개 근본대책 중 하나가 '교육 전반에 걸친 인성교육 실천' 대책이다(한국초등상담교육학회, 2016). 학업 성취 수준은 높으나 인성과 사회성 및 안녕감이 낮은 우리나라 학생들의 학교현실에서 나타나고 있는 학교폭력을 근본적으로 예방하는 대책의 최종목표가 교육 전반에 걸친 인성교육의 실천으로 제시되고 있는바, 학교폭력 예방과 대처의 궁극적 목표인 인성교육의 실현에 긍정심리학이 기여할 수 있음을 여러 연구결과가 입증해 주고 있다(김광수, 2012).

2) 긍정심리학 기반 학교 인성교육의 방향

앞에서 긍정심리학이 인성교육에 주는 시사점에 대해서 살펴보았는데, 이를 토대로 긍정심리학 기반 인성교육의 지향 방향에 대해서 논의하면 다음과 같다.

(1) 모든 아동 · 청소년의 전면적 발달과 행복을 위한 강점 기반 인성교육

학교 인성교육은 기존의 소수의 문제 증상 아동에 대한 문제초점적 접근(problem-focused approaches)에서 벗어나 모든 아동의 전면적 발달과 행복을 촉진하는 강점 기반 접근(strength based approaches)으로 나아갈 필요가 있다. 심리학은 초기에 임상적 · 치료적 모형으로 출발하여 소수의 심리적 질병의 소유자의 치료에 초점이 맞추어졌다. 이러한 경향이 학교생활지도 상담 및 인성교육에도 영향을 주어 문제와 부적응에 반응하는 사후 대처적, 문제 중심적 접근이 지배적이었다. 긍정심리학의 기본적인 가정은 아동과 청소년의 문제나 증상을 확인하고 치료하여 이를 소멸시키는 데 머무르는 것 이상으로 나아갈 것을 강조한다. 즉, 문제의 치료와 소멸에서 행복과 삶의 만족감을 느끼고 누리는 데까지 더 나아가 행복한 삶, 충만한 삶을 살도록 돕는 것을 강조한다. 그리고 그러한 삶을 사는 데 기여하는 인간의 긍정적 심리 특성을 정의하고 확인하여 분류하고 이를 측정하며 계발할 방안을 강조하고 있다.

최근 긍정심리학의 흐름은 인간의 건강과 안녕을 단지 우울과 공격성, 장애 등의 소멸로 보는 기존의 문제초점 질병모델에 기반을 둔 기존의 전통적 접근에 대한 비판과 더불어 삶의 만족도 증진과 성격강점의 계발 및 인간의 잠재력 개발 촉진 등 인간 발달의 긍정적인 면을 강조하는 접근의 강조로 나타나고 있다. 사실 기존의 질병모델 접근은 많은 시간과 노력을 기울여 증상의 치유와 장애의 소멸을 추구하였지만, 최근의 연구에 의하면 비록 소멸된 증상과 장애도 개인의 강점과 건강한 심리 특성의 계발이 이루어지지 않을 때에는 재발되고 문제의 악화로 반복되는 경향이 높은 것으로 나타나고 있다(Wood & Tarrier, 2010).

반면, 앞에서 살펴본 바와 같이 긍정적인 심리 특성과 성격강점(감사, 용서, 몰입, 열정, 희망, 낙관성, 사랑 등)은 삶의 만족도 및 행복증진과 관계가 높고 정신병리, 우울, 장애, 공격성 등 문제 증상과 관련이 멀어 이러한 강점 성격특성을 형성하고 발달시키는 것은 다양한 아동·청소년 문제해결의 중요한 전략이 되는 것을 보여 주고 있다. 나아가 이러한 성격강점이 학생들의 학업 성취에도 영향을 주는 종단연구결과도 발표되고 있다(Park & Peterson, 2008).

따라서 학교현장에서 여전히 나타나고 있는 소수 문제행동 특성과 심리적 증상 소유의 아동에 대한 문제초점적 접근에서 더 나아가 문제 증상의 아동을 포함하여 모든 아동의 긍정적 심리 특성과 성격적 강점, 품성의 보다 효과적이고 체계적인 계발을 위한 강점 기반 접근으로 나아갈 필요가 있다. 이러한 방향은 학교상담과 생활지도 및 기타 방법을 통하여 이루어지는 인성교육이 일부 소수 문제 학생만이 아니라 모든 학생을 위한 종합적 교육활동이자 체계적 조력과정이 되어야 한다는 기존의 일회적 주장이나 구호에 그치지 않고 이를 실제적으로 실행할 수 있는 방안이 되어야 할 것이다.

(2) 성격강점의 인식과 계발 및 활용을 통한 체계적인 인성교육

강점 기반 접근을 체계적으로 실천해 나가기 위해서는 교사와 학교 상담가나 지도자가 학생의 성격강점을 이해하고 학생들이 그들의 성격강점을 자각, 활용할 수 있게 하는 다양한 경험과 구체적 활동 방안을 개발하고 학교 안, 밖에서 이를 실행해 나가도록 지속적이고 체계적인 조력을 할 필요가 있다. 이를 위해서 먼저 학교교사나 상담가는 학생들의 문제나 결점, 약점만이 아니라 학생의 성격강점의 측정과 확인을 먼저 시작할 필요가 있다.

지금까지 학교에서 아동의 문제, 결점, 약점(예: 학교폭력 피해 및 가해, 분노, 우울, 불안, 공격성, 주의집중 결핍, 부주의, 과잉행동 등)을 파악하고 이를 토대로 불안 위축 아동, 공격적ㆍ반항적인 아동, 비행 아동, 주의력 결핍 과잉행동 아동, 따돌리는 아동, 우울한 아동, 고립된 아동, 학습장애ㆍ부진 아동 등으로 명명하면서 아이들의 문제행동을 제거, 감소시키는 데 집중하였다. 반면, 그러한 아동들의 긍정적 부분에 대한 이해나 검사, 측정, 평가는 상대적으로 간과되어 온 경향이 높다.

아동의 부정적 특성에 대한 검사, 측정, 평가는 아동을 그러한 아이로 명명하기 위해서 하는 것이 아니라 전문가나 상담가, 교사의 입장에서 그 문제와 특성을 파악하고 아동을 보다 효과적으로 이해하고 조력하려는 목적에서 필요한 일이다. 그러나 부정적 특성이나 행동에 대한 측정이나 평가가 자칫 잘못하면 본래의 의도나 목적과는 달리 아동에 대한 선입견, 부정적 지각과 평가를 가져오고 문제와 아동을 거의 동일시해서 낙인화하고 그 아동의 다른 긍정적 부분이나 특성을 무시한 채 문제만 더 악화시키는 파괴적 결과를 가져오기 쉽다.

부정적인 인상과 부정적인 내용의 고정관념은 긍정적인 인상과 긍정적인 내용의 고정관념보다 더 빨리 형성되며, 한번 형성된 부정적인 인상과 부정적인 내용의 고정관념은 반대되는 증거를 접하더라도 긍정적인 인상과 긍정적인 내용의 고정관념보다 변하기 더 어렵다고 보고된다(Baumeister, Blatslavsky, Finkenauer, & Vohs, 2001). 부정적 특성에 대한 검사와 측정의 오용과 이로 인한 부작용은 교사나 당사자 학생과 동료 학생들에게도 낙인화 현상을 가져와 잘못하면 문제의 해결보다는 교사나 학생 모두를 명명된 문제의 틀 안에 갇히게 하여 부지불식중에 의도하지 않은 편견의 심화 및 문제의 악화나 악순환을 가져오기도 한다.

따라서 아동의 문제나 부정적 특성에 대해 성급한 평가와 명명을 하기보다는 아동 개인의 긍정적 성격강점을 측정, 평가하고 학생의 성격강점 프로파일을 확인, 이해하는 접근을 취할 때 보다 바람직하고 생산적인 개인 맞춤형 개입을 할 수 있다. 이미 많은 연구에서 성격강점을 인식하는 과정을 통해 학생 당사자가 자신의 장점을 알게 되면서 긍정적인 자기

지각이 강화되고, 자신의 성격강점을 활용하는 것이 몰입 경험과 적극적인 삶을 강화하고 스스로에게 의미 있는 활동 경험으로 인식되게 한다는 효과를 제시하고 있다(Seligman et al., 2005). 일반 아동뿐만 아니라 문제를 소유하고 있고 학업 성취가 낮은 학생이라 하더라도 자신의 상태나 수준에 상관없이 모든 학생은 자신 안의 성격강점을 비교하면서 다른 것에 비해 더 강한 성격강점을 분명하게 확인할 수 있다. 이러한 측면에서 성격강점의 확인과 활용 접근은 문제나 장애를 가지고 있거나 계속 낮은 성취를 해 온 학생들에게 특히 더 유용하다고 제시되고 있다(Park & Peterson, 2008).

현재 문제행동을 보이는 학생이든 일반 보통 학생이든 관계없이 모든 아동과 청소년들은 그들의 인생에서 성공하고 행복하며 만족스러운 삶을 살기를 원하고 있다. 이것은 모든 인간의 근본적인 소망이고 권리이다. 그들이 어떻게 행동하고 무엇을 말하든지 간에 학교, 대인관계, 가정 그리고 사회에서 진정으로 성공하기를 바라지 않는 사람은 없을 것이다. 그러나 오늘의 현실에서 학생들은 종종 자신의 행복과 의미를 적절한 곳에서 제대로 된 방법으로 찾는 법을 모르곤 한다. 이러한 우리 현실을 감안할 때 자신의 성격강점들을 알아보는 것은 자신의 행복과 삶의 의미, 가치를 찾아가는 출발점이 될 수 있다. 모든 사람은 자기 나름의 강점을 가지고 있다. 따라서 학생들의 그러한 강점들이 인정, 격려, 강화되고 활용되도록 체계적 조력을 할 필요가 있다(Park & Peterson, 2008). 따라서 학생의 성격강점 인식, 계발, 활용을 통해 지속적 발달을 촉진하는 체계적 인성교육이 이루어질 필요가 있다.

(3) 외상 후 성장 및 회복탄력성 증진을 촉진하는 인성교육

학교폭력, 따돌림, 아동학대 등과 같은 심각한 상처나 상해 경험을 뜻하는 외상(trauma) 경험으로 인해 나타나는 외상 후 스트레스(posttraumatic stress)와는 달리 최근 외상 사건 이후 이전의 적응 수준을 뛰어넘는 긍정적인 변화와 성장이 일어날 수 있는 외상 후 성장(posttraumatic growth) 개념이 소개되고 연구되고 있다. 외상 후 성장 개념은 삶에서 경험하는 상처, 도전적인 위기나 문제에 효과적이고 적극적으로 대처한 결과 나타나는 긍정적 성장 경험을 의미한다. 외상 후 성장은 개인이 역경을 극복하면서 삶에 대해 감사를 느끼고, 대인관계의 중요성에 대한 인식과 개인 강점이 증가되며, 삶의 우선순위가 변화되고,

새로운 가능성을 발견하면서 존재론적이고 영성적인 삶이 더 풍요로워지는 등 다양한 결과로 나타난다(Tedeschi & Calhoun, 2004). 그리고 외상 후 성장을 예측하는 요인으로 회복탄력성, 심리적 강인성, 희망, 정서지능, 사회적 지지 등이 있음이 밝혀지고 있다(김현미, 정민선, 2014).

회복탄력성(resilience)은 이후에 정신적 혹은 신체적 건강의 유지·회복·향상에 기여하는 능력, 즉 어려운 상황에 적응적으로 반응하여 역경을 극복하고 계속해서 번영하고 성장할 수 있는 능력을 의미하며(Ryff & Singer, 2003), 오늘날 정신건강과 신체건강을 포괄하는 전인적 건강분야에서 그 영향력이 급증하고 있는 중요한 개념이 되고 있다(Atkinson, Martin, & Rankin, 2009). 따라서 외상 후 성장 및 회복탄력성 등을 강조하는 관점은 위기나 문제 및 어려움에 처한 학생을 지도할 때 학생에게 교사 자신이 사회적 지지 자원이 되어 줄 뿐 아니라 학생이 소유한 강점과 대처자원을 함께 발견하고 강화함으로써 역경의 극복과 긍정적인 성장을 도모할 수 있는 관점으로서 학교생활지도와 인성교육 모형의 구축과 실천에 시사하는 바가 크다. 따라서 학교는 앞으로 인간관계 속에서 불가피하게 발생하는 상처, 갈등, 문제, 위기 등을 보다 효과적으로 다루어가고 이를 통해 더 성장, 발전할 수 있도록 조력하는 인성교육을 지향할 필요가 있다.

(4) 긍정 정서 기반 대처자원(인성역량)의 구축을 촉진하는 인성교육

인간은 살아가면서 직면하는 다양한 문제, 스트레스 등을 효과적으로 대처하고 다루어 나갈 내적·외적 자원이 있을 때 보다 성공적이고 행복한 삶을 살 수 있다. 이러한 대처자원의 구축을 위해 긍정 정서를 강조한 Fredrickson과 동료들은 긍정 정서의 역할에 대한 다면적 모형으로서 확장가설, 수립가설, 회복가설, 탄력성가설, 번영가설로 구성된 긍정 정서의 확장-수립 이론을 제시하였다(Magyar-Moe, 2012). 이 이론에 따르면 긍정 정서는 인간의 사고와 행동을 확장하고(확장가설), 심리적 강점·좋은 사고 습관·사회적 연계성·신체적 건강 등의 자산을 구축하며(수립가설), 부정적 상태에서 긍정적 상태로의 회복을 가져오고(회복가설), 역경을 극복하도록 이끌어 웰빙을 증진한다(탄력성가설). 그리고 이러한 긍정 정서가 부정 정서보다 3배 이상의 비율을 유지하게 될 때 개인과 공동체의 번영이 나타난다(번영가설).

Fredrickson(2009)은 긍정 정서의 형태로 기쁨, 감사, 평온, 홍미, 희망, 자부심, 재미, 영감, 경이, 사랑을 꼽았으며, 긍정 정서 증진방법으로 열려 있기, 유대감 형성하기, 선행 실천하기, 부정적 사고 논박하기, 오락거리 개발하기, 가까운 자연 찾기, 감사하기, 강점을 파악하고 활용하기, 명상하기, 긍정적 순간 음미하기 등을 제안하였다. 이러한 연구결과는 긍정 정서를 향상시키는 개입을 학교 인성교육에 적용할 경우 아동·청소년이 다양한 스트레스와 문제를 극복하고 보다 효과적으로 기능할 대처자원을 구축하게 하여 그들의 안녕 및 행복과 학업 성취 증진에 기여할 수 있음을 시사한다.

아동들부터 노인에 이르기까지 모든 사람은 기분이 나쁘면 이러한 기분이 모든 것에 부정적 영향을 미쳐 부정적 결과를 가져오기 쉬운 반면, 기분이 좋으면 즐겁고 여유가 생기며 긍정적이고 낙관적인 생각과 태도로 행동하여 좋은 결과를 가져오게 된다. 학교 인성교육은 이러한 긍정에너지와 긍정 정서를 어떻게 증진하고 창출해 나가도록 도울 것인지에 대해 보다 체계적이고 경험 과학적으로 접근하여 아동·청소년으로 하여금 긍정 정서 기반 대처자원의 구축을 통하여 각자의 여러 발달의 토대가 되는 건강한 인성역량의 개발을 촉진할 필요가 있다.

(5) 경험 과학적이고 체계적 연구에 기초한 인성교육

긍정심리학은 무엇이 삶을 가치 있게 만드는지에 대한 의식적인 논쟁을 자극하고 괜찮은 삶, 좋은 삶이 무엇인지를 이해하고 설명하며 이러한 삶을 살 수 있는 방안을 경험 과학적으로 탐구하고 있다. 심리학적으로 좋은 삶과 관련하여 긍정심리학은 긍정적인 주관적인 경험(예: 행복, 삶의 만족, 성취, 몰입), 긍정적인 개인적 특성(예: 성품, 홍미, 가치), 긍정적인 대인관계(예: 우정, 결혼, 동료애) 그리고 긍정적인 집단 및 기관(예: 가족, 학교, 기업, 지역사회) 등의 주제 영역을 제시하고 있다. 긍정심리학은 긍정적인 집단 및 기관이 긍정적인 대인관계와 특성이 나타나고 발전할 수 있게 하며 이것은 또한 긍정적인 주관적 경험을 가능하게 한다고 본다. 사람들이 긍정적인 기관에 속하여 긍정적인 대인관계를 맺고 긍정적인 특성을 나타내고 발전시키며 긍정적인 경험을 하게 될 때 최상의 기능을 발휘하며 좋은 삶, 행복한 삶을 살고 있다고 보고 이에 대한 실증적 검증이 이루어지고 있다(김광수, 2012; Park & Peterson, 2008).

긍정심리학의 관점과 연구결과는 우리의 인성교육이 보다 경험 과학적이며 체계적으로 연구되고 적용되며 그 결과 또한 체계적·객관적으로 평가하고 이를 다시 현장에 반영하면서 인성교육이 궁극적으로 건강한 경험, 건강한 특질, 건강한 관계, 건강한 기관 및 공동체 형성에 체계적으로 기여할 필요가 있음을 시사해 준다. 그리고 학교교육 현장에서 이와 같은 인성교육이 효과적이고 체계적으로 이루어지도록 조력하기 위해서 학생들에게 발생하는 관계 갈등이나 심리적 문제를 단순히 부정적으로만 바라보고 교정하려는 소극적 관점에서 벗어나서 보다 적극적으로 학생 간, 교사 학생 간 관계를 회복하고 어려움과 역경을 극복하는 과정을 통해 개인과 학교 공동체의 발전을 추구하며 모든 학생의 잠재력 발달과 전인적인 성장을 촉진하는 방향으로 나아갈 필요가 있음을 시사해 준다. 또한 학생이 가지고 있는 문제나 어려움을 제거하고 해결하는 데 멈추지 말고 학생이 자신의 부정적 경험을 잘 소화하고 자신의 강점을 찾아 이해하며 그 강점을 중심으로 자신의 가능성을 개발하여 나가도록 조력할 필요가 있다. 이러한 인성 발달적 조력이 이루어질 때 아동·청소년은 자신을 이해하고 수용하며 인성과 인성역량(정서·사회적 역량, 진로·학업 역량, 공동체 역량 등) 개발을 통해 건강한 자아와 관계를 형성하며 자신만의 성취와 성장 경험을 이루어 나갈 수 있을 것이다.

긍정심리학 기반 인성교육의 방향을 지향하면서 긍정심리학의 성격강점과 인성교육의 관련성을 근거로 다음 장에서는 성격강점을 활용한 인성교육 방안을 구체적으로 탐구하기 위해 성격강점 관련 국내외 실증적 연구들을 살펴보고 이를 기반으로 성격강점의 이해, 인식과 계발과 활용을 통한 인성교육에의 시사점을 얻고자 한다.

제**3**장   성격강점 연구와 인성교육

오늘날 우리 사회에서는 인성교육의 중요성이 강조되고 있다. 그러나 인성교육을 위한 관념적 논의와 담론은 있지만 경험 과학적 연구에 기초한 실천적인 방법론은 미흡한 실정 이다. 인성교육을 위해서 왜, 무엇을 어떻게 해야 하는가에 대한 체계적이고 구체적 실증적 논의를 찾아보기가 쉽지 않다. 이러한 우리의 현실 속에서 긍정심리학이 제시하고 있는 인간의 긍정적 성품과 성격강점에 대한 논의는 인성교육을 위한 이론적 근거를 제시하고 있고, 특히 최근 진행되어 온 성격강점 관련 경험 과학적 연구들은 인성교육 방법과 효과에 대한 시사점을 제시하고 있다.

이 장에서는 성격강점 연구의 실증적 효과와 성격강점 기반 개입이 인성교육 방법에 주는 시사점, 특히 성격강점의 이해와 인식, 계발과 활용에 대한 실증 연구가 인성교육에 주는 시사점을 살펴보고자 한다.

1. 인성교육의 경험 과학적 기초: 성격강점 실증적 연구

긍정심리학의 핵심 내용인 성격강점 관련 실증적 연구결과를 살펴보면 다음과 같다. 성격강점의 분포나 정도는 대상에 따라 다르게 나타나지만 전체적으로 모든 성격강점이 행복의 증진과 관련이 있는 것으로 나타났다. 특히 특정한 성격강점들이 다른 성격강점들보다 안녕증진과 성취에 더 관련이 많은 것으로 나타났다(Park et al., 2004). 미국 청소년의 경우 감사, 유머, 사랑이 다른 강점보다 보다 많이 나타난 반면, 성인들에게서 발견되는 신중성, 용서, 영성, 자기조절 등은 상대적으로 적게 나타났다(Park & Peterson, 2006). 우리나라

대학생 대상 연구결과, 한국의 대학생에게 많이 나타나는 성격강점 5가지는 사랑, 낙관성, 친절성, 감사, 유머였고 삶의 만족도와 상관이 상대적으로 높은 성격강점은 낙관성, 감사, 활력, 사랑으로 나타났다(임영진, 2010). 미국의 연구에서는 감사, 낙관성, 활력, 호기심, 사랑 등의 성격강점들이 삶의 만족도와 일관되게 관련성이 높은 것으로 나타나 이러한 성격강점 함양이 행복증진을 위해서 중요함을 시사하고 있다(Park et al., 2004).

성격강점 연구에서 발달적인 차이도 보고되고 있다. 예컨대, 감사는 최소한 7세 이상의 아동들에게서 삶의 만족감과 관련이 되는 것으로 나타났다(Park & Peterson, 2006). 호기심은 대부분의 청소년에게 가장 일반적인 성격강점 중의 하나로 나타났지만, 호기심이 많고 적음이 더 행복한 청소년과 덜 행복한 청소년을 구별하는 요인이 되지는 않는 것으로 나타났다. 반면, 성인들의 경우 호기심이 삶의 만족감과 관련이 있는 것으로 나타났다. 이러한 결과는 성장을 하면서 계속해서 호기심을 유지할 수 있는 어른들이 더 행복하다는 것을 보여 준다. 따라서 부모, 교사, 상담자와 여러 전문가가 청소년들의 자연스러운 호기심을 꺾지 않고, 오히려 청소년들이 공부하거나 놀 때 건설적으로 호기심을 활용하고 계발할 수 있도록 돕는 것이 이들의 행복한 삶을 위해서 중요하다는 점을 시사해 준다.

또한 중학생들을 대상으로 한 종단연구에서 학년 초기의 사랑, 낙관성, 활력 같은 특정한 성격강점들이 학년 말의 삶의 만족감 수준 향상과 관련이 있는 것으로 나타났다(Park & Peterson, 2006). 그러나 역으로 높은 삶의 만족감이 성격강점들의 수준 향상을 가져오는가에 대한 연구효과는 나타나지 않았다. 이러한 결과는 특정한 성격강점들이 현재의 행복과 관련될 뿐만이 아니라 이후의 행복증진도 가져올 수 있다는 것을 보여 준다. 삶의 만족감과 행복이 모든 세대에 걸쳐서 정신적 · 육체적 건강과 좋은 관계, 성공, 안녕에 매우 중요한 것을 고려하면(Lyubomirsky, King, & Diener, 2005; Park, 2004), 특정한 성격강점(개발)이 좋은 삶, 행복한 삶의 결정적 통로가 될 수 있다는 것을 보여 주고 있다.

아동 및 청소년의 또래 상호작용과 사회적 관계는 학생생활 동안 시간이 갈수록 점점 더 중요해지며, 특히 좋은 또래관계를 유지하는 것은 건강한 심리적인 발달과 학교적응에 매우 중요한 기능을 한다. 이러한 맥락에서 특정 성격강점이 아동 · 청소년들의 사회적 관계와도 관련이 있음이 보고된다. 교사들의 평가에 의해 인기 있다고 인정된 학생들은 리더십, 공정성 같은 정의와 관련된 강점(건강한 공동체 생활과 관련된 사회적 강점) 및 자기조절,

신중성, 용서와 같은 절제와 관련된 강점에서 높은 점수를 보인다는 연구결과가 있다(Park & Peterson, 2006). 이는 학생들의 성격강점을 잘 개발하고 활용하게 돕는 것이 추후에 발생 가능한 사회적 문제들을 사전에 예방하고, 아동들의 평생에 걸쳐서 긍정적인 영향을 끼칠 건강한 관계 형성의 기회를 증가시키는 일이 될 수 있음을 보여 준다.

성격강점들은 아동·청소년들의 정신병리 문제도 줄일 수 있음을 보여 준다. 낙관성, 활력, 리더십 같은 성격강점들은 우울증, 불안 장애와 같은 내재화 문제의 감소와 상당히 관련이 있는 반면, 끈기, 진실성, 신중성, 사랑의 성격강점들은 공격성과 같은 외현화 문제들의 감소와 상당히 관련이 있는 것으로 나타났다. 일련의 다른 성격강점들도 내재화 및 외현화 문제들의 감소와 관련이 있는 것으로 나타났다. 이러한 연구결과들은 특정한 성격강점들을 형성하고 발달시키는 것이 아동·청소년의 정신건강 문제를 예방하는 중요한 전략이 될 수 있음을 시사해 준다(Park & Peterson, 2008). 또한 용기, 유머, 친절성, 영성, 심미안과 같은 성격강점들이 신체적인 질병, 심리적인 장애, 정신적 외상의 영향으로부터 성공적인 회복을 가져오는 요인이 될 수 있다는 연구(Park et al., 2006)는 이러한 문제를 가진 사람들을 돕는 교사나 전문가들이 그들에 대한 교육이나 상담 개입을 계획할 때 이와 같은 강점들의 개발과 활용에 관심을 둘 필요가 있음을 시사해 준다.

이 외에도 성격강점이 학업 성취와도 관련이 있는 것으로 보고되었다. 학생들의 IQ 점수를 통제한 후 끈기, 공정성, 감사, 진실성, 낙관성, 자기조절 등의 성격강점들이 학년 말의 평균 점수를 예언하는 것을 밝힌 연구로서, 학생들의 학업적인 성취와 성격강점들의 관계에 대한 종단적 연구결과(Park & Peterson, 2006)는 학업 성취에 비지적 특성의 영향력, 즉 성격강점의 영향력을 보여 주고 있다.

이상에서 살펴본 바와 같이 성격강점 관련 실증 연구는 좋은 성품을 계발하는 것이 아동·청소년의 부정적인 문제해결과 예방에 기여하며 심리적, 사회적 안녕과 학업 성취에 기여하여 궁극적으로 이들의 행복증진을 촉진할 수 있음을 보여 줌으로써 성격강점 활용 인성교육의 가능성과 실효성을 시사해 주고 있다. 학생들의 성격강점들을 개발하는 것이 학생들의 행복, 건강, 사회적 관계 향상에 힘이 될 뿐 아니라 그들의 학업 성취를 향상시키는 데도 도움이 된다는 것을 시사하는 실증적 연구결과들은 학생들 대상 성격강점 활용 인성교육이 학교교육에서 매우 필요한 일이며 학업 성취를 중시하는 전통적인 교육적 관점과도 전혀 배치되지 않는다는 점을 보여 주고 있다(Park et al., 2004). 그동안 나름대로 무수한 인성교육이 이루어졌다고 하는데도 그 성과에 대한 체계적 평가와 검증이 부진했고, 설혹 평가가 있더라도 이를 보다 효과적인 인성교육 방안 개발에 반영하지 못함으로써 교육적 낭비를 가져왔음을 부인할 수가 없다. 따라서 우리의 인성교육의 현실을 직시하고 학생들의 긍정적인 발달과 성장에 실제적으로 기여하지 못한 점을 성찰하면서 그동안의 비효율적 인성교육 방안을 수정하고, 보다 효과적이고 과학적이며 체계적인 인성교육 방안의 개발을 위하여 성격강점 연구의 실증적 결과들을 통한 시사점을 찾고 적용할 필요가 있다.

2. 성격강점 기반 개입 연구와 인성교육

성격강점 기반 개입의 성과를 다룬 연구들은 성격강점의 인식과 계발을 돕는 접근이 우울과 같은 부정적인 심리적 특성을 감소시키고 안녕감, 적응, 자존감과 같은 긍정적인 심리적 특성을 증진한다고 보고하고 있다(Seligman, 2012; Quinlan, Swain, & Vella-Brodrick, 2012). 이는 성격강점의 인식과 계발을 돕는 것이 건강한 인성발달을 촉진하는 하나의 접근이 될 수 있음을 시사하며 성격강점의 인식과 계발을 돕는 효과적인 방법에 대한 정보를 제공해 준다.

Proyer, Ruch와 Buschor(2013)는 스위스 성인 178명에게 '삶의 만족도(Diener, Emmons, Larsen, & Griffin, 1985)와 상관이 높다고 보고된 호기심, 감사, 낙관성, 유머, 활력을 강화하는 훈련프로그램'의 효과를 검증하였다. 훈련 프로그램에 참여한 실험집단, 삶의 만족도와 상관이 낮은 심미안, 창의성, 친절성, 학구열, 지혜를 훈련한 통제1집단, 대기집단인 통제2집단의 처치 전후 삶의 만족도를 확인한 결과 실험집단의 삶의 만족도만 증가했다. 이 연구는 개입의 구성요소를 선정할 때 종속변인과 높은 상관을 지닌 성격강점을 구성요소로 선정할 필요가 있음을 시사한다.

Gander, Proyer, Ruch와 Wyss(2013)는 독일 성인 622명을 대상으로 Seligman 등(2005)이 사용했던 방법(감사한 사람을 방문하여 감사편지 전하기, 축복 헤아리기, 강점이 발휘된 최고의 순간 회상하기, 대표강점 인식하기, 대표강점 활용하기) 중 일부를 반복, 변형, 심화한 개입의 효과를 비교하였다. 9개의 실험집단은 각각의 성격강점 증진 활동을 일주일간 매일 실행했고 통제집단은 일주일간 매일 밤 어린시절 기억을 쓰도록 했다. 집단 간 행복과 우울의 변화를 비교한 결과 행복이 향상된 집단은 '축복 3가지를 헤아린 집단(반복), 대표강점 중 하나를 새로운 방법으로 활용한 집단(반복), 재미있었던 일 3가지를 헤아린 집단(변형), 부정적 사건이 긍정적 결과로 이어진 경험을 헤아린 집단(심화)'이었고, 재미있었던 일 3가지를 헤아린 집단은 우울도 감소했다. 이 연구는 선행연구방법을 반복, 변형, 심화하는 다양한 개입이 효과적임을 보여 주며, 효과가 검증된 개입들은 각 개인이 자율성을 발휘하여 다양하게 실행하는 방법이었으므로 가치 실현과정에서 개인의 자율성 및 흥미와 관심을 반영할 필요성과 실례를 보여 준다.

Gillham 등(2011)은 2년간 13~15세 미국청소년 149명을 대상으로 성격강점 기반 교육을 실시하여 그 효과를 검증하였다. 성격강점 5요인, 즉 지성, 타인지향, 리더십, 절제, 초월을 예측변인으로 회귀분석을 실시한 결과 낮은 타인지향(용서, 사랑, 친절성, 공정성, 시민의식, 사회지능)은 우울을 예측했고, 초월(의미, 사랑, 활력, 희망, 감사)과 리더십(용기, 리더십, 지혜, 유머)은 행복을 예측했다. 한편, 타인지향과 우울의 관계에서 사회적 지지 지각이 부분 매개효과를 가지는 것으로 나타났다. 이 연구는 성격강점 기반 개입이 긍정적 특성의 증진뿐 아니라 부정적 특성의 감소에도 기여함을 보여 주며, 타인지향 요인에 포함된 성격강점이 낮은 참여자들에게는 개입과정에서 사회적 지지 지각을 촉진하는 접근이 필요함을 시사한다.

Proctor 등(2011)은 영국의 12~14세 청소년 319명 중 218명의 실험집단에게는 PSHE(Personal, Social, Health Education, 인성 · 사회 · 건강교육) 수업과 아침 자습시간에 성격강점 훈련을 추가하고 101명의 통제집단에게는 기존의 PSHE 수업과 아침 자습을 실시하여 성격강점훈련의 효과를 검증하였다. 개입내용을 살펴보면 성격강점 세우기, 새로운 강점 배우기, 타인의 강점 알기를 목표로 24개 성격강점을 구성요소로 선정하여 각 성격강점의 의미 이해하기-세우기-도전하기 활동을 구성하였다. 교사들에게 성격강점에 대한 정보와 프로그램의 원리, 목적, 활용방법을 안내한 유인물과 학생용 소책자를 제공하였고 그 외의 훈련이나 코칭은 없었다. 교사 재량에 따라 24차시 중 한 학기 평균 5.58차시를 진행한 결과 실험집단의 학생생활 만족도가 증가했다. 이 연구는 기존의 교과시간과 아침 자습시간을 활용하여 성격강점의 이해, 인식, 활용 및 계발을 돕는 활동이 가능함을 보여 주며 이를 위해서는 교사용 및 학생용 교육 자료의 개발이 선행되어야 함을 시사한다.

임영진(2012)은 주요우울장애가 있는 대학생에게 '축복 헤아리기, 감사편지 쓰기, 최고의 모습 떠올리기, 친절한 행동하기, 용서 경험 떠올리기, 용서편지 쓰기, 대표강점 활용하기, 적극적–건설적 반응하기, 친밀한 사람의 성격강점 인식하기'가 포함된 긍정심리 프로그램을 실시하여 그 효과를 확인하였다. 18명의 실험집단과 17명의 통제집단(대기집단)의 변화를 비교분석한 결과 실험집단의 삶의 만족도만 향상되었다. 이 연구는 국외 선행연구에서 제안된 다양한 긍정심리 및 성격강점 개입방법에 대한 정보를 제공해 준다.

김지영과 권석만(2013)은 82명의 대학생을 강점 인식집단 21명, 강점 활용집단 21명, 약점 인식집단 20명, 약점 보완집단 20명으로 무선 할당하여 참여자들에게 일주일간 매일 과제지시문에 따라 훈련사항을 실행한 후 웹사이트에 보고하도록 하였다. 처치 직전과 직후에 삶의 만족도, 행복, 긍정 정서 및 부정 정서, 우울, 자아존중감을 측정하여 분석한 결과, 강점집단의 변화량이 약점집단보다 크게 나타나 약점보다 강점을 인식, 활용하는 것이 더 효과적임을 보여 준다.

정혜진, 신선미와 정태연(2012)은 만 15세 결손가정 청소년 5명에게 해결중심상담과 대표강점의 인식과 활용을 돕는 개입을 통합하여 구성한 프로그램을 60분씩 6회기 실시한 결과 참여자의 성격강점, 행복, 사회성이 향상되었고, 일대일 심층면접에서도 긍정적 변화를 확인했다. 이 연구는 효과성이 검증된 기존의 프로그램과 성격강점 개입을 통합하는 접근도 효과적임을 보여 준다.

김영빈, 조아라와 이아라(2012)는 학습부진 중학생을 실험집단 23명, 통제집단 26명으로 나누어 VIA 분류체계에 포함된 6개 덕목과 24개 성격강점을 구성요소로 하는 강점 발견 프로그램을 45분씩 10회기 실시한 결과 실험집단의 자아개념(학업, 신체, 성격), 학교적응(학업적, 정의적), 자기효능감(학습, 사회성, 어려움 극복)이 향상되었다. 이 연구는 학생들에게 자신이 지닌 성격강점을 인식하도록 돕는 개입이 인성발달뿐만 아니라 학업향상에도 효과적임을 보여 준다.

김수연과 김광수(2014)는 초등학교 5학년을 대상으로 대표강점, 감사, 사랑, 친절성, 낙

2. 성격강점 기반 개입 연구와 인성교육

관성을 구성요소로 하는 프로그램의 효과를 검증하였다. 동질성이 검증된 두 학급을 실험집단과 통제집단으로 나누어 실험집단에게 매주 1~2회 50~80분씩 10회기 프로그램을 실시한 후 주관적 안녕(박병기, 송정화, 2007)의 변화를 비교분석한 결과 실험집단의 정적 정서 효능, 관계 안녕과 부적 정서 안녕이 향상되었다. 이 연구는 안녕감과 높은 관련성이 보고된 특정 성격강점과 대표강점을 구성요소로 선정하여 개입할 때 특정 성격강점과 대표강점의 단순병렬식의 접근이 아니라 특정 성격강점을 개발, 발휘할 때 자신의 대표강점을 함께 활용하도록 하는 통합적 개입방법이 가능하며 효과적임을 보여 준다.

이상의 선행연구들은 성격강점 증진 개입의 구성요소로서 긍정적인 심리적 상태나 특성(행복, 안녕감, 삶의 만족도 등)과 관련성이 높은 것으로 밝혀진 일부 특정 성격강점을 중심으로 개입하거나 이들 성격강점과 대표강점을 통합하는 개입(김수연, 김광수, 2014; 김지영, 권석만, 2013; 임영진, 2012; 정혜진 외, 2012; Gander et al., 2013; Proyer et al., 2013)을 하거나 또는 24개 성격강점(김영빈 외, 2012; Proctor et al., 2011) 모두를 선정하여 개입하고 그 효과를 검증하였다. 따라서 개입 구성요소(개입 성격강점)를 선정할 때 대상의 특성과 개입의 목적 및 현실적 여건을 고려하여 성격강점을 선정하고 개입 프로그램을 구성하여 실시할 필요가 있음을 보여 준다.

한편, 각 성격강점은 독립적으로 발휘되는 것보다 다른 성격강점들과 통합적으로 발휘되는 것이 바람직하므로 특정 성격강점만을 강조하기보다 24개 성격강점을 고르게 통합적으로 발달시키는 접근이 필요하다는 의견(Schwrtz & Sharpe, 2006)도 있다. 이러한 관점은 발달과 성장과정에 있는 학생들을 대상으로 개입할 때 구성요소를 폭넓게 선정하는 접근이 필요함을 시사한다.

또한 대표강점을 다른 성격강점과 통합하여 활용하도록 하는 개입 역시 필요하다. 단순히 대표강점만을 독립적으로 활용하는 것이 아니라 개인의 자원이자 잠재력인 대표강점을 가치 있는 목표를 위하여, 상황이나 맥락에 적합하게 보다 효과적으로 활용하려면 다른 성격강점의 조력 또한 필요하다. 예컨대, 말이나 행동을 하기 전에 한 번 더 조심스럽게 생각하고 실수를 하지 않으려고 미리 잘 준비하는 성격강점인 '신중성' 강점이 용감성이나 지혜의 도움을 받지 못한다면 우유부단이나 무력한 특성으로 전락하여 그 가치가 잘 발휘되지 못할 수가 있다. 그리고 웃고 재미있는 것을 좋아하며 다른 사람에게 웃음과 즐거움

을 줄 수 있는 성격강점인 '유머' 강점이 사랑이나 사회지능의 도움을 받지 못한다면 다른
사람에게 피해를 주거나 상황이나 맥락에 맞지 않게 활용되어 그 효과가 반감될 수가 있
다. 따라서 각 대표강점이 상황이나 맥락에 맞게 보다 효과적으로 활용될 수 있도록 다른
성격강점과의 통합에 대한 연구와 적용이 필요하다.

그 밖에도 개입의 효과를 높이려면 참여자의 특성 및 요구를 사전에 파악하여 반영함으
로써 적극적인 참여를 유도하고, 시간 확보를 위해 기존의 교과시간과 창의적 체험활동 시
간 및 아침 자습시간과 과제를 활용하는 방안도 고려해야 한다. 또한 프로그램을 구성할
때 다수의 학생을 대상으로 한정된 시간에 효과적인 교육활동이 이루어지도록 핵심적인
내용을 포함하되 학생들의 발달수준과 흥미를 반영한 교육 자료를 구성하여 보급하는 노
력이 요구된다.

3. 대표강점 인식 및 활용 연구와 인성교육

성격강점을 다룬 실증적 여러 연구를 살펴보면 성인과 아동·청소년 등을 포함해 다양
한 집단에서 성격강점의 실재와 분포 정도를 확인하는 연구와 대표 성격강점과 심리적 요
인과의 관계를 탐색하는 연구가 주로 이루어졌다. 이러한 연구들은 대표 성격강점(대표강
점)을 확인하고 그 효과를 밝힌 연구들로서 대표강점 인식(자각) 수준의 연구 특성을 가지
고 있다. 한편, 대표강점을 인식한 후 강점을 활용하는 것이 개인의 안녕감과 그 밖의 효과
와 얼마나 관련이 있는지를 밝히는 대표강점 활용에 대한 연구가 진행되고 있다(김지영, 권
석만, 2013; 박부금, 이희경, 2012).

성격강점 연구에서 개인이 자신의 대표 성격강점(이후 절에서 말하는 성격강점은 대표 성격
강점, 즉 대표강점을 의미함)을 얼마나 잘 '인식'하는가 하는 것도 중요하지만, 인식한 자신의
강점을 얼마나 잘 '활용'하는가 또한 중요하다. 강점 활용(strength use)에서 '활용'이란 무
언가를 유용하게 만드는 것을 뜻한다(Linley & Hattington, 2006). Linley와 Hattington(2006)
은 강점 활용이란 강점 인식만큼 중요한 것으로 가치 있는 결과를 추구하면서 최적의 기능
과 수행이 이루어지는 방식으로 느끼고, 생각하고 행동하게 하는 자연스러운 능력이라고

정의했다. 따라서 자신의 강점을 활용함으로써 사람들은 실제적인 이익을 얻을 수 있다는 것이다. 자신의 강점을 많이 활용하는 것이 다른 사람의 좋은 것을 축소시키거나 약화시키지 않으며, 강점을 활용하여 수행을 할 때 긍정적 정서를 느끼고 최적의 상태로 수행이 이루어질 수 있기 때문이다(Peterson & Seligman, 2004).

Govindji와 Linley(2007)는 강점 인식에 대한 연구와 더불어 강점 활용에 대한 연구를 진행하였다. 이들은 연구를 통해 개인이 강점을 활용할 때 자신에 대해 더 좋게 느끼며 어떤 것을 더 잘 성취하게 되고, 자신의 강점을 실현하는 방향으로 나아간다고 주장하면서 강점 활용의 중요성을 강조하였다. 강점과 안녕감 간의 연구에서 단순히 강점을 아는 강점 인식이 안녕감에 대한 중요한 독립된 예측치가 아님을 밝히면서 단순히 강점을 인식만 하는 것보다 강점을 활용하는 것이 안녕감에 더 중요하며 강점 활용과 강점 인식이 잠재적으로 상당히 관련되어 있음에도 불구하고 안녕감 지표에 있어서 다른 예측을 한다는 것을 보여 주었다. 이러한 결과는 강점을 활용하는 빈도가 강점 연구에서 중요한 것을 상기시켜 준 결과로 볼 수 있다.

Buckingham(2009a, 2009b) 역시 연구를 통해 강점의 인식에서 활용까지 모두 행복 실현에 중요한 역할을 한다고 보면서, 그런데 대다수의 사람이 강점을 인식하지 못하거나 인식해도 잘 활용하지 못하고 있음을 지적하였다. 강점 인식, 강점 태도, 강점 활용 간의 상관관계를 살펴 본 이정순(2011)의 연구에서는 강점 인식과 강점 태도 및 강점 활용과의 상관이 유의하지 않게 나타났다. 이는 단순히 자신의 강점에 대해 더 많이 인식하고 있는 것이 강점을 활용하고자 하는 태도나 실제로 활용하는 행동과는 무관함을 보여 준다. 즉, 강점 인식과 활용이 같은 의미가 아니며, 단지 강점을 인식하는 것이 강점을 활용하는 단계까지 이끌어 내지 못한다는 점을 보여 주었다.

Wood, Linley, Maltby, Kashdan과 Hurling(2011)은 강점 활용의 종단적 연구에서 강점 활용이 높을수록 더 높은 수준의 안녕감을 발전시킨다는 것을 경험적으로 확인하였다. 개인적 강점을 활용하는 것이 시간이 지나도 안녕감 증가를 지속시키며, 성격적 강점을 소유(인식)하는 것과 활용하는 것 사이에 분명한 차이가 존재한다고 강조한다. 이들의 연구에서 강점 활용은 자기효능감, 활력, 긍정 정서와 관련이 깊고, 지각된 스트레스를 낮추는 것으로 나타났다. 따라서 단순히 강점을 인식하는 것을 넘어 강점을 활용하는 데까지 나아갈 때 최적의 기능을 수행할 수 있다는 것이다.

Clifton과 Nelson(2007) 또한 강점은 저절로 빛나는 다이아몬드가 아니고 자신의 강한 부분에 의도적으로 시간을 투자해서 활용해야 함을 강조하였다. 강점에 더 많은 시간을 투자하고 활용할 때 더 많이 발전하고 더 깊이 배울 수 있으며 결국 탁월한 수준에 이를 수 있음을 주장하였다. 이는 인간의 성격강점이 처음에는 가능성과 잠재력이 있는 원석으로 발견되나 이를 잘 활용하며 계발해 나갈 때 자신만의 빛나는 다이아몬드가 될 수 있음을 시사해 준다. 더불어 Buckingham(2009a)은 대부분의 사람이 자신의 성장 가능성이 약점 개선에 있다고 보기 때문에 강점 활용보다 약점 보완에 더 집중하고 있음을 지적하였다. 그러나 약점 부분에서는 최고의 수준까지 성장할 수 없으므로 약점을 보완하는 데 초점을 둘 것이 아니라 강점을 활용하고자 하는 태도에 초점을 맞추는 것이 중요함을 강조하였다.

한편, Janowski-Bowers(2006)는 강점 개발 프로그램에 참여한 대학생 중 강점 활용에 탁월한 학생을 대상들을 통해 강점 활용과정에 필수적인 구성 개념을 발견하였다. 요컨대, 강점 활용과정이 나타나기 위해서는 학생들이 지속적으로 지지를 받는다고 느껴야 하고, 성공 경험을 해야 하며, 강점이 자신에게 도움이 되는 것으로 느낄 수 있어야 한다는 것이다. 사회적 지지, 성공 경험, 강점의 강화가 개인에게 지속적으로 이루어질 때 강점 활용 또한 지속적으로 나타날 수 있다는 것이다. 이는 행복을 위해 쉽고 단순화된 방법은 없으며 개개인의 고유한 특성을 살린 구체적·실천적 행복법이 있을 뿐이라는 점을 시사해 준다. 따라서 개인이 자신을 잘 알고, 자신의 강점을 최적으로 배치하고 조합하여 일상생활에서의 탁월함을 갈고 닦는 것이 필요하다.

청소년의 학교폭력 문제해결을 위한 대책 관련 외국의 여러 연구에 의하면 사후에 치료하는 것보다 문제의 시작을 막는 데 강점을 활용한 일차 예방이 매우 효과적임을 지지하는 증거들이 있다. Durlak과 Wells(1997)는 아동과 청소년 행동의 일차 예방을 다룬 광범위한 연구들에 대해 메타분석 결과, 강점을 활용한 일차 예방 프로그램에 참여한 아동들이 통제집단에 비해 약 59~82% 정도까지 행동문제가 감소하였음을 보고하였다.

성격강점 기반 프로그램의 장점 및 영향에 관한 Anderson(2004)의 면담 연구결과에 따르면, 강점과 재능에 대한 인식이 증가하며, 개인적 자신감과 더불어 학업적 자신감, 미래에 대한 자신감 및 성취동기가 증가하고, 자신의 재능을 더 많이 사용하며, 강점을 개발하고, 대인 간 상호 이해가 증진되어 대인관계가 향상된 결과가 나타났다.

강점을 아는 것에 그치지 않고 강점을 이용하는 것까지 나아가게 하는 강점 활용은 희망이론, 자기효능감 이론 그리고 긍정 정서의 확장 및 축적 이론을 통해서 설명이 가능할 수 있다. 먼저 Snyder(2002)의 희망이론에서 볼 때 개인이 자신의 강점을 확인하는 것은 보다 많은 경로와 동인(자원)을 발생시켜서 목표를 더 잘 성취하게 하고 보다 효과적으로 강점을 활용할 수 있게 한다. 다음으로 Bandura(1977)의 자기효능감 이론에서 볼 때 개인의 자기효능감은 원하는 결과를 만들어 내는 능력에 대한 신념으로서 이는 강점을 활용하는 데 도움을 준다. 그리고 Fredrickson(2002)의 긍정 정서의 확장 및 축적이론에서 볼 때, 개인이 자신의 강점을 확인함으로써 얻게 되는 자부심과 긍정 정서가 강점의 활용을 확장하고 강점을 더 넓은 범위의 영역에 이용할 수 있도록 촉진한다는 점이다.

강점을 연구하는 대부분의 연구자는 강점 활용방법을 제시하기 전에 강점을 발견하는 방법들에 대해서 언급하고 있다. 강점을 활용하기에 앞서, 자신이 어떤 부분에서 강점을 가지고 있는지 인식하고 있는 것이 중요하기 때문이다. 하지만 실질적으로 사람들에게 자신의 강점에 대해서 기술하도록 요구하였을 때 머뭇거리거나, 추상적으로 기술하거나 약점을 강점인 양 기술하는 양상을 보인다고 한다. 이는 여러 문헌에서 강점 인식의 중요성에 대해 언급하고 있는 것에 반해 실제로 많은 사람이 자신의 강점을 잘 인식하기 못하고 있음을 보여 준다. 또한 갤럽 연구에 따르면 80%는 자신만의 강점이 무엇인지 발견하지 못하고 있다고 보고된다. 또 자신의 강점에 대해 잘 인식하고 있다하더라도 그것을 지속적으로 활용하고 개발하고 있는 사람이 많지 않다고 보고된다(이정순, 2011; Buckingham, 2009a, 2009b).

한편, 성격강점 연구결과에 의하면, ‘대표강점 인식하기’ 기법(Peterson, Park, & Seligman, 2005)은 사람들이 자신의 성격강점의 인식과정에서 자신의 강점을 알게 함으로써 긍정적인 자기지각이 가능케 하며(Bem, 1972), 자신의 대표강점을 아는 것만으로도 우울감이 감소하고 행복감이 상승하는 효과가 있다(Seligman et al., 2005). 더불어 ‘대표강점 활용하기’는 자기실현에 있어 매우 중요하며 일상생활에서 매일 강점 활용을 발휘할 때 즐겁고 적극적이며 의미 있는 삶을 영위할 수 있음을 보여 준다(Peterson & Seligman, 2004). 또한 성격강점을 많이 사용하게 되면서 몰입 경험과 의미 있는 경험을 하게 되고, 자신이 속한 집단이나 환경에 적극적으로 참여하게 되며(Seligman et al., 2005), 타인과의 긍정적인 상호작용 촉진이 나타나고 있다. 이러한 연구결과들은 대표강점에 초점을 둔 인성교육 프로그램 구성과 적용이 개인의 효능, 정서, 관계적 측면에서 긍정적인 면을 촉진하고 부정적인 면을 해소하는 데 중요한 역할을 할 수 있음을 시사한다.

무엇보다 강점 인식이 강점 태도 및 강점 활용과의 상관이 유의하지 않게 나타났다는 연구결과들은 단순히 자신의 강점에 대해 더 많이 인식하고 있는 것이 강점을 활용하고자 하는 태도나 실질적으로 강점을 활용하고 있는 행동과는 무관함을 보여 준다. 이는 자신의 강점에 대해 잘 인식하고 있다 하더라도 그것을 지속적으로 활용하고 개발하고 있는 사람은 많지 않다는 Buckingham(2009a, 2009b)의 주장과 유사한 것이다. 반면, 강점 태도는 실질적으로 강점을 활용하는 정도에 유의한 영향을 미친다는 결과를 보였는데 이는 자신의 강점을 잘 알고 있는 것과 별개로 그것을 활용하고 개발하려는 태도를 지니는 것의 중요성을 시사한다.

이미 앞에서 살펴본 바와 같이 Clifton과 Nelson(2007)이 강점은 저절로 빛나는 다이아몬드가 아니라고 하면서 자신의 강한 부분에 의도적으로 시간을 투자해야 함을 강조했듯이 강점 활용 및 개발에 있어 중요한 것은 강점에 대한 태도와 의지이다. 그리고 자신의 강점을 알고 있다고 해도 약점을 고치는 것이 강점을 개발하는 것보다 중요하다고 생각하는 사람이라면 약점을 보완하는 것에 더 많은 노력을 투자하게 되며 자신의 강점을 활용하려는 의지나 태도가 나타나기 어렵다(이정순, 2011).

이상의 논의에 기초할 때 성격강점 활용 인성교육은 자신을 대표하는 성격강점에 대한 인식과 성격강점을 활용하려는 태도를 바탕으로 학생생활 영역 전반에 성격강점을 활용하여 개인의 성장을 도모하도록 이루어질 필요가 있음을 알 수 있다. 특히 교사나 지도자가 성격강점 활용 인성교육에서 학생으로 하여금 자신의 대표강점을 인식하고 이를 활용하는 것이 자신의 행복증진에 어떠한 영향을 미치는지 이해하도록 돕는 안내자 역할을 잘 수행할 필요가 있다. 무엇보다 교사나 지도자가 학생이 자신의 성격강점을 발견하고 활용하는 데 있어서 능동적인 역할을 하도록 격려할 필요가 있다. 이를 위해 교사나 지도자는 학생이 자신의 일상생활에서 긍정 정서를 유발하는 다양한 사건을 적극적으로 찾도록 격

려하고, 학생의 대표 성격강점을 드러내는 여러 체험을 스스로 발견하도록 이끌며, 자신의
대표강점을 활용할 수 있는 독특하고 참신한 방법을 찾기 위해 함께 노력하면서 학생이 자
발적으로 그러한 방법을 고안하도록 이끌어 나갈 필요가 있다.

　학생의 강점 활용과 행복증진을 위해서 다양한 유형의 과제를 제시할 필요도 있다. 이때
에는 학생의 실행 가능 여부와 학생 고유의 성향에 부합하는지에 대한 논의를 반복하고 숙
제 수행방법과 과제 실행과정에서 대표강점을 잘 활용할 경로, 자원, 방법 등을 확인하고
대표강점 활용 결과에서 보상과 강화를 경험하도록 피드백을 강화할 필요가 있다. 요컨대
개인의 상황과 특성에 적합하게 이러한 과정과 절차를 체계적·효율적으로 수행하도록
조력하는 성격강점 활용 인성교육 프로그램 구성과 개입이 필요하다.

제**4**장 　　성격강점 활용 인성교육 방안

1. 성격강점 활용영역별 인성교육 방안

성격강점 연구가 주는 시사점에 기초하여 생활지도와 상담의 영역에서 성격강점을 활용한 인성교육을 실천하는 방안은 [그림 4-1] 및 〈표 4-1〉과 같이 성격강점의 이해, 인식(발견), 활용(계발)을 돕는 세 영역으로 구성될 수 있다. 먼저 성격강점 이해 영역은 24개 성격강점의 의미, 기능, 중요성에 대하여 전반적으로 이해하는 활동으로 구성된다. 다음으로 자신의 성격강점 인식 영역은 자신과 타인의 성격강점을 탐색, 자각하는 과정에서 성격강점, 특히 자신의 대표강점(한 개인이 지닌 여러 성격강점 중에서 상대적으로 높은 빈도를 보이며 자신을 대표한다고 인식되는 성격강점)을 발견하고 그 의미와 가치를 더욱 깊이 인식하는 활동으로 구성된다. 마지막으로 성격강점 활용 영역은 자신의 대표강점에 대한 이해와 인식을 바탕으로 학습, 놀이, 여가, 인간관계, 진로, 문제해결 등 일상생활 속에서 자신의 대표강점을 지속적으로 다양하게 활용하고 계발하도록 촉진하는 활동으로 구성된다.

[그림 4-1] 성격강점을 활용한 인성교육 방안의 하위 영역

<표 4-1> 성격강점의 이해, 인식, 활용을 돕는 활동의 예

성격강점의 이해(익히기)	대표강점의 인식(발견)	대표강점의 활용(계발)
① 이야기, 만화, 동영상	① 성격강점검사 및 자기소개	① 강점일기 쓰기
② 놀이	② 텔레게임(타인의 피드백)	② 강점데이트하기
③ 관련 도서 읽기	③ 인생그래프(과거여행)	③ 강점모델 찾기
④ 성격강점 골든벨	④ 성격강점경매	④ 인생로드맵(미래여행)
⑤ 성격강점 사전 만들기		

1) 성격강점의 이해(익히기)를 돕는 활동

자신의 성격강점을 인식하고 계발하려면 먼저 전체 성격강점의 의미와 특성 및 중요성을 이해하고 성격강점을 익히는 것이 선행되어야 하며 이를 위해 아동·청소년의 발달수준과 흥미를 고려한 다양한 자료가 마련될 필요가 있다. 다양한 자료를 활용하여 성격강점에 대한 이해를 돕는 활동을 제시하면 다음과 같다(경기도초등상담교육연구회, 2012; 김광수, 기경희, 2017; 김수연, 2013; 오상철, 이희진, 김태은, 노원경, 김영빈, 2012).

① 이야기, 만화, 동영상: 매주 1가지 성격강점을 정하여 아침 자습시간 등에 성격강점 관련 이야기, 만화, 동영상 자료를 찾아 제시하고 그에 대해 이야기를 나눔으로써 전반적인 이해를 돕는다.

② 놀이: 성격강점을 발휘할 수 있는 놀이를 소개하고 직접 해 본다. 예를 들어, 제시되는 '복잡한 미로 찾기' 놀이를 포기하지 않고 끝까지 하면서 끈기를 발휘해 볼 수 있다.

③ 관련 도서 읽기: 성격강점과 관련된 도서 목록을 안내하여 관련 도서를 읽고 성격강점에 대해서 폭넓게 이해할 수 있도록 돕는다.

④ 성격강점 골든벨: 성격강점의 의미, 활용방법, 대표인물, 관련 직업 등의 내용을 문제로 제시하여 해당 성격강점이 무엇인지 맞히는 활동을 통해 성격강점에 대한 이해를 심화한

다. 성격강점 골든벨과 더불어 성격강점 익히기를 촉진하기 위한 다른 활동은 다음과 같다.

- **강점 스피드 퀴즈**: 조를 형성해서 조별로 강점 스피드 퀴즈에 도전하게 한다. 시간을 1~2분 정도로 제한하고 가장 많이 맞춘 팀이 승리한다.
- **강점 기억하기**: 2~3분 동안 성격강점표나 성격강점카드(24장)을 살펴보게 한 후 표나 카드를 보지 않고 기억나는 강점을 최대한 써 보게 한다. 강점을 가장 많이 정확하게 기록한 사람(팀)이 우승자이며 개인별 혹은 팀별로 진행할 수 있다.

⑤ **성격강점 사전 만들기**: 24개 성격강점의 의미, 특성, 활용(계발) 방안, 대표인물, 관련 직업 등에 대한 자료를 모아 글과 그림으로 표현한 미니사전을 만드는 과정에서 다양한 성격강점에 대한 이해를 심화한다.

⑥ **성격강점의 이해를 돕는 인성교육 지도안**

성격강점검사를 활용하여 아동들이 자신의 성격강점을 인식하고 계발하도록 도우려면 전반적인 성격강점에 대한 의미와 가치 및 중요성 대한 이해가 선행되어야 하며 이때 아동의 발달수준과 흥미를 고려하여 다양한 자료를 마련하여 지도할 필요가 있다. 다양한 자료 활용을 통해 성격강점의 이해를 돕는 인성교육 지도안의 예를 제시하면 〈표 4-2〉와 같다(경기도초등상담교육연구회, 2012; 김수연, 2013; 오상철 외, 2012).

〈표 4-2〉 성격강점의 이해를 돕는 인성교육 지도안의 예

주제	성격강점의 의미와 가치 이해하기		
목표	24가지 성격강점의 의미와 가치를 이해할 수 있다.		
과정	활동내용	시간(분)	준비물 ■ 유의점 ▣
도입	• 숲속 동물학교 이야기 -자신의 부족한 점을 개선하려고 노력하는 것보다 자신의 강점을 발전시키기 위해 노력할 필요가 있다는 교훈이 담긴 이야기를 준비한다. -이야기와 관련된 의견이나 소감 나누기를 진행한다.	10′	■ 이야기 자료

	• 활동 안내 　–성격강점의 의미 찾기(성격강점과 의미 짝짓기) 　–성격강점 골든벨(의미 파악) 　–성격강점 동작 퀴즈(필요한 상황 떠올리기)		
전개	• 성격강점의 의미 찾기 　–성격강점: 인간의 긍정적인 특성으로서 학자들이 연구를 통해 24가지를 선정하였으며, 6가지 미덕으로 분류된다. 　　① 4인으로 구성된 모둠에게 24개 성격강점카드(발견카드) 24장＋의미카드(활용카드) 24장 총 48장으로 구성된 카드를 1벌씩 나누어 준다. 　　② 모둠원이 함께 의논하여 성격강점카드(발견카드)에 해당하는 의미카드(활용카드)를 찾아 나란히 배열하도록 한다. 　　③ 배열을 마친 모둠은 순서 배치가 다 맞으면 성격강점별 의미를 숙지하도록 안내한다.	15′	▪ 조별로 성격강점 　카드 1벌
	• 성격강점 골든벨 　–성격강점의 의미, 가치, 대표인물 등에 대한 설명이 적힌 문제카드(활용카드)를 뽑아서 퀴즈를 내면 보드판에 해당 성격강점이 무엇인지 적고 답을 확인한다.	15′	▪ 문제카드
	• 성격강점 동작 퀴즈 　–성격강점이 필요한 상황을 몸으로 표현하고 맞힌다. 　　① 한 모둠씩 나와서 우측을 향해 앉는다. 　　② 좌측 첫 앞사람이 성격강점카드를 뽑아서 두 번째 사람에게만 몸으로 해당 성격강점이 필요한 상황을 설명한다. 　　③ 두 번째 사람은 마찬가지로 세 번째 사람에게 세 번째 사람은 네 번째 사람에게 몸으로 설명한다. 　　④ 마지막 네 번째 사람이 해당 성격강점을 맞힌다.	30′	▪ 문제카드
정리	• 전체 집단이 모여 활동에 대한 소감 나누기 • 과제: 나를 잘 아는 사람들(나를 포함 3명 이상)이 생각하는 나의 강점(장점)을 인터뷰(조사)해 오기	10′	▪ 과제 활동지
유의 사항	• 골든벨 진행 시 맞은 개수만 기록하고 틀려도 계속 참여하도록 한다. • 과제와 관련하여 대표강점에 대하여 안내한다. 즉, 우리는 24가지 성격강점을 모두 가지고 있으며 그중에서도 특히 두드러지게 발달한 강점을 개인의 대표강점이라고 하고, 대표강점을 발견하기 위해서는 다양한 방법(자신의 경험을 통해 알아채기, 다른 사람들이 생각하는 나의 대표강점 조사하기, 성격강점검사 활용하기 등)이 있음을 안내한다.		

□ 활동지: '숲속의 동물학교' 이야기 자료

활동지 2-3	'숲속의 동물학교' 이야기	이름 별칭

  옛날 어느 숲 속에 많은 동물이 모여 살았습니다. 동물들은 8월 보름에 한 자리에 모여 축제를 벌였습니다. 축제가 끝날 무렵에 행사의 사회를 맡았던 토끼가 1가지 제안을 하였습니다.

  "우리는 늘 본능에 의하여 살아왔지만, 우리가 알고 있는 것을 후손들에게 체계적으로 전달할 수 있다면 생활이 더욱 풍요하고 윤택해질 것이므로 학교를 세우자."

  축제에 참가한 대부분의 동물이 토끼의 제안에 동의하였습니다.

  그날 이후 학교를 세울 준비가 착착 진행되어 갔습니다. 학교 건물을 짓고 필요한 시설을 갖추고 장비를 구입하여 배치하였습니다. 선생님과 행정직원을 뽑고 그들 중에서 덕행과 명망이 가장 뛰어난 동물을 교장선생님으로 선출하였습니다. 이제 학교는 교육과정을 결정하는 일을 제외하고는 학생들을 받아들일 만반의 준비를 갖추었습니다.

  교육과정을 결정한다는 것은 왜, 무엇을, 어떻게 가르칠 것인가에 관한 결정을 말합니다. 다르게 표현한다면 교육목적, 교육내용, 교육방법 등을 결정하는 것을 말합니다.

  학교 설립을 맨 먼저 제안했던 토끼가 말했습니다.

  "숲 속의 생활에서 가장 중요한 것은 '달리기'야! 달리기는 웰빙시대에 건강을 위해서도 필요하지만 맹수로부터 자신의 몸을 보호하기 위해서는 반드시 배워야 해."

  딱따구리가 고개를 끄덕이며 말했습니다.

  "달리기는 반드시 배워야 한다고 생각해. 하지만 '날기'를 배우지 않는다면 숲 속의 생활이 고달플 거야. 날 수 있어야 높은 나무 위에 열린 열매나 나무껍질 속에 숨어 있는 벌레를 먹을 수 있고, 자기보다 빠른 맹수의 습격으로부터 안전하게 대피할 수 있어. 따라서 모든 동물은 날기도 배워야 한다고 생각해."

  옆에서 졸고 있던 고슴도치가 아직 잠이 덜 깬 채로 기지개를 펴면서 말했습니다.

  "먹거리는 땅 위나 나무 위에만 있지 않아. 땅 밑의 세계는 먹을거리로 가득 차 있어. 또한 아무리 더운 여름이나 추운 겨울에도 땅속은 온도가 적당하여 이보다 살기 좋은 환경은 없다고 생각해. 그러니까 동물이라면 당연히 굴을 파고 그 속에 집을 짓는 방법을 익혀두어야 해."

  토끼, 딱따구리, 고슴도치의 말에 숲 속의 모든 동물이 고개를 끄덕였습니다. 축제장을 가득 채운 동물들은 자신의 자녀들이 숲 속에서 안전하고 풍족하며 편안한 삶을 살기 위해서는 학교에서 달리기, 날기, 굴 파기 등을 반드시 배워야 한다고 생각하였습니다. 말하자면 이것들은 학생들이 반드시 이수해야 할 필수과목이 된 것입니다.

개학 시기가 되었습니다. 어린 토끼는 달리기는 잘하지만 학교를 졸업하기 위해서는 날기와 굴 파기를 배워야 했습니다. 그러나 어린 토끼가 날기 연습을 하기 위하여 높은 나뭇가지 위에 올라갔을 때 몸이 사시나무 떨듯이 흔들렸습니다. 하지만 날지 못한다면 필수과목을 이수하지 않은 셈이 되고 그러면 졸업이 불가능해져서 사회에서 학력이 부족한 동물이라는 불명예를 안고 살아야 합니다. 어린 토끼는 눈을 감고 높은 나뭇가지 위에서 뛰어내렸습니다. 토끼는 다리를 심하게 다치고 말았습니다. 토끼는 날기와 굴 파기는 고사하고 자신이 가장 잘하는 달리기조차 하기 어렵게 되었습니다. 어린 딱따구리도 형편이 크게 다르지 않았습니다. 딱따구리는 작은 몸으로 달리기 연습을 하고 또 하였습니다만 발전이 없어 자신에게 무척 실망을 하였습니다. 그러나 더 큰 문제는 굴 파기를 반복하다가 부리가 갈라지는 큰 상처를 입고 말았습니다. 이제는 그토록 좋아하던 나무줄기 속에 들어 있는 맛있는 벌레를 먹을 수도 없게 되었습니다. 어린 고슴도치도 예외가 아니었습니다. 고슴도치는 달리기를 연습하는 과정에서 자신의 능력에 회의를 느끼게 되어 세상의 모든 일에 자신감을 잃었습니다. 더욱이 고슴도치에게 난다는 것은 사실상 불가능한 일인데도 불구하고 학교를 졸업하지 못하면 직장을 얻거나 배우자 선택에 제약이 많기 때문에 높은 나뭇가지 위에서 뛰어내리다가 머리를 크게 다쳐 가끔씩 헛소리를 하는 정신 이상의 증세를 보이게 되었습니다. 숲 속의 어린 동물들은 학교를 졸업할 때에 정신 이상을 보이거나 신체적으로 불구가 되었거나 자신감을 상실한 경우가 적지 않았습니다.

출처: Buscaglia (2018).

2) 대표강점의 인식(발견)을 돕는 활동

성격강점 중에 특히 자신이 지닌 대표강점에 대한 인식(탐색, 발견)을 돕는 활동을 제시하면 다음과 같다.

(1) 성격강점 설명표를 활용하여 강점 찾기

• 24개의 성격강점과 그 정의가 적혀 있는 성격강점 설명표(〈표 2-2〉나 〈표 4-3〉)를 살펴보면서 자신을 가장 잘 설명한다고 생각되는 성격강점 3~5개를 선택한다.

• 나를 잘 알고 있는 친한 친구나 가족에게 그 표를 제시한 후 나의 강점을 3~5개 찾아 주도록 부탁한다.

• 내가 찾은 강점과 친한 사람들이 찾아준 강점을 비교하면서 중복되는 강점을 자신의 대표강점이라고 추측할 수 있다.

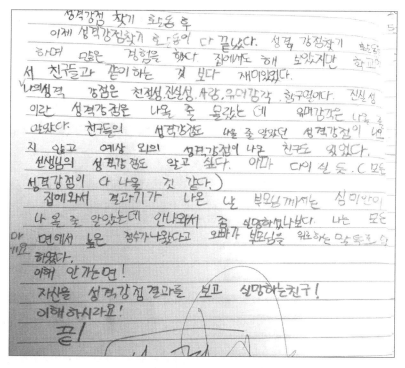

[그림 4-2] 강점 발견 활동 후 일지 쓰기

(2) KICS 아동 진로성격강점검사를 통해 강점 찾고 자기소개

• 성격강점검사는 자기보고식 검사를 통해 자신의 대표강점을 확인하는 방법이다.

• KICS 아동 진로성격강점검사를 활용하여 보다 객관적으로 성격강점을 알아보고 이해
하고 활용할 수 있다.

• 4~6학년은 직접 자신이 할 수 있고 저학년은 교사나 부모가 보고 체크하여 아동의 상
격강점을 확인할 수 있다.

• 검사를 통해 24개 성격강점의 각 점수와 상위 5개의 대표강점을 확인할 수 있고 그 대
표강점의 의미와 대표강점 관련 대표인물, 관련 직업, 대표강점 활용방안 등을 이해할
수 있다(김광수 외, 2015).

　그동안 아동들에게 성격강점검사를 실시할 경우 VIA 연구소에서 개발한 청소년용 검사
인 VIA-Youth 198 문항 중 일부를 번안 및 수정하거나, 권석만 등(2010, 2012)이 개발한
CST 성격강점검사 성인용 또는 청소년용 문항의 일부를 수정하여 활용해 왔으나 최근 김
광수 등(2015)이 KICS 아동 진로성격강점검사를 개발 및 타당화하였다. 성격강점검사는
개인 간 비교가 아닌 개인 내 비교를 통하여 개인의 대표강점에 대한 정보를 제공하고 일
상생활에서 지속적으로 대표강점을 인식·계발하도록 안내하므로 자신의 대표강점에 대
해 객관적으로 인식하고 자신의 내면적 특성에 더욱 관심을 기울이도록 이끌어 준다(권석
만, 김지영, 하승수, 2012; 김광수 외, 2015). 학기 초에 자기소개를 할 때 성격강점검사를 통해
확인한 대표강점 중 자신이 가장 소중하게 여기는 성격강점을 1가지 택하여 관련된 경험
을 글이나 그림으로 표현하고 소개하는 활동을 할 수 있다(KICS 아동 진로성격강점검사를 활
용한 인성교육에 대해서는 다음 절에서 상세히 다루고 있음).

(3) 성격강점 텔레게임

　타인의 피드백을 통해 자신의 대표강점을 인식하는 활동으로 구성원 간 서로에 대한 이
해가 충분히 이루어진 후 실시하는 것이 좋다. 6~8명 내외의 소집단을 구성하고 교사가
특정 성격강점을 지닌 사람의 특성을 말해 주면 아동들은 소집단 내에서 특정 성격강점을
가장 많이 지닌 친구를 찾는다. 교사가 하나, 둘, 셋을 외치면 자신이 찾은 친구 어깨에 손

을 얹는다. 해당 친구 어깨 위에 손을 얹은 사람은 왜 자신이 그 친구에게 손을 얹었는지 설명해 주고 해당 학생은 그 설명을 듣고 자신의 강점을 인식해 본다. 교사가 성격강점을 지닌 사람의 특성을 〈표 4-3〉과 같이 쉽고 간결하게 소개하는 것이 중요하다.

〈표 4-3〉 텔레게임 참고자료

덕목	성격강점	특징
지성	창의성	새로운 일이나 방법을 잘 생각해 내요.
	호기심	주변에서 일어나는 여러 가지 일에 대해 관심과 흥미가 많아요.
	개방성	마음이 열려 있어서 다른 사람의 생각을 잘 받아들여요.
	학구열	배우는 것이 즐거워요.
	지혜	슬기롭게 생각을 잘해서 다른 사람들에게 도움을 줘요.
인간애	사랑	사람들이나 동식물을 소중히 여기고 사랑하는 마음이 커요.
	친절성	평소 다정한 말과 친절한 행동으로 사람들을 대해요.
	사회지능	자신과 다른 사람들의 마음과 입장을 잘 헤아릴 수 있어요.
용기	용감성	두렵지만 옳다고 생각하는 일은 꼭 해요.
	끈기	어떤 일을 한번 시작하면 끝까지 열심히 해요.
	진실성	거짓말을 하지 않아요.
	활력	언제나 활기와 에너지가 넘쳐요.
절제	용서	사람들이 나에게 잘못했을 때 너그럽게 용서해 줄 수 있어요.
	겸손	잘난 체하지 않아요.
	신중성	결정을 할 때 곰곰이 생각해서 후회하는 일이 별로 없어요.
	자기조절	슬프거나 화가 날 때 내 감정과 행동을 잘 조절해요.
정의	공정성	사람들을 차별하지 않고 공평하게 대해요.
	시민의식	질서와 규칙을 잘 지키고 모둠 활동에 적극적으로 참여해요.
	리더십	친구들이 나를 잘 믿고 따라와요.
초월	심미안	아름다운 자연, 음악, 그림을 감상하는 일이 아주 즐겁고 행복해요.
	감사	나 자신에게 주어진 것과 주변 사람들에게 고마운 마음이 들어요.
	낙관성	내가 하는 일이 잘될 거라는 믿음을 가지고 열심히 노력해요.
	유머	재미있는 말과 행동으로 주변 사람들을 즐겁게 해 줄 때가 많아요.
	영성	열심히 기도해요. 종교에 관심이 많아요. 성직자를 존경해요.

출처: 김수연(2013).

(4) 인생그래프 및 일화기록(과거여행, 미래여행)

잠시 명상의 시간을 가지고 차분한 분위기를 조성한 후 [그림 4-3]과 같은 활동지에 −10점 (불행)부터 +10점(행복)까지 과거에 행복하거나 불행했던 순간을 점이나 선으로 나타낸 후 그때의 경험을 떠올리도록 한다. 일화기록은 성취나 성공, 행복했던 순간으로 이끌어 준 성격강점과 관련된 경험을 기록하는 것과 불행했던 순간에서 벗어나게 해 준 성격강점과 관련된 경험을 기록하는 방법이 있다. 일화기록은 개인의 선호도에 따라 글, 그림, 만화 등으로 자유롭게 표현하도록 하며 기록을 마친 후 소개하고 소감을 나눈다.

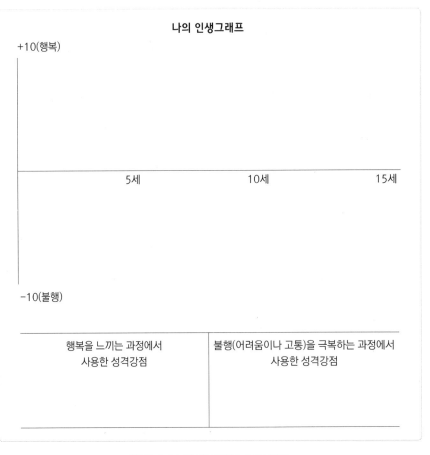

[그림 4-3] 인생그래프 참고자료

(5) 성격강점경매

7~10명 내외의 소집단을 구성하고 진행자(교사나 지도자가 직접 진행할 수 있음)를 정한다. 각자 성격강점을 살 수 있는 일정금액을 가지고 있고 성격강점이 없다고 가정했을 때 꼭 사고 싶은 성격강점을 골라서 〈표 4-4〉와 같은 활동지에 예상입찰가격을 적는다. 진행자는 교사의 안내에 따라 공정하게 진행한다. 진행자가 성격강점의 의미를 말하고 입찰에 응할 사람이 있는지 물으면 입찰할 사람들은 손을 들고 입찰가격을 말하거나 보드에 입찰가격을 적어 동시에 제시한다. 최고의 입찰가격을 제시한 사람에게 성격강점이 낙찰된다. 경매 후 소감을 나누고 자신이 가지고 싶은 성격강점을 자주 활용하고 계발하도록 격려한다. 경매결과를 성격강점검사 또는 텔레게임 결과와 비교해 보면서 자신의 대표 성격강점에 대한 이해를 더 심화할 수 있다.

〈표 4-4〉 성격강점경매 활동자료

성격강점	의미	예산	입찰	낙찰
창의성	어떤 일을 하면서 새롭고 더 좋은 방법을 생각해 낼 수 있는 능력			
호기심	새롭고 신기한 것을 좋아하며 흥미 있는 것을 적극적으로 탐색하려는 태도			
개방성	다양한 관점에서 생각하고 나와 다른 생각을 기꺼이 받아들이려는 태도			
학구열	새로운 것을 배우고 익히는 데 재미를 느끼고 열심히 노력하는 태도			
지혜	폭넓게 생각하고 어려운 상황에 처했을 때 좋은 해결방법을 생각해 내는 능력			
사랑	관계를 소중히 여기고 그러한 마음을 행동으로 잘 실천하는 능력			
친절성	다른 사람들을 존중하고 위하는 마음으로 상냥하게 대하고 도움을 주려는 태도			
사회지능	나와 다른 사람들의 마음을 잘 알아차려 사람들과 잘 어울리는 능력			
용감성	두려운 마음이 드는 상황에서도 위축되지 않고 두려움을 극복하는 능력			
끈기	시작한 일을 포기하지 않고 끝까지 마무리하여 완성하는 능력			

진실성	자신의 생각이나 감정을 솔직하게 표현하고 진실하게 행동하려는 태도		
활력	열정과 에너지를 가지고 활기차게 생활하는 능력		
용서	내게 잘못을 저지른 사람을 너그럽게 용서해 주는 능력		
겸손	지나치게 자신을 드러내어 잘난 체하거나 뽐내지 않고 자신이 무엇을 더 노력해야 하는지 아는 태도		
신중성	말이나 행동하기 전에 한 번 더 조심스럽게 생각하는 태도		
자기조절	자신의 다양한 감정, 욕구, 행동을 적절하게 조절하는 능력		
시민의식	집단 구성원으로서 집단의 이익을 위해 최선을 다하는 태도		
공정성	사람을 대하거나 일을 처리할 때 차별하지 않는 태도		
리더십	집단 활동을 계획, 조직하고 좋은 성과를 이루도록 이끌어 가는 능력		
심미안	다양한 영역에서 아름다움과 뛰어남을 발견하고 느낄 줄 아는 능력		
감사	좋은 일을 알아차리고 그에 대한 고마움을 느끼며 표현하는 행동과 태도		
낙관성	자신의 경험에 대해 긍정적으로 생각하고 좋은 일을 기대하며 행동하는 태도		
유머	웃고 재미있는 것을 좋아하며 다른 사람에게 웃음과 즐거움을 주는 능력		
영성	삶의 의미와 목적에 대한 관심과 믿음을 가지고 눈에 보이지 않는 보다 넓은 세계와 연결되기를 바라는 태도		

출처: 김광수 외(2015).

□ 강점경매 활동 후 활동지

활동지	성격강점경매를 마치고……	이름
		별칭

1. 내가 할당받은 전체 비용에서 얼마를 쓰고 얼마가 남았나요?

2. 어떤 성격강점을 얼마에 샀나요?

3. 이러한 결과에 대한 나의 만족도는 100점 만점에 몇 점인가요?

4. 정말 사고 싶었지만 사지 못해서 아쉬웠던 성격강점이 있다면 무엇인가요?

   • 그 성격강점을 왜 사고 싶었나요?

5. 성격강점경매 활동에 참여하면서 발견한 점이나 느낀 점을 적어 보세요.
   • 나 자신에 대해서

   • 다른 구성원에 대해서

   • 기타 전체적으로

6. 경매에 입찰한 성격강점과 나의 대표강점은 어떤 관련성이 있다고 생각하는지 적어 보세요.

7. 강점경매 활동에 참여하면서 다음에 이 활동을 할 때 보완할 점, 제안 사항이나 기타 관련 아이디어가 있다면 어떤 점이 있는지 적어 보세요.

(6) 대표강점의 인식(발견)을 돕는 인성교육 지도안

전반적인 성격강점의 의미와 가치에 대한 이해를 바탕으로 자신에게 두드러지게 발달한 대표강점을 인식하도록 돕는 활동으로는 성격강점검사, 텔레게임, 인생그래프, 성격강점경매 등의 활동이 있다. 이러한 활동에 참여하는 과정에서 아동들은 자신의 대표강점을 탐색, 자각, 발견함으로써 자신에 대해 보다 긍정적으로 바라볼 수 있을 것이다. 이러한 활동으로 구성된 성격강점의 인식을 돕는 인성교육 지도안의 예를 제시하면 〈표 4-5〉와 같다.

〈표 4-5〉 대표강점의 인식을 돕는 인성교육 지도안의 예

주제	대표강점 인식하기		
목표	자신이 지닌 대표강점이 무엇인지 탐색, 자각, 발견할 수 있다.		
과정	활동내용	시간 (분)	준비물 ■ 유의점 ▣
도입	• 나의 강점 조사 과제 발표하기 　–나를 포함하여 나를 잘 아는 3명 이상의 사람이 생각하는 나의 강점(장점)을 조사해 온 것에 대해서 4명씩 모여서 이야기를 나눈다. • 활동 안내 　–보려고 해야 보인다! 　–텔레게임(학급 친구들의 피드백) 　–성격강점검사 결과 확인(검사결과 참고)	10′	■ 과제 활동지
전개	• 보려고 해야 보인다! 　–짝과 함께 다양한 표정과 크기의 사람 얼굴이 숨어 있는 그림 속에서 가급적 많은 사람의 얼굴을 찾는다. 　–자신의 강점도 노력해야 찾을 수 있음을 안내한다. • 텔레게임 　① 6명 내외의 모둠을 구성한다. 　② 교사가 성격강점을 지닌 사람의 특성을 말해 준다. 　③ 자신이 속한 모둠원 중에서 해당 성격강점을 가장 많이 지닌 친구를 생각해 낸다. 　④ 교사가 하나, 둘, 셋을 외치면 자신이 생각한 친구의 어깨에 손을 얹는다.	10′ 20′	■ 그림 자료 ■ 성격강점을 지닌 사람의 특성 안내문

	• 성격강점검사 결과 확인 　① 결과의 타당성에 대해 안내한다. 　② 핵심덕목 프로파일을 살펴보고 핵심덕목과 관련된 자신의 　　경험과 특성을 '나는 이런 사람'에 적어 본다. 　③ 성격강점 프로파일을 살펴보고 가장 높은 점수를 얻은 상 　　위 5개의 대표강점을 찾는다. 　④ 5개의 대표강점 중에서 가장 소중하게 느껴지는 것은 무엇 　　인지, 왜 소중한지 적어 본다. 　⑤ 자신이 적은 내용에 대하여 짝과 이야기 나눈다.	30′	■ 성격강점검사 결 　과지
정리	• 전체 집단이 모여 활동에 대한 소감 나누기 • 과제: 나의 대표강점을 상징하는 물건 찾아오기	10′	
유의 사항	• 성격강점검사 결과보고서가 본 수업 전에 준비될 수 있도록 미리 검사를 실시한다. • 검사결과에 대해 친구들과 상대적인 비교를 하기보다는 개인 내 비교에 초점을 두도록 　한다.		

☐ '보려고 해야 보인다!' 관련 활동지

활동지	보려고 해야 보인다!	이름	
		별칭	

📂 다음 풍경화 속에 사람의 얼굴이 보이나요? 몇 개나 보이나요?

출처: 이민규(2004).

이 풍경화에는 모두 13개의 얼굴이 숨겨져 있습니다.
인간의 강점도 찾으려고 노력해야 눈에 띕니다.

📂 여러분이 생각하는 자신의 강점은 무엇인가요? 자신의 강점을 가급적 많이(5~10가지 정도) 찾
아서 적어 보세요.

3) 대표강점의 활용(계발)을 돕는 활동

자신의 대표강점에 대한 이해와 인식을 바탕으로 일상생활의 다양한 영역에서 지속적이고 새로운 방법으로 성격강점을 활용하고 계발하도록 촉진하기 위한 활동은 다음과 같다.

(1) 강점일기 쓰기

〈표 4-6〉과 같이 강점일기를 쓰도록 안내한다. 자신의 대표강점이나 계발하고 싶은 성격강점 또는 이해활동을 통해 의미와 가치를 알게 된 성격강점과 관련된 활용 · 계발 경험을 쓸 수 있다. 강점일기 쓰기 방식의 자율성 부여와 내적 동기를 유발하도록 고려한다.

〈표 4-6〉 강점일기 쓰기 예

〈강점일기 쓰는 방법〉

① 나의 대표강점, 소망강점(더 계발하고 싶은 성격강점) 중 1가지를 고릅니다.
② ①에서 고른 강점과 관련된 일(오늘 또는 최근)을 머릿속에 생생하게 떠올립니다.
③ ②에서 떠올린 내용에 대해 언제, 어디에서, 누구와, 무엇을, 어떻게 하였는지 자세히 쓰고 그 때 들었던 생각이나 느낌도 씁니다.

예시 1) 선택한 성격강점: 유머

학교 마치고 진우와 함께 집에 가는 길에 유머를 발휘해 보았다. 며칠 전 인터넷을 검색했을 때 재미있게 읽은 이야기가 생각나서 그중 3가지 이야기를 진우에게 들려주었다. 첫 번째 이야기는 …… 두 번째 이야기는 …… 그리고 끝으로 …… 진우가 내 이야기를 듣고 집에 가는 내내 깔깔대며 웃었다. 나는 첫 번째 이야기가 제일 재미있었는데 진우는 세 번째 이야기가 제일 재미있다고 했다. 진우도 나중에 인터넷으로 재미있는 이야기를 검색해 봐야겠다고 했다. 재미있는 이야기를 나누며 왔더니 금방 집 앞에 와 있었다. 다음에도 재미있는 이야기를 찾아 친구들에게 들려주고 싶다.

예시 2) 나의 대표강점: 감사

오늘 아빠가 맛있는 요리를 만들어 주셨다. 사실 주말에 함께 놀러 가기로 약속했는데 아빠가 피곤하다며 집에만 있어서 나는 화가 나서 방 안에 틀어박혀서 게임만 했다. 그런데 아빠가 저녁이 되어 약속을 지키지 못해서 미안하다며 맛있는 닭볶음탕을 해 주셨다. 화가 나 있던 나를 사르르 녹이는 세상 최고의 맛이었다. 아빠에게 화가 나 있었지만 지금은 아빠가 너무 좋다. 그래서 아빠가 잠자는 사이, 몰래 아빠의 지갑에 몰래 감사의 쪽지를 써서 넣어 두었다. 내용은 다음과 같다.

'세상 최고의 닭볶음탕이었어요! 사랑해요. 그리고 감사해요! 아빠, 힘내세요!'

예시 3) 나의 대표강점: 진실성

오늘 부모님이 밖에 일이 있어서 나간 사이에 숙제는 하지 않고 계속 게임만 했다. 그리고 부모님 돌아올 시간이 다 되니 걱정이 되었다. 어떤 거짓말을 해야 부모님께 덜 혼날까 계속 생각하였다. 계속 고민하다가 나의 대표강점이 '진실성'이라는 것을 떠올렸다. 그래서 부모님께 사실대로 말씀드리고 혼도 실컷 나고, 다시는 부모님과의 약속을 어기지 말아야겠다고 다짐했다. 꾸중은 들었지만, 그래도 나의 대표강점을 사용해서 정직하게 말씀드리니 마음이 편안하였다.

출처: 김수연(2013), 하승수(2012) 참고.

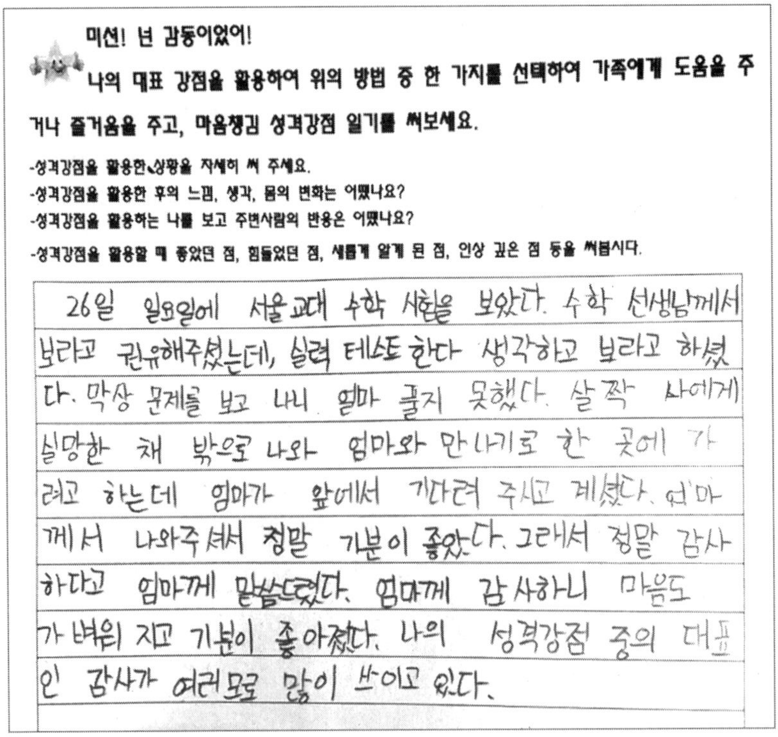

미션! 넌 감동이었어!

나의 대표 강점을 활용하여 위의 방법 중 한 가지를 선택하여 가족에게 도움을 주거나 즐거움을 주고, 마음챙김 성격강점 일기를 써보세요.

-성격강점을 활용한 상황을 자세히 써 주세요.
-성격강점을 활용한 후의 느낌, 생각, 몸의 변화는 어땠나요?
-성격강점을 활용하는 나를 보고 주변사람의 반응은 어땠나요?
-성격강점을 활용할 때 좋았던 점, 힘들었던 점, 새롭게 알게 된 점, 인상 깊은 점 등을 써봅시다.

26일 일요일에 서울교대 수학 시험을 보았다. 수학 선생님께서 보라고 권유해주셨는데, 실력 테스트 한다 생각하고 보라고 하셨다. 막상 문제를 보고 나니 얼마 풀지 못했다. 살짝 사이에게 실망한 채 밖으로 나와 엄마와 만나기로 한 곳에 가려고 하는데 엄마가 앞에서 기다려 주시고 계셨다. 엄마께서 나와주셔서 정말 기분이 좋았다. 그래서 정말 감사하다고 엄마께 말씀드렸다. 엄마께 감사하니 마음도 가벼워 지고 기분이 좋아졌다. 나의 성격강점 중의 대표인 감사가 여러모로 많이 쓰이고 있다.

[그림 4-4] 강점일기 쓰기

(2) 강점데이트하기

평소 관찰이나 검사결과를 통해 가족, 친구 등 자신과 가까운 사람들의 대표강점을 3가지 정도 찾도록 한다. 가족의 대표강점을 찾고 그림으로 나타낼 수도 있다. 가족 중 한 사람과 한 달에 1번 주말에 서로의 대표강점을 함께 발휘할 수 있는 데이트를 계획하고 실행하도록 과제를 부여하고 관련 기념사진을 찍어 학급 홈페이지에 올리거나 간단한 실행보고서를 작성하여 제출하도록 한다. 예컨대, 학생은 대표강점이 '사랑'이고 동생은 '호기심'일 때 동생이 궁금해하는 질문에 답해 주거나 함께 찾아봐 주는 활동(강점데이트)을 하고 소감 적기나 강점일기 쓰기를 할 수 있다.

[그림 4-5] 가족 대표강점 그림

(3) 강점모델 찾기

자신의 대표강점이나 더 계발하고 싶은 성격강점을 지닌 인물에 대해 책, 인터넷, 잡지, 신문 기사 등을 활용하여 조사한 내용을 포트폴리오에 모아 소규모 전시회를 열고, 강점모

델 인터뷰 내용을 신문기사로 작성하거나 동영상으로 제작하여 발표한다. 같은 성격강점
과 관련된 여러 모델에 대하여 4명 내외의 학생들이 함께 조사하여 발표해도 좋고 실존인
물 외에 동화, 소설, 드라마, 영화 속 등장인물을 조사하는 것도 고려하도록 한다.

(4) 인생로드맵(미래여행)

지금부터 10대, 20대, 30대, 40대까지 대표강점이나 계발하고 싶은 성격강점을 활용하여
이루고 싶은 일들을 구체적으로 계획하도록 한다. 마인드맵, 인생그래프, 계획표 등 개인
이 선호하는 다양한 방법으로 표현한 후 소개하는 시간을 갖는다.

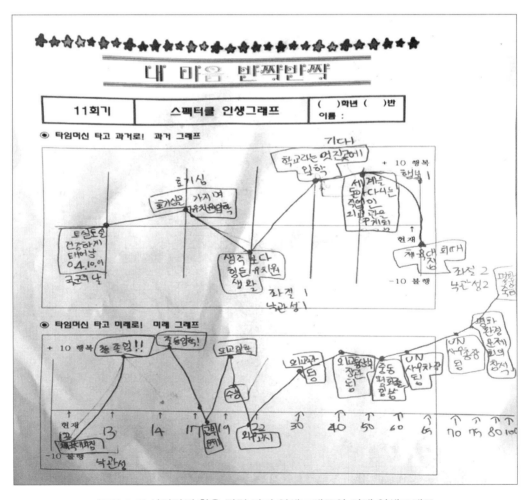

[그림 4-6] 성격강점 활용 관련 과거 인생그래프와 미래 인생그래프

(5) 대표강점 활용 진로탐색하기

• 내 인생의 꿈지도 그리기

- 자신의 꿈과 그 꿈을 이루기 위한 구체적 목표를 적은 후 그 꿈과 목표를 이루는 데 사용할 대표강점을 적어 보기

- 그 꿈을 이루는 데 대표강점을 어떻게 사용할 수 있을지 말하고 다른 모둠원들과 교사의 피드백을 듣기

- 미래에 자신의 꿈을 이룬 모습을 상상하면서 미래의 시점에서 그 꿈을 이루기 위해서 자신의 대표강점을 어떻게 사용했는지, 꿈을 이룬 지금 대표강점을 어떻게 사용하고 있는지 적어 보기(강점이 사용되는 최고의 모습 그려 보기)

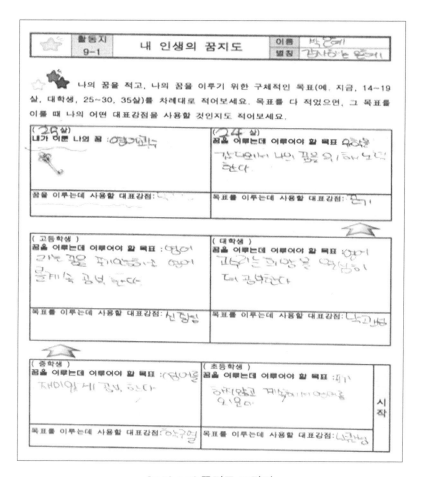

[그림 4-7] 꿈지도 그리기

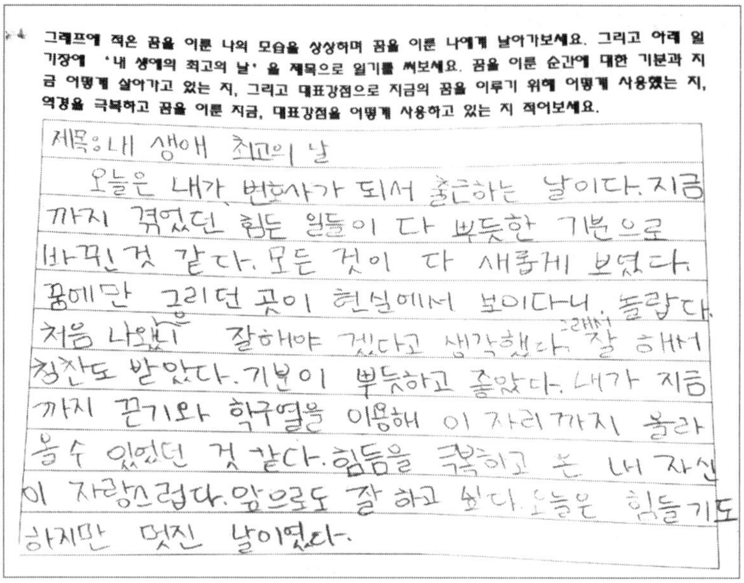

> 그래프에 적은 꿈을 이룬 나의 모습을 상상하며 꿈을 이룬 나에게 날아가보세요. 그리고 아래 일기장에 '내 생애의 최고의 날'을 제목으로 일기를 써보세요. 꿈을 이룬 순간에 대한 기분과 지금 어떻게 살아가고 있는 지, 그리고 대표강점으로 지금의 꿈을 이루기 위해 어떻게 사용했는 지, 역경을 극복하고 꿈을 이룬 지금, 대표강점을 어떻게 사용하고 있는 지 적어보세요.

> 제목: 내 생애 최고의 날
>
> 오늘은 내가, 변호사가 되서 출근하는 날이다. 지금까지 겪었던 힘든 일들이 다 뿌듯한 기분으로 바뀐 것 같다. 모든 것이 다 새롭게 보였다. 꿈에만 그리던 곳이 현실에서 보이다니, 놀랍다. 처음 나왔지만 잘해야 겠다고 생각했다. (그래서) 잘 해서 칭찬도 받았다. 기분이 뿌듯하고 좋았다. 내가 지금까지 끈기와 학구열을 이용해 이 자리까지 올라올 수 있었던 것 같다. 힘듦을 극복하고 온 내 자신이 자랑스럽다. 앞으로도 잘 하고 싶다. 오늘은 힘들기도 하지만 멋진 날이었다.

[그림 4-8] 강점이 사용되는 최고의 모습

• 내 강점모델 찾고 탐구하기
  - 자신의 대표강점과 같거나 유사한 강점을 갖은 사람들(과거나 현재 위인이나 주변인물)중에서 자신의 모델이 될 사람을 찾기
  - 그 모델의 성장과정, 자신과의 차이점과 공통점, 강점의 활용과 계발, 강점이 발휘되는(된) 최고의 모습, 내가 배우거나 본받을 점 등을 조사하고 나누기

• 강점별칭과 강점명함 만들기
  - 자신의 대표강점의 특징을 잘 보여 주는 별칭(예: 톡톡 뛰는 메뚜기는 '유머', 호기심 많은 파브르는 '호기심', 용기 있는 동장군은 '용감성' 등)을 지어 소개하기
  - 학급활동을 할 때 상대의 강점별칭을 불러 주기
  - 자신의 강점, 강점의 특징, 강점 관련 자신의 미래 희망직업, 강점을 발휘하는 최고의 모습 등이 들어간 강점명함을 만들어 소개하고 가지고 다니기

(6) 대표강점의 활용(계발)을 돕는 인성교육 지도안

성격강점에 대한 이해와 인식을 바탕으로 일상생활의 다양한 영역에서 지속적이고 새로운 방법으로 성격강점을 활용하고 계발하도록 촉진하기 위한 활동으로는 강점일기 쓰기, 강점데이트하기, 강점모델 찾기, 인생로드맵 작성하기 등이 있다. 이러한 활동에 참여하는 과정에서 아동들은 자신의 대표강점의 의미와 가치에 대해서 더 깊이 인식할 뿐 아니라 강점을 발휘하는 그 자체로 행복감을 느낄 수 있을 것이다. 성격강점의 계발을 돕는 활동으로 구성된 인성교육 지도안의 예를 제시하면 〈표 4-7〉과 같다. KICS 아동 진로성격강점검사에 대해서는 다음 절에 소개되어 있다.

〈표 4-7〉 대표강점의 활용을 돕는 인성교육 지도안의 예

주제	대표강점 계발하기		
목표	자신이 지닌 대표강점을 일상생활의 다양한 영역에서 활용할 수 있다.		
과정	활동내용	시간(분)	준비물■ 유의점▣
도입	• 나의 대표강점 상징물 소개하기 　-모둠원에게 자신이 가져온 대표강점 상징물을 소개한다. 　-모둠에서 1가지 상징물을 골라 전체에게 누구의 상징물이며 어떤 대표강점을 상징하는지 알아맞히도록 한다. • 활동 안내(검사결과표 ② 활용) 　-활용 경험 떠올리기(개별 후 모둠) 　-활용방안 찾기(같은 대표강점을 지닌 친구와 함께) 　-활용 계획 세우기(개별 후 모둠)	15′	■ 대표강점 상징물 ■ KICS 아동 진로성격강점검사 학생용 검사결과표 ①, ②
전개	• 활용 경험 떠올리기(대표강점 결과해석) 　① 검사결과표 ②의 대표강점 결과해석 내용을 살펴본다. 　② 각 대표강점과 관련된 경험을 떠올리고 간단히 적는다. 　③ 모둠원과 관련 경험 중 꼭 소개하고 싶은 내용을 나눈다. 　④ 모둠에서 이야기 나눈 내용 중 가장 인상 깊은 경험을 1가지 골라서 전체에게 소개한다. • 활용방안 찾기(대표강점 활용방안) 　① 자신과 같은 대표강점을 지닌 친구들과 모둠을 구성한다.	15′ 25′	■ KICS 아동 진로성격강점검사 학생용 검사결과표 ② ■ 활용방안 기록지

	② 모둠원이 공통적으로 가지고 있는 대표강점 활용방안에 대해 검사결과표 ②의 내용을 함께 읽어 본다. ③ 결과지에 나와 있는 내용을 포함하여 '공부하거나 숙제할 때, 쉬거나 놀 때, 가족이나 친구들과 함께 있을 때, 고민이 있을 때, 장래희망을 위해 준비할 때' 등 각각의 상황에서 대표강점을 어떻게 활용하면 좋을지 모둠원과 함께 의논하고 함께 기록한다. ④ 모둠별로 기록한 내용을 함께 앞에 나와서 발표한다. • 활용 계획 세우기 ① 친구와 의논하지 못한 대표강점에 대해서도 모둠별로 발표했던 내용을 참고하여 '검사결과표 ② 나만의 활용방안' 란에 기록한다. ② 자신의 대표강점을 '공부하거나 숙제할 때, 쉬거나 놀 때, 가족이나 친구들과 함께 있을 때, 고민 있을 때, 장래희망을 위해 준비할 때' 등 각각의 상황에서 대표강점을 어떻게 활용하면 좋을지 활용 계획을 세운다. ③ 일주일 동안 꼭 활용하고 싶은 대표강점을 고른다. ④ 실천 내용을 강점일기에 기록해 오도록 안내한다.	15′	■ KICS 아동 진로성격강점검사 학생용 검사결과표 ② ■ 강점일기장
정리	• 전체 집단이 모여 활동에 대한 소감 나누기 • 과제: 강점일기 기록해 오기	10′	
유의사항	• 1가지 이상 같은 강점을 가진 사람이 모여 한 모둠을 구성할 때 인원이 4명 내외로 유지되도록 조정한다. • 강점별 활용방안을 의논하는 과정에서 해당 성격강점에 따라 특정 영역에 편중되어 활용될 가능성이 있다. 다른 영역에서도 활동할 수 있는 방안 대해 브레인스토밍을 통해 다양한 아이디어를 떠올리도록 유도한다.		

(7) 성격강점 활용(계발)을 돕는 방안

자신의 성격강점 중 대표강점을 인지하고 발견하는 데 머무르지 않고 이를 다양하게 창의적으로 활용할 때 즐거움과 같은 긍정 정서, 몰입, 의미, 성취와 함께하는 삶, 즉 행복감의 증진을 경험할 수 있다. 24개의 성격강점별 활용의 예를 제시하면 〈표 4-8〉과 같다.

<표 4-8> 24개 성격강점별 활용(계발)방안들의 예

지성 성격강점	활용(계발)방안
창의성	1. 한 달에 1번씩 자신이 사용하는 방을 새롭게 꾸며 보기 2. 수수께끼를 만들어 친구들에게 문제를 내 보기 3. 주변 물건에 대한 새로운 활용방안을 생각해서 활용해 보기 4. 새로운 놀이를 만들어서 친구들과 함께 해 보기 5. 매주 자기가 흥미를 가지고 있는 것 중에서 1가지 이상 새롭다고 생각되는 아이디어를 찾아서 일기로 적어 보기
호기심	1. 평소에 먹어 보지 않았던 새로운 음식 먹어 보기 2. 책이나 인터넷을 통해 흥미 있는 주제를 찾아 탐색하고 일기로 적어 보기 3. 새로운 길로 집에 가며 주변 관찰하기 4. 집 주변을 산책하며 자연의 변화를 관찰하고 글, 그림, 사진 등으로 나타내기 5. 궁금한 것에 대한 질문노트 만들어 보기
개방성	1. 자기가 어떤 것을 결정할 때, 각각의 장점과 단점을 찾아 기록해 보기 2. 부모님에게 야단맞았을 때 부모님 입장에서 생각해 보기 3. 자신이 확신하는 의견을 생각해 보고, 그것이 틀릴 수 있는 가능성을 찾아보기 4. 만족스럽지 못한 나의 최근 행동을 찾아보고, 미래에는 어떻게 행동해야 할지 생각해 보기 5. 나의 행동에 대해 친구가 비판했을 때, 그 친구의 옳은 점을 생각해 보기
학구열	1. 매일 새로운 영어 단어나 한자 외우기 2. 친구와 서로 관심이 있는 주제에 대해 이야기를 나누기 3. 자신이 관심 있는 분야의 자료를 다양한 방법(인터넷, 잡지, 신문, 박물관 등)으로 수집하기 4. 도서관에서 흥미 있는 주제에 관해 책을 읽고 독서노트 정리하기 5. 친구에게 모르는 것을 가르쳐 주며 함께 공부하기
지혜	1. 가족이나 친구의 고민을 듣고 좋은 해결방법을 찾도록 돕기 2. 친구들이 다툴 때 모두가 이득을 얻는 방법 찾기 3. 책, 영화, 드라마를 볼 때 다음 이야기를 예상하기 4. 신문이나 뉴스 기사 대한 생각을 가족들과 나누기 5. 내 주변에서 지혜로운 사람을 찾아 그와 이야기 나누기

인간애 성격강점	활용(계발)방안
사랑	1. 가족이나 친한 친구에게 사랑이나 우정을 담은 메시지 전하기 2. 동물이나 식물을 기르며 먹이 주거나 물 줄 때 사랑이 담긴 말 하기 3. 대화할 때 상대방을 바라보며 적극적으로 듣고 반응하기 4. 사랑하는 사람의 강점을 찾아 칭찬하기 5. 칭찬을 듣거나 선물을 받으면 기쁜 표정으로 고마움을 표현하기
친절성	1. 사람들을 만나면 웃으며 반갑게 인사하기 2. 대화할 때 부드러운 표정과 말투로 이야기하기 3. 내 물건을 다른 사람들과 나누어 쓰기 4. 도움이 필요한 사람에게 친절맨(친절우먼) 되어 주기 5. 기부 또는 봉사활동에 참여하기
사회지능	1. 하루에 1번 이상 내 기분을 말로 표현하기 2. 하루에 1번 이상 내가 바라는 것을 말로 표현하기 3. 대화할 때 상대방의 목소리, 표정, 몸짓의 변화 관찰하기 4. 가족이나 친구의 표정만 보고 상대방의 기분이나 바람을 짐작해 보기 5. 친하지 않은 친구들과도 함께 놀아 보기

용기 성격강점	활용(계발)방안
용감성	1. 수업시간에 씩씩하게 발표하기 2. 놀림 받거나 괴롭힘 당하는 친구가 있을 때 도와주기 3. 내 주위에서 있었던 용감한 이야기를 수집하여 기록하기 4. 아무리 친한 사이라 할지라도 옳지 않은 일을 부탁받았을 때엔 거절하기 5. 잘못된 행동을 하는 경우를 봤을 때 선생님이나 부모님, 적합한 기관에 신고하기
진실성	1. 작은 거짓말이라도 하지 않으려고 노력하기 2. 시험을 잘 못 봤을 때에도 부모님께 정직하게 말씀드리기 3. 친구와 싸웠을 때 내 잘못을 먼저 돌아보고 정직하게 말하기 4. 가게에서 거스름돈을 더 많이 받을 경우, 솔직히 말하고 다시 돌려주기 5. 나도 모르게 하는 거짓말에는 주로 어떤 것이 있는지 적어 보고 점점 줄이려고 노력하기
끈기	1. 줄넘기 등의 운동을 목표를 세워 매일 10분 이상 하기 2. 식물이나 동물을 기르며 매일 성실하게 돌보기 3. 숙제를 빼먹지 않고 성실하게 하기 4. 문제집을 끝까지 풀어 보기

	5. 끈기의 모범이 되는 사람을 찾아보고, 어떻게 하면 그 사람을 닮을 수 있을지 생각해 보기
활력	1. 매주 2~3번 운동하기 2. 일찍 자고 일찍 일어나기 3. 심부름을 할 때에도 즐거운 마음으로 해 보기 4. 친구가 내게 말하면 기분 좋게 큰 소리로 웃어 주기 5. 주어진 일을 할 때에 "이걸 왜 해야 해?"보다 "왜 하지 말아야 해?"라고 말해 보기

절제 성격강점	활용(계발)방안
용서	1. 나와 사이가 나쁜 친구에게 먼저 다가가 작은 선행(인사하기, 눈 맞추고 웃어 주기 등) 베풀기 2. 나와 다퉜던 친구의 입장에 서서 생각해 보기 3. 내게 잘못한 친구를 용서하는 편지를 써보고 하루에 1번씩 읽어 보기 4. 나에게 잘못한 친구의 좋은 점 적어 보기 5. 사이가 나쁜 친구들을 화해시킬 방법 생각해 보기
신중성	1. 내가 가장 자주 저지르는 실수를 생각해 그 실수를 반복하지 않을 방법을 찾아내기 2. 무슨 일을 시작하기 전에 구체적인 계획표 만들기 3. 중요한 결정을 내리기 전에 결정의 장점과 단점을 적어 보기 4. 어떤 결정을 내리기 전 친구, 어른 등 주위사람에게 의견 묻기 5. 누군가와 약속하기 전에 약속을 지킬 수 있는지 고민하고 약속하기
겸손	1. 친구를 몰래 도와주고 알리지 않기 2. 우리 반 친구 3명을 선택해 나보다 잘하는 점을 1가지씩 찾아보고 칭찬하기 3. 누군가 나를 칭찬할 때 상대방을 높이고 자신을 낮추는 말(○○의 덕분이야, ○○가 더 대단해 등)로 대답하기 4. 내가 더욱 노력해야 할 점 3가지를 적어 잘 보이는 곳에 붙여 놓기 5. 나와 다른 주장을 하는 친구의 이야기를 반대하지 않고 끝까지 경청하기
자기조절	1. 내가 해야 할 과제를 먼저 끝마친 후 하고 싶은 일하기 2. 한 달 용돈을 어떻게 쓸지 미리 계획 세워 실천하기 3. 스마트폰, TV, 컴퓨터 등 전자기기들을 사용하는 시간을 정해 두고 그 시간만 사용하기 4. 친구, 가족 등에게 '하루 1번 양보하기'를 실천하기 5. 내가 가장 조절하기 어려운 행동(늦잠, 게임 등)을 선택해 이를 조절하기 위한 계획을 세우고 실천하기

정의 성격강점	활용(계발)방안
시민의식	1. 주변에 떨어진 쓰레기를 주워 휴지통에 버리기 2. 용돈을 모아 어려운 시설에 있는 사람들을 후원하기 3. 모둠활동에 적극적으로 참여하기 4. 교통질서 잘 지키기 5. 공공장소에서 조용히 하기
공정성	1. 친한 친구라고 편들어 주지 않기 2. 이야기(『장발장』 『베니스의 상인』 등) 속의 재판관이 되어 공정한 판단을 내리기 3. 공정하지 못했던 행동을 하거나 당했던 경험을 떠올린 후 그것을 공정한 행동으로 바꾸어 보기 4. 경기를 하며 공정하게 심판 보기 5. 차별하지 않기
리더십	1. 임원이나 조장 등 학급 내 리더십을 발휘할 수 있는 역할에 적극적으로 참여하기 2. 친구들의 생일파티나 놀이모임 등을 계획하고 주도하기 3. 훌륭한 리더십을 보인 위인들의 전기나 영화 등을 보고 리더십의 특성이나 구체적 행동을 찾아서 적어 보기 4. 리더가 아닐 때에도 모둠별 활동이 잘 진행되도록 분위기 이끌기 5. 친구들 간에 의견이 충돌될 때 의견을 잘 조율하여 타협할 수 있도록 대안을 제시해 보기

초월 성격강점	활용(계발)방안
심미안	1. 꽃향기 맡아 보기 2. 사랑하는 사람이나 좋아하는 사물, 아름다운 그림이나 사진 등을 컴퓨터나 핸드폰 바탕화면으로 설정하기 3. 감동적인 글이나 아름다운 것을 찾아보고 일기장에 글이나 그림 등으로 표현해 보기 4. 사람들 앞에서 악기 연주하기 5. 인터넷에서 멋진 경기나 연주 등을 찾아 감상하고 댓글을 적어 보기
감사	1. 작은 것에도 도움을 받으면 "감사해요."라고 말하기 2. 친구나 가족, 다른 사람들의 (작은) 친절을 기억해 보고 감사함 느끼기 3. 저녁 식사하는 동안 가족에게 그날 좋았던 일이나 감사한 일 2개 정도 이야기하기 4. 그동안 감사를 표현하지 못한 가족, 친구, 선생님, 기타 대상을 생각해 보고 감사를 표현할 방법 찾아 실천해 보기 5. 스트레스 받고 안 좋았던 일을 생각해 보고 이 사건 때문에 잘된 것이나 배운 점 찾아보기

낙관성	1. 하루 종일 아무 불평하지 않고 "다 잘될 거야."라고 말하며 살아 보기 2. 실수나 실패했던 일 떠올리고 그것의 좋은 점이나 좋은 결과 찾아보기 3. 과거에 내가 잘 했거나 성취했던 일을 2~3가지 적어 보고 나에 대한 자신감이나 기대감을 느껴 보기 4. 힘들고 어려운 상황에서도 성공한 사람들의 이야기를 듣거나 찾아보기 5. 힘들어하는 친구에게 긍정적인 말(괜찮아, 잘될 거야, 넌 할 수 있어) 해 주기
유머	1. 유머수첩을 만들어 유머를 기록하고 틈틈이 읽어 보거나 얘기해 보기 2. 하루에 1가지 이상 내가 듣거나 본 재미있는 이야기를 기억하거나 말해 보기 3. 재미있는 개그 또는 시트콤 프로그램을 보거나 코믹 만화 읽기 4. 어떤 사람의 흉내 또는 성대모사 등을 연습해 보고 친구나 가족들 앞에서 해 보기 5. 친한 친구나 가족 또는 애완동물과 재미있게 놀며 장난치기
영성	1. 유언장 써 보기 2. 하루를 시작하기 전에 5~10분 정도 잠간 기도나 명상을 하기 3. 내가 사는 이유나 목적을 생각하고 적어 보기 4. 같은 생각이나 신앙(종교)을 가진 사람들과 함께 봉사활동이나 종교 활동하기 5. 종교 관련 책, 영상자료 등을 읽거나 보고 친구, 부모, 가까운 사람과 함께 이야기하기

2. 성격강점검사 활용 인성교육[1]

자신의 대표강점을 검사도구를 활용하여 좀 더 명확하고 객관적으로 인식할 수 있도록 한국에서는 KICS 아동 진로성격강점검사를 개발하여 활용하고 있다(김광수 외, 2015). 지금까지는 성인용이나 청소년용 CST 성격강점검사를 재구성하여 사용하거나 해외에서 사용되는 성격강점검사를 번안하여 사용하였는데, 이러한 검사도구는 아동의 발달단계에 맞지 않거나 사회문화적 차이로 인한 검사의 오류 가능성이 있었다. 이에 우리나라 아동의 발달특성과 사회문화적 차이를 고려한 검사도구인 KICS 아동 진로성격강점검사의 개발은 우리나라 아동들이 자신의 대표강점을 좀 더 명확하게 인식할 수 있도록 도와준다는 측면

---

1) 『KICS 아동 진로성격강점검사 전문가 지침서』(김광수 외, 2015)의 내용의 일부를 수정 · 보완하였다.

에서 의의가 있다.

1) KICS 아동 진로성격강점검사의 구성 및 특징

KICS 아동 진로성격강점검사는 아동이 자신의 대표적인 성격강점을 발휘함으로써 진정한 행복과 자기실현의 삶을 살게 된다는 긍정심리학의 관점에 근거하여 VIA(Value In Action) 분류체계를 토대로 개발되어 24개의 성격강점을 측정하는 24개의 하위척도로 구성되어 있다. 24개의 하위척도가 각 4~5개의 문항으로 측정되는 KICS 아동 진로성격강점검사는 모두 117개 문항으로 이루어져 있으며 각 문항은 피검자에 의해 리커트 5점 척도로 평정된다.

*( ) 안의 숫자는 문항 수

[그림 4-9] KICS 아동 진로성격강점검사의 기본구조

출처: 김광수 외(2015).

KICS 아동 진로성격강점검사가 갖는 특징은 다음과 같다. 첫째, 초등학생의 발달단계를 고려해 그림, 캐릭터 등의 시각자료를 적극 활용하여 피검자들이 검사결과를 보다 직관적으로 이해하도록 도왔다. 기존의 많은 심리검사 결과지가 정보를 글로만 전달하여 초등학생들이 검사결과를 파악하는 데 지루해하고 어려워하였다는 의견들이 있었다. 이에 KICS 아동 진로성격강점검사 결과지는 이를 반영하여 핵심덕목, 상위강점을 그래프로 제시하고 덕목별 캐릭터, 강점별 아이콘 스티커를 제작해 피검자가 검사결과를 보다 흥미롭고 직관적으로 이해할 수 있도록 도왔다.

둘째, 검사결과를 바탕으로 피검자들이 자신의 성격강점을 보다 깊이 탐구해 볼 수 있는 워크북 형태의 결과보고서를 제작하였다. 의견수렴 결과, 심리검사 후 결과 고지에서 그치지 않고 검사결과를 활용하고 확장하는 보충 활동의 필요성에 대한 요구가 있었다. 이에 검사결과를 바탕으로 피검자들이 자신의 성격강점을 탐구하는 기회를 가질 수 있는 간단한 활동들을 첨가한 표준형-종합형 결과보고서를 제작하여 피검자가 선택할 수 있도록 하였다. 다음은 워크북 형태의 종합형 결과보고서에 포함된 내용들이다.

- 검사결과의 신뢰도를 알아보는 '검사결과의 타당성'
- 덕목별 원점수 평균을 알아보는 '핵심덕목 프로파일'
- 자신의 상위 덕목을 확인하는 '나는 이런 사람'
- 상위 5개 강점을 알아보고 탐색해 보는 '성격강점 프로파일'과 '나의 대표강점'
- 대표강점의 의미를 알고 그와 관련된 경험을 탐색하는 '대표강점 결과해석'
- 강점별 대표인물과 자신과의 공통점, 차이점을 탐구하는 '대표강점을 가진 인물'
- 대표강점의 추후 활용방안을 탐구해 보는 '대표강점 활용방안과 관련 직업'
- 향후 자신의 대표강점을 더 탐구하는 데 도움을 줄 수 있는 '추천자료'
- 친구들과 서로의 대표강점을 소개하는 '대표강점을 통해 서로를 이해하기'
- 활동 후 검사결과에 대한 소감과 각오를 정리하는 '자랑스러운 나에게'

또한 종합형 결과보고서는 초등학생의 수업시간을 고려해 약 40여 분 정도의 활동시간이 소요되도록 제작하였다. 이 결과보고서를 사용한다면 자신의 대표강점뿐 아니라 교실에서 학급친구들 간에 서로를 긍정적인 관점에서 이해하는 시간을 가질 수 있을 것으로 기대해 볼 수 있다.

2) KICS 아동 진로성격강점검사의 실시 및 채점

(1) 인터넷을 통한 온라인 검사 실시 및 채점
KICS 아동 진로성격강점검사는 학지사 인싸이트 홈페이지(http://www.inpsyt.co.kr)에 접속하여 회원가입 후 메인 화면의 '온라인 검사' 중 KICS를 선택하여 실시하면 된다. 실시

종료 후 바로 결과지를 출력할 수 있다.

(2) 검사지를 통한 오프라인 검사 실시 및 채점

학지사 인싸이트 홈페이지나 팩스를 통하여 검사지와 답안지를 구입한 후 편안한 분위기 속에서 20~30분간 답안을 작성하면 된다. 그 후 학지사 인싸이트 홈페이지에 로그인하여 메인 화면의 채점프로그램에 피검자의 답안을 입력하면 웹사이트상에서 바로 결과를 확인할 수 있다.

(3) 학교나 기관을 통한 단체검사 실시 및 채점

학지사 인싸이트 홈페이지나 팩스로 단체검사를 신청한 후 검사지가 도착하면 각 단체에서 약 30~40분간 검사를 실시한다. 검사 후 답안지를 모두 수거하여 학지사 인싸이트로 보내면 일주일 이내에 결과 프로파일을 받아 볼 수 있다.

3) KICS 아동 진로성격강점검사의 결과해석과 활용

(1) 결과해석[2]

KICS 아동 진로성격강점검사는 초등학교 아동의 덕목과 성격강점을 확인하기 위해 제작되었으며 검사결과를 해석하는 데 있어 유의하여야 할 점은 다음과 같다.

첫째, 상위 5개의 대표강점을 확인한다. 모든 아동이 자신만의 강점을 지니고 있으며 이 검사는 그 강점들 중 아동에게 가장 자주 관찰되는 대표강점을 찾는 데 그 목적이 있다. KICS 아동 진로성격강점검사 결과를 토대로 24가지의 성격강점 중 가장 특징적으로 두드러지는 상위 5개 강점을 '대표강점'이라고 정의하는데 검사결과는 아동의 일상생활에서 대표강점들을 확인하고 이를 격려, 발전시키는 과정을 통해 아동의 성장에 기여할 수 있다.

둘째, 하위강점보다 대표강점에 초점을 맞춘다. 개인의 부족한 점을 바꾸고 치료하는 것보다 강점과 미덕을 개발시켜 자신안의 밝은 면을 끌어냄으로서 진정한 행복에 도달할 수

---

2) 유튜브에 'KICS 아동 진로성격강점검사'를 검색하면 해석과 활용방안을 확인할 수 있다.

있다는 긍정심리학의 관점에 따라 검사결과는 하위강점을 찾고 보완하는 것이 목적이 아니라 상위 대표강점을 발견하고 이를 계발하여 아동의 성장을 돕는 데 초점을 맞춘다.

셋째, 검사결과를 타인과 비교하지 않는다. 대표강점이란 아동에게 가장 자주 관찰되는 개인적 성격특성이다. 누구도 24가지 성격강점 모두를 대표강점으로 가질 수는 없으며 상대적으로 발현빈도가 적은 강점도 존재하기 마련이다. 그러므로 검사결과를 주변 다른 아동들과 비교함으로서 발생하는 우월감, 열등감은 양쪽 모두 바람직하지 않으며 검사결과는 개인의 내적 특성을 발견하는 기회로 사용되도록 한다.

(2) 검사결과의 활용
① 아동의 자기성장 촉진

누구나 자신만의 특별한 재능과 강점을 가지고 있으며 그중에서도 어떤 것은 그들의 개성에 더 중요하고 핵심적인 역할을 한다. 그런데 자신의 강점을 스스로 명료하게 인식하기란 쉽지 않다. 자신의 독특성, 단일성을 인식하는 자아정체감은 청소년기 이후에 확립된다고 여겨지기 때문에 발달단계상 초등학생 시기에 자신의 강점을 정확히 파악하여 확정하기란 쉽지 않다(Erikson, 1968). 따라서 초등학생이 자신의 강점에 대해 알기 위해선 적절한 도움이 필요한데, KICS 아동 진로성격강점검사는 초등학생이 자신이 지닌 성격강점을 구체적이고 명료하게 파악하고 특히 자신만의 대표강점을 인식하게 하면서 다음과 같은 도움을 줄 수 있다.

첫째, 대표강점을 인식하여 아동의 자아개념을 긍정적으로 변화시킬 수 있다. 예컨대, 평소 엉뚱한 행동으로 지적받는 일이 잦아 자신감을 잃은 아동의 성격강점이 창의성, 유머, 호기심 등으로 확인된 경우, 아동은 이를 계기로 강점을 중심으로 자신을 바라보는 긍정적인 틀을 가지게 되어 자신의 자아상을 보다 긍적적으로 변화시킬 수 있다.

둘째, 대표강점을 인식한 후 이를 더욱 계발할 수 있다. 아동은 여러 가지 상황 속에서 의도적으로 자신의 강점을 사용하려 노력할 수 있는데, 예를 들어 해결해야 할 어떤 문제를 맞닥뜨렸을 때 학구열 강점을 지닌 아동은 책, 인터넷 등의 정보 수집을 통해 해결방법을 찾을 수 있다. 또한 사회지능이나 리더십을 강점으로 지닌 아동은 주변 친구들에게 도움을 청해 협동하여 문제를 해결할 수 있고, 창의성 강점이 있는 아동은 누구도 생각지 못한 새로운 아이디어를 찾아내는 시도를 할 것이다. 이러한 노력들을 통하여 아동의 대표강점은 더욱 높은 수준으로 계발될 수 있다.

셋째, 대표강점을 통하여 아동의 행복을 증진할 수 있다. '행복한 삶의 공식은 자신의 대표강점을 일상생활 속에서 매일 발휘하여 커다란 만족과 진정한 행복을 경험하는 것'이라는 긍정심리학 관점과 연구결과처럼 아동이 자신의 강점을 실천함으로써 삶에서 바람직한 결과들이 나타난다면 스스로도 만족감과 성취감을 갖게 될 뿐만 아니라 주변인들로부터 칭찬과 격려를 받게 될 것이다. 이러한 결과는 아동으로 하여금 더욱 강점을 발전시키고 노력하게 만드는 동기를 부여하게 되고 자기성장과 행복증진의 선순환이 일어나도록 도울 것이다. 이처럼 KICS 아동 진로성격강점검사를 통한 강점의 인식은 자기상의 긍정적 변화와 강점의 활용(계발)을 통한 아동의 성장과 행복증진에 잘 활용될 수 있다.

② 가정에서의 자녀교육에 기여

아동이 외부세계에서 자신의 꿈을 펼칠 수 있기 위해선 가정에서 아이의 재능과 강점을 발견하고 지지해 주는 것이 필요하다. KICS 아동 진로성격강점검사는 아이의 재능과 강점이 무엇인지 명료하고 구체적으로 보여 주므로 가정에서의 아동교육에 다음과 같은 측면에서 도움이 될 수 있다.

첫째, 부모가 아동의 강점을 인식한다면 아동을 바라보는 관점이 긍정적으로 변화될 수 있다. 부모가 아동이 드러내는 강점의 특성을 제대로 인지하지 못하는 경우 부모는 자신이 원하는 틀에 아동을 맞추려 하거나 사회적으로 팽배해 있는 사회문화적 가치나 요구조건에 따라 자녀를 판단하는 오류를 범하기 쉽다. 그러나 인간에게 있어서의 강점의 중요성을 인식하고 자녀의 강점을 깨닫게 된다면 자녀를 이해하는 폭이 넓어지게 되어 자녀가 가진 강점에 따라 풍성하고 행복한 삶을 살도록 도울 수 있게 된다. 또한 간혹 있을 수 있는 부모-자녀 간 갈등상황에서도 아동의 대표강점을 중심으로 아동을 긍정적으로 이해하게 된다면 이는 부모-자녀 간의 상호작용 증진 및 관계 개선에 효과를 가져올 수 있다.

둘째, 부모는 아동의 강점을 길러 주는 중요한 역할을 보다 효과적으로 발휘할 수 있다. 가정은 아동이 가장 많은 시간을 보내는 곳인 동시에 자연스런 행동양식을 볼 수 있는 장소이다. 부모는 아동의 강점이 발휘되는 순간을 목격할 수 있으며 그 순간에 이를 칭찬해 주고 격려해 줌으로써 강점의 발전을 촉진할 수 있다. 또한 강점이 적절한 활동 영역에서 발휘되도록 기회를 만들어 아동의 강점이 보다 심화, 발전되도록 유도할 수가 있다.

셋째, 부모는 아동의 대표강점 이해를 통해 아동의 진로를 현실적이고 건설적으로 이끌 수 있다. 부모의 비현실적인 진로인식은 자녀와의 관계 및 장래에 부정적 영향을 초래할 수 있다. 가장 바람직한 진로교육은 아동이 자신의 재능과 강점을 펼칠 수 있는 다양한 분야를 소개해 주고 탐색할 수 있는 기회를 제공하는 것이며, 대표강점의 확인은 바로 그 출발점이 될 수 있다.

가정에서 아동의 성장과정을 질적이나 양적인 면 모두 가장 면밀히 관찰하며 가장 많은 영향을 끼치는 인물은 부모이다. 따라서 부모가 아동의 대표강점을 이해하는 것은 가정이 아동의 재능과 잠재력 발달을 촉진하는 보다 더 효과적인 장으로 기능하도록 도울 수 있다. 특히 KICS 아동 진로성격강점검사 결과를 통해 교사와 학부모의 소통과 연계를 통한 지도는 아동의 강점 활용과 계발을 강화하는 시너지를 가져올 수 있다.

③ 학교현장에서의 학생교육

학교교육이 행복한 삶을 이끌기 위해서는 단순한 지식의 전달만으로는 부족하며 자신의 삶을 보다 긍정적으로 바라보고 스스로 삶을 바람직하게 이끌 수 있는 역량을 기를 수 있도록 도와주는 것이 필요하다. 아동이 스스로 행복한 삶을 이끌기 위한 작업은 자신의 강점을 확인하는 데서 출발할 수 있는데, KICS 아동 진로성격강점검사는 다음과 같이 학교교육에 도움을 줄 수 있다.

첫째, 교사의 학생에 대한 이해의 폭을 확장해 준다. 지역별로 차이가 있지만 평균적으로 초등교사는 1인당 25명의 학생을 맡고, 많게는 40명 이상의 학생을 지도한다. 이러한 환경에서 교사가 학생 개개인의 특성을 파악하기 위해서는 오랜 시간이 걸리며 자신을 드러내기 꺼리는 학생의 경우 교사가 그 특성을 파악하기 어렵다. KICS 아동 진로성격강점검사는 아동의 강점을 명료하고 구체적으로 파악하도록 도와주며 대표강점의 인식은 아동의 행동을 이해하는 관점의 틀로 사용될 수 있다. 예컨대, 교사는 평소 말수가 적은 아동을 자신감이 없는 것으로 판단하기 쉽지만 KICS 아동 진로성격강점검사 후 아동이 겸손과 신중성을 강점으로 가지고 있다는 것을 알게 된다면 아동의 행동을 강점의 발현이라는 측면에서 이해할 수 있다. 이러한 관점의 긍정적 전환은 교사가 학생행동에 대한 이해의 폭을 넓혀 주며 교사–학생 간 관계의 질을 향상시킬 수 있다.

둘째, 강점 계발을 통해 아동의 성장을 촉진할 수 있다. 교사와 학생의 접촉이 주로 수업시간에 한해서 이뤄지는 중·고등학교와는 달리 특히 초등학교에서의 교사와 아동은 등교해서 하교할 때까지 한 공간 안에서 모든 생활을 함께한다. 따라서 초등교사는 아동의 학습뿐만 아니라 교우관계, 생활습관 등의 다양한 면모를 관찰할 수 있다. 이 같은 환경에서 교사는 KICS 아동 진로성격강점검사를 통해 인식한 아동의 강점이 발휘되는 순간을 관찰하여 칭찬하고 격려함으로써 아동이 자신의 대표강점을 계발, 발전시키도록 조력할 수 있다. 초등학교 시기의 아동은 발달단계상 교사의 말이나 행동에 의해 많은 영향을 받기 때문에 교사의 격려와 칭찬은 아동을 크게 고무하고 동기를 부여할 수 있다. 교사가 아동의 대표강점을 중심으로 아동을 바라보고 이를 학급활동과 수업 등의 다양한 장에서 활용하도록 효과적으로 이끌어 준다면 아동의 성장에 큰 도움을 줄 수 있다.

셋째, 아동의 진로교육에 중요한 자료로 사용될 수 있다. 초등학교 진로교육의 목표는 긍정적 자아개념을 형성하고 일의 중요성을 이해하며 진로탐색 계획 및 준비를 위한 기초소양을 키움으로써, 진로개발 역량의 기초를 배양하는 것이다(교육부, 2016). 초등학교 진로교육은 직업의 선택에 방점을 두기보다 긍정적 자아개념의 형성을 통해 즐거움과 행복감을 느낄 수 있게 해 주는 활동이 무엇인지 탐색하는 데 중점을 두고 있다. 그러므로 KICS 아동 진로성격강점검사를 통해 아동이 자신의 강점을 명료히 이해하게 하는 것은 초등학교 진로교육의 시작점이 될 수 있으며 직업탐색에도 활용될 수 있다.

이 밖에도 KICS 아동 진로성격강점검사는 학교현장의 다양한 교육활동에서 아동의 재능과 강점을 발견하고 계발해 준다는 측면에서 큰 도움을 줄 수 있을 것이다. KICS 아동 진로성격강점검사를 통해 아동들은 자신과 다른 성격강점을 가지고 있는 사람들을 이해하는 폭이 넓어질 수 있으며 이러한 서로의 다름에 대한 인식은 교우관계 향상에도 도움이 될 수 있다. 또한 학교폭력이 나와 다른 사람을 인정하지 못하거나 다른 사람에 대한 혐오에서 시작되고 있는 점을 고려해 볼 때 나의 성격강점뿐 아니라 다른 사람이 지닌 성격강점도 발견하고 인정하는 기회를 갖는 것은 학교폭력이나 왕따 현상의 예방에도 도움이 될 수 있을 것이다. 아울러 자신의 강점을 알고 이를 개발해 나가는 과정을 통해 개인은 바람직한 인성을 함양시킬 수 있으며 이는 비행행동을 예방하는 효과도 가져올 것으로 기대된다. 학생들은 자신의 성격강점을 알게 되면서 자신에 대한 관심과 자부심이 커지게 되는데, 이는 한 인간으로서 책임감 있는 삶을 살아가도록 동기를 부여한다. 이러한 동기부여는 비행과 학교폭력 등의 위기상황을 지혜롭게 극복하면서 보다 건강하게 발달하는 데 중요한 촉진제가 될 수 있다.

④ 아동대상의 상담

학교생활 중에 다양한 부적응 행동을 보이거나 위기상황에 있는 아동들은 많은 경우 자신에 대한 부정적 인식을 가지는 경향이 있다. 자신의 부정적인 면을 과잉 인식하는 경우 이는 학업, 교우관계, 학교생활 등에 악영향을 끼치게 된다. 이러한 아동을 대상으로 상담을 실시할 때 KICS 아동 진로성격강점검사는 아동의 위기극복에 다음과 같이 기여를 할 수 있다.

첫째, 상담자가 아동의 강점을 구체적으로 확인할 수 있게 된다. 위기상황에 있는 아동의 경우 부적응 행동이 눈에 띄는 데 반해 강점은 파악하기 힘든 경향이 있다. KICS 아동 진로성격강점검사는 내담자의 강점과 재능을 명료하게 인식하도록 도와주어 교사나 상담자가 내담자의 부정적 측면이 아닌 내적 자원인 강점에 집중할 수 있도록 돕는 균형 잡힌 상담을 진행하는 데 기여할 수 있다.

둘째, 내담자 아동 역시 자신의 부정적인 측면뿐 아니라 긍정적인 측면에 초점을 맞추도록 하여 더 빠른 상담의 효과를 기대할 수 있다. 자신의 강점을 인식하는 것만으로도 내담자의 자아존중감 상승, 상담목표 달성에 대한 낙관적 기대 증진 등을 가져올 수가 있다.

셋째, 내담자 아동이 자신의 강점을 효과적으로 개발하도록 도울 수 있다. 부적응 행동을 교정하는 힘겨운 과정과는 달리 강점을 사용하는 방법을 익히고 일상생활에서 발휘하는 경험은 그 자체로 아동에게 즐거움과 보상을 줄 수 있다. 또한 강점이 발휘되면 될수록 주변의 긍정적 피드백, 자존감의 상승이라는 선순환을 만들 수 있으며 이는 아동의 인지, 정서, 행동 전반에 긍정적인 변화를 이끌어 결과적으로 아동의 적응과 행복증진에 기여할 것이다. 상담 장면에서 강점을 활용하여 얻을 수 있는 이점들은 위기 아동만이 아니라 일반 아동을 대상으로 한 개인상담이나 집단상담 프로그램에도 그대로 적용할 수 있다. 내담자의 단점뿐만 아니라 강점도 함께 다뤄 주고 개발해 준다면 상담의 질적 향상은 물론 궁극적으로 상담목표 달성 및 내담자의 행복증진에 크게 기여할 수 있을 것이다.

KICS

아동 진로성격강점검사

Korea Inventory of Character Strengths for children

학생용 검사결과표 ①

연구개발 | 김광수 · 김경집 · 김은향 · 양곤성 · 하요상 · 한선녀

본 검사는 인성과 행복증진을 위한 국가적 차원을 위한 검사로서 온라인 검사에서는 결과를 인쇄하거나 PDF로 받아볼 수 있습니다.

▪학교 / 소속	하지초등학교	4 학년 01 반 01 번
▪학년 / 반 / 번호		
▪성별	여	
▪이름	초유이	
▪검사실시일	2018년 09월 03일	
▪검사결과 조회번호	0000-0000-0000-0000	

01 검사결과의 타당성

척도	응답결과	신뢰도
무응답 문항 수	0	무응답이 많으면 검사 결과에 영향을 미칠 수 있습니다.
인식응답문항 수	250미만	2문항 이상 동일하게 반응하였다면 결과의 신뢰도를 신중히 고려해야 합니다.
반응경향성	유의미함	아니오로 표시한 경우 선호하지 않게 응답경향을 의미합니다.

02 핵심덕목 프로파일

핵심덕목	원점수 평균	1	2	3	4	핵심덕목의 뜻
지성	4.04					자신을 알고 잘못됨이 없어 지혜롭게 생각하고 판단함 : 지혜로운 사람
인간애	4.07					자신과 다른 사람들을 잘 이해하고 보살피며 친하게 관계 맺음 : 따뜻한 사람
용기	3.8					어렵고 힘든 상황에서도 두려움을 이기고 목표를 이루려는 진취 의지를 지님 : 용기 있는 사람
절제	3.76					자신의 감정, 욕구, 행동이 지나치지 않고 균형을 이루도록 관리함 : 절제하는 사람
정의	3.87					집단 구성원 모두 공평하게 건강하게 공평함을 실천함 : 공정성 사람
초월	3.44					삶의 긍정성으로 바라보며 의미 주는 것을 행복함

03 나는 이런 사람

나 자신에 대해 잘 이해하고 스스로 내 강점들을 잘 긍정적으로 생각하는 것은 행복한 삶을 살아가기 위해 꼭 필요합니다.

초유이에게는 자신과 다른 사람들을 잘 이해하고 보살피며 친하게 관계를 맺는 인간애를 가지고 있습니다 마음이 따뜻한 사람들은 내 자신에 대한 이해뿐만 아니라 다른 사람들이 생각과 느낌, 진심을 사랑지능을 발휘합니다

✎ 내가 _마음이 따뜻한_ 사람이라는 것을 보여주는 경험을 적어봅시다.

다나가 다친 사랑을 도와주었다.

✎ 내가 생각하는 _마음이 따뜻한_ 사람의 특징을 적어봅시다.

착하고 친절한 사람이다.

나는 _마음이 따뜻한_ 사람입니다.

04 성격강점 프로파일

이 그래프는 학생의 24개 성격강점별 원점수 평균을 나타낸 것입니다. 점수가 높을수록 해당 성격강점이 특히 강하다는 것을 의미합니다. 점수가 낮다고 해서 해당 성격강점이 없는 것은 아닙니다. 자신에게 어떤 성격강점이 높은지 낮은지 가장 높은 성격강점과 가장 낮은 성격강점을 찾아봅시다. 주의할 점은 낮은 성격강점을 없애는 것이 아닙니다.

해당덕목 성격강점	원점수 평균	1	2	3	4	성격강점의 뜻
지성	창의성	4.2				어떤 일을 하든지 새롭고 더 좋은 방법을 생각해볼 수 있는 능력
	호기심	3.8				새롭고 신기한 것을 좋아하며 더 알고 싶어 하는 것을 적극적으로 탐색하고자 하는 태도
	개방성	3.4				일이나 사람에 대해 다양한 관점에서 생각할 수 있고, 나와 다른 생각을 가지기도 받아 들이는 태도
	학구열	4.4				새로운 것을 배우고 익히는 일에 재미를 느끼고 몰입하여 참여하는 태도
	지혜	4.4				폭 넓게 생각하고, 어려운 상황에 처했을 때 좋은 해결방법을 생각해내는 능력
인간애	사랑	3.6				사람들과 관계 속에서 좋아하는 마음을 잘 느끼고 표현받으고 받아들여서 친화 관계
	친절성	4.2				다른 사람을 존중하고 배려하며 다정하게 대하고 도움이 필요할 때 기꺼이 돕는 태도
	사회지능	4.4				나와 다른 사람들의 기분과 바람을 잘 알아차리고 상황에 맞게 행동하여 사람들과 잘 어울 리는 능력
용기	용감성	3.2				두려운 마음이 드는 상황에서도 위축되지 않고 끝까지 씩씩하게 행동하는 능력
	끈기	3.6				자신이 생각하나 감정을 솔직하게 표현하고 진실되게 행동하는 태도
	진실성	4.2				
	활력	4.2				열정과 에너지를 가지고 활기차게 생활하는 태도
절제	용서	3.75				자신에게 잘못한 사람의 행동이 나쁜 감정을 내려놓고 너그럽게 받아들이는 태도
	겸손	3.75				자신의 잘난 점을 드러내어 자랑하지 않고 자신의 부족을 더 노력해야 하도록 하는 태도
	신중성	4				말이나 행동을 하기 전에 한 번 더 조심스럽게 생각하여 후회할 일을 피하는 태도
	자기조절	3.6				자신의 다양한 감정, 욕구, 행동을 적절하게 조절하는 능력
정의	시민의식	3.8				집단 구성원으로서 규칙을 잘 지키며 집단이 이익을 위해 최선을 다하는 태도
	공정성	4.4				차별하지 않고 사람을 대하거나 일을 처리하는 태도
	리더십	3.4				집단이 리더로서 활동을 계획하고 조직하여 좋은 관계와 성과를 이루도록 구성원을 이끄는 능력
초월	심미안	2.6				다양한 영역에서 아름다움과 뛰어남을 알아볼 수 있고 느낄 수 있는 능력
	감사	4.2				자신에게 일어난 좋은 일을 잘 알아차리고 그 고마움을 잘 표현하는 태도
	낙관성	4				앞으로 일어날 일을 희망적으로 긍정적으로 바라보며 밝게 기대하는 태도
	유머	4.4				유쾌하고 재미있는 것을 좋아하고 다른 사람들에게 웃음과 즐거움을 줄 수 있는 능력
	영성	2				삶의 의미와 목적에 대해 관심을 가지며 나보다 더 크게 보이는 것에 연결되어 있다고 느끼며 종교를 믿는 태도

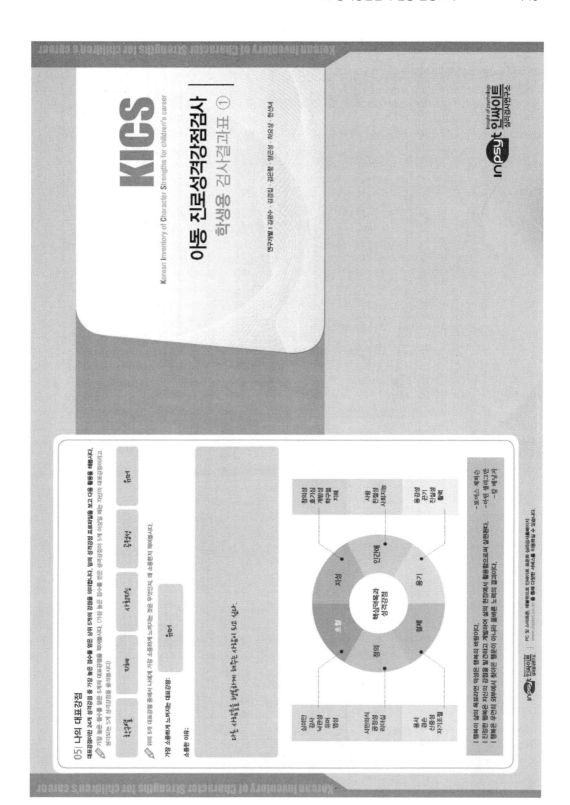

KICS 아동 진로성격강점검사
학생용 검사결과표 ②

연구개발 | 김동수 · 김정희 · 김은환 · 황순원 · 한선녀

06 | 대표강점 결과해석

내가 가진 대표강점은 나의 다른 어떤 강점보다 인생에서 행복하게 살아가도록 도와주는 다섯 가지입니다. 대표강점에 대한 해석내용을 살펴본 후, 나의 대표강점이 드러났던 경험을 떠올려 적어봅시다.

07 | 대표강점을 가진 인물

08 | 대표강점 활용방안과 관련 직업

09 | 추천자료

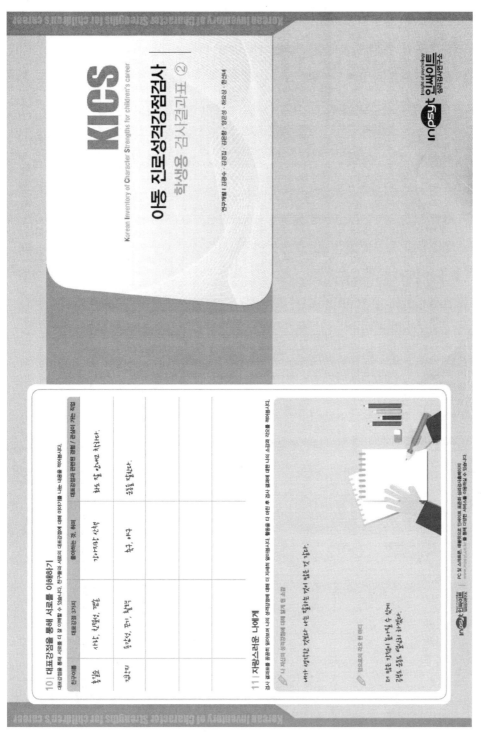

출처: 김광수 외(2015).

[그림 4-10] KICS 아동 진로성격강점검사의 검사결과표(학생용)

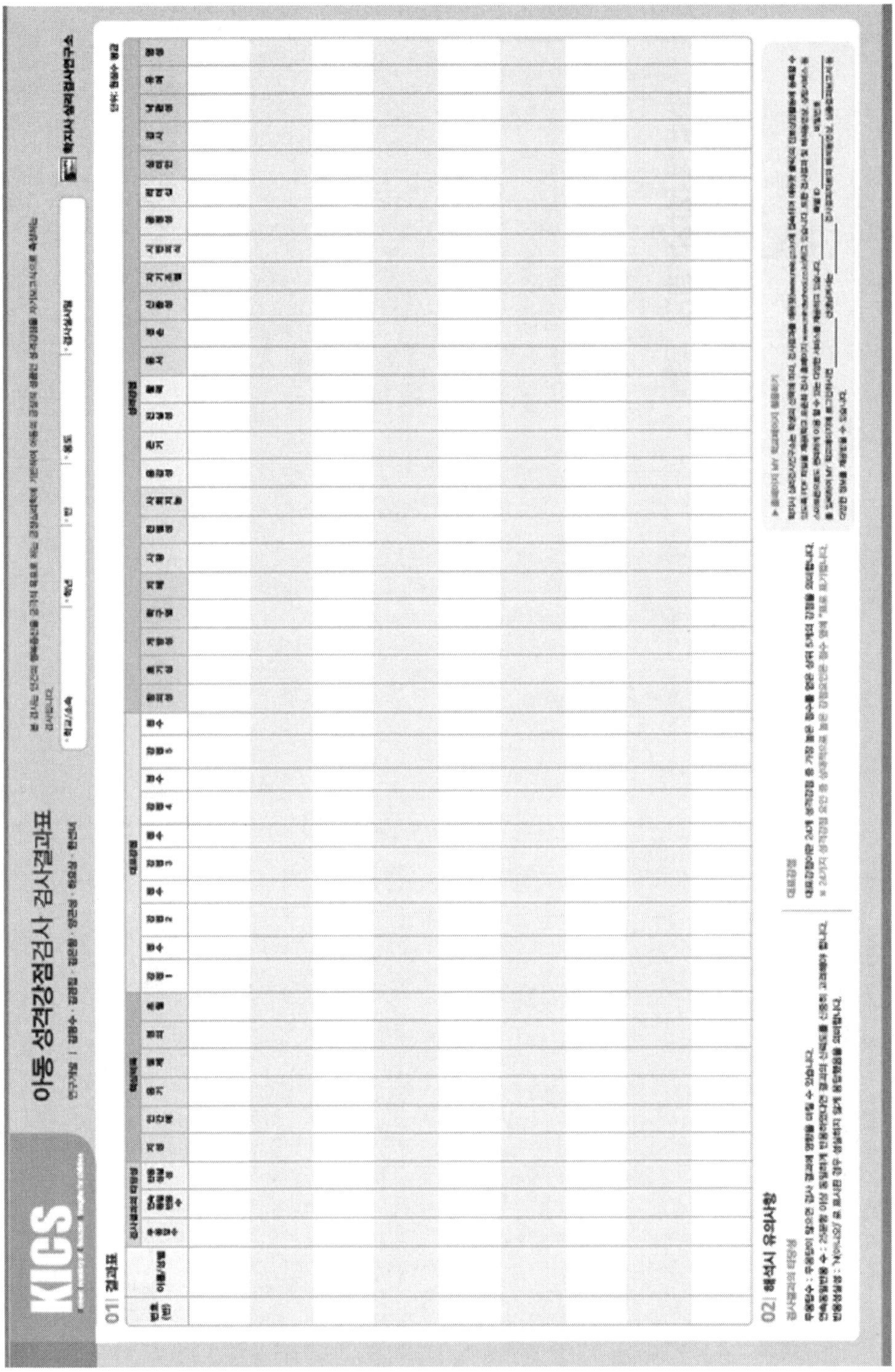

[그림 4-11] KICS 아동 진로성격강점검사지의 검사결과표(담임교사용)

출처: 김광수 외(2015).

3. 성격강점카드 활용 인성교육[3)]

1) 성격강점카드 활용의 필요성

최근 아동들 대상 지도나 상담에서 언어적 상호작용만으로는 한계가 있기 때문에 다양한 교육 및 상담도구를 활용하는 것이 필요하다는 인식이 확산되면서 아동대상 지도나 상담에서 활용할 도구의 개발이 시도되고 있다. 예컨대, 주사위 말판 게임(주사위를 던져 나오는 수만큼 말을 이동하여 그 칸에 있는 질문을 읽고 그에 대한 대답을 이야기하는 것), 악어 감정 룰렛(순서를 정해 다양한 감정이 적혀 있는 악어 이빨 중 하나를 누르고 악어 입에 물리는 경우 누른 이빨에 적혀 있는 감정을 얼굴표정으로 나타내기), 내 마음의 온도계나 내 마음의 신호등(자신의 마음 상태나 감정 상태를 표시하고 표현하기), 착시 그림카드(보는 사람의 시각과 생각에 따라 형태나 모양이 다르게 보이는 그림), 대화카드(어떤 주제에 대해서 보다 수월하고 재미있게 대화를 나누도록 구성된 대화카드) 등이 그 예들이다. 이러한 도구를 사용하면 라포 형성이 자연스럽게 이루어지고, 지도나 상담에 대한 거리낌이나 저항, 무의식적으로 이루어지는 방어를 줄일 수 있으며, 무엇보다도 아동들이 즐거운 마음으로 활동이나 상담에 임할 수 있어서 효율적인 지도가 가능해진다.

성격강점카드는 아동의 발달수준 및 특성에 적합한 상담이나 교육지도를 위해서 활용될 수 있다. 성격강점카드를 통해 다양한 탐색과 놀이가 자연스럽게 어우러질 수 있다. 이 도구를 통해 학생들이 자신의 성격강점을 탐색해 보고, 성격강점이 잘 드러난 인물을 통해 자신의 꿈을 그려 볼 수 있다. 그리고 성격강점과 관련된 직업목록들을 살펴봄으로써 진로를 탐색해 보고, 다양한 활용방안을 통해 성격강점에 대한 이해 및 발견, 활용을 더욱 증진할 수 있는 기회가 될 수 있다.

---

3) 내 안의 보물찾기,『아동 성격강점카드 전문가 지침서』(김광수 외, 2016) 내용의 일부를 활용하여 제시하였다.

2) 성격강점카드의 구성과 특징

성격강점카드는 성격강점의 이해와 인식(발견)을 촉진하는 데 사용하는 발견카드와 학습, 진로, 관계, 놀이, 문제해결 등 다양한 영역에서 강점을 활용하도록 촉진하는 데 사용하는 활용카드로 구성된다. 각 카드의 특징을 살펴보면 다음과 같다.

(1) 발견카드의 특징

① 발견카드는 총 51장(성격강점카드 48장+여분 카드 3장)으로 구성된다. KICS 아동 진로 성격강점검사(김광수 외, 2015)의 117문항 중 성격강점별로 변별도가 높은 문항을 각각 2개씩 추출하여 24개 강점 총 48문항을 선정하여 각각의 발견카드에 포함시켰다.

② 발견카드 앞면에는 각각의 성격강점을 나타내는 상징그림이 제시되어 있고 그 하단에는 해당 덕목과 성격강점이 표기되어 있다. 오른쪽 상단에는 일련번호를 표기하여 카드를 다 사용한 후 정리와 분류가 용이하도록 고려하였다.

③ 덕목별 카드 앞면 배경 색깔(지성-녹색, 인간애-노랑, 용기-빨강, 절제-연두, 정의-파랑, 초월-보라)을 달리하여 덕목 내 유사성과 덕목들 간 다양성을 한눈에 파악하도록 고려하였다. 덕목별 색깔은 활동내용에 따라서는 유사성을 암시하는 힌트가 될 수 있기 때문에 뒷면은 모두 똑같이 흰색 배경과 회색 배경 그림을 배치하도록 하였다.

④ 발견카드 뒷면에는 성격강점별 문항 내용이 제시되어 있다. 강점별로 2장의 카드에 한 문항씩 제시되어 있어 1장씩 문항을 읽고 자신을 잘 표현하고 있는 정도에 대해 선별해 볼 수 있도록 하였다.

발견카드 앞면　　　　　　　　　　　발견카드 뒷면

[그림 4-12] 발견카드의 예

출처: 김광수 외(2016).

(2) 활용카드의 특징

① 활용카드는 총 24장으로 구성되어 있다. 각 성격강점별로 1장씩 배정하여 강점별로 활용할 수 있는 내용으로 구성된다.

② 활용카드 앞면에는 성격강점을 상징하는 그림을 상단에 배치하고, 하단에 덕목과 성격강점, 그 강점의 정의를 제시하였다. 각 강점의 정의는 아동이 이해할 수 있는 평이한 문장으로 진술하였다. 오른쪽 상단에는 활용카드라는 표시와 일련번호를 제시하여 카드 활용을 용이하게 하였다. 발견카드와 마찬가지로 덕목별로 색깔을 통일하여 성격강점과 덕목과의 관계성을 이해하는 데 도움을 주었다.

③ 카드 뒷면은 대표인물, 관련 직업, 활용방안을 제시하였다. 각 강점별 대표인물은 그 강점을 잘 발현하고 있다고 검증된 역사적 인물 중에서 대표적인 위인 2~3명씩을 선정하였다. 가급적 외국 위인과 국내 위인을 균형 있게 제시하고자 하였다. 관련 직업

은 각 성격강점이 잘 발휘되는 직업 영역 중에서 아동들이 학습했거나 그 특성을 이해하기 쉬운 직업들로 선정하여 제시하였다. 활용방안은 각 강점을 일상에서 활용할 수 있는 방안들 중에서 특히 생각하기보다는 실행하기 중심으로 시도 가능한 활동을 제시하였다.

활용카드 앞면

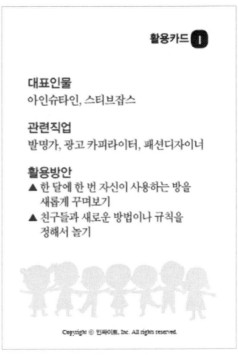

활용카드 뒷면

[그림 4-13] 활용카드의 예

출처: 김광수 외(2016).

3) 성격강점카드 활용 인성교육 실제

성격강점카드 활용 인성교육의 실제를 학급대상 지도 활용방안, 소집단대상 지도 활용방안, 개인상담 지도 활용방안으로 나누어 살펴보면 다음과 같다.

(1) 학급대상 지도 활용방안

이 프로그램은 학급에서 다수의 학생을 대상으로 성격강점카드를 활용하는 다양한 활동을 통하여 성격강점의 의미와 가치에 대한 이해를 높이는 이해활동(1차시)과 자신의 대표적인 성격강점과 타인의 대표적인 성격강점을 인식하도록 돕는 인식활동(2~3차시) 그리고 일상생활의 다양한 영역에서 적극적으로 성격강점을 활용하도록 촉진하는 활용활동(4~6차시)으로 구성되어 있다. 프로그램의 개요는 〈표 4-9〉와 같다.

〈표 4-9〉 성격강점카드 활용 프로그램 개요

단계	차시	주제	목표	활동내용
이해	1	성격강점의 의미와 가치 이해	• 성격강점의 체계 및 의미 이해하기 • 성격강점의 가치를 내면화하기	• 도입: 성격강점카드 분류하기 • 활동 1: 강점 골든벨 • 활동 2: 상황을 통해 강점의 가치 이해하기 • 정리: 소감 나누기
인식	2	나의 대표강점 찾기	• 자신의 대표강점을 명료하게 인식하기 • 자신에 대해 긍정적으로 느끼기	• 도입: 나의 강점 추측하기 • 활동 1: 자신을 잘 설명하는 카드 고르기 • 활동 2: 강점과 어울리는 별칭 짓기 • 정리: 소감 나누기
	3	타인의 대표강점 찾기	• 친구들이 생각하는 나의 강점 인식하기 • 친구들의 강점을 발견하기	• 도입: 강점 텔레게임 • 활동: 내 친구의 강점은? -모둠을 바꾸어 가며 친구의 강점을 찾아 주기 • 정리: 소감 나누기
활용	4	관계에 활용할 강점 찾기	• 관계에 도움이 되는 강점 및 그 활용방법 찾기 • 관계에 도움이 되는 강점 활용에 대한 동기와 실천력 높이기	• 도입: 내 주변 사람들과의 관계 탐색하기 • 활동 1: 좋은 관계에 숨은 강점 찾기 • 활동 2: 갈등 관계를 해결할 강점 찾기 • 정리: 소감 나누기

5	배움 활동에 활용할 강점 찾기	• 배울 때 활용해 온 강점 및 활용방법 발견하기 • 앞으로 배울 때 활용할 강점과 활용방법에 대한 의견 제시하기	• 도입: 내가 좋아하는 배움 활동은? • 활동 1: 친구가 활용한 강점 추측하기 • 활동 2: 활용강점을 추천하고 선택하기 • 정리: 소감 나누기
6	진로에 활용할 강점 찾기	• 희망직업 분야에서 활용할 강점을 찾고 그 활용계획 세우기 • 진로와 관련하여 강점 활용에 대한 동기 높이기	• 도입: 희망직업 떠올리기 • 활동 1: 진로에서 활용할 강점을 찾고 활용방법 계획하기 • 활동 2: 활용할 강점카드 모으기 놀이 • 정리: 소감 나누기

성격강점카드를 활용한 학급대상 지도 활용방안을 성격강점 이해, 대표강점 인식, 강점 활용별로 지도안과 활동지를 각각 제시하면 다음과 같다.[4]

이해를 돕는 활동: 성격강점의 의미와 가치 이해 지도안

1. 목표

이 활동은 강점카드를 살펴보고 분류해 보는 과정과 강점의 정의를 듣고 해당되는 카드를 찾아보는 활동을 통해 성격강점의 의미를 이해하고, 다양한 상황 속에서 필요한 강점들을 생각하고 그 이유를 논의해 보는 활동을 통해 성격강점의 가치를 내면화하도록 돕는다.

2. 준비물

강점카드(발견카드, 활용카드), 활동지

---

4) 전체적인 내용은 내 안의 보물찾기, 『아동 성격강점카드 전문가 지침서』(김광수 외, 2016)에서 확인할 수 있다.

3. 활동과정

1) 도입: 강점카드 분류하기(10분)

① 개인별로 강점카드를 한 세트씩 나누어 준다.

② 강점카드는 발견카드 48장과 활용카드 24장 그리고 각각 여분카드 3장씩 총 78장으로 되어 있음을 설명한다.

③ 특별한 기준을 제시하지 않고 강점카드(활용카드)를 분류하도록 한 후 왜 그렇게 분류했는지 이야기 나눈다.

> 교사: 지금부터 활용카드를 분류해 보도록 하겠습니다. 어떠한 기준이나 제한점도 없습니다. 여러분이 마음속에 기준을 마련하여 카드를 잘 읽어 본 후 공통점이 있다고 생각되는 카드끼리 모으면 됩니다. 카드를 다 분류한 후 왜 그렇게 나누었는지 서로 이야기를 나누어 보도록 하겠습니다.

④ 학생들이 각자 자신이 정한 기준에 따라 카드를 분류한 후 분류 결과에 대해 발표한다.

⑤ 교사는 학자들이 성격강점을 6가지 덕목에 따라 분류한 강점체계에 대하여 설명해 준다.

> 교사: 긍정심리학자들은 사람들이 성공적이고 행복한 삶을 살아가는 데 필요한 긍정적 특성을 다음과 같이 6개 덕목과 24개 강점으로 나누어 설명하고 있습니다. 지성이라는 덕목에는 창의성, 호기심, 개방성, 학구열, 지혜의 5가지 강점이 포함되고, 인간애라는 덕목에는 사랑, 친절성, 사회지능의 3가지 강점이, 용기라는 덕목에는 용감성, 끈기, 진실성, 활력의 4가지 강점이, 절제라는 덕목에는 용서, 겸손, 신중성, 자기조절의 4가지 강점이, 정의라는 덕목에는 시민의식, 공정성, 리더십의 3가지 강점이, 마지막으로 초월이라는 덕목에는 심미안, 감사, 낙관성, 유머, 영성의 5가지 강점이 포함된다고 말하였습니다. 이러한 강점들을 인식하고 개발하는 것은 개인의 삶과 사회를 행복하고 번성하게 만들어 줍니다. 여러분도 오늘부터 하게 될 다양한 활동을 통해 자신의 강점을 발견하고 또 마음에 드는 강점들을 찾고 개발하는 과정을 통해 건강하고 행복한 삶을 살았으면 좋겠습니다. 모두 열심히 참여해 봅시다.

2) 목표 제시

> 교사: 오늘은 성격강점의 의미와 가치를 이해해 보는 시간을 갖도록 하겠습니다. 강점의 정의를 듣고 해당되는 강점카드를 찾는 활동을 통해 성격강점의 의미를 이해할 수 있을 것입니다. 또 다양한 상황 속에서 필요한 강점과 그 이유를 생각하여 나누어 보는 활동을 통해 성격강점의 가치를 깨닫는 시간이 될 것입니다.

3) 전개

〈활동 1〉 강점 골든벨(10분)

준비물: 교사-활용카드, 학생-발견카드(24장만 사용)

① 개인별로 발견카드(24장)에 적힌 강점명을 한눈에 보고 찾기 쉽도록 자신의 책상 위에 펼쳐 놓는다.

② 교사가 활용카드에 나와 있는 성격강점의 정의를 읽어 주고 10~15초 정도의 시간을 주면 학생들은 그 정의에 맞는 발견카드를 찾아 기다리다가 교사의 신호에 맞춰 카드를 머리 위로 들어올린다.

> 교사: 그럼 지금부터 선생님이 강점의 정의를 읽어 주도록 하겠습니다. 잘 듣고 그 정의에 해당되는 강점이라고 생각되는 강점카드를 찾은 후 선생님이 신호를 주면 카드를 들어 주세요(예: 집단 구성원으로서 규칙을 잘 지키며 집단의 이익을 위해 최선을 다하는 태도는 무슨 강점일까요?). 다 같이 선택한 카드를 들어 봅시다. 하나, 둘, 셋!

③ 몇 가지 강점을 반복하여 학생들이 강점의 의미를 재미있게 이해할 수 있도록 돕는다.

④ 개방성, 영성, 심미안, 시민의식, 지혜, 사회지능 등은 익숙하지 않은 어려운 정의이기 때문에 교사가 꼭 다루어 주도록 한다.

⑤ 시간적인 여유가 있으면 모둠별로 1명씩 돌아가며 교사 역할을 하고 나머지 모둠원들은 카드를 찾는 활동을 반복한다.

〈활동 2〉 상황을 통해 강점의 가치 이해하기(10분)

준비물: 활용카드, 활동지

① 활동지에 있는 여러 가지 상황 중에서 교사가 상황을 제시하거나 학생들의 의견을

반영하여 상황(예: 다른 반과 피구 시합을 할 때, 친구가 왕따를 당하고 있는 것을 알았을 때, 학급회의를 할 때, 자신의 꿈을 이루려고 할 때 등)을 제시하면, 학생들은 그 상황에서 가장 필요하다고 생각되는 성격강점 3~5개를 선택하고 그 이유를 설명한다.

> 교사: 지금부터 친구가 왕따를 당하고 있는 것을 알았을 때 적절히 대응하기 위해 필요한 강점을 3~5개 정도 찾아 활동지에 적고 그 이유를 설명해 봅시다. 시간을 3분 정도 줄 테니 각자 생각한 강점과 그 이유를 활동지에 적어 보세요.

② 시간적인 여유가 있다면 2~3가지 상황을 더 선택하여 활동한다.

③ 개인별로 활동해도 좋고 모둠별로 활동해도 좋다(모둠별 활동 시에는 상황 선택한 후 모둠들이 충분히 의논할 수 있도록 시간을 넉넉히 준다).

4) 정리(10분)

준비물: 활동지

① 오늘 활동을 통해 느낀 점 이야기하기

> 교사: '강점 골든벨'과 '상황을 통해 강점의 가치 이해하기' 활동을 통해 강점과 강점의 가치에 대해 새롭게 알게 된 점과 느낀 점 등을 활동지에 적고 돌아가며 발표해 봅시다.

② 교사가 마무리하기

> 교사: 오늘은 사람들을 더 건강하고 풍성하고 행복하게 살도록 도와주는 24개 성격강점의 의미와 그 강점의 가치에 대해서 이해해 보는 시간을 가졌습니다. 처음 들어 보는 강점도 있었고 또 그 의미가 어렵거나 혼동되는 강점도 있겠지만 앞으로 계속되는 활동들을 통해서 그 의미를 확실히 이해할 수 있을 것이라고 생각합니다. 또한 오늘은 여러 가지 상황 속에서 그러한 상황을 잘 극복하거나 대처하기 위해 필요한 강점들을 생각해 보는 시간을 가졌습니다. 이러한 활동을 통해 여러분은 여러 가지 문제 상황이나 갈등 상황 또는 여러 가지 긍정적인 상황 속에서 강점을 잘 활용하는 것이 큰 도움이 될 수 있다는 것을 느꼈을 것입니다. 여러 연구에 의하면 사람들은 누구나 모두 강점을 가지고 있다고 합니다. 앞으로 계속되는 활동을 통해 여러분 각자의 대표적인 강점도 알아볼 수 있고 그러한 강점을 더 잘 활용하는 방법들에 대해서도 생각해 볼 것입니다. 오늘 열심히 활동한 것처럼 앞으로도 계속해서 적극적으로 활동에 참여해 주길 바랍니다.

4. 활동 시 참고할 내용(유의사항)

• '강점카드 분류하기' 활동 시 얼마나 정확하게 분류하느냐보다는 학생들이 분류를 위해 계속해서 강점의 의미를 탐구해 보는 것에 초점을 두어 진행한다. 정확한 분류가 아니더라도 나름대로의 분류기준을 수용하여 칭찬하고 격려한다.

• '강점 골든벨' 활동 시 개방성, 영성, 심미안, 시민의식, 지혜, 사회지능 등은 익숙하지 않은 정의일 수 있기 때문에 모둠별 활동을 하기 전에 이에 대해 교사가 먼저 다루어 주도록 한다.

• '상황을 통해 강점의 가치 이해하기' 활동은 정답을 찾는 활동이 아니며, 확산적 사고를 통한 성격강점의 가치를 이해하는 활동이기 때문에 창의적인 답변을 수용하고 칭찬과 격려를 많이 해 주는 것이 좋다.

□ 성격강점의 의미와 가치 이해 　활동지

성격강점 이해 1	성격강점의 체계 이해하기	이름
		별칭

📁 6개 덕목과 24개 성격강점

성격강점

지성 관련 강점들	인간애 관련 강점들	용기 관련 강점들	절제 관련 강점들	정의 관련 강점들	초월 관련 강점들
창의성 호기심 개방성 학구열 지혜	사랑 친절성 사회지능	용감성 끈기 진실성 활력	용서 겸손 신중성 자기조절	공정성 리더십 시민의식	심미안 감사 낙관성 유머 영성

성격강점 이해 2	성격강점의 가치 이해하기	이름	별칭

📁 상황에 따라 필요한 성격강점은?

〈보기〉에 제시된 상황을 참고하여 함께 생각해 보고 싶은 상황들을 발표해 봅시다. 발표 후에 함께 생각해 보기로 결정한 상황에서 필요하다고 판단되는 성격강점을 3가지 이상 적어 봅시다.

〈보기〉
다른 반과 피구 시합을 할 때, 친구가 왕따를 당하고 있는 것을 알았을 때, 학급회의를 할 때, 자신의 꿈을 이루려고 할 때 등

상황	필요한 성격강점	필요한 이유

• 활동을 통해 느낀 점은 무엇인가요?

인식을 돕는 활동: 나의 대표강점 찾기 지도안

1. 목표

인식을 돕는 첫 번째 활동인 나의 대표강점 찾기는 강점카드 분류작업을 통해 자신의 대표강점을 찾아보고, 자신이 지닌 강점의 가치를 인식하는 활동이다. 학생들은 이 활동을 통해서 막연하게 생각해 온 자신의 강점에 대해 명료하게 인식하게 될 것이다. 또한 막연히 생각해 온 자신의 강점과 강점카드 분류활동을 통해 확인한 강점 간의 차이에 대해서 곰곰이 생각해 볼 기회를 갖게 될 것이다. 이 과정에서 자신이 지닌 성격강점의 가치에 대해 더 깊이 이해하고 긍정적으로 자신을 지각할 수 있게 될 것이다.

2. 준비물

강점카드, 활동지, 타이머

3. 활동과정

1) 도입: 나의 강점 추측하기(10분)

① 활동지에 제시한 강점 목록 살펴보게 한다.

> 교사: 여러분에게 나눠 준 활동지에서 24가지의 강점을 볼 수 있을 것입니다. 하나하나 보면서 우리가 가지고 있는 강점에는 어떤 것들이 있는지 살펴보길 바랍니다.

② 강점 목록 중에서 자신의 강점이라고 생각되는 것을 보기에서 골라 5가지를 적어 보게 한다.

> 교사: 활동지에 있는 강점 목록 중에서 자신의 강점이라고 생각하는 것을 5가지 골라 다음 표에 적어 보세요. 진정한 자신의 강점이 무엇인지에 대해서는 활동지 중간에 자세하게 설명되어 있을 것입니다. 차근차근 읽어 보고 자신을 잘 설명하고 있는 강점이라고 생각되는 것을 고르면 됩니다. 혹시 더 쓰고 싶은 것이 있으면 칸 옆에 적어도 좋습니다.

③ 학생들이 자신의 강점을 잘 기록했는지 살펴보고, 강점을 선택하는 데 어려움을 겪는 학생들을 도와준다.

2) 목표 제시

> 교사: 지난 시간에는 성격강점의 의미와 가치에 대해 이해하는 활동을 했습니다. 이번 시간에는 강점카드 이용해서 자신이 생각하는 자신의 대표강점과 카드 분류 활동을 통해 찾아낸 자신의 강점을 비교해 볼 것입니다. 이 활동을 통해 자신의 강점을 명료하게 이해하고, 자신이 가지고 있는 대표강점의 가치에 대해 인식하게 될 것입니다.

3) 전개: 자신의 강점 찾기와 별칭 정하기(20분)

〈활동 1〉 자신을 잘 설명하는 강점 문항 고르기

준비물: 강점 발견카드, 활동지

① 개인별로 받은 강점 발견카드(48장)을 읽으면서 자신을 설명하는 정도를 '매우 그렇다' '그렇다' '아니다'의 3단계로 구분하여 문항카드를 놓는다.

② 자신을 잘 설명하는 카드를 10장 정도로 추리도록 한다.

> 교사: 여러분이 가지고 있는 48장으로 되어 있는 강점 발견카드를 찬찬히 읽어 보고 자신에 대해 매우 잘 설명하고 있는 카드를 왼쪽에 놓고, 보통 정도로 설명하는 카드는 중간에, 잘 설명하고 있지 못하다고 생각하는 카드를 오른쪽에 놓습니다. 다 분류한 후에 매우 잘 설명하는 카드가 10장을 넘을 경우에는 선택한 카드를 다시 찬찬히 읽어 보고, 가능하면 10장 정도로 추려서 선택하면 좋겠습니다. 혹시 매우 잘 설명하는 카드가 10장이 되지 않으면 보통 정도로 설명하는 카드 중에서 골라 매우 잘 설명하는 카드와 함께 10장 정도가 되게 합니다.

③ 10장 내외로 카드를 선택하면 그 카드에 해당하는 강점을 살펴보게 한다.

④ 선택한 카드 중에서 같은 강점을 나타내는 2장의 카드를 먼저 추려서 한쪽에 놓는다.

⑤ 5가지 강점이 다 정해지지 않았을 경우 1장씩 선택된 강점 중에서 자신을 더 잘 나타내고 있다고 생각하는 카드를 골라 강점 5가지를 정하도록 한다.

> 교사: 자신이 선택한 카드 10장을 살펴보세요. 10장 중에서 같은 강점을 나타내는 카드가 2장이 있으면, 그 카드는 한쪽에 먼저 추려 놓습니다. 그렇게 강점이 같은 2장의 카드를 한쪽에 놓은 다음, 1장씩 남아 있는 카드를 찬찬히 읽어 보세요. 그 카드 중에서 자신을 보다 더 잘 설명하고 있다고 생각되는 카드를 골라 놓습니다. 그렇게 해서 강점이 5가지가 되도록 분류한 후에 그 강점을 활동지에 적습니다.

〈활동 2〉 강점에 맞는 별칭 짓기

준비물: 강점 발견카드, 활동지

① 자신의 선택한 강점 중에서 마음에 드는 강점을 하나 선택한다.

② 선택한 강점을 이용하여 자신에게 어울리는 별칭을 정한다. 별칭 짓기를 힘들어 하는 학생들이 있으므로 다양한 예(예: 호기심이 많은 파브르, 유머가 넘치는 메뚜기, 친절한 김 모 씨 등)를 들어 준다.

> 교사: 자신이 선택한 5가지의 강점 중에서 가장 마음에 드는 하나를 선택하여 그 강점의 특성이 드러나면서 자신에게 가장 잘 어울릴 것이라고 생각하는 별칭을 짓도록 하겠습니다. 혹시 하나의 강점으로 별칭을 짓기보다는 5개의 강점을 다 포함하는 별칭으로 짓고 싶은 학생은 그 강점들이 잘 어우러진 별칭을 지어도 좋습니다. 예를 들어, 호기심이 많은 파브르처럼 닮고 싶은 인물의 이름을 활용하거나 유머가 넘치는 메뚜기 혹은 친절한 김 모 씨처럼 조금은 재미있게 지어도 좋습니다.

③ 자신이 선택한 강점 5가지와 별칭을 활동지에 기록한다.

④ 자신의 강점과 별칭을 짝에게 보여 주고, 별칭을 선택한 이유를 설명해 준다.

> 교사: 자신의 강점과 별칭을 활동지에 기록한 후에 짝에게 자신의 강점은 무엇인지 알려 주고, 그 강점을 바탕으로 짓은 별칭은 무엇이며 왜 그렇게 지었는지에 설명해 주도록 합니다.

4) 정리(10분)

준비물: 활동지

① 자신의 대표강점 찾기와 가치 인식하기

> 교사: 카드 분류활동을 통해 발견한 자신의 대표강점과 강점을 나타내는 별칭에 대해 돌아가면서 모둠원에게 설명해 봅시다. 모둠원이 자기와 다른 강점을 가지고 있다는 것을 확인하고 나름대로 가치가 있다는 점을 이해하면 좋겠습니다.

② 활동을 통해 느낀 점 나누기

> 교사: 이번 시간에는 강점 발견카드 분류활동을 통해 자신의 대표강점을 찾아보았습니다. 이 활동을 각자 느낀 점이 있을 것이라고 생각합니다. 활동을 통해 느낀 점을 모둠원에게 이야기하고, 다른 친구들이 활동을 통해 어떻게 느꼈는지를 생각해 보는 시간을 갖겠습니다. 순서에 관계없이 먼저 이야기하고 싶은 친구부터 시작하도록 하세요.

③ 교사가 마무리하기

> 교사: 사람들이 저마다 얼굴모양이 다르듯이 지니고 있는 강점들도 다 다를 수 있을 것입니다. 또한 자신이 생각했던 강점과 카드 분류활동을 통해 발견한 강점이 다를 수 있을 것입니다. 이번 시간에는 강점 발견카드 분류활동을 통해 자신의 대표강점에 대해 조금 더 진지하게 생각해 보는 시간을 가졌습니다. 이러한 활동을 통해 자신의 강점을 더 잘 이해하고, 그 가치를 인식할 수 있는 시간이 되었으리라 생각합니다. 또한 나의 강점에 대한 이해뿐만 아니라 친구들의 강점에 대해서도 이해할 수 있는 시간이 되었으리라 생각합니다. 자신이 지닌 대표강점을 발견하는 방법은 카드를 분류하는 활동 이외에도 자신의 성취경험이나 주위의 피드백을 통해 찾아 볼 수도 있고, 성격강점검사를 통해서도 알 수 있습니다.

4. 활동 시 참고할 내용(유의사항)

• 도입에서 24개의 강점에 대해 설명할 때 칠판에 6개의 덕목과 24개의 강점을 적어 가면서 정리해 보는 방법도 활용할 수 있다.

• 〈활동 1〉에서 자신을 잘 설명하고 있는 발견카드를 고를 때 10장 정도를 고르는 활동에 어려움을 겪는 학생들이 있을 수 있다. 이 학생에게는 조금 더 생각해 보도록 기회를 준 다음, 그래도 고르는 데 어려움을 겪는 경우 고른 카드 내에서 활동이 이루어지게 한다.

• 〈활동 2〉에서 강점의 특성이 나타나는 별칭을 지을 때, 자기비하를 하거나 친구들에게 혐오적인 느낌을 주거나 장난기가 담긴 별칭이 되지 않도록 충분히 안내해 주도록 한다.

• 자신의 강점을 잘 나타내는 별칭이 수업시간이나 학교생활에서 많이 활용될 수 있도록 교실 게시판에 개별 코너 게시판에 게시하여 더 많이 인식되게 할 수 있다. 혹 정해진 별칭이 마음에 들지 않거나 자신에게 더 맞는 별칭이 만들어지면 수정하여 활용할 수 있도록 안내한다.

• 학생들의 성격강점을 발견하는 방법으로 이 활동에서 활용한 성격강점카드뿐만 아니라 KICS 아동 진로성격강점검사가 있으므로 이를 활용하여 보다 정확한 이해자료로 활용할 수 있다.

□ 나의 대표강점 찾기 활동지

대표강점 인식	나의 대표적인 성격강점은?	이름	
		별칭	

📁 나의 대표적인 성격강점이라고 생각하는 것은?

다음 설명을 참조하여 24가지 성격강점들 중에서 특히 나의 대표적인 강점이라고 생각하는 것을 5가지 골라 적어 보세요.

> '진정한 자신의 강점'은
> 1. "이게 바로 나야."라는 느낌을 준다.
> 2. 이 강점을 발휘할 때(특히 처음에) 유쾌한 흥분을 느낀다.
> 3. 이 강점과 관련된 일을 배우거나 연습할 때 빨리 배울 수 있다.
> 4. 이 강점을 계속해서 활용하고 싶은 생각이 든다.
> 5. 이 강점을 활용할 때는 의욕과 활기가 넘친다.
> 6. 누가 시키지 않아도 이 강점을 사용하려는 마음이 든다.

> 창의성, 호기심, 개방성, 지혜, 학구열,
> 사랑, 친절성, 사회지능, 용감성, 끈기, 진실성, 활력,
> 공정성, 리더십, 시민의식, 용서, 겸손, 신중성, 자기조절,
> 심미안, 감사, 낙관성, 유머, 영성

1.	2.	3.	4.	5.

📁 강점카드를 분류하며 찾은 나의 '대표강점 5가지'

1.
2.
3.
4.
5.

> • 대표강점에 어울리는 별칭 짓기
>
> 나의 별칭:

• 활동을 통해 느낀 점은 무엇인가요?

활용을 돕는 활동: 진로에 활용할 강점 찾기 `지도안`

1. 목표

이 활동은 자신의 희망직업에서 활용할 성격강점을 찾아보는 활동이다. 학생들은 이 활동을 통해 자신의 희망직업을 생각해 보고 자신의 희망직업에서 성격강점을 어떻게 활용하면 좋을지 계획해 봄으로써 진로와 관련하여 성격강점 활용에 대한 동기를 높일 수 있다.

2. 준비물

활용카드(24장), 발견카드(48장), 활동지

3. 활동과정

1) 도입: 희망직업 떠올리기(10분)

준비물: 활동지, 활용카드

　① 4인이 한 모둠을 이루도록 구성한다.

　② 희망직업이나 관심직업을 5가지 생각하여 활동지에 적는다.

> 교사: 우리 주변에서 접할 수 있는 다양한 직업을 떠올려 봅시다. (잠시 생각할 시간을 가짐) 여러 직업 중에 내가 희망하거나 관심을 가지고 있는 직업을 5가지 골라서 빙고 판에 적어 보세요. 활용카드에 있는 직업명을 참고해도 좋습니다.

　② 모두 적었으면 모둠원과 가위바위보를 하여 이긴 순서대로 자신이 적은 희망직업 및 관심직업을 하나씩 부른다.

　③ 친구가 부른 희망직업과 내가 적은 희망직업이 일치하면 해당 직업에 표시한다.

　④ 일치하는 희망직업이 5개가 되면 빙고를 외친다.

2) 목표 제시

> 교사: 오늘은 자신이 희망하는 직업에서 어떤 성격강점을 어떻게 활용하면 좋을지 계획해 보겠습니다.

3) 전개: 희망직업에서 활용할 성격강점 찾기

〈활동 1〉 희망직업에서 활용할 성격강점을 찾고 활용방법 계획하기(15분)

준비물: 활용카드(24장), 활동지

① 도입에서 떠올린 희망직업 중에서 1가지를 택하여 활동지에 기록한다.

> 교사: 자신의 희망직업이나 관심직업 중에서 1가지를 택하여 그 직업을 갖게 되었을 때 어떤 성격강점을 어떻게 활용하면 좋을지 계획해 봅시다. 먼저 빙고놀이를 하며 기록한 희망직업 중에서 1가지 직업을 택하여 적어 보세요.

② 이전 시간에 발견했던 자신의 대표강점 3~5가지를 떠올려 보고 활동지에 기록한다.

> 교사: 직업에서 자신이 소중히 여기는 대표강점을 활용하는 사람들은 직업에 대한 흥미, 적성이나 전문성과 직업만족도가 높다고 합니다. 이전 시간에 발견했던 자신의 대표강점을 떠올려 보고 활동지에 적어 보세요.

③ 24장의 활용카드 1벌을 모든 모둠원이 잘 볼 수 있게 펼쳐 둔다.

> 교사: 자신의 희망직업에서 어떤 성격강점을 활용하면 좋을지 모둠 친구들에게 추천받아 봅시다. 활용카드 24장을 모둠원 모두 잘 볼 수 있게 펼쳐 두세요.

④ 한 사람씩 차례대로 희망직업에서 활용할 강점 추천을 부탁하면 부탁한 사람의 왼쪽에 앉은 친구부터 차례대로 활용카드를 천천히 살펴보면서 1장을 골라 그 활용방법을 알려 준다. 추천받을 때 친구가 추천해 준 강점을 기록해 둔다.

> 교사: 모둠에서 한 사람씩 "내가 ○○이 되었을 때 활용할 강점을 추천해 줘." 하고 부탁하면 부탁한 사람의 왼쪽에 앉은 친구부터 차례대로 활용카드 중에서 1장을 골라, 고른 강점의 활용방법을 구체적으로 알려 주세요. 예를 들어, 요리사가 되고 싶은 친구에게 진실성 카드를 주면서 "좋은 재료를 사용해서 정성껏 요리하면 정말 맛있을 거야." 하고 추천해 줍니다.

⑤ 추천이 끝나면 자신의 대표강점, 추천받은 강점, 그 외에 꼭 활용하고 싶은 강점 중에서 4가지를 택하여 구체적인 활용방법을 계획한 후 친구들에게 한 사람씩 소개한다.

> 교사: 추천을 받은 사람은 자신의 대표강점, 추천받은 강점, 그 외 자신이 활용하고 싶은 강점 중에서 4가지를 선택하여 구체적인 활용방법을 계획한 후 소개해 봅시다.

〈활동 2〉 희망직업에서 활용할 성격강점 모으기 놀이(10분)

준비물: 발견카드(48장), 활동지

① 모둠에서 한 사람이 발견카드 48장을 고르게 섞어 한 사람당 4장씩 갖도록 나누어
주고, 남은 카드는 강점명이 보이지 않도록 가운데에 쌓아 둔다.

> 교사: 자신이 선택한 희망직업 활용강점을 기억하기 위해 카드 모으기 놀이를 해 봅시
> 다. 한 사람이 48장의 발견카드를 고르게 섞은 후 한 사람에게 4장씩 나누어 주세
> 요. 남은 카드는 강점명이 보이지 않게 가운데에 쌓아 두세요.

② 가위바위보를 하여 이긴 순으로 한 사람씩 4장의 카드를 유지하면서 〈활동 1〉에서
자신이 선택하지 않은 강점카드는 강점명이 안 보이게 바닥에 내려놓고 쌓아 둔 카
드나 다른 친구가 바닥에 내려놓은 카드 중에서 1장을 가져온다. 1장 버리고 1장
가져오기를 계속하여 자신이 선택한 활용강점 4장을 모으면 빙고를 외치며 승자가
된다.

> 교사: 가위바위보를 하여 이긴 순서대로 한 사람씩 자신이 가진 4장의 카드 중에서 〈활
> 동 1〉에서 선택하지 않은 카드 1장을 강점명이 안 보이게 바닥에 내려놓고 가운데
> 쌓인 카드 중 맨 위에 있는 카드 1장을 가져오세요. 다음 사람부터는 바닥에 내려
> 놓은 카드를 가져와도 됩니다. 이렇게 4장을 유지하며 1장 버리고 1장 가져오기를
> 계속하여 자신의 희망직업에 활용하기 위해 선택한 강점카드 4장을 모두 모은 사
> 람은 빙고를 외치며 이기게 됩니다.

4) 정리: 소감 나누기(5분)

준비물: 활동지

① 활동 소감 나누기

> 교사: 희망직업과 관련하여 성격강점 활용방안을 계획해 보고 카드놀이에서 활용강점
> 을 모으는 과정에서 새롭게 알게 된 점이나 생각한 점 또는 느낀 점을 활동지에 적
> 어 봅시다. 특히 강점카드 모으기 놀이에서 모으지 못해 아쉬웠던 강점카드는 무
> 엇인지 적어 봅시다.

② 교사가 마무리하기

> 교사: 강점카드 모으기 놀이에서 모으지 못해 아쉬웠던 강점이 있다면 무엇인가요? 오늘은 그 강점을 활용해 보면 어떨까요? 미래의 직업세계뿐 아니라 지금 현재 여러분에게 주어진 일을 해 나가는 과정에서도 여러분이 소중히 여기는 성격강점을 자주 활용한다면 더 행복한 삶을 만들어 갈 수 있을 것입니다. 주어진 일을 하기 전에 내가 소중히 여기는 강점 중에서 어떤 강점을 발휘하면 좋을지 떠올려 보세요.

4. 활동 시 참고할 내용(유의사항)

- 도입에서 빙고놀이를 준비할 때 희망직업이 없는 학생들의 경우 희망직업은 아니더라도 자주 접해 본 직업이나 친구들의 희망직업 중에서 마음에 드는 것을 골라 적도록 안내한다.
- 〈활동 1〉을 하기 전에 교사는 직업과 성격강점의 관련성에 대해서 2가지 측면을 고려할 필요가 있다. 하나는 직업에 따라 특정 성격강점이 더 관련된다는 점, 다른 하나는 같은 직업을 지닌 사람이라도 개인에 따라 추구하는 성격강점은 다양하다는 점이다.
- 〈활동 1〉의 방법은 친구에게 활용강점을 추천받은 후 활용강점을 곧장 선택하지 않고 추후 선택 및 활용 계획을 세우고 소개하는 시간을 별도로 가지도록 구성했다.
- 〈활동 2〉는 자신이 활용하고자 계획한 강점을 기억함으로써 활용 의지를 강화하기 위한 활동이므로 놀이 과정에서 성패보다는 활용 의지를 격려하는 데 초점을 둔다.

☐ 진로에 활용할 강점 찾기 활동지

강점 활용	희망직업에서 활용할 성격강점을 찾아라!	이름
		별칭

📁 [준비] 희망직업을 떠올리기

• 자신의 희망직업과 친구들의 희망직업을 적어 봅시다.

📁 [활동] 희망직업에서 활용할 성격강점 찾기

• 자신의 희망직업 중에서 1가지를 택하여 어떤 성격강점을 활용하면 좋을지 계획하여 봅시다.

내가 선택한 희망직업(1가지):

⬇

나의 대표강점:	친구가 추천해 준 활용강점:

⬇   ⬇   ⬇   ⬇

내가 선택한 활용강점 1	내가 선택한 활용강점 2	내가 선택한 활용강점 3	내가 선택한 활용강점 4
활용방법	활용빙법	활용방법	활용방법

→ 희망직업에서 4가지 성격강점을 어떻게 활용할지 친구들에게 소개해 봅시다.

📁 [마무리] 소감 나누기

• 강점카드 모으기 놀이에서 모으지 못해 아쉬웠던 강점은 무엇인가요?

• 활동에 참여하며 새롭게 알게 된 점이나 생각한 점 또는 느낀 점을 적어 봅시다.

(2) 소집단대상 지도 활용방안

앞서 제시한 프로그램은 학급 전체 학생을 대상으로 진행하는 집단교육 프로그램이다. 여기서 제시하는 프로그램은 소집단을 대상으로 집단상담 형태로 운영해 볼 수도 있으며 집단상담 형태로 운영할 경우 다음과 사항을 고려할 필요가 있다.

① 소집단상담 지도에 대한 이해

❶ 집단의 구성

집단상담을 위해 가장 효과적인 인원수는 8~10명 정도이며 최대 12명을 넘지 않는 것이 좋다.

❷ 집단상담의 원리

- 수용: 집단원들은 서로가 나누는 이야기에 대해 가능한 한 모든 표현을 동원해 서로 공감해 주며 상대방이 수용받고 있다는 느낌을 갖도록 도와준다.
- 비판단적 태도: 집단원들은 어떠한 이야기에 대해서도 도덕적·이성적 판단을 하지 않고 상대방에 대한 무조건적인 긍정적 존중을 해 준다.
- 자기개방: 집단원들은 마음을 열고 자신의 이야기를 솔직하고 진술하게 나눈다. 특히 어떠한 일에 대한 '사실'뿐만 아니라 그것에 대한 '감정'과 '느낌'을 나누고 이러한 과정에 능동적으로 참여한다.
- 자기결정: 집단원들은 이야기를 나누며 서로에 대해 조언이나 정보 등을 제공해 주지만 결국 결정은 자기 스스로 해야 한다는 것에 대해서 주지한다.
- 비밀보장: 집단원들은 진실된 나눔을 위해서 집단 안에서 나온 이야기들을 절대 집단 밖에서 말하지 않도록 한다.

❸ 집단상담의 효과

- 상호작용을 통해 다양한 관점과 풍부한 자원을 제공한다.
- 성장을 위한 좋은 환경을 제공한다.
- 집단원들에게 소속감과 친근감 갖게 한다.

• 집단원에게 보편적인 경험을 제공한다.

• 집단원에게 관계의 기술 및 새로 학습한 기술을 연습할 기회를 제공한다.

• 문제 예방의 효과가 있다.

❹ 효율적인 집단의 모습

• 의사소통이 양방향적이다.

• 참여와 지도력이 모든 집단원 사이에 분배된다.

• 높은 수준의 수용, 애정, 지지, 신뢰를 통해 응집력이 향상된다.

• 문제해결능력이 높다.

• 개인 간의 효율성, 자기실현, 창의성 등이 격려된다.

❺ 집단상담자(교사)의 역할

• 함께 지켜야 할 집단 규칙을 상호협의하에 정한다.

• 활동들이 게임 위주로 진행되지 않고 서로 간에 충분한 이야기가 오고 가는 상호작용이 이뤄지도록 독려한다. 활동 자체보다는 집단원들이 고르게 자신의 느낌과 생각을 충분히 나눌 수 있도록 시간과 기회를 제공한다.

• 주의 깊은 경청과 공감적 이해를 바탕으로 집단 응집력을 촉진한다.

• 다른 집단원이 이야기할 때 모두 주의를 기울이며 비난이나 판단을 하지 않도록 적절한 통제수준을 유지한다.

• 집단원의 나눔과 자기결정 등에 대해 지지와 격려를 보낸다.

• 매회기 주요 활동이 끝나면 새롭게 알게 된 것이나 오늘 활동을 통해 느낀 점 등을 나누도록 한다.

② 소집단상담 지도의 실제

'상황을 통해 강점의 가치 이해하기'을 토대로 소집단상담 지도의 예시를 살펴보면 다음과 같다.

교사(상담자): 지난 시간에는 성격강점이 무엇이고 어떠한 것인지에 대해서 알아보는 시간을 가졌습니다. 오늘은 다양한 상황 속에서 강점이 어떻게 발휘될 수 있는지 함께 생각해 보도록 하겠습니다. 먼저 우리 주변에서 일어날 수 있는 상황 중에서 강점이 필요하다고 생각되는 상황을 한번 말해 볼까요?

학　생　1: 다른 반과 피구 시합을 하는 상황이요.

학　생　2: 시험공부를 할 때요.

학　생　3: 자신의 꿈을 이루려고 할 때요.

학　생　4: 친구가 왕따를 당할 때요.

교사(상담자): 모두 적절한 상황들을 말해 주었네요. 감사합니다. 그럼 오늘은 여러분이 말한 몇 가지 상황들에 대해서 함께 생각해 보았으면 좋겠습니다. 여러분은 어떤 상황을 제일 먼저 생각해 보고 싶나요?

학　생　5: 왕따요.

학　생　6: 친구가 왕따를 당할 때요.

교사(상담자): 다른 친구들은 어떤가요? 요즘 학교폭력도 많은 문제가 되고 있는데, 그럼 친구가 왕따를 당하는 상황에서 나는 어떤 강점을 발휘할 수 있는지 먼저 한번 생각해 볼까요?

학 생 일 동: 네.

교사(상담자): 그럼 여러분에 앞에 있는 활용카드에서 왕따를 당하는 친구를 위해 내가 발휘해야 할 강점카드를 3~5가지 정도 찾아보고 그 강점과, 그 강점이 필요하다고 생각하는 이유를 활동지에 적어 봅시다.
　　　　　　(시간을 충분히 준 후 집단원들이 대부분 다 적은 것을 확인 후에)

교사(상담자): 누가 먼저 이야기해 볼까요?

학　생　7: 제가 먼저 이야기해 보도록 하겠습니다. 저는 용감성, 신중성, 친절성이 필요하다고 생각했습니다.

교사(상담자): 용감성, 신중성, 친절성이 왕따 당하는 친구를 발견했을 때 필요한 강점이라고 생각했군요. 정말 좋은 생각입니다. 무엇 때문에 그러한 강점들을 생각했는지 대답해 줄 수 있나요?

학　생　7: 일단 왕따 당하는 친구를 보았을 때는 도와주고 싶은 친절한 마음이 있어야 한다고 생각했습니다. 친절한 마음과 함께 용감한 마음이 있어야 누군가에게 도움을 청하거나 그 친구의 친구가 되어 줄 수 있기 때문입니다. 또한 어떻게 도와주어야 할지 신중하게 생각해서 피해를 최소화해야 하기 때문에 신중성도 필요한 것 같습니다.

교사(상담자): 정말 좋은 생각입니다. 도와주고 싶은 친절성, 손을 내밀어 주는 용감성, 좋은 방법을 생각해 보려는 신중성, 이 모든 것은 정말 왕따 당하는 친구를 도와주려고 할 때 필요한 강점들인 것 같습니다. 지금 말한 강점 이외에 또 다른 강점카드를 선택한 사람이 있나요?

학 생 8: 저는 지혜와 시민의식이 필요하다고 생각했습니다. 그 이유는 누구나 우리 학급에서 힘들지 않게 잘 지낼 수 있도록 돕는 것이 시민의식이라고 생각했고, 또 어떻게 잘 도울 수 있을지를 알려면 지혜가 필요하다고 생각했기 때문입니다.

교사(상담자): (고개를 끄덕이며) 정말 중요한 말을 우리 친구가 이야기해 주었습니다. 같은 학급 구성원으로서 모두 행복하게 살도록 도와주고 싶은 시민의식과 좋은 방법들을 생각해 내려고 하는 지혜도 정말 필요한 강점들인 것 같습니다. 또 다른 강점들을 생각한 학생이 있나요? 아니면 같은 강점이라도 다른 이유가 있다면 함께 나누어 주면 좋겠습니다. (교사는 골고루 이야기를 나눌 수 있도록 계속 침묵을 지키는 학생이 있으면 지명해서 기회를 주는 것도 좋다.)

이러한 방식으로 시간이 허락할 때까지 다른 상황들(자신의 꿈을 이루려고 할 때, 다른 반과 피구 시합을 할 때 등)도 다루어 준다. 끝나기 전 10분 정도가 되면 그날 활동을 마무리한다.

교사(상담자): 오늘은 성격강점이 발휘되는 상황들을 통해 강점의 가치를 생각해 보는 시간을 가졌습니다. 오늘 활동을 통해 새롭게 알게 된 점이나 깨닫게 된 것들이 있으면 함께 나누어 보도록 하겠습니다. (활동지에 먼저 적고 나서 발표를 하게 하는 것이 좋다.)

학 생 9: 저는 강점을 통해 여러 가지 상황을 극복해 나갈 수 있다는 것을 알게 되었습니다.

학 생 10: 저는 강점이 얼마나 중요한 것인지에 대해서 생각해 볼 수 있어서 좋았습니다.

학 생 11: 저는 앞으로 강점을 잘 발휘하면서 살아야겠다는 생각을 하게 되었습니다.

교사(상담자): 여러분이 말한 것처럼 강점은 우리의 삶을 더욱 행복하고 풍성하게 살도록 도와주는 소중한 자원입니다. 여러 가지 어려운 상황을 극복하게 도와주기도 하고 자신의 꿈을 이루도록 이끌어 주기도 하며 다른 사람들을 도와주게 만들기도 합니다. 그래서 이러한 강점을 발견하고 잘 개발해 나가는 것은 우리의 인생에서 매우 중요한 일이라고 생각합니다. 오늘 여러분이 여러 가지 활동을 통해 깨달았던 부분들을 기억하면서 앞으로 이어질 활동에도 계속해서 적극적으로 참여해 주면 좋겠습니다. 오늘 모두 수고 많았습니다. 옆 사람의 눈을 보며 수고했다고 인사하며 마치도록 하겠습니다. 수고 많았습니다.

(3) 개인상담 지도 활용방안

개인상담을 진행할 때 어려운 점은 상담 초기에 신뢰감 형성이 되지 않는 상태에서 상담

할 경우 학생들이 자신의 마음을 쉽게 열지 못하여 상담을 어렵게 느끼고 자신의 생각이나 감정을 솔직하게 표현하지 못할 수 있다는 점이다. 또 어린 학생들일수록 자신의 상태나 감정을 표현하는 데 있어 서툴러 "예." "아니요." "몰라요." 등 짧게 답하는 경우가 많다. 이러한 상황에서 카드를 상담도구로 사용하여 함께 조작 활동을 시도한다면 학생이 서서히 마음을 열고 자연스럽게 상담에 참여할 수 있도록 이끌 수 있으며, 학생이 겪고 있는 어려움이나 문제에 대해 카드와 관련지어 좀 더 구체적으로 표현할 수도 있다.

　앞에서 제시된 성격강점카드 활용 프로그램에 포함된 다양한 활동은 소집단 대상의 집단상담뿐 아니라 개인상담의 과정에서도 다양하게 활용될 수 있다. 특히 관계, 학습, 진로 영역에서 도움을 필요로 하는 학생을 대상으로 상담할 때 성격강점카드를 활용할 수 있는데 특히 진로 영역에서 개인상담을 하는 과정을 제시하면 다음과 같다.

① 진로지도 영역 상담에서 활용과정

❶ 꿈이 없는 현수

　현수는 다음 주에 있을 진로탐구대회 때문에 고민이다. 이번 진로탐구대회에서는 자신의 진로에 대하여 글짓기, 그림, 만화, 커리어 플랜 등 다양한 표현방법 중 1가지를 택하여 작품을 만들어야 하는데 현수는 아직까지 자신의 진로나 직업에 대해서 아무 생각도 떠오르지 않았다. 진로탐구대회에 대한 안내문을 살펴본 친구들은 대부분 자신의 꿈에 대해 이런저런 이야기를 나누었다. 하지만 현수는 짝이 "넌 어떤 작품을 준비할 거야?" 하고 물었을 때 "몰라." 하며 퉁명스럽게 답하고 고개를 돌렸다. 그날 현수는 '꿈이 없어요.'라는 제목으로 자신의 고민을 일기에 썼고 그 일기를 본 상담자(교사)와 상담을 하게 되었다.

상담자(교사): 현수는 꿈이 없다고?
현　　　수: 네.
상담자(교사): 꿈이 있으면 어떻게 할 것 같니?
현　　　수: 대회를 위해 열심히 준비할 것 같아요.
상담자(교사): 어떤 준비를 할 수 있을까?
현　　　수: 인터넷으로 관심 있는 직업에 대해서 검색해 볼 것 같아요.
상담자(교사): 지금은 없지만 예전에 관심을 가졌던 직업이 있니?

> 현   수: 글쎄요…… 제가 잘하는 게 없어서…….
> 상담자(교사): 앞으로 열심히 배우고 준비해서 잘하고 싶은 일을 생각해 보면 어떨까?
> 현   수: 그래도 될까요?
> 상담자(교사): 물론이지. 그럼 강점카드를 가지고 현수가 잘하고 싶은 일을 함께 찾아볼까?

• 활용카드를 활용하여 진로 찾기

 - 활용카드(24장)에 적힌 강점과 강점에 대한 정의 내용을 하나씩 천천히 살펴보면서 가장 중요하다고 생각하는 강점을 2~5가지 고른다.

 - 가장 중요하다고 선택한 강점과 관련된 직업명을 살펴보면서 가장 관심 있는 직업을 1~3가지만 고른다. 학생이 카드에 적힌 직업들 중에서 관심직업을 고르다가 문득 카드에는 기록되어 있지 않은 관련 직업을 생각해 냈을 경우 학생이 떠올린 직업을 관심직업으로 택해도 좋다.

 - 활용카드를 한눈에 보이게 펼쳐 놓고 학생이 고른 관심직업에서 활용하면 좋을 강점을 3가지 정도 더 찾아본다. 찾을 때마다 각 강점을 관심직업 및 일상생활에서 어떻게 활용하면 좋을지 구체적으로 이야기 나눈다.

 ※ 초등학생 대상의 진로상담에서는 지금까지 구축한 강점을 바탕으로 진로에 대한 의사결정을 시도하는 것뿐 아니라 자신이 중요하게 생각하는 강점을 인식하고 해당 강점을 활용할 구체적인 방법을 찾아 실천함으로써 강점 계발을 촉진하는 것이 중요하다. 강점은 노력을 통해 계발될 수 있음을 강조한다면 학생들이 더욱 적극적으로 강점을 활용할 것이다.

❷ 관심직업 선택을 고민하는 연희

연희는 매사에 적극적으로 참여하는 학생이다. 연희는 최근 창의적 체험활동 시간에 실시한 진로흥미검사 결과 모든 분야에서 고르게 높은 흥미를 나타냈다. 연희가 여러 영역에서 높은 흥미를 나타낸 것에 대해 친구들은 부러워했다. 하지만 연희는 특별히 더 높은 흥미를 나타내는 분야를 찾기 어렵다며 관심직업을 선택하는 활동에서 혼란스러워했다. 연희를 지켜본 상담자(교사)는 연희와 상담을 하게 되었다.

상담자(교사): 진로흥미검사 결과를 보고 어땠니?

연　　희: 다른 애들은 진로와 관련해서 두드러진 특성이 잘 나타나는데 저는 대부분 비슷해서 어떤 직업을 관심직업으로 선택하면 좋을지 모르겠어요.

상담자(교사): 너의 특성과 잘 어울리는 진로 분야를 찾고 싶구나.

연　　희: 네.

상담자(교사): 너에게 잘 어울리는 분야를 찾으면 무엇을 하고 싶니?

연　　희: 그 분야의 직업을 갖기 위해 어떤 노력을 해야 하는지 알아보고 지금부터 준비하고 싶어요.

상담자(교사): 와~ 연희가 진로에 대해 관심이 많구나. 자신에게 잘 어울리는 진로 분야를 선택할 때 흥미도 중요하지만 그 외에도 능력, 가치, 강점도 함께 고려하면 좋아. 그리고 연희가 다양한 분야에 흥미를 지닌 것은 선택의 폭이 넓다는 큰 장점이 될 수 있어.

연　　희: 그렇군요.

상담자(교사): 이 강점카드로 연희의 대표강점을 찾고 그와 관련된 직업 중에 관심직업을 찾아보면 어떨까?

연　　희: 좋아요.

• 발견카드(48장)로 대표강점을 찾고, 활용카드(24장)로 대표강점과 관련된 직업 찾기

 [1단계] 대표강점 찾기(발견카드 48장)

 - 발견카드(48장)를 1장씩 읽으면서 카드에 적힌 특성을 가지고 있는 정도를 '매우 그렇다' '그렇다' '아니다'의 3단계로 구분하여 내려놓는다.

 - '매우 그렇다'에 해당하는 발견카드를 10장 정도만 추린다.

 - 추린 10장을 뒤집어 해당 강점을 확인하고 같은 강점끼리 모은다.

 - 2장이 모두 뽑힌 3~5개의 강점을 대표강점으로 확인한다. 2장이 모두 뽑힌 대표강점이 2개 이하일 경우 1장만 뽑힌 강점들 중에서 자신의 특성을 가장 잘 나타내는 카드를 추가로 택하여 대표강점 3~5개를 선별한다.

 [2단계] 대표강점 관련 직업 찾기(활용카드 24장)

 - 1단계에서 선별한 대표강점에 해당하는 활용카드를 찾아서 활용카드에 적혀 있는 관련 직업을 살펴본다.

 - 대표강점 관련 직업 중 특히 더 자세히 알아보고 싶은 관심직업을 1~3가지 고르고

그에 대해서 이야기 나눈다. 카드에 적힌 직업 외에도 자신의 대표강점을 많이 활용할 수 있는 직업은 어떤 것이 있을지 이야기 나눈다.

※ 진로상담에서 진로의사결정에 초점을 두어 상담을 진행할 경우 특정 직업과 관련된 특성이 두드러지는 것이 바람직하게 보인다. 하지만 오늘날과 미래사회에서 점차 직업세계의 변화 및 불확실성이 증가됨에 따라 진로흥미나 능력 개발을 특정 분야에 제한하기보다는 다양한 영역으로 확장하여 선택과 도전 가능성을 넓히는 것이 더 바람직하다는 견해가 대두되고 있다. 특히 초등학생의 경우 실질적인 진로의사결정까지 많은 시간이 남아 있다. 따라서 특정 직업에 진입하는 것을 목표로 관련 능력을 개발하는 접근뿐 아니라 예상치 못한 진로 상황에 적극적으로 대처해 나갈 수 있는 자원과 진로적응 유연성을 구축하기 위한 방안으로서 자신이 지닌 대표강점을 인식하고 계발하도록 도울 필요가 있다.

② 성격강점 활용 개인상담의 과정

❶ 또래관계 갈등 문제로 힘들어하며 공부나 학교생활에 집중하지 못하는 민영이

민영이와 정윤이는 가장 친한 친구 사이이다. 그런데 민영이와 정윤이는 얼마 전 사소한 말다툼으로 인해 사이가 벌어진 상태이다. 평소 같으면 하루 종일 붙어 지냈겠지만 민영이와 정윤이는 쉬는 시간, 점심시간에도 서로 본 채 만 채 지내고 있다. 이 같은 상황이 3일째 지속되자 민영이는 큰 스트레스를 느꼈다. 민영이는 이 일로 담임교사에게 도움을 요청했다. 성격강점을 활용하여 민영이를 어떻게 생활지도할 수 있는지 그 내용과 방안을 찾아보도록 한다.

• 민영이에게 무슨 일로 정윤이와 관계가 멀어졌는지 알아보고 그 당시에 어떤 감정을 느꼈는지 그리고 현재는 어떤 마음, 어떤 감정을 느끼고 있는지를 파악한다. 그리고 관계를 회복하고 싶은지, 관계를 회복하기 위해서 어떤 행동이 도움이 될지를 함께 찾아가 보도록 한다. 특히 관계 회복을 위한 행동을 하는 데 민영이에게 있는 자원, 강점을 찾아 활용하도록 하기 위해서 민영이의 대표강점을 함께 찾아보고(성격강점 설명표를 보고 자신이 체크하게 하고 또 교사도 체크하면서 함께 찾아갈 수도 있고, 성격강점카드가

있으면 24개 카드에서 자신을 가장 잘 설명하는 최종 3~5개 카드를 선정해서 대표강점을 찾
거나 이미 실시한 성격강점검사 결과를 활용할 수도 있음), 확인한 대표강점이나 혹은 이전
에 친구와의 좋은 관계가 되도록 하는 데 도움이 되었던 강점을 찾아 정윤이와의 관계
개선을 위해 강점을 활용하여 행동할 구체적 방안들을 찾고 그중 가장 실천이 용이한
것들부터 실행해 보도록 지도한다.

• 상대방 정윤이의 강점도 파악하고 '내가 좋아한 친구의 강점이나 장점'에 대해서 얘기
하면서 서로의 관계를 회복하고 깊게 할 전략을 수립하는 데 활용하도록 지도한다.

❷ 수업시간에 장난이 심하고 수업에 방해되는 행동으로 문제를 일으킨 철희

4학년 철희가 수업시간에 앞자리에 있는 문철이의 의자를 툭툭 치고 머리를 향해 휴지
를 말아 던지다가 급기야 싸움을 하게 되어 선생님의 주의를 받게 되었다. 수업이 끝난 후
개인상담 지도를 하는데 선생님이 왜 수업시간에 앞에 있는 문철이의 의자를 발로 건드리
고 휴지를 말아서 던졌느냐고 묻자 철희는 "장난으로 그랬어요. 재미있어서요. 친해지고
싶어서 그랬어요."라고 대답한다. 성격강점을 활용하여 철희를 어떻게 상담지도할 수 있
는지 그 내용과 방안을 찾아보도록 한다.

• 철희의 문제나 잘못에만 초점을 두고 이를 부각하여 꾸중하거나 처벌(벌칙 부과)함으
로써 억제, 통제하려는 접근이 아니라 그 문제행동 이면에 철희가 가지고 있는 욕구나
필요를 찾고 그것을 인정, 존중하면서 원인에 초점을 맞추는 상담지도를 한다. 그리고
자신이 한 행동과 그 행동으로 인해 나타난 결과를 함께 살펴보며, 과연 그러한 행동
이 자신이 얻고자 한 욕구나 필요에 도움이 되었는지 평가해 보게 한다.

• 철희 자신의 욕구가 만족되었을지라도 자신의 행동이 상대방에게 불쾌감이나 어려움
을 주었다면 어떤 결과가 나타날지 직면해 보게 한다. 만약 상대방이 자신에 대해서
부정적 생각과 감정을 가지게 되어 앞으로 함께 놀거나 말하거나 상대하지 않으며 오
히려 다른 친구들에게 철희에 대한 부정적인 말을 하는 결과, 또 수업을 방해받은 대
다수 친구도 철희를 싫어하고 부정적으로 생각하게 되는 결과가 발생한다면 이것이
과연 자신이 얻고자 했던 결과였는지를 직면해 보게 하고, 이에 대해서 어떻게 생각하

는지 들어 본다.

• 철희와 함께 남에게 피해를 주지 않고 공동체 활동을 방해하지 않으면서 자신의 기대, 필요, 욕구(즐겁고 재미있으며 친하게 지내고 싶은 마음)를 충족시킬 수 있는 행동이나 방법을 찾는 상담지도를 한다. 철희가 아직 이런 방법을 알지 못하고 있어 문제행동을 반복하게 되었고, 당장은 스스로 그러한 방법을 찾는 것이 쉽지 않기에 현 상황에서 본인의 성격강점을 발견하고 이를 활용하여 해결방법을 함께 찾아 가는 상담지도를 한다.

• 먼저 철희 자신의 주위 사람, 가족이나 형제, 친구들이 말하는 철희의 성격강점을 알아보게 한다. 이때 24개 성격강점 설명표를 사용해서 자신을 잘 아는 지인들(2~3명 혹은 더 많아도 좋음)에게 3~5개 정도 표시해 달라고 하고 그 이유도 적거나 말해 달라는 과제를 준다. 이러한 과제나 활동은 자신의 강점을 찾는 보물찾기 과정이라는 동기부여를 통해 보다 주체적이고 적극적으로 수행하도록 격려할 필요가 있다.

• 그동안 생활해 오면서 자신이 경험한 성공, 성취(큰 성공, 성취가 아니더라도 작은 성공, 성취도 가능), 만족, 몰입 등과 관련된 일화를 찾아서 이에 대해서 적거나 이야기하게 한다. 그리고 그때 발휘된 성격강점들을 찾아서 이해하게 한다.

• 최근에 본인이 몰입하면서 즐겁게 하는 활동을 찾아 이야기하며 이러한 활동에서 발견할 수 있는 철희의 강점도 찾아본다. 여건이 된다면 성격강점검사를 실시하여 결과보고서를 선생님과 함께 해석하고 이해하면서 자신에 대해서 보다 객관적으로 알아가게 하면 좋다.

• 지금까지의 다양한 방법을 통해 발견한 철희의 성격강점들을 종합적으로 정리하면서 공통적으로 나타나는 대표강점을 3~5개 정도로 정하고, 그 대표강점의 의미와 가치, 특성에 대해서 이해하고 소감을 말해 보게 한다.

성격강점을 활용하여 철희를 상담지도한 후에 철희의 상담참여 반응과 결과를 살펴보면 다음과 같다.

• 철희는 선생님이 자신에 대해서 비난을 하고 처벌할 줄 알았으나, 선생님은 철희가 무

슨 행동을 했고 왜 그러한 행동을 했는지 그리고 행동의 결과에 대해서 어떻게 생각하고 그 결과에 대해서 만족하는지 등을 물었다. 그리고 그에 대한 철희의 생각과 느낌을 말하게 하면서 경청하고 존중하며 공감해 주자, 철희는 긴장과 방어를 풀고 열린 마음과 솔직한 태도로 상담에 참여하게 되었다. 특히 자신의 성격강점을 찾는 과정이 자신의 좋은 점, 긍정적인 점을 찾고 이야기하는 과정임을 알게 되자 철희는 동기와 흥미를 가지고 더욱 집중하고 신기해하며 참여하였다. 성격강점 탐색 결과, 철희의 대표강점은 유머, 활력, 용감성, 호기심, 낙관성으로 나타났다. 자신의 대표강점을 발견하고 이에 대해서 이야기하면서 철희는 자신에 대한 자긍심, 자존감, 자기가치감과 스스로 행동하려는 동기가 높아졌다.

• 철희는 자신의 대표강점을 확인하고 이를 활용하여 문제를 해결할 방안을 찾았다. 이 과정에서 강점일기 쓰기(강점을 활용한 경험 적기), 대표강점 나무 키우기(강점을 활용했을 때마다 강점 나무에 열매를 상징하는 스티커 붙이기)를 하였고 이러한 활동 내용을 선생님과 나누었다. 철희는 활동에 대한 강화를 받으며 자신에 대한 자부심과 희망을 느끼게 되었다. 구체적으로 철희는 선생님의 지지와 강화를 받으며 문철이에게 자신이 한 행동으로 피해를 주고 화가 나게 해서 미안하다며 앞으로 그러한 행동을 하지 않을 것이라는 사과를 할 수 있었다(용감성 강점 활용). 그리고 친구들에게 피해를 주지 않으면서 재미있는 말을 하고(유머 강점 활용), 보드게임이나 놀이를 할 수 있는 방법을 열심히 생각해 냈고(호기심 강점 활용), 선생님과 반 친구들과 준비한 게임이나 놀이를 할 기회를 가지면서 적극적으로 주도하는 열정도 발휘하였다(활력 강점 활용).

• 철희는 아직 미숙하고 욱하는 측면이 있어서 반 친구들과 갈등도 종종 생기고 씩씩대기도 하며 말다툼을 해서 실망과 낙심하는 반응도 보였다. 그럴 때마다 선생님은 철희의 낙관성 강점을 상기시켜 주면서 철희가 낙관성을 발휘해서 친구관계를 다시 잘 해결할 수 있도록 하였다. 그리고 철희는 용감성과 유머 강점도 적절하게 활용하도록 격려를 받으면서 자신의 강점을 기억하고 그 가치를 음미하며 이를 발휘해서 실행하는 노력을 하였다. 그 결과 철희는 이전보다 학교생활에 잘 적응하였고 학교생활의 만족도가 증가하는 모습을 보였으며 친구들로부터도 긍정적인 반응을 경험하게 되었다.

제**5**장   성격강점 활용 학급단위
인성교육 활동 운영 방안

긍정심리학 연구결과, 한 인간이 건강하고 행복한 삶을 살아가는 데 성격강점이 중요한 역할을 하는 것으로 밝혀졌다. 따라서 아동·청소년들이 성격강점의 의미와 특성, 가치를 이해하고 자신의 대표강점을 인식하고 이를 계발하도록 돕는 교육적 노력은 학생들이 자신을 발견하고 자신을 계발하여 실현해 나감으로써 안녕감을 증진하고 학교 및 사회 구성원으로서 건강하고 바람직한 삶을 살아가도록 돕는 인성교육의 중핵적 활동이 될 수 있다. 이에 이 장에서는 학교교육 현장에서 활용 가능한 성격강점 기반 학급단위 인성교육 활동 방안을 제시하고자 한다. 먼저 학년 및 학기 단위로 학교 및 학급의 상황과 여건에 맞게 선택해서 활용할 수 있도록 다양한 운영 방안을 제시하고, 이어서 학교 심리교육이나 학교 집단상담 활동의 일환으로 성격강점 기반 인성교육을 실시할 수 있는 구조화된 프로그램을 제시하고자 한다. 제시되는 내용은 교육현장에서 그대로 혹은 학생과 상황에 적합하게 교사나 지도자의 재량에 따라 수정·보완해서 활용될 수 있을 것이다. 또한 성격강점 기반 인성교육은 교재나 프로그램으로 이루어지기보다 학생과 교사의 만남과 나눔의 상호작용 속에서 교학상장(教學相長)으로 이루어질 때 진정한 인성교육이 될 수 있다. 이를 위해서는 교사 또한 자신의 대표강점과 미덕을 찾아 발휘함으로써 만족과 긍정 정서의 행복을 경험하면서 학생을 지도해야 한다. 학생과 교사의 나눔과 만남이 있을 때 시너지가 생기고 더불어 성장하고 발전하는 결과를 가져올 수 있다. 이에 교사나 예비교사가 자신의 대표강점을 찾아 활용하면서 행복을 증진함으로써 교사의 지도 및 인성역량 개발에 도움이 될 강점 기반 프로그램을 소개하고자 한다.

1. 학기나 학년 단위 성격강점 이해 · 인식 · 계발을 돕는 방안

1) 학년 단위 성격강점 기반 인성교육 운영 방안

성격강점의 이해, 인식, 계발을 돕는 활동을 학급에서 실행하기 위한 연간 계획표의 한 예를 구성하여 제시하면 〈표 5-1〉과 같다. 이를 살펴보면 매주 1~2회 아침 자습시간에 1가지 성격강점의 의미를 소개하고, 매주 1회 강점일기 쓰기를 과제로 부여하며, 매월 1회 창의적 체험활동 시간에 〈표 5-2〉와 〈표 5-3〉과 같이 성격강점의 인식과 계발을 돕는 집단상담 활동을 실시할 수 있다.

집단상담은 매월 창의적 체험활동 시간 중 1~2시간을 할애하여 운영하되 1학기에는 자신의 대표강점을 중심으로 성격강점에 대한 인식을 돕는 활동이 이루어지도록 계획하고, 2학기에는 과제활동과 연계하여 성격강점의 계발을 돕는 활동이 이루어지도록 계획할 수 있다. 월 1회 실시하는 주말과제는 집단상담 활동과 연계하여 1학기에는 강점데이트를, 2학기에는 강점모델 찾기(조사 및 발표)를 실시하도록 계획할 수 있다.

교사는 대표강점을 소개한 글과 그림 등 강점 관련 활동 결과물을 교실에 게시하여 학생들이 자신과 친구들의 성격강점에 지속적으로 관심을 기울이도록 환경을 구성하고 성격강점검사 결과를 비롯한 활동자료를 포트폴리오로 모아 학부모 및 학생 상담에 활용할 수 있다.

〈표 5-1〉 성격강점을 활용한 인성교육 활동 연간 계획표(구성안)

활동내용	월 3	4	5	6	7	9	10	11	12	2	비고
아침 자습(이해)											주 1~2회(24주간)
강점일기 쓰기(인식, 계발)											주 1회(24주)
집단상담(이해, 인식, 계발)											월 1회(10회)
강점데이트하기(인식, 계발)											월 1회(1학기 3회)
강점모델 찾기(인식, 계발)											월 1회(2학기 3회)

<표 5-2> 집단상담 '보물찾기' 운영계획 1

월	활동제목	주요 활동내용	자료 및 과제
3	내 안의 보물을 찾아서	• 프로그램 소개, 약속 정하기 • 성격강점검사 실시하기	• 활동지, 검사지
4	아하! 대표강점	• 검사결과 확인하기 • 대표강점과 관련된 별칭 짓고 소개하기	• 결과지, 이름표 • 강점일기 쓰기
5	두근두근 텔레게임	• 친구의 대표강점 찾기-텔레게임 • 가족과의 강점데이트 계획하기	• 활동지 • 강점데이트 실행하기
6	타임머신 1(인생그래프)	• 명상 후 나의 인생그래프 그리기 • 관련 성격강점을 찾고 에피소드 소개하기	• 활동지
7	성격강점경매	• 모둠 구성하고 경매방법 알아보기 • 경매 후 소감 나누기	• 활동지
9	찾아라! 강점모델 1	• 강점별 대표인물 골든벨 게임 • 자신이 조사하고 싶은 강점모델 선정하기	• 퀴즈, 활동지 • 강점모델 조사해 오기
10	찾았다! 강점모델 2	• 조사해 온 강점모델에 대하여 발표하기 • 소감 나누기	• 과제물
11	미니사전 만들기	• 소중히 여기는 성격강점 우선순위 확인 • 글, 그림, 자료 활용 미니사전 만들기	• 미니사전 재료
12	타임머신 2(인생로드맵)	• 눈을 감고 자신의 성장 모습 상상하기 • 이루고 싶은 일을 표현하고 나누기	• 활동지, 예시자료
2	서로를 응원하며	• 친구 등에 붙은 칭찬카드에 메시지 적기 • 프로그램 성과 평가하기	• 칭찬 카드 재료 • 성과 평가지

<표 5-3> 집단상담 '나만의 보물찾기' 운영계획 2

월	관련강점	활동제목	주요 활동내용	자료
3	대표강점	나만의 보물을 찾아서	• 프로그램 소개, 약속 정하기 • 장래희망과 관련된 별칭 짓고 소개하기 • 강점 검사하기	• 활동지 • 이름표 • 검사지
4	대표강점	아하! 대표강점	• 성격강점검사 결과 확인하기 • 모둠별로 대표강점 소개하기 • 대표강점을 넣어 별칭 업그레이드하기	• 성격강점 관련 책 • 마인드맵 활동지
5	감사	만약에 없다면	• 감사를 대표강점으로 가진 친구 찾기 • 노래를 불러 모둠 정하기 • 몸으로 스피드 퀴즈 풀기 • 눈 감고 친구가 이끄는 대로 걷기	• 노래 제목 카드 • 문제 카드 • 안대
6	낙관성	무엇 때문일까?	• 낙관성을 대표강점으로 가진 친구 찾기 • '귀인 유형' 이해하기 • 낙관적인 생각을 선택하는 퀴즈 풀기	• 귀인 유형 활동지 • 퀴즈 ppt
7	사랑	리액션의 왕과 여왕	• 사랑을 대표강점으로 가진 친구 찾기 • 'I message'와 '반응 유형' 이해하기 • 친구의 말에 적극적으로 반응하기	• 반응 유형 활동지 • 칭찬 스티커
9	대표강점	난 역시 대단해	• 자신의 인생 곡선 그리기 • 힘든 상황을 이겨 낼 수 있었던 힘과 관련된 강점 찾기 • 힘이 되는 강점 사탕 만들어 선물하기	• 인생 곡선 활동지 • 인터뷰 활동지 • 메모지, 사탕
10	끈기	할 수 있어	• 끈기를 대표강점으로 가진 친구 찾기 • 푸쉬 업 게임하기 • 장래희망을 이루기 위해 꾸준히 하고 싶은 일에 대해 한 달 실천 계획 세우기	• 초시계 • 한 달 계획표
11	낙관성	생각을 바꾸자	• 낙관성을 대표강점으로 가진 친구 찾기 • 'A-B-C-D-E' 이해하기 • 주인공에게 새로운 생각 제안하기	• 활동지 • 역할극 대본
12	용서	마음의 상처 돌보기	• 용서를 대표강점으로 가진 친구 찾기 • 사과받고 싶은 일이나 용서받고 싶은 일에 대하여 자세히 쓰고 용서 구하거나 용서하기를 결심하기 • 친구들 1명, 1명과 악수를 나누며 '내가 잘못한 일이 있으면 용서해 주기 바란다.'라고 말하기	• 용서 관련 경험 기록 활동지

2	대표강점	너를 응원할게	• 자신에게 선물할 칭찬 카드 만들기 • 강점과 관련된 칭찬 메시지 적기 • 프로그램의 성과 평가하기	• 칭찬 카드 재료 • 성과 평가지

　학생들이 자신의 성격강점 특히 대표강점을 인식하고 이를 활용하고 계발하기 위해서는 먼저 성격강점의 의미와 특성, 가치를 이해할 필요가 있다. 학생들의 성격강점 이해를 촉진하기 위해 아침 자습시간이나 교과 및 창의적 체험활동 시간 등에 활용 가능한 성격강점 이해 자료의 예를 제시하면 다음과 같다.

□ 성격강점의 의미를 이해하는 아침 자습시간(혹은 교과나 창의적 체험활동 시간) 활용자료의 예[1]

강점 이해 1	창의성	이름
		별칭

📂 다음 그림을 보고 떠오르는 생각을 자유롭게 말해 봅시다.

1. 만약 꽃이 말을 한다면 어떨까요?

2. 만약 내가 투명 인간이 된다면 어떨까요?

📂 '창의성' 하면 떠오르는 사람은 누구인가요? 그 사람이 떠오른 이유는 무엇인가요?

📂 내가 생각하는 '창의성'이란? (예: 엄마가 새로운 요리를 만들어 주시는 것)

1.

2.

---

1) 이 자료는 경기도초등상담연구회(2012), 김지은(2012), 오상철 등(2011)이 개발한 프로그램을 바탕으로 12회분으로 재구성된 자료이다.

강점 이해 2	호기심	이름	
		별칭	

📂 우물 안 개구리

　　평화로운 작은 우물 속에 개구리 1마리가 살고 있었어요. 개구리는 자기가 살고 있는 우물이 너무 편하고 좋았어요. 매일매일 헤엄치고, 작은 벌레를 잡아먹으며, 늘 자신이 행복하다고 생각했어요.

　　어느 날 우물 안에 사는 개구리가 동해에서 온 자라를 만나게 되었어요. 개구리는 자라에게 자기가 사는 우물을 자랑했어요. 자라는 개구리의 말에 호기심이 생겨 우물 속에 들어가 보고 싶어졌어요. 하지만 그 우물은 자라가 들어가기에는 너무 좁았어요. 자라는 우물에 들어가려던 걸 포기하고 개구리에게 말했어요.

　　"아무래도 난 이 우물에 들어가기가 어려워. 너무 좁고 물도 적어."

　　"뭐라고, 이 우물이 좁다고? 이렇게 헤엄치기 좋은데 물이 너무 없다고?"

　　"응, 내가 사는 곳과 너무 달라"

　　"네가 사는 곳은 어딘데?"

　　"나는 동해에 살아. 동해는 너무 넓고 깊어서 그 넓이와 깊이를 말할 수 없을 정도야. 홍수가 나서 땅이 다 덮여도 동해는 물이 불지 않고, 가뭄이 나도 내가 사는 동해의 물은 줄어들지 않아."

　　"뭐라고? 정말 그런 곳이 있어? 어떻게 물이 계속 줄지도 늘지도 않을 수 있어?"

　　개구리는 말로만 들어도 너무 신기하고 상상이 가지 않을 정도로 놀라웠어요.

　　"그 물에서 헤엄치고 노는 걸 상상해 봐. 나는 하루 종일 헤엄쳐도 끝을 모르고 계속 간 일이 있어. 이야기를 하다 보니 동해가 그리운걸. 얼른 동해에 가서 자유롭게 헤엄치고 놀고 싶어지네."

　　우물 안 개구리는 자라의 말을 듣고 갑자기 기분이 우울해지기 시작했어요.

　　'그런 곳이 정말 있을까? 난 여기가 제일 좋은 곳인 줄 알았는데 세상에 여기보다 더 좋은 곳이 있단 말이야?'

　　"개구리야, 나는 이제 동해로 돌아가야겠어. 다음에 내가 사는 동해에 놀러와!"

　　자라가 떠난 뒤 개구리는 자기가 사는 우물이 갑자기 좁아 보였어요.

　　'난 여기서 보는 하늘과 물이 다인 줄 알았는데……?'

　　개구리는 자라가 떠난 뒤 한참을 무언가 곰곰이 생각했어요. 그리고 무언가 결심한 듯 우물을 나왔어요.

　　"그래, 나도 다른 세상을 찾아볼 거야. 우물아, 이제 안녕!"

1. 우물 안에 사는 개구리가 바라보는 세상의 모습을 그려 보세요.

2. 동해에 사는 자라가 바라보는 세상의 모습을 그려 보세요.

| 강점 이해 3 | 개방성 | 이름 |
| | | 별칭 |

📁 다음에 제시된 문제를 보고 원래의 것과 비교하여 새로운 것이 지닌 장점과 단점을 생각하여 적어 봅시다.

문제	장점	단점
네모난 수박		
곰팡이 핀 빵?		
줄자 허리띠		
졸음용 모자		

<table>
<tr><td>강점
이해 4</td><td>학구열</td><td>이름</td></tr>
<tr><td></td><td></td><td>별칭</td></tr>
</table>

📁 다음 중 1가지를 택하여 주제어와 관련된 낱말 퍼즐을 완성해 봅시다.

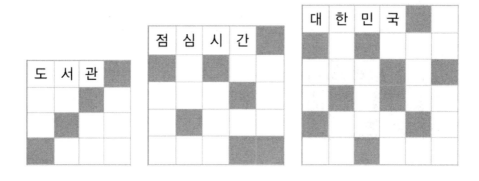

📁 국어사전을 활용하여 낱말퍼즐에 해당하는 문제를 만들어 봅시다(낱말에 번호를 붙여
주세요).

가로 문제	세로 문제

강점 이해 5	**?**	이름	
		별칭	

📁 다음의 공통점은 무엇일까요?

1. 어느 인디언 추장의 (   ) 이야기

> 어느 인디안 부족의 추장 노인이 어린 손자를 앉혀 놓고 말했습니다.
> "우리 마음 속에는 선한 늑대와 악한 늑대가 사는데 2마리는 항상 서로 싸운단다."
> 손자가 호기심 어린 눈으로 물었습니다.
> "어떻게요?"
> "악한 늑대가 가지고 있는 마음은 화내고, 슬퍼하고, 짜증 내고, 욕심내고, 남과 비교하고, 혼자만 생각하는 이기심이란다. 선한 늑대가 가지고 있는 마음은 기쁨, 사랑, 인내심, 배려, 친절, 진실함, 겸손, 동정심, 용기 그리고 믿음이지. 마음속에 이 둘이 서로 싸움을 한다면 누가 이기겠느냐?"
> 손자가 잠시 생각에 잠긴듯하다 대답했습니다.
> "그야 힘센 쪽이 이기겠죠. 그런데 어떤 쪽이 더 힘이 센가요?"
> 노인은 빙그레 웃으며 손자를 바라보았습니다. 그리곤 아주 단호한 목소리로 대답했지요.
> "우리가 먹이를 주는 늑대가 이긴단다."
> 우리 안에는 부정적인 생각도 긍정적인 생각도 있습니다. 선택은 바로 내가 하는 것입니다. 마음속 생각에 먹이를 주며 키우는 것은 바로 자기 자신입니다.
> 여러분은 어떤 마음을 키우시겠습니까?

2.

3.

4.

5.

6.
- 삶의 (   )
- (   )를 짜다
- (   )를 모으다
- (   )가 뛰어나다
- 문화 유적에는 조상들의 정신과 (   )가 담겨있다.
- '어리석음'의 반대말

| 강점
이해 6 | 사랑(인간애) | 이름 | |
| | | 별칭 | |

📁 '사랑' 하면 떠오르는 것을 그림으로 그려 보세요.

📁 내가 생각하는 사랑이란? (예: 선생님이 나를 보고 환하게 웃으시는 것)

1.

2.

3.

4.

5.

📁 선생님과 함께 지식채널 '포옹' 편을 감상해 봅시다.

강점 이해 7	친절성(이타성)	이름
		별칭

친절한 빵집 아가씨

2004년 서울 강남역 부근 한 빵집에서 일하던 한 여종업원이 가게 앞에 앉아 있는 팔을 못 쓰는 장애인 노숙자에게 빵을 떼어 입에 넣어 주는 모습이 한 네티즌의 카메라에 찍혀 화제가 된 일이 있었습니다.

여러분은 이 장면을 보고 어떤 생각이 드나요?

친절한 호텔 종업원

작은 친절로 성공한 사람을 아시나요? 어느 날 미국 필라델피아에 있는 작은 호텔에 노부부가 찾아왔습니다.

"이곳에 행사가 많아서 그런지 호텔마다 묵을 곳이 없네요. 좀 도와주십시오."

호텔의 조업원은 친절하게 웃으며 말했습니다.

"여기도 객실이 모두 차서 방이 없는데요. 혹시 제 방이라도 괜찮으시면, 불편하시겠지만 내어 드릴 수 있습니다."

"정말 감사합니다. 허허허허."

종업원의 친절을 눈여겨본 노부부는 다음 날 아침 자신들을 소개했는데 그들이 바로 1976년에 1,900개의 객실을 갖춘 뉴욕의 와일드오프 아스토리아 호텔의 사장인 존 제이콘 아스터 부부였습니다. 그들은 노부부에게 작은 친절을 베푼 종업원을 아스토리아 호텔의 총지배인으로 임명했습니다.

여러분이 생활 속에서 베푸는 조건 없는 친절과 배려는 마치 부메랑처럼 여러분에게 돌아올 것입니다. 어려운 상황에 처해있거나 힘들어하는 이들이 있다면 따뜻한 마음으로 다가가 먼저 손을 내밀어 보십시오. 도움이 필요한 사람에게 힘이 되는 친절의 순간은 여러분에게 복을 받을 수 있는 기회를 줄 것입니다.

• 다른 사람의 친절한 행동을 본 경험이나 내가 친절한 행동을 베푼 경험을 간단히 써 보세요.

강점 이해 8	사회지능	이름	
		별칭	

• 다음 감정 단어 중에서 지금 내 기분과 가장 비슷한 것을 고르세요.

감정 단어			
기쁘다	편안하다	즐겁다	자랑스럽다
부끄럽다	외롭다	슬프다	실망스럽다
화가 난다	샘이 난다	안타깝다	부끄럽다
겁이 난다	걱정스럽다	당황스럽다	기대된다

• 해당하는 감정 단어가 없으면 직접 적어 주세요.

• 어떤 이유로 지금의 감정이 나타났나요?

• 다음 두 대화의 차이점을 찾아보세요.

둘리: 너 왜 그래? 짱구: 선생님께서 나만 야단치시잖아. 다른 애들도 떠들었는데……. 둘리: 네가 특히 많이 떠들잖아. 짱구: 넌 알지도 못하면서……. 둘리: 내가 다 봤는데……. 짱구: 그래, 너 잘났다.	또치: 너 무슨 일 있니? 짱구: 선생님께서 나만 야단치시잖아. 다른 애들도 떠들었는데……. 또치: 너만 혼나서 억울하겠구나. 짱구: 아니야, 내 잘못도 있는데 뭐…….
• 내가 짱구라면 둘리와 이야기하면서 어떤 기분이 들까요?	• 내가 짱구라면 또치와 이야기하면서 어떤 기분이 들까요?

강점 이해 9 용감성(용기)

이름	
별칭	

전성적인 야구 선수 베이브 루스는 삼진 아웃 최다 기록을 보유하고 있다. 그런 그가 홈런왕이 될 수 있었던 비결은 배트를 내미는 것을 두려워하지 않고 과감히 쳐냈기 때문이다. 용기 있는 도전은 성공으로 가는 길이다.

〈아름다운 가치사전〉

용기란?

마음속에 있는 두려움을 이겨 내는 것.

두려움 때문에 해야 할 일을 포기하지 않는 것.

친구랑 싸우고 나서 내가 먼저 사과하는 것.

수업시간에 질문할 게 있으면 부끄러워 말고 손을 드는 것.

캄캄한 방에 불을 켜는 것.

무서운 생각을 몰아내는 것.

어려운 문제가 나와도 겁먹지 않는 것.

인내심을 가지고 끝까지 풀어 보는 것.

📖 여러분은 용기란 무엇이라고 생각하나요? 자신의 생각을 적어 봅시다.

_____

_____

• 용기를 내어 꼭 해 보고 싶은 일이나 행동을 적어 보세요.

_____

• 언제까지 할 것인지 자신과 약속해 보세요.

_____

강점 이해 10	진실성	이름
		별칭

📂 진실의 말 주머니

• 진실하게 말한 경험이나 말하지 못한 경험에 대하여 다음 예시와 같이 진실의 말 주머니에 써 주세요.

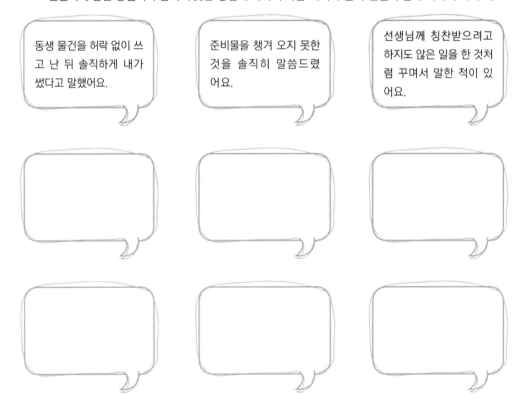

동생 물건을 허락 없이 쓰고 난 뒤 솔직하게 내가 썼다고 말했어요.

준비물을 챙겨 오지 못한 것을 솔직히 말씀드렸어요.

선생님께 칭찬받으려고 하지도 않은 일을 한 것처럼 꾸며서 말한 적이 있어요.

강점 이해 11	끈기	이름
		별칭

토머스 에디슨은 전구를 발명할 때 2천여 번의 실험 끝에 성공했다. 한 기자가 그에게 그토록 수없이 실패했을 때 기분이 어땠는지 묻자 에디슨은 이렇게 답했다. "실패라니요. 난 한 번도 실패한 적이 없습니다. 나는 단지 2천 번의 단계를 거쳐서 전구를 발명했습니다." 에디슨은 자신의 성공에 대해 이렇게 말했다. "나의 성공은 중간에 그만두지 않고 한 가지 일에 매달려 끈기 있게 지속해서 노력하는 능력 덕분이다."

〈아름다운 가치사전〉

끈기란?

잘 안되는 일을 끝까지 해 보는 것.

짝꿍과 할 얘기가 있어도 공부시간에는 참고 조금 있다가 쉬는 시간에 말하는 것.

내 숙제를 동생이 망쳐 놓았을 때 무조건 화를 내지 않는 것.

배가 몹시 고파도 엄마가 요리를 다 할 때까지 얌전히 기다리는 것.

📂 끈기 있게 미로 찾기에 도전해 보세요.

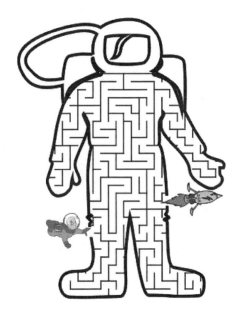

| 강점
이해 12 | 활력 | 이름 |
| | | 별칭 |

📂 친구들과 모여 다음 4가지 게임 중 1~2가지를 선택해서 해 보세요.

• 쌀, 보리 게임

1. 둘이 짝을 짓는다.
2. 가위바위보를 한다.
3. 진 사람은 두 손을 모아 상대방의 주먹을 잡을 수 있을 만큼 벌린다.
4. 이긴 사람은 주먹을 쥐고 진 사람의 모은 손 안에 '쌀보리쌀보리'라고 말하면서 주먹을 살살 넣었다 뺐다를 반복하다가 갑자기 쌀이나 보리라고 외치면서 얼른 주먹을 뺀다.
5. 이때 진 사람은 이 순간을 놓치지 말고 말 소리에 집중해 있다가 쌀이나 보리라고 외친 소리를 듣고 얼른 손 안에 들어온 상대방의 주먹이 빠져나가지 못하게 잡는다.
6. 상대방의 주먹이 손에 잡히면 이기게 된다.
7. 술래를 바꾸어 게임을 다시 시작한다.

• 일어나 눈치게임

만약 5명씩 지어 할 경우
1. 가위바위보를 한다.
2. 진 사람이 먼저 1에서 5까지의 숫자 중 아무 숫자나 말한다.
3. 예를 들어, 숫자 2를 말했는데 일어선 사람이 2명이라면 일어선 2명이 걸리게 되어 벌칙을 받는다.
4. 이긴 방법으로 돌아가면서 숫자를 말하고 그 숫자에 맞게 일어서지 않았을 경우가 숫자 말하기를 계속할 수 있다.
5. 벌칙을 적용할 경우 미리 벌칙에 대한 것을 정하고 게임을 시작하며 벌칙을 한꺼번에 몰아서 줄 수도 있고 그때그때 적용하면서 지나갈 수도 있다.

• 손가락 눈치게임

1. 빙 둘러 앉아 가위바위보를 한다.
2. 모두 엄지손가락을 올린다.
3. 이긴 사람이 먼저 1에서 10까지의 숫자 중 아무 숫자나 말한다.
4. 예를 들어, 숫자 5를 말했는데 손가락이 5개 올라오면 게임에서 이긴다.
5. 이런 방법으로 돌아가면서 숫자를 말하고 그 숫자에 맞게 손가락이 올라오지 못했을 경우 다음 차례로 간다.
6. 이긴 사람이 벌칙을 적용할 경우 미리 벌칙에 대한 것을 정하고 게임을 시작하며 벌칙을 한꺼번에 몰아서 줄 수도 있고 그때그때 적용하면서 지나갈 수도 있다.

2) 학기 단위 성격강점 기반 인성교육 운영 방안

오늘날 학교현장에서 교사는 학습지도, 생활지도, 다양한 행정업무 등 다양한 역할을 소화해야 하는 현실을 직면하고 있다. 이러한 현실적 어려움을 극복하기 위해 아침시간, 교과시간, 쉬는 시간, 창의적 체험활동 시간, 방과 후 시간, 가정에서의 과제활동 등에서 이루어질 수 있는 성격강점 기반 인성교육 활동을 체계적으로 구성하여 교육과정에 통합하여 운영한다면 보다 효율적인 인성교육 이루어질 수가 있다. 그동안 구조화된 성격강점 기반 프로그램과 활동이 계발되어 소개되어 왔다. 그러나 이러한 프로그램이 학교현장에 통합되어 꾸준히 적용되기에는 수업시수 부족, 교사의 과중한 업무, 성격강점에 대한 이해부족 등의 한계가 있다. 따라서 기존의 프로그램과 활동을 학교현장과 아동발달 상황에 맞게 재구성하고 학교교육과정에 통합하여 운영할 수 있는 예로서 초등학교용 성격강점 활용 인성교육 활동 프로그램을 구성해서 제시해 볼 수 있다. 이 프로그램은 실천 가능성과 시간확보 및 성격강점 활용을 기준으로 구성되었으며, 하나의 예이므로 다양한 재구성과 수정이 가능하고 특히 한 학기를 기준시간으로 편성되었다.

(1) 1학기 성격강점 기반 인성교육 운영 방안

성격강점 기반 인성교육 프로그램에서 성격강점의 이해, 인식, 활용, 평가를 돕는 활동을 학급에서 실천하기 위한 1학기 계획표의 한 예를 구성하여 제시하면 〈표 5-4〉와 같다. 활동은 강점 소개, 강점 탐색, 강점 실천, 강점 평가로 단계가 이루어져 있고, 한 학기를 기준으로 프로그램 활동을 구성하였다.

3월은 새 학년이 시작되는 시기이므로 만남과 규칙과 같은 적응적 태도에 초점을 둔다. 성격강점에 대해서 소개하고 이해하는 활동을 통해 학급에서 자신과 다른 사람의 긍정적인 특성을 이해할 수 있도록 돕고, 공동체 생활을 위한 기본 특성인 학급규칙을 이해하는 데 강점을 활용하여 실천할 수 있도록 한다. 강점스티커 판이나 강점게시판, 강점도서 목록 등 강점 관련 환경 구성을 통해 학생이 성격강점에 대해 익숙하게 느낄 수 있도록 조성하는 것도 필요하다. 학생의 발달단계를 고려한 강점 이해가 가능하도록 도서, 동영상, 이야기자료, 강점인물 등 다양한 자료를 활용하고 직접 활동을 함으로써 성격강점에 대한 학생의 이해를 촉진하도록 한다.

4월은 성격강점에 대한 이해를 바탕으로 자신의 대표강점을 탐색하고 학급 친구들의 대표강점을 알고 서로 소통하며 협동하는 태도 형성에 초점을 둔다. 대표강점을 탐색함에 있어 스스로 생각해 보기, 친구들의 피드백 통해 확인하기, 성격강점검사 활용하기 단계를 거치면서 자신의 대표강점에 대한 발견과 이해를 심화시킬 수 있도록 하고, 나와 다른 강점을 가진 친구들을 이해함으로써 서로 존중할 수 있는 학급 문화를 만들도록 계획한다. 갈등이 발생했을 때 성격강점을 활용하여 대화를 통한 갈등 조정이 가능하도록 '이럴 땐 이렇게' '적극-건설적으로 반응하기' 등의 의사소통방식을 익힐 수 있는 활동을 포함하고, 강점 활용을 생활 속에서 생활화하기 위해 '강점 활용 일기 쓰기'를 꾸준히 지도할 수 있도록 계획한다. 강점 활용 일기를 쓰면서 가능하다면 모둠을 구성하여 학기 중에 모둠별로 모둠일지(혹은 SNS/카톡방) 등을 통해서 각자 자신의 강점 활용 관련 내용을 일주일에 1~2회 정도 기록하거나 올리고 이에 대해 서로 칭찬이나 격려, 강화 등의 긍정적 피드백을 주고받게 할 수 있다.

5월과 6월은 실제적으로 성격강점을 적극적으로 활용하는 과정으로 구성한다. 다양한 활동들을 배치하여 성격강점의 탐색과 활용이 함께 이루어질 수 있도록 하고, 기존의 성격강점 활용 프로그램들을 재구성하거나 소개하여 교사가 학급 상황에 맞게 활동을 진행하도록 한다. 단순히 쓰기활동에 국한된 것이 아니라 말하기, 그리기, 표현하기, 신체활동하기 등 다양한 활동이 가능하도록 구성하고 성격강점 활용이 개인 내에서 머무르는 것이 아니라 나와 밀접한 관계가 있는 가족, 친구, 학교 행사 등으로 확장될 수 있는 활동을 계획하고 실행한다.

7월은 1학기 동안 성격강점을 통해 인성교육 프로그램을 진행하면서 마무리하고 평가하는 단계로 구성한다. 그동안 활동했던 일기장, 작품, 사전, 활동지 등을 묶어 전시하고(개인별 성격강점 포트폴리오 구성), 성격강점 활동 발표회와 다양한 놀이와 칭찬을 통해 하나의 축제 활동으로 계획할 수 있다. 작은 성과라도 서로 칭찬할 수 있는 분위기를 조성하여 1학기 동안 성격강점 활동을 통한 소감, 변화 등을 확인할 수 있는 자리가 될 수 있도록 구성한다. 그리고 가능하다면 학급 친구들뿐만 아니라 학부모 및 가족 구성원도 초대하여 함께 자리를 마련할 수 있도록 계획하는 것도 학생의 강점과 그 활동을 이해하고 격려하고

<표 5-4> 1학기 성격강점 활용 인성교육 프로그램 활동의 예

성격강점 활용 인성교육 프로그램

활동주제	강점 소개	강점 탐색	강점 실천 I	강점 실천 II	강점 평가
시기	3월	4월	5월	6월	7월
월별주제	새로운 시작 -만남과 규칙	나와 우리 -대화와 소통	실천하는 우리 -관계와 성장	실천하는 우리 -사랑과 감사	한 점음 성장 -성찰과 향유
아침 자습	• 강점 추천도서 읽기(인간애, 정의) • 강점 명상하기	• 강점 추천도서 읽기(지성) • 인생그래프(과거의 나) • 일상감사 나	• 강점 추천도서 읽기(용기) • 긍정적 자기소개서 • 내가 극복하고 싶은 것	• 강점 추천도서 읽기(절제)	• 강점 추천도서 읽기(초월) • 강점발표회 계획 세우기
활동 (교과, 창의적 체험활동 시간)	• 성격강점이란?(ppt, 동영상, 이야기) • 강점 골든벨	• 나의 대표강점은? • 강점 이름표 • 성격강점검사 • 대표강점 인터뷰	• 강점모델 찾기 • 강점 소개하기 • 같은 강점끼리 모여라 • 성격강점 사전	• 감사한 순간 포착 • 가족 대표강점 나무 그리기 • 용서편지 쓰기 • 감사편지 쓰기 • 강점네이트 • 강점가족도 • 시간 선물하기	• 감사편지 전달하기 • 용서편지 배우기 • 강점 자랑하기 • 우리 반 강점모델 뽑기 • 대표강점별 역할극 하기 • 강점 실천 1인 1특기 발표하기
놀이	• 강점 실루엣(강점 알아 맞추기)	• 델 데게임 • 대표강점 스피드퀴즈	• 강점 장점릴레이 • 강점놀이 편페스트 • 긍정감정 손님 초대하기	• 성격강점빙고	• 강점 보물찾기 놀이 • 마니또 공개하기
학급환경	• 이달의 강점판 • 강점 추천도서 목록	• 대표강점 나무 만들기		• 가족강점 나무 꾸미기	• 그동안 작업한 강점 관련 작품(포트폴리오 등) 전시하기
기타	• 강점 독서록 • 우리 반 규칙 세우기 • 강점스티커 모으기 • 강점 활용 일기 쓰기	• I-message, Do-message • 적극-건설적으로 반응하기 • 이럴 땐 이렇게(강점가드): 감동 조정 • 강점 활용 일기 쓰기	• 강점 실행 계획표(강점을 행동으로) • 성격강점 마니또 • 강점 활용 일기 쓰기	• 감사일기 쓰기	• 소감 나누기 • 강점 활용 일기 쓰기

강화하는 데 좋은 기회가 될 수 있다. 이러한 기회와 만남의 장에서 학생들이 개인적으로 혹은 비슷한 강점을 갖은 소집단으로 그들의 강점을 활용한 이벤트를 준비하면 재미와 더불어 의미도 더해질 수 있을 것이다. 활동의 마무리는 기존의 활동을 마무리하고 계속해서 성격강점 활용태도를 강화하고 강점 활용을 꾸준히 실천할 수 있도록 독려하는 것까지 포함하여 구성하는 것이 필요하다.

〈표 5-5〉에는 기존의 다양한 긍정심리 프로그램과 성격강점 프로그램을 토대로 추출 구성된 성격강점 활용 인성교육 프로그램 활동들이 성격강점 이해하기, 대표강점 알기, 대표강점 활용 및 계발하기, 대표강점 활용 발표회하기 등의 영역별로 다양하게 소개되어 있다. 이 활동들은 학교현장의 상황이나 여건, 필요에 맞게 선택, 수정, 통합, 재구성하여 활용될 수 있을 것이다.

〈표 5-5〉 성격강점 활용 인성교육 프로그램 활동

단계	활동이름	활동내용	기타	시기
1. 성격강점 이해하기	• 강점 추천도서 읽기 • 강점 독서록	• 강점 관련 추천도서를 소개하고 강점과 관련지어 독서하기 • 인간애, 정의(3월) → 지성(4월) → 용기(5월) → 절제(6월) → 초월(7월) • 강점 활용하여 다양한 독후 활동하기: 강점만화 그리기, 질문 만들기, 강점그림 그리기, 인물 인터뷰, 강점시 쓰기 등	• 대표강점 관련 책인 김수연(2013) 참고	3~7월
	• 강점 명상하기	• 강점 관련 명언이나 좋은 글귀를 들으며 명상하기	• 명상음악 활용	3~7월
	• 성격강점이란?	• 24가지 성격강점에 대해 ppt, 동영상, 이야기자료를 활용하여 설명하기	• 학생 발달사항을 고려 • VIA 분류체계에 따른 성격강점(Peterson & Seligman, 2004) 참고	3월
	• 강점 골든벨	• 24가지 강점의 특성에 관한 골든벨 문제 풀기	• 골든벨 프로그램 활용 • 강점특성 이해 확인	3월

• 강점실루엣	• 다양한 놀이를 하면서 친구의 강점, 나의 강점이 무엇인지 짐작해 보기 • 친구의 실루엣을 그리고 강점과 그 이유를 실루엣에 표현하기	• 학기 초 친구들과의 어울림을 긍정적으로 형성하기 위해 활용	3월
• 이달의 강점판	• 교실에 강점판을 만들고 강점 소개를 게시하기 • 인간애, 정의(3월) → 지성(4월) → 용기(5월) → 절제(6월) → 초월(7월)	• 강점도서 읽기와 연계하여 활용	3~7월
• 우리 반 규칙 세우기	• 학급규칙을 회의를 통해 세우기 • 학급규칙을 지키기 위해 필요한 강점에 대해 항목별로 이야기 나누기 • 규칙과 강점을 함께 기록하여 교실에 게시하기	• 규칙을 지키기 위해 꾸준히 발휘해야 할 강점에 대해 알고 실천하기	3~7월
• 강점스티커 모으기	• 강점을 잘 활용하는 친구들에게 강점스티커 주기 • 강점스티커판 또는 강점통장 등을 활용하여 스티커 모으기	• 교실에 볼 수 있는 곳에 게시하는 것도 동기화에 도움이 될 수 있음	3~7월
• 강점일기 쓰기 (강점 활용 일기 쓰기)	• 일주일에 2번 이상 일기 쓰기 • 나의 대표강점을 활용한 일기 쓰기 예) 나의 대표강점: 유머 -오늘 텔레비전 '개그콘서트'에서 본 것처럼 성대모사를 하여 친구들을 즐겁게 했다. 친구들이 즐거워하니 나 또한 기분이 날아갈 듯이 기뻤다.	• 대표강점이 이해가 되지 않을 땐 질문하기	3~7월

2. 대표강점 알기	• 인생그래프(과 거의 나)	• 세로축: 행복과 불행을 각각 + 10에서 -10 사이로 표시 • 가로축: 1세, 5세, 10세 등 나이 표시 • 행복에 이르는 과정에서 사용한 성격강점과 불행에서 벗어나는 과정에서 사용한 성격강점 찾기 • 과거부터 현재까지의 시간 흐름 속에서 탐색하기	• 김광수, 한선녀(2015) 참고	4월
	• 알쏭달쏭 나	• 내가 가지고 있는 긍정적인 특성 탐색하기 • 내가 버리고 싶은 부정적인 특성 탐색하기 • 긍정적인 특성을 기르기 위한 방 법 또는 내가 바라는 강점에 대 해 생각하기	• 나는 긍정적인 부분 과 부정적인 부분을 모두 가지고 있다는 점을 인식하기	4월
	• 나의 대표강점은?	• 마인드맵을 통해 강점 탐색하기 • 강점 탐색표을 보고 나의 강점이 라 생각되는 것에 대해 표시하기	• 강점 탐색표는 김수 연(2013) 참고	4월
	• 강점 이름표	• 나의 대표강점을 탐색하고 나만 의 강점 이름표 짓기 • 강점 이름표를 짓는 것을 어렵게 느끼는 학생은 친구들이 강점 이 름을 지어 주는 것도 좋음	• 강점 이름표를 왼쪽 가슴에 달고 다니기	4월
	• 성격강점검사	• KICS 아동 진로성격강점검사 실 시하기 • 검사를 통해 정확한 대표강점을 확인하고 강점 활용방안에 대해 알 수 있음	• 김광수 외(2015)	4월
	• 대표강점 인터뷰	• 친구의 대표강점을 인터뷰를 통 해 알기	• 친구의 대표강점을 이해하기	4월
	• 텔레게임	• 읽어 주는 강점묘사 문장을 듣고 생각나는 친구를 가리키거나 손 을 친구 어깨에 올리기	• 친구의 대표강점을 이해하기 • 김수연(2013)	4월

• 대표강점 스피 드퀴즈	• 나의 대표강점을 몸으로 표현하고 맞추기 • 모둠원의 대표강점을 빠르게 설명하면 그 대표강점을 가진 친구가 누구인지 맞추기		4월
• 대표강점 나무 만들기	• 모둠친구들과 대표강점 나무를 만들기 예) ○○○(별칭: 미소천사) -항상 웃는 얼굴로 대해 준다(친절성). -친구와 다퉜을 때 공정하게 조언해 준다(공정성).	• 모둠별 대표강점 나무를 게시하고 서로 격려하기	4월
• I-message, Do-message	• 친구와 바르게 의사소통하는 방법 알기 • '너 때문이야.'와 같이 질타하는 말이 아닌 '내가 ~때문에 속상했어.'와 같이 표현하는 법 알기 • '너는 항상 그래.'가 아닌 구체적인 행동에 대해서 이야기하는 법 알기	• 감정이 상하지 않게 의사소통하는 법에 대해 알고 실천하기	4~7월
• 적극-건설적으로 반응하기	• 상대방의 말에 대해 적극적이고 건설적으로 반응하는 방법에 대해 알기 • 다양한 예시 상황을 제시하고 익숙해질 수 있도록 역할극 연습하기		4~7월
• 이럴 땐 이렇게(강점카드): 갈등 조정	• 갈등이 발생했을 때 처리 절차에 대해 약속하기 • 갈등이 발생했을 때 조정을 위해 대화하는 법 알기 • 강점카드를 활용하여 갈등 상황을 극복할 수 있는 강점에 대해 이해하기	• 강점카드(김광수 외, 2016) 활용	4~7월

	• 긍정적 자기소개서	• 자신의 긍정적인 면, 대표강점을 활용하여 자기소개서 작성하기	• 자기소개서 양식은 자유롭게 활용	5월
	• 내가 극복하고 싶은 것	• 내가 극복하고 싶은 상황이나 특성을 정하고 극복하기 위해 활용할 수 있는 강점과 활용방법 조사하기	• 어려운 상황과 어려운 상황이 극복되었을 때를 상상하게 하기	5월
	• 성격강점모델 찾기	• 성격강점모델이 될 수 있는 인물 찾기	• 김수연(2013), 성격 강점카드(김광수 외, 2016) 참고 • 누구나 알 수 있는 모델 찾기	5월
	• 친구들에게 강점 소개하기	• 친구들에게 자신의 강점을 소개하기 • 신문이나 뉴스 형태로 발표하기 -TV에 나온 나	• 나만의 대표강점을 다양한 방법으로 자신감 있게 소개하기	5월
3. 대표강점 활용 및 계발하기	• 같은 강점끼리 모여라	• 같은 대표강점끼리 모여 모둠 만들기 • 모둠끼리 대표강점에 대해 조사하기 • 대표강점 활용방법을 구체적으로 정하기 • 친구들 앞에서 대표강점 소개하고 활용방법에 대해 소개하기 예) 학구열: 매일 새로운 영어나 한자 단어 외우기, 시간 정해서 매일 문제집 풀기, 도서관에서 흥미를 느끼는 주제에 관한 책 읽기 등	• 강점 활용방법에 대해 구체적으로 의논하기	5월
	• 성격강점 사전	• 성격강점별 특징, 활용방법, 인물 등을 조사하여 성격강점 사전 만들기	• 같은 강점끼리 모여라 활동에서 나온 결과를 활용해도 좋음	5월
	• 강점 칭찬릴레이	• 친구들의 대표강점과 활용태도에 대해 칭찬하기 • 롤링페이퍼나 칭찬 편지를 활용하기	• 구체적인 사건이나 태도에 대해 설명하고 칭찬하기	5월

• 강점놀이 콘테스트	• 강점을 살려 할 수 있는 놀이를 만들거나 기존의 놀이를 변형하기 • 친구들에게 소개하고 함께 계발한 강점놀이를 어울려 해 보기	• 놀이를 직접 체험함으로써 강점을 활용할 수 있는지 소감을 발표하게 하기	5월
• 긍정감정 손님 초대하기	• 긍정감정에 대해 소개하고 긍정감정을 떠올릴 수 있는 다양한 방법을 찾기 • 긍정감정을 유지할 수 있도록 연습하기	• 감정을 나타내는 말과 행동에 대해 먼저 안내하기	5월
• 강점계획표	• 강점 활용방법을 함께 의논하고 실천할 수 있는 계획표를 작성하기	• 김수연(2013) 참고	5월
• 성격강점 마니또	• 친구의 마니또가 되어 강점을 활용하여 돕기 • 마니또 수첩을 활용하여 자신의 마니또 활동을 기록해 놓기	• 수호천사놀이의 변형	5~6월
• 감사한 순간 포착	• 살면서 자신에게 있었던 감사한 순간을 찾기 • 그림이나 글로 표현하기	• 모둠별로 상황을 신체조각으로 나타낼 수도 있음	6월
• 가족 대표강점 나무 그리기	• 가족의 대표강점을 나무로 나타내기 • 가족의 별칭, 대표강점이라고 생각되는 구체적인 사실이나 특성을 기록하기	• 미리 생활 속에서 관찰을 한 후에 활동할 수 있도록 안내	6월
• 용서편지 쓰기	• 나에게 상처를 준 사람에게 용서편지 쓰기 • 편지는 보내지 않는다는 것을 설명하기	• 용서와 화해에 대해 강요하지 않기	6월
• 감사편지 쓰기	• 나에게 감사한 분을 1명 정해서 감사편지 쓰기 • 그분에게 드리고 싶은 감사 선물을 그림으로 꾸미기 • 편지 안에 선물 그림을 함께 넣기	• 직접 선물을 드리는 것이 아니라 드리고 싶은 것을 그림으로 표현	6월

	• 강점데이트	• 가족이나 친구들 중에 1명을 정하고 강점을 살려 데이트할 내용 만들기	• 강점데이트를 계획하고 실행하기	6월
	• 강점가족도	• 우리 집 가족의 강점가족도를 그려 보기	• 강점 나무 그리기와 연계	6월
	• 시간 선물하기	• 내가 사랑하는 사람이나 친구들 중에 시간을 선물하고 싶은 사람을 정하고 그 사람과 함께하고 싶은 일들을 계획하기	• 계획 세우고 실천한 후 소감 나누기	6월
	• 성격강점경매	• 내가 가지고 싶은 강점을 가치를 매기고 경매 게임하기 • 왜 그 강점을 가지고 싶은지 이야기 나누기	• 김광수, 한선녀(2015) 참고	6월
	• 감사일기 쓰기	• 매일 나에게 일어난 일 중에서 3가지씩을 정해서 감사일기 쓰기	• 작은 일부터 감사할 수 있도록 예시를 들어 줌	6~7월
	• 감사편지 전달하기	• 썼던 감사편지를 직접 부치거나 전달하기	• 전달 후에 느낀 소감 나누기	7월
	• 용서편지 태우기	• 용서편지를 함께 모아 태우거나 함께 찢기	• 편지를 없앤 후의 감정, 소감 나누기	7월
4. 대표강점 활용 발표회 하기	• 강점 자랑하기	• 한 학기 동안 강점을 열심히 활용하여 발전시킨 나의 강점을 친구들 앞에서 자랑하기(한 뼘 자란 나의 강점) • 학기 초부터 강점 활용을 열심히 한 친구를 뽑아 칭찬하기 • 강점스티커를 많이 모은 친구에게 상장 수여하기	• 서로 격려하고 진실되게 칭찬해 주기	7월
	• 우리 반 강점모델 뽑기	• 우리 반 대표강점모델 선정하기 • 투표를 통해서 직접 뽑기	• 구체적인 근거를 들어 투표하기	7월
	• 역할극하기	• 다양한 상황과 그에 맞는 대본을 만들고 강점을 살려 활동하는 역할극 하기	• 역할극을 통해 강점 활용법에 대해 이해하기	7월

• 강점 살려 1인 1특기 발표하기	• 자신의 강점을 살려 친구들 앞에서 1특기 발표하기	• 내가 할 수 있는 특기를 발표하기	7월
• 강점 보물찾기 놀이하기	• 교실 안에 강점 관련 힌트가 적힌 미션지를 숨겨 놓고 모둠별로 미션을 통해 강점 보물찾기 놀이하기	• 모둠별 미션	7월
• 마니또 공개하기	• 나의 강점 마니또를 공개하기	• 감사한 마음 표현하기	7월
• 강점 관련 작품 전시하기	• 그동안 활동했던 강점 관련 작품을 교실과 복도에 전시하고 함께 나누기	• 서로 격려하고 향유하기	7월
• 소감 나누기	• 한 학기 동안 강점 관련 활동을 통해 느낀 점에 대해 발표하기	• 강점 활용태도를 꾸준히 가질 수 있도록 격려하기	7월

　학교에서 체계적인 흐름에 따라 실천 가능한 인성교육 활동 방안을 한 학기로 구성하여, 월별 주제에 따라 활동을 소개하고 이러한 활동이 연계될 수 있도록 제시하였다. 이러한 인성교육 프로그램 활동이 우리의 학교교육 현장에서 갖게 되는 의미와 가치는 다음과 같다.

　첫째, 성격강점 활용 인성교육 프로그램 활동은 기존의 일시적이고 단편적이며 문제초점적 접근(problem-focused approaches)의 단점을 해결할 뿐만이 아니라 학생의 긍정적 특성, 즉 성격강점에 초점을 두고 모든 학생의 전면적 발달과 행복증진을 위해 강점 기반 접근(strength based approaches) 인성교육을 체계적이고 지속적으로 실시한다는 점에서 의미가 있다. 인성교육을 포함하여 모든 학교교육은 학생의 강점과 잠재력이 건강하게 발달하고 성장하며 학교와 사회구성원으로서 안녕과 행복을 누릴 수 있는 것을 궁극적인 목표로 지향한다. 이러한 맥락에서 학생의 성격강점의 계발은 개인의 내적 동기를 고무할 수 있고 더 나아가 학생이 교육적 목표를 달성하는 데 원동력이 될 수 있다. 특히 이러한 성격강점 기반 인성교육 활동은 기존의 처벌과 강력한 규칙에 의해 통제되는 인성교육 및 생활지도와 달리 학생의 긍정적인 면을 바라보고 서로 격려하고 성장할 수 있도록 하는 교육 프로그램 활동이 될 수 있기 때문에 긍정적인 학교 문화 형성에 효과적이라 할 수 있다.

둘째, 성격강점 활용 인성교육 프로그램 활동은 개인에게만 국한된 성장과 행복이 아닌 인간관계 속에서 서로 존중하며 더불어 행복을 추구할 수 있다는 점에서 의미가 있다. 성격강점 24가지는 인간이 추구해야 할 도덕적 가치 덕목에서 공통적인 특성을 분류하여 제시되었다. 이러한 가치는 인간 개인의 삶에 국한된 것이 아니라 인간관계에 있어 소통과 존중의 문화가 형성되는 데 도움이 되는 것들이 포함되어 있다. 이러한 점은 학생이 배워야 할 사회적 기술과 역량에 대한 체험적 습득이 학교라는 사회에서 가능하다는 것을 의미한다. 용서, 감사, 친절성, 사랑 등 성격강점을 활용하여 나와 다른 타인을 이해, 존중하고 서로 다름(차이)에 대한 긍정적 수용이 가능하도록 하는 긍정적 인성교육 프로그램은 학교 안에서 발생할 수 있는 관계에 얽힌 문제들을 예방하고 조정하는 데 도움이 될 수 있을 것이다.

셋째, 성격강점 활용 인성교육 프로그램 활동은 학교 안과 밖에서 교육 및 생활 활동으로 연계되어 이루어질 수 있다는 점에서 효과적이다. 단기적으로 이루어지는 활동 소개 정도가 아니라 한 학기 동안 꾸준히 교실환경 구성, 교육과정, 아침 자습, 놀이 및 다양한 활동시간, 방과 후 활동 등이 성격강점을 기반으로 일관성 있게 진행될 수 있기 때문에 학교 안팎의 자연스럽고 효율적인 생활교육이 될 수 있다. 이러한 교육활동이 학급 안에서 성과를 내면서 더욱 확장된다면 학년이나 학교 전체 프로그램으로 발전될 수 있을 것이다.

한편, 성격강점 활용 인성교육 프로그램 운영에 있어 학교현실에 따른 제한점과 이의 극복 방향을 제시하면 다음과 같다.

첫째, 학교에서 교과 수업 운영에 따른 시간 활용에 있어 현실적 제한이 있기 때문에 성격강점 활용 인성교육 프로그램 활동의 운영을 위한 시간 확보가 충분하지 않을 수 있다. 성격강점을 이해하고 탐색하는 과정, 활용 및 실천을 위한 다양한 활동, 평가를 위한 발표회까지 여러 차시의 시간이 확보되어야 하는데 현실적으로 어려움이 있기 때문에 기존 교과에 대한 좀 더 체계적인 교육과정 분석을 통한 교과연계 및 교과 통합적 인성교육 활동으로 재구성할 필요가 있다. 인성 및 다양한 상담교육 프로그램들이 학교교육과정의 일부분이 되지 않으면 학습자의 지속적인 변화를 기대하기 어렵다는 점에서(김광수, 2008; 김광수, 조윤주, 2013) 교과연계는 배운 것을 상기시키고 점검하게 하여 자연스럽게 학생의 습관형성을 촉진할 수 있을 것이다. 무엇보다 정해진 교육과정을 이수해야 하는 우리의 현실적 교육상황을 고려할 때 교과연계는 인성교육 프로그램 실행을 위한 시수 확보의 대안이 될 수 있다.

둘째, 제시된 성격강점 활용 인성교육 프로그램 활동은 기존의 다양한 긍정심리 프로그램과 성격강점 프로그램 활동들이 재구성되어 간략히 제시된 것들이다. 따라서 학교교육현장의 상황과 여건에 맞게 활동의 적절성과 참신성 및 효과성을 가져오도록 좀 더 치밀한 활동 구성과 계획이 필요할 수 있다. 이러한 부분을 교사 혼자서 해결하다 보면 시간과 업무과중으로 한계를 느낄 수 있으므로 학년별 팀 작업이나 교사들 간의 인성교육 동아리 활동을 통한 프로그램 계발, 수정, 보완작업이 이루어질 수 있는 노력이 필요하다. 외국의 사례를 보면 학교장의 주도나 전적인 지지 속에 전학교적 차원에서 통합되어 적용될 때 가장 효과적인 것으로 나타나고 있다(Proctor, 2014).

셋째, 성격강점 활용 인성교육 프로그램 활동 예시안은 한 학기 동안 할 수 있는 프로그램으로 제시되었다. 따라서 2학기에 연계되어 활용할 수 있는 프로그램 활동을 1학기 활동에 이어 구성해서 진행할 필요가 있다. 학생의 학습이나 진로, 또래관계와 관련된 성격강점 활용 프로그램 활동, 학교 안 다양한 문제해결에 사용할 수 있는 프로그램 활동, 24개의 성격강점을 심화시킬 수 있는 프로그램 활동 등 좀 더 다양한 프로그램 활동들을 구성하여 지속적으로 지도한다면 성격강점 활용 인성교육 프로그램 활동이 학교 안에서 보다 안정적이고 체계적인 인성교육 방안으로 정착되어 갈 수 있을 것이다. 영국에서는 개입의 효과를 높이기 위해서 최소 3년에 걸쳐서 발달적 변화를 고려하여 진행하고 있다(Proctor, 2014).

넷째, 성격강점 활용 인성교육 프로그램 운영은 그 효과성 검증이 필요하다. 제시된 프로그램 활동이 예시안이기 때문에 실제 학교현장에서 적용할 수 있는지에 대한 타당성 검증과 효과성 검증이 필요하고 프로그램 활동의 문제점이나 개선점을 꾸준히 검토, 개선하면서 학교현장에서 실질적으로 활용 가능한 인성교육 프로그램 활동이 될 수 있도록 발전시켜 나갈 필요가 있다. 그러기 위해서는 교육주체인 교사들이 긍정심리학과 성격강점에 관심을 가지고 학습하면서 적용할 수 있도록 다양한 관련 연수 프로그램이나 관련 활동의 격려와 지원이 요구된다.

3) 성격강점 기반 학급운영 방안

앞에서 학년 단위 성격강점 기반 인성교육 운영 방안과 학기 단위 성격강점 기반 인성교육 운영 방안을 제시하였다. 이 내용들을 토대로 성격강점 기반 학급운영 방안의 일례를 제시하면 다음과 같다.

(1) 성격강점 기반 학급운영
① 성격강점

인간이 건강하고 행복한 삶을 사는 데 필요한 긍정적인 성격특성으로, 인간의 인지, 정서, 행동에 나타나는 긍정적인 특질을 말한다. 24개 성격강점의 정의와 성격강점의 특성은 〈표 2-2〉 아동용 6개 덕성과 24개 성격강점의 내용 참조한다.

② 성격강점 기반 학급운영

학급의 교육목표를 달성하기 위하여 다양한 교육활동을 계획, 실행, 평가하는 과정에서 학급 구성원 간에 상호 협력적이고 긍정적인 관계를 바탕으로 학급 구성원들 각자에게 잠재되어 있는 성격강점을 이해, 인식, 활용하도록 돕는 학급운영을 말한다.

③ 성격강점 기반 학급운영의 실제

학급에서 다양한 교육활동을 전개하는 과정에서 각 교육활동의 맥락에 맞게 학생들이 자신의 대표강점이나 활동에 필요한 성격강점들을 이해, 인식, 활용하도록 하기 위해 기존의 교육활동을 성격강점과 관련지어 재구성하고 이를 적용하여 학급운영을 하는 과정의 실제를 말한다.

(2) 성격강점 기반 학급운영의 예(월별 활동내용)
① 2월: 새 학기 준비
- 급훈 및 실천사항을 정하고 관련 성격강점 찾기
  - 급훈과 그에 따른 실천사항을 정하는 것은 기존처럼 하되, 관련된 성격강점을 교사

가 선정하여 안내함으로써 성격강점과 학급의 교육목표를 관련짓기(연결하기)

  예) 급훈: 꿈을 향해 노력하는 평화로운 반

    실천사항: 꿈을 이루기 위해 스스로 자기관리 실천하기(자기조절, 끈기), 서로 존
중하고 배려하며 평화롭게 지내기(사회지능, 시민의식), 실패를 통해서 배우고 새
롭게 도전하기(지혜, 낙관성, 용감성)

  - 급훈과 실천사항은 학생들과 논의하는 시간을 통해서 조정할 수 있고 그러한 논의
과정을 통해 성격강점을 소개, 이해하여 익히는 시간을 가질 수가 있음

② 3월: 첫 만남

• 기초자료 조사: 학생들의 대표강점 조사(발견)하기

  - 창의적 체험활동 시간에 성격강점카드 또는 검사 도구를 활용(친구나 가족 등이 주는
피드백과 통합하기)

• 자기소개: 자신의 대표강점과 관련된 별칭을 지어 긍정적으로 자기소개하기

  예) 별칭 이름표: 톡톡 뛰는 메뚜기, 호기심 많은 파브르, 용기 있는 동장군 등

[그림 5-1] 별칭 이름표

• 학급 환경구성

  − 자기소개 관련 미술작품에 자신의 대표강점 소개 내용 포함하기

    예) 꽃모양 가운데 이름과 별칭을 쓰고 꽃잎마다 자신의 대표강점을 적고 꾸미기

  − 성격강점별로 해당 성격강점을 대표강점으로 지닌 학생의 이름이나 사진 게시하기

  − 덕목별 성격강점 목록을 교실 앞에 게시하여 24개 성격강점에 익숙해지도록 하기

• 학급규칙 세우기

  − 시민의식(급훈 실천사항)에 대한 이해, 인식, 활용의 기회로 삼기

  − 부정적 행동의 금지뿐 아니라 긍정적 행동에 대한 보상(강화) 규칙도 만들기

    예) 성격강점을 활용해서 친구를 돕거나 친구의 성격강점을 찾아 주면 상점 받기

• 학급자치활동 모둠 구성(6개 덕목별로 구성할 수 있고 혹은 24개 강점별로 구성할 수 있음)

  − 대표강점이 같은 학생들이 모여 자신의 대표강점을 발휘할 자치활동 정하기

    예) 시민의식 모둠: 학급규칙 실천 점검 봉사활동, 심미안 모둠: 미술작품 게시판 꾸
       미기 봉사활동, 활력 모둠: 재미있는 놀이를 소개하거나 재미있는 이야기를 들려
       주는 봉사활동, 학구열 모둠: 수업 전 교과서 준비 및 읽기 활동을 진행하는 봉사
       활동

• 새로운 각오 다지기 1: 3월은 일기와 4월부터 강점일기와 연계하여 지도

  − 새 학기에 달성하고 싶은 개인별 목표 세우기(구체적이고 관찰 가능한 목표 세우기)

  − 매주 월요일마다 목표 달성을 위한 구체적인 활동 계획 세우기

  − 매주 금요일마다 목표 달성도를 점검하고 실천 의지 다지기

    예) 계획의 실천과 점검을 포함한 강점일기

날짜: ○월 ○일 금요일   날씨: 오전에는 맑은 하늘 오후에는 비

제목: (강점 활용) 신중성, 호기심

아침에 일기예보를 보니 오후에 비가 내린다고 했다. 일기예보가 틀릴 수도 있겠지만 혹시나 싶어 우산을 챙겨 학교에 갔다. 다행이 일기예보는 딱 맞아떨어졌다. 도서관에서 책을 읽고 집으로 가려 하자 이미 많은 비가 내리고 있었다. 우산을 가져오길 참 잘했다 생각하며 학교를 나서려고 하는데 우산이 없는 짱구가 함께 우산을 쓰자고 했다. 짱구는 내 우산 속에 들어오자마자 "일기예보가 딱 맞을 때도 다 있네……." 했다. 짱구는 일기예보가 날씨와 다를 때가 많기에 오늘도 비가 안 올 줄 알았단다. 짱구와 이야기를 나누다 보니 일기예보가 어떻게 만들어지는지 궁금해졌다. 일단 집에 오자마자 엄마에게 여쭈었더니 "글쎄, 기상청에서 만들어질 텐데, 그 과정은 잘 모르겠구나."라고 하셨다. 다음 주 월요일에는 도서관에 가서 사서 선생님께 일기예보가 만들어지는 과정에 대해 알 수 있는 책이 있는지 여쭈어보고 추천받은 책을 찾아 읽어봐야겠다.

학기 목표	날씨나 기후 및 과학관련 책 20권 이상 읽기
월간 목표	책 4권 이상 읽기
주간 목표	책 1권 이상 읽기
월요 계획	월요일, 금요일 방과 후에 도서관에서 30분 이상 책 읽기
금요 점검	책 1권(『초등과학 학습만화 WHY, 기후』) 읽음
실천 소감	나 자신과의 약속을 지켜서 뿌듯하고 내 호기심과 학구열을 발휘하여 기후와 자연현상에 대해 알아가는 즐거움이 있다.

[그림 5-2] 계획, 실천, 점검이 포함된 강점일기의 예

※ 3월부터 연중 지속적으로 지도할 활동

• 성격강점의 의미와 가치 이해하기: 매주 1가지 성격강점의 의미와 가치 익히기

• 즉각적인 피드백: 교사가 학생의 성격강점 및 활용 모습을 발견한 즉시 격려하기, 학생이 친구들의 성격강점을 찾아주는 모습을 즉시 격려하기

• 생일축하 칭찬선물: 생일 주인공의 대표강점에 대한 칭찬메시지를 적어 선물하기

• 성격강점 관련 도서안내 및 비치: 성격강점의 의미와 가치를 이해하도록 도울 도서자료를 안내하고 자주 찾아 읽을 수 있도록 성격강점별 학급도서로 마련해 두기(심리교육 및 집단상담 프로그램 활용 인성교육 방안에서 소개되는 '강점 기반 행복증진 프로그램: 빛

나는 강점, 행복한 나'에서 소개되는 강점별 도서 목록 참조)

• 성격강점 관련 독후활동 지도: 책 속에 등장하는 인물들이 활용한 성격강점 발견하기

• 갈등 해결과정에서 필요한 성격강점을 발견하고 활용하도록 돕기

　－사회지능(급훈, 실천사항), 지혜, 용서에 대한 이해, 인식, 활용의 기회로 삼기

　－자신의 생각과 느낌 및 상대방에게 바라는 점을 알아차리고 표현하도록 돕기

　－나와 상대방의 입장을 모두 존중하고 이해하며 합의점을 찾아가도록 돕기

③ 4월: 서로를 이해하기

• 학부모 상담 1

　－학생의 대표강점과 관련된 정보를 공유하며 학생에 대한 이해 넓히기

　－성격강점검사를 실시한 경우 결과 해석 자료를 함께 살펴보며 상담하기

　－가정과 학교에서 교사, 학생, 학부모 모두 학생의 강점에 관심을 가지고 지속적인
　　계발과 활용을 촉진하고 지원할 협력적인 관계 구축하기

※ 4월부터 연중 지속적으로 지도할 활동

• 학생 개인상담: 일상의 문제(학습, 교우관계, 진로, 놀이 등)를 해결해 나가는 과정에서
　자신의 대표강점을 상황에 맞게 활용하도록 동기부여 격려하기

• 강점일기: 대표강점을 비롯하여 성격강점을 인식·활용한 경험을 주 1회 이상 일기에
　쓰기

• 성격강점 활용 계획 및 점검: 아침마다 알림장에 성격강점 활용 계획을 세우고 하교
　전 마무리 시간에 실천사항 점검하기

　예) 성격강점 활용 계획 및 점검을 포함한 알림장(〈표 5-6〉 참조)

<표 5-6> 성격강점 활용 계획 및 점검을 포함한 알림장의 예

꿈을 잡는 자기관리(평점: 잘함 1, 보통 0, 못함 −1)								단 하루뿐인 ○년 ○월 ○일 ○요일	
점검	숙제	준비물	등교	1인 1역	급식	강점활용	수업태도	발표	상점	벌점
	1	1	0	1	0	1	1	0	正	−
강점 활용	(창의성) 미술 시간에 나만의 아이디어로 멋진 작품을 만들기								1	
	(활력) 점심시간에 친구들과 즐겁게 운동장에서 놀기								1	
5분 복습(수업 후 핵심 단어 중심으로 간단히 정리)										
수학	직육면체: 6개의 직사각형으로 둘러싸인 도형									
과학	습도: 건구온도와 습구온도를 읽고 습도표에서 두 온도가 교차하는 지점 찾기									
국어	설명문의 짜임: 비교와 대조(공통점과 차이점이 드러나게), 순서(예: 만드는 방법)									
알림	1. 통신문 확인									
	2. 일기									
	3. 30분 독서(책 제목:) 부모님 확인( )									

④ 5월: 성격강점 활용 넓히기(행사참여 및 가족과의 관계에 활용하기)

• 체육대회 참여과정에서 성격강점을 활용하도록 격려하기

   예) 활력: 힘차게 응원하기, 끈기: 경기에 참여할 때 지더라도 끝까지 최선을 다하기, 공정성: 승부를 떠나 상대방이 잘한 점에 대해 인정해 주기, 시민의식: 이동 시 질서를 지키고 경기 시 규칙에 따르기

• 부모님께 감사 편지를 쓸 때 부모님의 성격강점을 떠올리며 감사 마음 전하기

• 휴일에 가족들과 서로의 대표강점을 찾고 대표강점을 활용하는 강점데이트 즐기기

   예) 강점데이트의 예: 가족들과 영화 보기

   −사랑이 대표강점인 엄마는 함께 볼 영화를 찾아 예매하기

   −자기조절이 대표강점인 아빠는 영화를 볼 수 있게 일정을 조절하기

   −호기심이 대표강점인 나는 영화를 보고 난 뒤 영화를 보며 생각난 궁금한 점들에 대해 부모님께 여쭈어보거나 인터넷을 검색하여 궁금증 해결하기

   −심미안이 대표강점인 누나는 가족 나들이 인증 샷을 멋지게 찍기

⑤ 6월: 집단상담 활동 1

• 서로의 대표강점을 찾고 확인하는 과정을 통해 다양성을 존중하는 마음 기르기(집단
  상담 활동 프로그램 예 참조)
  – 성격강점경매: 경매활동을 통해 자신과 친구가 소중히 여기는 성격강점 발견하기
  – 성격강점 텔레게임: 타인의 대표강점을 추측하여 피드백 주고받고 친구의 성격강점
    에 관심 가지기
  – 공통점 발표: 같은 대표강점을 지닌 학생들이 모둠을 이루어 모둠별로 대표강점과
    관련하여 자신들만이 지닌 공통점을 찾아 발표하기

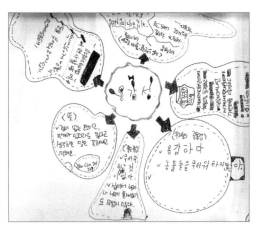
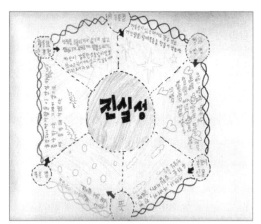

[그림 5-3] 대표강점의 공통점 마인드맵으로 표현하기

⑥ 7월: 진로 찾기에 활용하기 1

• 롤모델 찾기(궁금한 점 위주로 조사하되 다음 사항을 포함하기)

　－자신의 직업 분야에서 성공한 인물(주변인, 유명인, 위인, 작품 주인공 등)들을 찾고 그
　　들 중에서 자신의 롤모델로 삼고 싶은 인물을 1명 정하기

　－롤모델의 성장과정 및 삶의 모습을 조사하고 그들이 발휘해 온 성격강점 찾기(가급
　　적 자신의 대표강점과 같은 대표강점을 가지고 있다고 보는 인물 찾기, 이를 위해 성격강점
　　별 대표적 인물의 예를 작성해서 학급게시판에 안내하기)

　－조사 내용을 발표하는 시간을 가지고 학급 게시판에 게시하기

⑦ 8월: 성격강점을 활용하며 방학생활 즐기기 1

• 방학 중 성격강점 활용 계획 세우기

　－꼭 하고 싶은 활동을 1가지 정하고 그 활동을 잘 하기 위해 어떤 성격강점을 어떻게
　　활용하면 좋을지 계획하고 실천하기

• 방학 중 여행지(방문 장소)에서 성격강점 발견 및 활용하기

　－여행지에서 만난 사람들의 성격강점 찾기

　－여행을 계획하고 실행하는 과정에서 활용한 성격강점 찾기

• 7월에 시도한 진로 찾기 활동(롤모델 찾기) 지속(보충, 심화)하기

　예) 인물명, 성장과정, 역경을 극복하는 모습, 최고의 모습, 나와의 공통점, 나와의 차
　　이점, 본받고 실행하고 싶은 점, 관련 진로와 직업에 대한 정보 조사

⑧ 9월: 지속적인 실천 다짐하기

• 새로운 각오 다지기 2: 강점일기와 연계한 목표 실천 활동 지속하기

　－2학기에 달성하고 싶은 목표 세우기(구체적이고 관찰 가능한 목표)

　－매주 월요일마다 목표 달성을 위해 어떤 성격강점을 어떻게 활용할지 계획 세우기

　－매주 금요일마다 목표 달성 및 강점 활용 정도를 점검하고 실천 의지 다지기

• 학부모 상담 2: 1학기 상담과 연계하여 진행하기

⑨ 10월: 성격강점 활용 넓히기

• 문예체 행사에 참여하며 성격강점 활용하기

－체육대회, 작품전시회, 학예회 등의 준비와 참여과정에서 성격강점 활용하기

－활동을 마치고 성격강점 활용 소감 나누기

⑩ 11월: 집단상담 활동 2

• 서로의 대표강점을 찾고 확인하는 과정을 통해 다양성을 존중하는 마음 기르기

예) 일대일 1~2분 데이트: 반 전체가 포크댄스 대형의 두 줄 원을 만들고 짝을 바꾸어 가며 상대방의 대표강점을 발견한 경험 나누기(수업시간과 인원을 고려하여 1~2분 내외의 시간 동안 나눔이 이루어지도록 안내하고 타이머 활용 진행), '당신은 당신의 이웃을 사랑하십니까?' 게임을 하면서 술래가 되는 사람마다 자신의 대표강점 활용 경험이나 활용 계획 나누기

⑪ 12월: 진로 찾기에 활용하기 2

• 관심직업에 대해 조사하기([그림 5-4] 참조)

－관심직업에서 하는 일, 필요한 능력, 교육 및 훈련 과정 조사하기

－조사 내용을 발표하는 시간을 가지고 학급 게시판에 게시하기

⑫ 1월: 성격강점을 활용하며 방학생활 즐기기 2

• 방학 중 성격강점 활용 계획 세우기

－꼭 하고 싶은 활동을 1가지 정하고 그 활동을 잘 하기 위해 어떤 성격강점을 어떻게 활용하면 좋을지 계획하고 실천하기

• 방학 중 여행지(방문 장소)에서 성격강점 발견 및 활용하기

－여행지에서 만난 사람들의 성격강점 찾기

－여행을 계획하고 실행하는 과정에서 활용한 성격강점 찾기

• 12월에 시도한 진로 찾기 활동(관심직업 조사하기) 지속(보충, 심화)하기

－나중에 진로탐색 수업이나 기타 시간에 발표할 기회 주기

| 과제활동 | 관심직업에 대해 조사하기 | 학년반 | |
| | | 이름 | |

• 내가 관심 갖는 직업에서는 구체적으로 어떤 일을 하는지, 그 직업에서는 어떤 능력이 필요한지, 그 직업에 이르기 위한 교육 및 훈련 과정은 어떠한지 조사해 봅시다[커리어넷(www.career.go.kr) 또는 워크넷(www.work.go.kr) 활용].

	나의 관심직업: 예) 요리사	나의 관심직업:
하는 일	준비한 재료를 가지고 조리 기구를 사용하여 조리법에 따라 음식을 만들고 음식의 맛과 영양 상태를 점검한다. 주문서나 식단 계획표에 따라 재료를 준비하고, 식료품의 상태를 검사하고 관리하며, 남은 재료를 손질해서 보관하고, 식기, 요리기구, 요리실 안을 정리한다.	
필요한 능력	예민한 미각이 필요하며, 새로운 음식 메뉴를 개발해야 하기 때문에 진취적이고 창의적인 사람에게 적합하다. 오랜 시간 동안 서서 일해야 하기 때문에 이를 견딜 수 있는 인내심과 끈기, 체력이 요구된다. 끝으로 주방에서 여럿이 요리하는 경우가 많아 협동심이 필요하고 고객에 대한 서비스 정신도 갖추어야 한다.	
교육 및 훈련	요리사가 되려면 적어도 2~3년의 수습기간이 필요하다. 학원에서 강좌를 수강하거나 조리과학고등학교나 대학에서 조리과, 조리과학과, 호텔조리과 등의 관련 학과를 졸업하고 자격시험에 응시한다. 최근에는 요리를 배우기 위해 프랑스와 일본 등으로 유학 가는 사람도 많다.	

• 내가 관심 갖는 직업에 이르기 위해 지금 당장 내가 할 일은 무엇인지 그리고 그 일을 하면서 어떤 성격강점을 활용하면 좋을지 적어 보세요.

관심직업에 이르기 위해 지금 내가 할 일	그 일을 하며 활용할 성격강점

[그림 5-4] 관심직업 조사하기 활동의 예

⑬ 2월: 되돌아보며 강점 축하하기

• 성격강점 골든 벨(1학기 중간이나 말에 강점 이해 촉진차원에서 진행해도 좋음)
 – 학생들이 제비뽑기로 고른 1가지 성격강점에 대해 직접 문제를 내고 알아맞히기
 – 학급 친구들의 대표강점 알아맞히기
• 강점 축하하기
 – 학생들의 강점 활용 내용들을 나누며 잘 이루어진 강점 활용 축하하기
• 성격강점 사전 만들어 전시하기(혹은 자신의 성격강점 포트폴리오 작성 및 발표하기)
 – 성격강점의 의미와 가치 및 활용방안과 대표인물, 관련 인물 등에 대한 내용이 담기
  도록 사전을 만들고 전시하면서 함께 감상하기

(3) 성격강점 기반 학급운영 시 고려할 점

앞에서 소개한 성격강점 기반 학급운영이 효과적으로 진행되기 위해서 고려해야 할 점을 제시하면 다음과 같다.

• 학생들의 자발적 참여를 이끄는 동기 유발에 유의하기
• 교사가 주도하기보다 학생들과 협력적으로 운영하는 분위기 조성하기

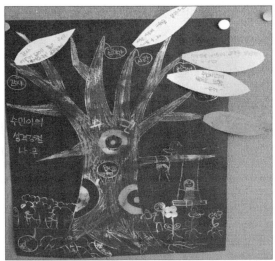

[그림 5-5] 대표강점 나무 키우기

- 모둠별로 모둠일지를 활용해 각 학생들이 강점 활용 실행 사항을 올리고 모둠원들이 서로 칭찬, 격려 반응하는 구조를 만들어 동기 강화하기(일주일에 2번 정도씩)
- 학급 게시판 등 공간에 각 개인의 강점 나무를 학기 초에 붙여 놓고 강점일기 쓰기, 강점 활용하기 등을 했을 때마다 강점 나무에 스티커를 붙이며 스스로 강화하는 '나의

강점 나무 가꾸기' 활동하기(짝이나 모둠별로 일주일 단위로 상기하며 나눌 기회 주기)
- 학생이 성격강점을 인식하고 활용하는 교사를 모델링할 수 있다는 점에 유의하기
- 교사의 대표강점을 학생들에게 알리고 교사의 대표강점에 대한 학생들의 피드백을 기꺼이 수용하기
- 내 · 외적 보상과 강화를 경험하면서 '이게 나구나!' 하는 것을 체험하도록 돕기
- 자신의 성격강점을 인식 · 활용 · 계발해 나가며 자신만의 정체성을 구축하도록 돕기
- 알림장과 일기에 기록한 내용 이외에 집단상담 활동과 진로 찾기 활동 및 방학 과제 등을 개인 포트폴리오에 담아 전시하거나 발표할 기회를 만들어 주기
- 다른 교사들과 함께 팀으로 진행하며 상호정보, 아이디어 교류 및 피드백 평가하기

2. 심리교육 및 집단 프로그램 활용 인성교육 방안

학교 인성교육은 다양한 방법으로 진행될 수 있지만 소집단이나 또는 학급단위로 체계적인 심리교육이나 집단상담의 형태로 이루어질 때 매우 효과적일 수가 있다. 심리교육이란 개인에게 자아 및 자아와 관련된 세계에 관한 의미 있는 학습을 제공해서 개인의 심리적 문제해결과 성장 발달에 기여할 유능성과 효율성 증진하고자 심리학적 원리와 지식, 기법을 적용하여 실시하는 특별한 형태의 교육적 활동(김광수, 2014)으로 치료보다는 예방, 발달 그리고 교육을 강조하며 인지적 영역의 지적 학습과 정의적 영역의 인간적 성장 경험의 통합을 목적으로 하는 전인적 교육방법이다. 또한 집단상담은 학교의 인성 및 생활지도에서 효과적으로 활용되는 방법으로 심리교육 및 생활지도 프로그램의 중심 부분이 될 수 있다. 소집단상담의 실시를 통해 더 많은 학생이 체계적이고 심층적인 인성 및 생활지도의 혜택을 누릴 수 있고 문제의 예방뿐만 아니라 성장과 발달 촉진이라는 학교생활지도 및 인성교육의 목표가 더 효과적으로 달성될 수 있다. 요컨대, 학교에서 이루어지는 집단상담은 심리교육적 프로그램을 활용하여 진행할 때 보다 효과적으로 이루어질 수 있다(김광수, 2014). 여기서는 집단상담 형태로 진행할 수 있어서 인성교육에 효과적으로 활용할 수 있는 구조화된 프로그램을 제시하고자 한다.

1) 강점 기반 행복증진 프로그램: 빛나는 강점, 행복한 나[2]

(1) 프로그램의 목표

초등학생들이 자신의 대표강점을 알고, 일상생활에서 지속적으로 대표강점을 활용할 수 있도록 도와주어 자신의 대인관계, 정서, 유능감에 대해 긍정적인 평가를 높이고, 부정적인 평가를 낮추게 함으로써 행복한 생활과 자아실현을 가능케 하는 데 목표를 둔다.

(2) 프로그램의 내용과 기대효과

강점 기반 행복증진 프로그램의 전체적인 구성 내용은 〈표 5-7〉과 같다. 이 프로그램은 대표강점 인식과 활용을 프로그램의 전반적인 과정 속에서 익힐 수 있도록 구성하되, 일상 생활 속에서 자연스럽게 대표강점을 인식하고 활용할 수 있도록 하기 위하여 '사랑, 감사, 친절성, 낙관성' 4가지의 성격강점 및 참여 학생 각자의 대표강점과 해당 개입기법을 연계한 활동으로 구성되었다. 강점 기반 행복증진 프로그램의 주요 과정인 대표강점 인식하기와 활용하기의 과정은 다음과 같다.

〈표 5-7〉 강점 기반 행복증진 프로그램의 개요

단계	회기	구성요소	긍정심리 관련 개입기법	제목	활동목표	활동내용
도입	1	대표강점		'반짝반짝 빛나는, 행복한 나'의 첫걸음	프로그램 실시목적과 24가지 성격강점 알고, 참여의지 높이기	• 프로그램 소개하기 • 24가지 성격강점 알기 및 나의 대표강점 추측하기 • '성격강점' 텔레게임하기 • 약속 다짐하기 　-과제: 주변 사람이 말하는 나의 강점은?

---

2) 「성격강점기반 행복증진 프로그램이 초등학생의 주관적 안녕감에 미치는 효과」(김수연, 2013; 김수연, 김광수, 2014)의 일부 내용을 토대로 교육현장에 활용 가능하도록 수정·보완하여 구성하였다.

성격강점인식하기	2	대표강점	대표강점 인식하기	'나'를 찾아봐요	대표강점을 찾는 과정을 통해 소중한 '나'의 가치 느끼기	• '나는, 미운 오리? 빛나는 백조!' 놀이하기 • 자신의 대표강점 3~5가지 찾기 • 별칭 짓기 & 성격강점 이름표 만들기 −과제: 두 모둠 친구들의 별칭 외우기
	3	대표강점, 사랑	대표강점 인식하기, 적극적 건설적 반응하기	'나'처럼 반응해 주세요	긍정적 반응을 주고받으며 대표강점에 깊은 관심 갖기	• 나의 이야기를 들어 줘, 제발~ • 좋은 대화를 위한 행동을 찾아라! • 소개 사인 받기(별칭, 대표강점 등) −과제: 반 친구들의 별칭 외우기
	4	대표강점	대표강점 인식하기, 대표강점 활용하기	특별한 '나'를 알아요 1	대표강점을 구체적으로 살펴보며 특별한 '나'의 유능감 느끼기	• 마인드맵으로 대표강점 나타내기 1 −과제: 강점일기 쓰기
	5	대표강점	대표강점 인식하기, 대표강점 활용하기	특별한 '나'를 알아요 2	대표강점을 구체적으로 살펴보며 특별한 '나'의 유능감 느끼기	• 마인드맵으로 대표강점 나타내기 2 • 대표강점을 찾아라!(골든벨 게임) −과제: 강점일기 쓰기
	6	대표강점, 감사, 시랑	축복 헤아리기, 친밀한 사람 강점 인식하기, 대표강점 인식하기	감사하고 사랑해요	자기, 주변 등의 감사함을 찾고, 사랑하는 가족의 성격강점 찾기	• 감사한 순간 포착! • 빛나는 성격강점 나무(가족 성격강점 나무)를 만들어요 −과제: 성격강점 나무 가족과 함께 만들기
성격강점활용하기	7	대표강점, 친절성	친절한 행동 헤아리기, 친절한 행동하기, 대표강점 활용하기	우리는 서로 돕고 아껴 줘요	자신의 대표강점으로 가족을 돕고, 좋은 가족관계 형성하기	• 만약, 나 홀로 집에? • 넌 감동이었어! −과제: 넌 감동이었어!(가족) → 강점일기 쓰기
	8	대표강점, 친절성	친절한 행동 헤아리기, 친절한 행동하기, 대표강점 활용하기	우리는 좋은 친구예요	친구의 대표강점을 찾고, 자신의 대표강점으로 친구를 도우며, 좋은 친구관계 맺기	• 유쾌한 칭찬 게임하기 • 칭찬 페이퍼 쓰기 • 넌 감동이었어! −과제: 넌 감동이었어!(친구) → 강점일기 쓰기

	9	대표강점, 낙관성	미래 최고의 모습 떠올리 기, 대표강점 활용하기	나의 꿈을 이뤄요★	꿈과 목표를 이루 기 위해 지속적으 로 대표강점 사용 하기	• '내 인생의 꿈지도' 만들기 • '병 속에 담긴 편지' 쓰기 　–과제: 강점일기 쓰기
마 무 리	10	대표강점		반짝반짝 빛나는, 행복한 나	프로그램 정리하 며 새로워진 나를 느끼고 대표강점 의 지속적인 활용 의지 다짐하기	• 그동안 써 온 강점일기 읽어 보 기 및 이야기 나누기 • 자신에게 성격강점 상장 주기 • 프로그램의 과정 되돌아보기 • 프로그램 소감문 작성하기

① 성격강점 인식하기

먼저 아동용 성격강점검사지인 KICS 아동 진로성격강점검사나 단축형 검사를 본 프로그램 실시 이전에 실시한다. 성격강점검사지로 찾은 대표강점과 실제 스스로가 가지고 있다고 느끼는 성격강점, 친밀한 타인(가족, 친구 등)이 인식하여 알려 주는 자신의 성격강점을 찾아서 비교 분석하면서 스스로 자신의 상위 대표 성격강점을 3~5가지 정도 탐색하도록 구성되었다.

주변 사람들의 사회적 지지가 대표강점의 활용과정에서 중요한 역할을 할 수 있으므로 학생들에게 자신 및 타인의 대표강점에 대해 '적극적이고 건설적으로 반응하기' 방법을 익힐 수 있는 활동에 참여하여, 친구들과 함께 대표강점을 인식하는 과정에서 상호간 긍정적인 피드백을 주고받도록 한다. 그리고 학생들은 성격강점을 일상생활에서 활용할 수 있는 새로운 방법을 찾고, 집단에서 성격강점 관련 정보를 공유함으로써 동기를 부여받으며, 다른 사람의 성공 경험을 통하여 모델링할 수 있다.

각자의 대표강점에 대한 정확한 이해와 활용법을 익힐 수 있도록 하기 위하여 대표강점이 같은 집단원과 소집단을 만들어 성격강점 관련 책, 인물 본보기, 성격강점 활용 경험들을 토대로 의견과 정보를 공유하도록 한다. 그리고 자신과 타인의 대표강점을 토대로 '축복 헤아리기' 기법을 사용하여, 자신이 일반적으로 감사할 일들과 자신의 대표강점이 타인 및 자신에게 도움을 준 것에 대한 감사함을 적으며 자신과 타인, 주변 환경에 대한 부정 정서를 낮추고, 긍정 정서를 증진한다. '친밀한 사람의 성격강점 인식하기'로 자신뿐 아니라 친구나 가족 등 타인의 성격강점을 인식할 수 있도록 하여 타인과의 긍정적 관계를 형성하게 함과 동시에 부정적 관계를 회복시키게 하며, 성격강점에 대한 전반적인 인식이 확대되게 한다. 이 프로그램에서 대표강점을 3~5가지로 한정 짓고 있지만, 누구나 24가지의 성격강점은 적절히 가지고 있으므로, 대표강점 이외의 다양한 성격강점 활용도 가능하게 구성하였다.

② 성격강점 활용하기

성격강점에 대한 인식을 갖춘 후에 성격강점을 실생활에서 활용함으로써 지속적인 행복, 즉 주관적 안녕감의 증진을 촉진하고자 하는 단계이다. 먼저 대표강점으로 '친절한 행동하기'와 자신의 대표강점을 활용하는 '친절한 행동 헤아리기' 활동으로 구성되었다.

친구나 가족 등 주변 사람에게 도움을 준 경험을 적어 보고, 앞으로 대표강점으로 도움을 줄 수 있는 나만의 방법들을 생각하여 실천해 봄으로써 친구와 가족 간의 관계가 회복되거나 증진되는 데 자신의 대표강점이 효과적임을 인식하고, 유능감을 높일 수 있도록 활동을 구성하였다. 대표강점을 토대로 한 '미래 최고의 모습 떠올리기' 기법을 활용하여 자신의 미래 모습을 상상하게 하되, 점점 자신의 가까운 미래의 계획도 세우도록 하여 희망 정도를 높이고자 하였다. 특히 미래에 자신의 최고 모습을 이루기 위해 지금 자신이 가지고 있는 대표강점이 어떻게 활용될지 생각해 볼 수 있는 활동과 미래의 목표를 달성한 나를 상상하는 활동을 구성하였다.

'성격강점 활용하기' 단계는 지속적인 대표강점의 생활화를 위하여 긍정 경험을 높임으로써 점차적으로 긍정기억의 증가로 부정기억의 감소 효과를 얻을 수 있다. 그리고 대표강점 인식 후, 일상생활에서 대표강점을 활용할 수 있도록 강점일기 쓰기를 일주일에 2번 이상 쓰도록 하여 지속적으로 일상생활에서 성격강점의 실천화 과정을 거칠 수 있도록 하였다.

③ 성격강점 기반 행복증진 프로그램의 기대효과

첫째, 자신의 대표강점을 인식, 활용하는 과정은 주관적 안녕감을 증진시키며 다양한 성격강점 활동을 통해 성격강점을 경험하게 하고, 사용하게 하며, 강화하게 해 줄 수 있을 것이다.

둘째, 이러한 과정에서 대표강점을 가진 자신의 유능감을 경험하게 되어 자아실현의 토대를 마련해 줄 수 있을 것이다.

셋째, 지속적인 대표강점의 활용 경험으로 자신에 대한 유능감은 증진되고, 더 나아가 자신의 부정적 능력에 대한 평가는 상쇄하는 효과가 있을 것이다.

넷째, 관계 속에서 대표강점을 활용하여 타인과 긍정적인 상호작용을 하고, 부정적 관계 회복을 위해 자신이 할 수 있는 방법을 터득하게 해 줄 수 있을 것이다.

다섯째, 대표강점을 활용하여 생활에 적극적으로 참여하면서 부정적인 자기평가에서 벗어나게 함으로써 부정 정서를 감소시킬 수 있을 것이다.

여섯째, 주변의 긍정적인 피드백 과정과 과거, 현재, 미래에 대한 긍정적인 자기자각을 통하여 긍정 정서를 경험하게 해 줄 수 있을 것이다.

일곱째, 지속적인 대표강점 인식과 활용 습관을 경험하게 해 주는 이 프로그램을 통하여 좋은 기분의 일시적인 상승이 아닌 일상생활에서 보다 지속적인 행복을 가능하게 할 것이다.

(3) 프로그램의 진행방법

1회기는 '도입' 단계로, 프로그램의 안내와 다짐 및 성격강점에 대한 동기부여를 한다. 즉, 행복에 대한 자가 측정, 프로그램의 안내와 약속하기, '성격강점' 텔레게임 활동을 통하여 프로그램 참여에 대한 동기부여가 이루어지도록 한다.

2회기부터 6회기까지는 '성격강점 인식하기' 단계로, 성격강점검사지, 자신의 경험, 가족이 보는 나의 성격강점 등을 토대로 자신의 대표강점이 무엇인지 스스로 찾아 강점 이름표를 만들고, 서로 간에 긍정적 반응을 주고받으면서 같은 대표강점을 가지고 있는 모둠원끼리 소집단을 구성하여 대표강점의 뜻, 활용방법, 본보기 인물, 활용했던 경험 등을 토의하는 활동을 한다. 자신의 대표강점뿐 아니라 나 그리고 내 주변에 감사한 점을 적어 보는 활동, 가족의 성격강점을 가족과 서로 이야기 나누며 함께 찾아보는 활동 등으로 대표강점을 탐색 및 인식할 수 있는 시간을 충분히 부여한다. 더불어 주변 친구와 가족의 사회적 지지를 받으며 대표강점을 인식하는 과정 속에서 주관적 안녕감이 증진될 수 있도록 한다.

7회기부터 9회기까지는 '성격강점 활용하기' 단계로, 친구와 가족의 대표강점을 알아보며, 자신의 대표강점으로 친구와 가족에게 도움을 줄 수 있는 방법을 찾아내고, 실제로 일상생활에서 자신의 대표강점을 사용해 봄으로써 주관적 안녕감이 증진될 수 있도록 한다. 또한 자신의 대표강점을 미래의 꿈과 목표를 이루는 데 활용할 수 있도록 내 성격강점카드를 만들어 보고, 자신의 대표강점을 계속 사용하면서 이루어낸 미래 최고의 모습(Best Possible Self: BPS)을 상상할 수 있도록 한다.

10회기는 '마무리' 단계로, 지금까지 상담활동을 되돌아보며 정리하고, 자신에게 성격강점 상장을 수여하며 지속적인 성격강점 활용에의 의지를 다짐할 수 있도록 한다. 또한 매 회기마다 다음 회기에 사용되거나 지속적으로 필요한 과제를 적정량 제시한다. 특히 강점 일기 쓰기의 습관화 및 생활화를 위하여 성격강점 인식하기하기 단계 중 4회기부터 제시한다. 각 회기별 진행은 도입하기, 회기 목표 관련 활동하기, 정리하기로 진행된다.

(4) 프로그램 지도안 및 학생 활동지

이 프로그램은 〈표 5-7〉의 개요에 있는 바와 같이 총 10회기로 구성되었는데 샘플 지도안과 활동지 및 학생 참여의 예를 제시하면 다음과 같다(나머지 회기의 지도안과 활동지는 부록 참조).

☐ 2회기 지도안(성격강점 인식하기)

'나'를 찾아봐요			
활동 목표	나의 대표강점을 찾아보는 과정을 통하여 소중한 '나'의 가치를 인식할 수 있다.		
준비 자료	활동지, 필기구, 풀, 포스트잇, 백조그림, 성격강점검사 결과지, 하트 시트지, 매직		
활동 절차	활동내용	시간 (분)	집단구성※ 준비물■ 유의점▣
준비 하기	• '미운 아기 오리' 이야기 말하기 　■ '미운 아기 오리' 이야기의 전체 줄거리를 발표한다. 　－미운 오리 새끼가 아름다운 백조로 변하는 과정을 통해 우리 　는 누구에게나 자신의 성격강점이 있음을 알고 있어야 한다 　고 언급한다. • 활동목표 안내하기 　누구나 자신의 단점 때문에 고민하고, 힘들어하고, 상처받았 　던 적이 있을 것입니다. 하지만 누구에게나 단점이 있는 것 　처럼, 우리는 누구나 강점, 특히 자신이 자연스럽게 자주 사 　용한다고 느끼는 대표강점을 가지고 있습니다. 단점을 고치 　기 위한 노력도 중요하지만 나는 어디에도 어울릴 수 없는 단 　점만 가지고 있는 아이가 아닌, 나를 아름다운 백조로 만들 　어 줄 대표강점이 있다는 것을 알게 된다면 '나'를 더 소중히 　여기고 자신감을 가지게 될 것입니다. 그래서 오늘의 주제는 　"'나'를 찾아봐요"이며, 자신의 대표강점을 찾는 활동을 해 나 　갈 것입니다.	3′ 2′	※ 전체
활동 하기	• '나는, 미운 오리? 빛나는 백조!' 놀이하기 　■ 활동지 2-1에 평소 자신이 듣고 있거나, 자신이 생각하는 　자신의 단점을 '미운 오리 그림' 주변에 돌아가며 적는다. 　■ 포스트잇에 5분 동안 나의 장점을 많이 적어서 자신의 단점 　을 적은 글자 위에 붙인다. 　■ 자신의 장점 찾기로 울고 있는 미운 오리가 더 이상 슬퍼하 　지 않도록 미운 오리 그림 위에 교사가 미리 잘라서 나누어 　준 빛나는 백조그림을 붙인다. 　■ 느낀 점을 발표한다. 　－누구에게나 단점이 있지만 누구에게나 장점도 있으므로, 자 　신의 나쁜 면만 보지 말고, 좋은 점, 특히 이번 시간에는 자 　신의 강점을 찾아보면서 나도 가치 있는 존재임을 알 수 있 　음을 언급한다.	17′	※ 개인 　■ 활동지, 포스트잇, 　백조그림, 풀 　▣ 미리 교사가 백조 　그림을 잘라서 준 　비하기

	• 자신의 대표강점 3~5가지 찾기 ■ 프로그램 1회기 시작 전에 미리 검사한 '성격강점검사지' 결과를 토대로 교사가 1~5위까지 적힌 개인별 대표강점 결과를 꼬리표 형식으로 만들어 주면, 학생은 활동지 2-2에 적는다. ■ 교사는 자신이 평소에 자연스럽게 일상생활에서 사용하는 자신의 대표강점을 다음 자료들을 활용하여 선정할 수 있도록 안내한다. ① 1회기 때 자신이 추측한 대표강점, ② 가족이 생각하는 나의 강점, ③ 강점결과지 결과, ④ '나는, 미운 오리? 빛나는 백조!' 놀이에 적은 장점 ■ 앞의 4가지 자료를 통해 학생들이 스스로 자신의 대표강점이라고 생각하는 강점을 3~5가지 선정하여 활동지 2-2에 적는다.	10′	※ 개인 ■ 강점결과지, 1회기 활동지, 과제, 활동지 ■ 대표강점 선정 시, 대표강점의 뜻과 4가지 자료를 꼼꼼히 살펴보며 자신의 대표강점을 찾을 수 있도록 강조
	• 별칭 짓기 & 성격강점 이름표 만들기 ■ 자신이 선택한 3~5가지 강점 중 가장 마음에 드는 것을 사용하여 자신만의 별칭을 짓는다. - 별칭 짓기를 힘들어하는 학생들이 있으므로 다양한 예(예: 유머가 넘치는 메뚜기, 친절한 김 모 씨)를 들어 준다. ■ 하트 시트지에 자신의 '성격강점 이름표'를 똑같이 2장을 만든다. - 성격강점 이름표에 들어갈 내용: 별칭, 강점 - 만든 '성격강점 이름표'를 책상 오른쪽 위에 붙여서 항상 자신의 대표강점을 살펴볼 수 있도록 한다. - 또 1장의 '성격강점 이름표'를 오른쪽 가슴 위에 붙여서 활동을 진행한다. - 만약 시트지의 접착력이 없어져 옷에 붙일 수 없을 수 있으므로 시간이 남는 다른 시간에 여분의 '성격강점 이름표'를 3~4개 만들어 교사가 보관하다가 필요시마다 학생에게 바꾸어 주는 것도 좋다.	15′	※ 개인 ■ 활동지, 하트 시트지, 매직 ■ 교사가 시트지를 하트 모양으로 만들어 미리 준비
정리 하기	• 정리 및 느낀 점 나누기 ■ 이번 시간을 통해 알게 된 점, 나를 변하게 만든 것, 느낀 점, 아쉬웠던 점, 힘들었던 점 등을 발표한다. • 과제 안내하기 ■ 본인의 모둠 포함 2모둠원들의 별칭 외워 오기	3′	

활동지 2-1	나는, 미운 오리? 빛나는 백조!	이름
		별칭

📂 지금 미운 오리가 슬퍼하고 있습니다. 여러분도 주변에서 듣거나 자기 스스로 싫어하는 자신의 단점 때문에 슬프거나 속상한 적이 있을 것입니다. 평상시에 들었던 그리고 자신이 느끼는, 때로는 버리고 싶은 자신의 단점을 미운 오리 주변에 적어 보세요.

📂 이제 여러분도 자신의 강점을 발휘하며 훨훨 날아가는 '빛나는 백조'가 되어 보는 시간입니다. '포스트잇'에 자신의 강점을 적은 후, 이 활동지에 적은 자신의 단점 위에 붙여 주세요. 그리고 울고 있는 '미운 오리' 그림 위에 '빛나는 백조' 그림을 오려서 붙여 주세요.

그림 2-1	나는, 빛나는 백조!	이름
		별칭

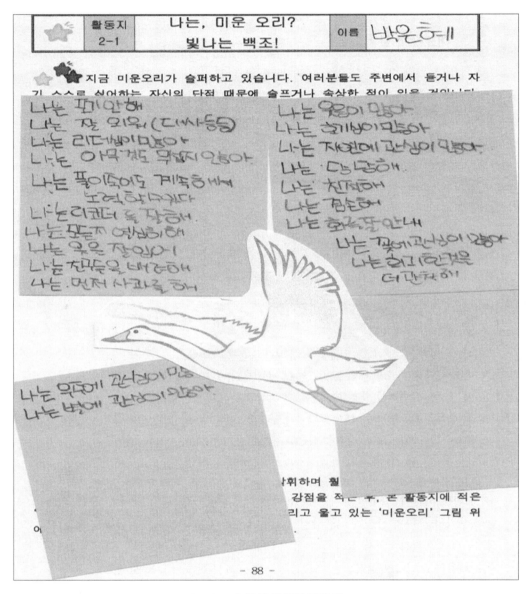

[그림 5-6] 학생 참여활동의 예

활동지 2-2	대표강점 찾기	이름	
		별칭	

📂 성격강점검사 결과 나타난 나의 대표강점을 1~5위까지 적어 보세요.

예) 1위: 친절성(19점)		

📂 진정한 자신의 성격강점은 다음과 같은 특성을 가집니다. 다음의 글을 읽으며, 자신의 진정한 성격강점으로 생각되는 것이 무엇인지 생각해 봅시다.

> '진정한 자신의 강점'은
> 1. "이게 바로 나야."라는 느낌을 준다.
> 2. 이 강점을 발휘할 때(특히 처음에) 유쾌한 흥분을 느낀다.
> 3. 이 강점과 관련된 일을 배우거나 연습할 때 빨리 배울 수 있다.
> 4. 이 강점을 계속해서 활용하고 싶은 생각이 든다.
> 5. 이 강점을 활용할 때는 의욕과 활기가 넘친다.
> 6. 누가 시키지 않아도 이 강점을 사용하려는 마음이 든다.

📂 ① 첫 번째 시간에 살펴본 '내가 추측한 나의 대표강점', ② 1회기 과제로 해 온 '가까운 사람이 생각하는 나의 장점과 대표강점', ③ 이번 시간에 살펴본 '나는, 빛나는 백조!'의 나의 장점들, ④ '성격강점검사 결과지'를 통해 나에게 가장 자연스러우면서 일상생활에서 내가 자주 사용하고 있다고 생각되는 대표강점을 3~5가지 찾아서 적어 보세요.

1.

2.

3.

4.

5.

활동지 2-3	'숲속의 동물학교' 이야기	이름	
		별칭	

　옛날 어느 숲 속에 많은 동물이 모여 살았습니다. 동물들은 8월 보름에 한 자리에 모여 축제를 벌였습니다. 축제가 끝날 무렵에 행사의 사회를 맡았던 토끼가 1가지 제안을 하였습니다.

　"우리는 늘 본능에 의하여 살아왔지만, 우리가 알고 있는 것을 후손들에게 체계적으로 전달할 수 있다면 생활이 더욱 풍요하고 윤택해질 것이므로 학교를 세우자."

　축제에 참가한 대부분의 동물이 토끼의 제안에 동의하였습니다.

　그날 이후 학교를 세울 준비가 착착 진행되어 갔습니다. 학교 건물을 짓고 필요한 시설을 갖추고 장비를 구입하여 배치하였습니다. 선생님과 행정직원을 뽑고 그들 중에서 덕행과 명망이 가장 뛰어난 동물을 교장선생님으로 선출하였습니다. 이제 학교는 교육과정을 결정하는 일을 제외하고는 학생들을 받아들일 만반의 준비를 갖추었습니다.

　교육과정을 결정한다는 것은 왜, 무엇을, 어떻게 가르칠 것인가에 관한 결정을 말합니다. 다르게 표현한다면 교육목적, 교육내용, 교육방법 등을 결정하는 것을 말합니다.

　학교 설립을 맨 먼저 제안했던 토끼가 말했습니다.

　"숲 속의 생활에서 가장 중요한 것은 '달리기'야! 달리기는 웰빙시대에 건강을 위해서도 필요하지만 맹수로부터 자신의 몸을 보호하기 위해서는 반드시 배워야 해."

　딱따구리가 고개를 끄덕이며 말했습니다.

　"달리기는 반드시 배워야 한다고 생각해. 하지만 '날기'를 배우지 않는다면 숲 속의 생활이 고달플 거야. 날 수 있어야 높은 나무 위에 열린 열매나 나무껍질 속에 숨어 있는 벌레를 먹을 수 있고, 자기보다 빠른 맹수의 습격으로부터 안전하게 대피할 수 있어. 따라서 모든 동물은 날기도 배워야 한다고 생각해."

　옆에서 졸고 있던 고슴도치가 아직 잠이 덜 깬 채로 기지개를 펴면서 말했습니다.

　"먹거리는 땅 위나 나무 위에만 있지 않아. 땅 밑의 세계는 먹을거리로 가득 차 있어. 또한 아무리 더운 여름이나 추운 겨울에도 땅속은 온도가 적당하여 이보다 살기 좋은 환경은 없다고 생각해. 그러니까 동물이라면 당연히 굴을 파고 그 속에 집을 짓는 방법을 익혀두어야 해."

　토끼, 딱따구리, 고슴도치의 말에 숲 속의 모든 동물이 고개를 끄덕였습니다. 축제장을 가득 채운 동물들은 자신의 자녀들이 숲 속에서 안전하고 풍족하며 편안한 삶을 살기 위해서는 학교에서 달리기, 날기, 굴 파기 등을 반드시 배워야 한다고 생각하였습니다. 말하자면 이것들은 학생들이 반드시 이수해야 할 필수과목이 된 것입니다.

개학 시기가 되었습니다. 어린 토끼는 달리기는 잘하지만 학교를 졸업하기 위해서는 날기와 굴 파기를 배워야 했습니다. 그러나 어린 토끼가 날기 연습을 하기 위하여 높은 나뭇가지 위에 올라갔을 때 몸이 사시나무 떨듯이 흔들렸습니다. 하지만 날지 못한다면 필수과목을 이수하지 않은 셈이 되고 그러면 졸업이 불가능해져서 사회에서 학력이 부족한 동물이라는 불명예를 안고 살아야 합니다. 어린 토끼는 눈을 감고 높은 나뭇가지 위에서 뛰어내렸습니다. 토끼는 다리를 심하게 다치고 말았습니다. 토끼는 날기와 굴 파기는 고사하고 자신이 가장 잘하는 달리기조차 하기 어렵게 되었습니다. 어린 딱따구리도 형편이 크게 다르지 않았습니다. 딱따구리는 작은 몸으로 달리기 연습을 하고 또 하였습니다만 발전이 없어 자신에게 무척 실망을 하였습니다. 그러나 더 큰 문제는 굴 파기를 반복하다가 부리가 갈라지는 큰 상처를 입고 말았습니다. 이제는 그토록 좋아하던 나무줄기 속에 들어 있는 맛있는 벌레를 먹을 수도 없게 되었습니다. 어린 고슴도치도 예외가 아니었습니다. 고슴도치는 달리기를 연습하는 과정에서 자신의 능력에 회의를 느끼게 되어 세상의 모든 일에 자신감을 잃었습니다. 더욱이 고슴도치에게 난다는 것은 사실상 불가능한 일인데도 불구하고 학교를 졸업하지 못하면 직장을 얻거나 배우자 선택에 제약이 많기 때문에 높은 나뭇가지 위에서 뛰어내리다가 머리를 크게 다쳐 가끔씩 헛소리를 하는 정신 이상의 증세를 보이게 되었습니다. 숲 속의 어린 동물들은 학교를 졸업할 때에 정신 이상을 보이거나 신체적으로 불구가 되었거나 자신감을 상실한 경우가 적지 않았습니다.

출처: Buscaglia (2018).

활동지 2-4	별칭 짓기 & 강점명함 만들기	이름
		별칭

▶ '자신의 대표강점'에 어울리는 자신만의 별칭을 지어 보세요.

　　예) 호기심이 많은 파브르, 유머가 넘치는 메뚜기

　　　　→ 자신의 성격강점이 별칭에 나타나게 별칭을 지어 주세요.

　　• 나의 별칭:

▶ 나누어 준 하트 시트지에 다음과 같이 '성격강점 이름표'를 만들어 보세요.

　　예) 용기 있는 동장군

　　　　→ 별칭과 대표강점이 모두 나타나도록 만들어 주세요.

〈별칭〉 **용기 있는 동장군**
1.
2.
3.
4.
5.

나의 대표강점 3~5가지 적기
(이 중 한 강점을 택하여 별칭을 지어도 좋고
혹은 여러 대표강점을 포함하는 별칭을 지어도 좋습니다.)

(5) 프로그램 현장실시 결과

이 프로그램은 학교현장에서의 실제적인 적용 및 일반화 가능성을 검증하기 위해 ○○초등학교 5학년 1개 학급 전체 학생(24명)을 대상으로 실시하였다. 1회기당 50분씩(단 4~5회기는 활동내용의 특성상 80분씩) 총 10회기로 실시하였다. 프로그램의 운영은 창의적 체험활동 시간과 도덕 시간을 활용하되, 대표강점 인식 및 활용의 생활화를 위하여 4회기 이후부터 일주일에 2번 이상 강점일기 쓰기를 하고, 프로그램 진행 이외의 시간에도 성격강점에 대한 긍정적 피드백을 통한 지속적인 지지를 해 주었다. 프로그램을 실시하지 않은 통제집단(24명)도 설정해서 효과를 비교해 보았다.

프로그램 실시 결과 실시집단의 행복도, 즉 주관적 안녕감이 통제집단에 비해 의미 있게 증가하는 결과를 보여 주었다. 또한 프로그램 실시 효과를 보다 상세히 알아보기 위해서 각 회기별 참여학생 소감문과 전체 프로그램에 대한 평가결과 및 전체 소감문을 분석했고, 진행자 관찰기록 내용도 수집, 분석한 결과는 다음과 같다.

첫째, 전반적으로 본 프로그램이 초등학생의 주관적 안녕감 증진에 도움을 주었으며, 프로그램의 목적에 맞게 타당하게 구성되었음을 보여 주는 결과가 나왔다. 전체 프로그램의 만족도에 대한 설문결과에서 이 프로그램이 정적 안녕의 증진과 부적 안녕 감소에 기여했다고 반응한 학생은 19명(79.2%)~24명(100%)이었다. 또한 이 프로그램을 통해 변화된 점에 대한 기술내용 분석 결과, '자신의 능력을 좋게 평가하고, 기분이 좋아졌으며, 가족과 친구관계가 좋아졌다.'라는 등의 정적 안녕 증가와 관련된 응답이 총 24명 중 18명(75%)이었고, '잘하는 것이 없다고 생각했는데 자신에게 용기가 생겼으며, 화가 나도 참을 수 있으며, 친하지 않았던 친구와도 친해졌다.'라는 등의 부적 안녕 감소와 관련된 응답은 6명(25%)이었다. 그리고 '아쉽고 어려웠던 활동이 없었다.'라고 응답한 학생은 21명(87.5%)이었다. 그리고 가장 도움이 된 활동은 정적 안녕 증진과 관련된 활동이 대부분이었다. 이러한 결과는 이 프로그램이 주관적 안녕감 증진, 특히 정적 안녕 증진에 효과적이었으며, 초등학생의 수준에 적합하게 구성되었음을 보여 주고 있다.

둘째, 성격강점 기반 행복증진 프로그램이 초등학생의 효능, 정서, 관계 측면에서 정적 안녕의 증진과 부적 안녕의 감소 효과를 가져온 것을 보여 주었다. 도입부에서는 '성격강점'이라는 생소한 용어와 24가지 성격강점에 대해 혼란스러움을 나타내는 학생들이 있었다. 그러나 성격강점 인식하기 단계로 접어들면서 대표강점을 스스로 찾아가는 과정, 대표강점에 대해 모둠원과 탐구해 가는 과정 등을 거치면서 효능 안녕과 정서 안녕 측면에서 좋은 기분상태 유지, 유능감 증진, 부정적 자기평가의 감소, 자신이 평소 가지고 있던 다양한 부정적 감정의 해소 등의 결과가 나타나는 것을 확인할 수 있었다. 또한 성격강점 나무를 가족과 함께 만드는 활동과 친구의 강점을 찾는 활동, 더 나아가 강점일기 쓰기와 '넌 감동이었어!' 활동으로 가족과 친구에게 대표강점을 실천하는 지속적인 경험이 주변 사람들과의 부정적 관계를 회복하는 데 도움을 준 것으로 나타났다.

　셋째, 대표강점에 초점을 둔 이 프로그램이 주관적 안녕감 증진과 일상생활 속에서 지속적인 대표강점 활용의 습관화에 효과적임을 입증해 주고 있다. 특히 대부분의 학생이 강점일기 쓰기나 '넌 감동이었어!' 등과 같은 실생활에서 대표강점을 활용하는 과제를 계속하고 싶어 하는 의지를 드러냈고, 실제로 프로그램 종결 후, 2개월이 지난 시점에서도 강점일기를 자발적으로 쓰는 학생들이 있었다. 또한 많은 학생이 친구들의 잘한 점을 그들의 성격강점과 연결 지어 칭찬하는 모습을 통해 칭찬을 받는 학생과 칭찬을 하는 학생 모두 긍정적인 반응양상을 보였다.

　앞의 결과에 비추어 볼 때 이 프로그램은 초등학생들이 자신의 대표강점을 알고, 일상생활에서 지속적으로 대표강점을 활용함으로써 자신의 대인관계, 정서, 유능감에 대해 긍정적인 평가를 높이고, 부정적인 평가를 낮추면서 행복한 생활과 자아실현에 기여하고 있음을 알 수 있다. 이와 같은 결과는 학교현장에서 이러한 인성교육 프로그램을 실시하면서 성격강점 기반 학급운영을 통한 인성교육을 지속적으로 진행해 나갈 때 학생들이 자신의 자원과 잠재력을 발견하고 자기를 실현해 나가면서 학급과 사회의 건강한 구성원으로서 조화롭고 행복한 성장과 발전을 이루어 나갈 수 있음을 보여 준다.

2) 교사를 위한 성격강점 기반 행복교육 프로그램[3]

자신의 대표강점과 미덕을 발휘함으로써 만족과 긍정적 정서를 자아내는 행위가 진정한 행복을 경험하는 길이라고 보는 긍정심리학의 주장에 근거하여, 교육의 중요한 역할을 수행하는 교사가 먼저 자신의 대표강점, 성격강점을 찾고 자신의 일과 학습, 교육, 여가, 인간관계, 진로, 문제 상황 및 스트레스 등 다양한 영역에서 자신의 강점을 보다 자주 사용하면서 한 인간으로서 자신의 삶의 만족과 안녕감 증진을 경험하며 충만한 삶을 살아갈 때 학생에게 인성의 모델로서 기능할 수 있다. 그리고 이러한 모습이야말로 학생을 지도하는 데 도움이 되는 진정한 모델링과 메타 교육적 효과를 가져올 수 있다. 이러한 맥락에서 교사의 직무만족과 안녕감을 증진하고 학생의 인성교육지도에 기여할 성격강점 기반 행복교육 프로그램에 대해 소개하면 다음과 같다.

(1) 프로그램의 목표

이 프로그램의 목표는 인간으로서의 교사가 행복하고 성공적인 삶을 살아가기 위해서 계발이 요구되는 인간의 긍정적 성품을 체계적으로 이해하고 자신의 대표 성격강점을 발견하고 이의 활용을 통해 행복한 교사의 역량 계발을 촉진하는 것이다. 특히 자신의 대표강점을 찾고 이를 자신의 일과 사랑과 인간관계, 학습, 진로, 특히 교직 수행 등의 삶에서 보다 자주 사용할 수 있는 실제적인 방법을 찾아 실행함으로써 자신만의 성공적인 삶을 창조하는 법을 익혀 행복한 삶을 살고 행복한 교육을 탐구하는 역량을 계발하도록 돕고자 한다. 이에 따른 구체적 목표는 다음과 같다.

- 행복의 진정한 의미와 성격강점의 관계를 이해한다.
- 성격강점의 의미와 내용을 이해하고 자신의 대표 성격강점을 발견, 활용한다.
- 행복과 관련이 높은 성격강점에 기반을 둔 긍정심리적 특성을 계발한다.

---

3) 「예비교사와 현장교사를 위한 강점 기반 행복교육 프로그램 개발」(김광수, 기경희, 2017)의 일부 내용을 토대로 수정 · 보완하여 구성하였다.

- 장차 학교현장에서 학생들의 강점 성격특성 계발, 창의적 인성 계발 방안을 구성하여 제시할 수 있는 역량을 계발한다.

(2) 프로그램의 내용과 기대효과

강점 기반 행복교육 프로그램은 총 10회기로 구성되었으며 각 회기는 120분으로 구성되어 있다(진행 상황에 따라 100분 정도로도 진행할 수 있다). 각 회기마다 목표제시, 도입, 회기 활동, 마무리 및 과제제시의 형식으로 구성되어 있으며 전체적인 내용은 〈표 5-8〉과 같다. 이 프로그램의 기대효과 및 활용방안을 제시하면 다음과 같다.

- 교사(예비교사)들이 인간이 행복하고 성공적인 삶을 살아가며 효율적 교직 수행을 위해서 계발이 요구되는 긍정적 심성, 성품을 체계적으로 이해하고 자신의 강점 성품을 자각, 발견하고 이를 다양한 상황과 장면에서 활용, 계발하게 하는 실제적인 방안을 제시할 수 있을 것이다.
- 교사(예비교사)들은 이 프로그램을 통해 자신의 성격강점들을 발견하고 이해하며 활용, 개발할 수 있는 다양한 경험과 구체적 활동 방안을 창의적으로 찾아 계획, 실행할 수 있다. 이를 통해 자신과 타인, 일, 삶의 공동체에서 주관적 안녕과 심리적 안녕을 경험하고 자신만의 성공적인 삶을 창조하는 법을 배우고 개발하고 실행하여 행복한 삶을 사는 교사(예비교사), 행복한 교육을 탐구하는 교사(예비교사)가 되게 하는 데 동기를 부여할 수 있을 것이다.
- 또한 더 나아가 학교현장에서 교직을 수행할 때 맡은 학생들의 안녕감과 행복감 증진을 위해 학생들에게 적용할 방안이나 프로그램을 구성할 수 있는 모델과 방안을 제시할 수 있다. 이를 통해 학교현장에서 학생들의 강점 성격특성 계발, 창의적 인성 계발 및 교육실시에 기여할 수 있을 것이다.

<표 5-8> 강점 기반 행복교육 프로그램의 개요

단계	회기	제목	활동목표	활동내용	비고
도입	1	성격강점과의 만남	• 프로그램 목표를 이해하고 참여 동기 높이기 • 성격강점 및 대표강점의 의미와 중요성을 이해하고 자신의 대표강점에 관심 갖기	• 프로그램 소개 및 참여 규칙 정하기 • 성격강점과 대표강점에 대해 이해하기 • 내가 생각하는 나의 강점 찾기 • 강점 관련 별칭 짓고 자기소개하기 • 활동 소감 나누기 　-과제: 3인 이상에게 강점 피드백 받기	• 안내문 • 성격강점 정의 • 별칭 이름표 • 과제 활동지
인식	2	행복의 의미와 대표강점 발견	• 나의 행복 수준을 점검하고 행복의 의미 알기 • 다양한 방법을 통해 자신의 대표강점 발견하기	• 나의 행복 수준과 행복에 대한 의미 나누기(마인드맵, 행복에 이르는 길, 강점 활용의 중요성) • 타인에게 받은 강점 피드백, 성격강점검사 결과 확인하기 • 자신의 대표강점 발견하기(이게 바로 나야!?) • 활동 소감 나누기 　-과제: 강점 활용 일기 쓰기	• 활동지 • 검사결과지 • 과제 활동지
	3	소중한 대표강점 활용	• 자신이 소중히 여기는 성격강점을 찾고, 자신의 대표강점과의 관련성을 생각하여 대표강점 활용 계획 세우기	• 과제 발표: 강점 활용 일기 발표하기 • 소중히 여기는 대표강점 찾기(강점경매) • 강점 활용 계획 세우기 • 활동 소감 나누기 　-과제: 대표강점 롤모델의 삶 조사하기	• 강점일기장 • 활동지 • 과제 활동지

활용	4	중요한 순간! 최고의 모습! -낙관성	• 불행을 극복하여 행복으로 이끌어 준 성격강점 탐색하기 • 롤모델의 삶을 참고하여 자신의 최고 모습을 구체적으로 그려 보고 관련 대표강점 활용 의지 높이기	• 대표강점 실행 경험 나누기 • 인생의 정점과 저점에서 활용한 강점과 자원을 찾고 대표강점과의 관련성 탐색하기(인생그래프) • 새옹지마 경험 나누기(과거 극복 낙관성) • 과제 발표: 대표강점 롤모델 발표하기 • Best Possible Self 모습 그려 보고 발표하기(미래지향 낙관성) • 활동 소감 나누기 　-과제: 친한 사람의 대표강점 찾기	• 활동지 • 과제 활동지
	5	향유하는 삶 -심미안	• 향유의 종류와 방법을 알고 일상생활에서 대표강점을 활용하여 향유를 실행하려는 동기 높이기	• 과제 발표: 친한 사람의 대표강점 나누기 • 향유하기의 종류와 방법 알아보기 • 상상여행 떠나기 • 활동 소감 나누기 　-과제: 향유 실행 경험 자료 가져오기	• 활동지 • 멘트, 도화지, 색연필, 음악
	6	친밀한 관계 -사랑	• 타인의 대표강점에 대한 인식을 바탕으로 친밀한 관계 형성을 위해 적극적-건설적 반응양식 익히기	• 과제 발표: 향유 실행 소감 나누기 • 사랑받았던 경험에 대해 나누기 • 대인관계 반응의 4가지 유형 이해하기 • 적극적 건설적 반응을 익히고 연습하기 • 강점데이트 계획 세우기 • 활동 소감 나누기 　-과제: 강점데이트 실시 후 소감문 적어 오기	• 활동지 • 과제 활동지

	7	삶의 고마운 대상 -감사	• 삶에서 감사하게 여겨 지는 것들을 떠올리고 감사한 대상에게 자신 의 대표강점을 활용한 감사표현 계획 세우기	• 과제 발표: 강점데이트 소감 나 누기 • 감사에 대한 마인드맵: 의미와 가치, 감사거리 • 대표강점을 활용한 감사표현 계 획 세우기 • 활동 소감 나누기 −과제: 감사표현 경험 적어 오기	• 실행자료 • 활동지 • 과제 활동지
	8	용서에 이르는 길 -용서	• 용서의 참 의미와 가치 를 이해하고 대인관계 에서 미해결된 갈등이 나 상처를 극복하기 위 해 용서를 고려하기	• 과제 발표: 감사표현 경험 나누기 • 내가 생각하는 용서, 용서에 대 한 이해 심화 • 용서에 대한 경험 나누기 • 용서편지 쓰고 대표강점과의 관 련성 탐색하기 • 활동 소감 나누기 −과제: 자신에게 보내는 용서편 지 쓰기	• 감사일기 • 활동지 • 과제 활동지
	9	베풀 줄 아는 삶 -친절성	• 친절의 의미와 가치를 알고 친절을 일상생활 에서 실천하기	• 친절 관련 경험 나누기(친절을 받았거나 베풀었던 경험) • 내가 실천할 수 있는 친절 목록 표 만들기 • 친절한 행동 계획하고 수행하기 (마니또) • 활동 소감 나누기 −과제: 친절한 행동 실행하고 소 감문 쓰기	• 활동지 • 과제 활동지
마 무 리	10	행복한 삶 살아가기	• 대표강점 활용 동기 높 이기 • 성과 및 미해결 과제 확인 • 프로그램 평가 및 피드 백	• 과제 발표: 친절한 행동 실행 소 감문 발표하기 • 행복에 대해 다시 생각해 보고 처음과 비교해 보기 • 내 인생의 로드맵 작성하기(칭 찬세례) • 강점을 활용하여 행복을 실천하 기 위한 약속, 다짐 작성하기(행 복 실천 10계명) • 성과 및 미해결 과제에 대한 의 견 나누기 • 프로그램 평가 및 성과 척도 작 성하기	• 과제 활동지 • 행복 실천 일기 • 평가 및 설문

〈표 5-8〉의 프로그램 개요에 나타난 것처럼 이 프로그램은 대표강점을 인식하도록 하기 위해 성격강점검사, 강점 피드백 받기, 강점경매, 강점 관련 일화 찾기 등의 활동을 실시하고 있으며 대표강점을 활용하는 것과 관련하여 강점 활용 일지 쓰기 활동을 실시하고 있다. 대표강점의 발견과 활용을 기반으로 하면서 낙관성, 사랑, 감사, 용감성, 친절성 등의 성격강점을 계발 · 활용하도록 촉진하는 내용으로 구성되었다. 특히 개인초점적인 활동과 관계중심의 활동들이 적절하고 균형 있게 이루어지고 있는데 강점 관련 긍정적 자기소개하기, 대표강점 발견하기, 대표강점 실행(활용)하기, 강점 활용 일지 쓰기, 강점 관련 롤모델 조사하기, 하나의 문이 닫히면 다른 문이 열렸던 경험 나누기, 향유 및 음미하기, 감사편지 쓰기, 용서편지 쓰기, 적극적-건설적 반응하기, 강점데이트하기, 친절한 행동 수행하기, 강점 활용 인생로드맵(시나리오) 작성하기 등과 같은 활동들이다.

이 프로그램을 통하여 교사는 자신의 성격강점을 발견하고 일을 비롯한 일상생활에서 자신의 성격강점을 활용하는 기회를 자주 가지게 됨으로써 긍정적 정서 증진의 효과를 가져올 것으로 기대된다. 또한 이러한 긍정적 정서 증진은 소진이나 우울 수준의 감소를 가져오고 주관적 안녕감 및 심리적 안녕감, 즉 행복도의 향상을 가져와 건강하게 기능하는 교사로서 현장에서 양질의 교육을 수행하도록 할 것으로 기대된다. 교사의 변화는 곧 교육의 수혜자인 학생에게 전달될 것이고 이러한 양질의 교육은 학생들의 학업 성취뿐 아니라 정의적 특성의 발달에도 강력한 영향을 미칠 것으로 보인다. 더 나아가 이 프로그램은 비단 교사로서의 삶뿐만 아니라 한 인간으로서 자신의 행동을 스스로 잘 조절하고, 자신의 성격강점을 중심으로 자신의 모습을 발견하고 수용하며, 삶의 분명한 목적을 갖게 하고, 자신의 강점과 잠재력을 실현하려는 동기와 의지를 가지고, 원만한 대인관계와 주위환경에 대한 뛰어난 조절 능력을 증진할 수 있도록 도울 수 있을 것으로 기대된다. 이와 같이 자신의 강점 중심으로 최대로 기능하고 안녕감을 누리는 인간으로서의 교사는 삶의 여러 영역에서 특히 교직 수행의 영역에서 학생들에게 선한 영향력을 끼칠 수 있을 것이며 이 프로그램은 이를 위한 시작점이 될 수 있을 것이다.

(3) 프로그램 내용과 활동의 일례

프로그램 개요에서 소개된 프로그램의 내용과 활동의 예로 2회기 '행복의 의미와 대표강점 발견'에 대해서 살펴보면 다음과 같다.

2회기 활동의 목표는 행복의 의미를 탐색하고 행복에 이르는 5가지 길에 대해 이해하며 행복에 이르도록 돕는 자신의 대표강점을 다양한 방법을 통해 확인하고 이해하는 것이다. 이를 위한 활동으로 행복 마인드맵 그리기(행복하면 떠오르는 생각을 자유롭게 마인드맵으로 나타낸 후 2명씩 짝지어 나누어 보고 전체집단과 함께 행복에 대한 공통적 의미를 찾아본다), 나의 행복 수준 평정하기(자신의 행복 수준을 0~10까지의 척도를 통해서 점검해 본다), PERMA의 이해와 평정하기(행복에 이르는 길로 행복의 5가지 요소 PERMA, 즉 즐거운 삶, 몰입하는 삶, 함께하는 삶, 의미 있는 삶, 성취하는 삶에 대해서 이해한 후 자신의 최근의 삶을 돌아보면서 각 요소별로 0~10척도를 통해서 평정하고 평가해 본다. 즉, 가장 높게 나온 요소나 가장 낮게 나온 요소는 무엇이며 그 이유는 무엇인지 그리고 가장 낮게 나온 요소의 점수를 올리기 위해서 내게 필요한 행동은 무엇인지 생각하고 나누어 본다), '숲속의 동물학교 이야기(활동지 2-3 참조)'를 읽고 소감 나누기(단점이나 약점보다 강점이나 장점을 찾아 훈련, 활용하고 계발하는 것의 중요성을 일깨우는 이야기), 자신의 대표강점 발견과 행복에 이르는 길과의 관련성 찾아 나누기(나의 생각, 타인의 피드백, 검사결과 등을 종합해서 대표강점 찾기) 활동을 하고 과제로 강점 활용하고 일지 쓰기 과제 수행하기가 부과된다.

(4) 프로그램 진행 방식과 프로그램 참여 평가

교사를 대상으로 한 이 프로그램 진행은 참여자들이 흥미를 가지고 적극적으로 참여하고 상호작용이 이루어지도록 짝, 소집단, 대집단 상호작용과 토의, 게임, 활동 체험 방식으로 진행되며, 이 내용이 자연스럽게 자신의 생활 속에 스며들고 적용되도록 매시간이 진행된 후 프로그램 관련 통찰일지를 기록하고, 자신의 대표강점의 특성을 발견하고 이를 다양하게 적용해 나가도록 강점 탐색 및 활용 일지를 작성하게 한다. 이러한 과정이 단순히 과제를 위한 작업이 아니라 자신의 자연스런 삶이 되도록 동기를 부여하고 이를 효과적으로 실행해 나가도록 활동 참여 및 과제 수행에 적절한 활동지를 제시한다. 또한 프로그램 참여내용과 과제활동내용을 개인 파일로 정리·보관하고 이를 정기적으로 점검해 보면서 자신의 변화, 발전을 점검하여 느끼며 성격강점의 활용과정을 창조적으로 즐길 수 있게 촉진하며 진행된다.

이 프로그램 참여에 대한 전체적 평가에서 참여한 교사의 90%가 도움이 된 것으로 평가하였다. 특히 프로그램이 자신을 이해하고 알아 가는 데 도움이 된 것으로 평가하였고(참여자의 91%) 또한 프로그램이 자신의 강점을 이해하고 생활에 적용하는 데 도움이 된 것으로 응답하였다(참여자의 91%). 그리고 참여자의 84%가 프로그램이 자신의 성격강점을 창의적으로 개발해 나가는 데 도움이 된 것으로 응답하였다. 끝으로 프로그램이 자신을 행복하게 만드는 데 참여자의 83%가 도움이 된 것으로 응답하였다. 요컨대 프로그램 활동이 자신의 강점을 발견하고 이를 일상생활에 다양하게 활용하도록 조력하여 자신의 행복도 증진에 도움이 된 것을 보고함으로써 프로그램의 효과성을 입증해 주었다. 더불어 프로그램 참여를 통한 소감으로 '학생들에게 보이지 않는 가능성, 강점을 찾아 주고 활용 계발하게 하는 하나의 그림을 보게 되어 유익했고, 자아성찰, 나와 직면할 기회를 가진 점과 재미있게 참여할 수 있었던 점이 좋았다. 다른 사람들의 피드백과 만남과 나눔이 좋았다.' 등의 반응과 평가가 나타났다. 이러한 평가 결과는 프로그램이 교사의 행복도 증진에 기여할 수 있으며 프로그램의 참여 교사들의 프로그램 경험이 학교교육 현장에서 학생들에게 전이되어서 학생들의 성격강점 발견 및 활용을 통한 행복도 증진에 기여하고 교사들의 인성교육 역량 강화를 가져올 수 있음을 보여 주고 있다. 이와 관련하여 교사가 자신의 대표강점을 발견하고 이를 계발, 활용하면서 특히 학생들의 인성교육을 위해서 교육현장에서 활용할 수 있는 강점 기반 활동들을 제시하면 〈표 5-9〉와 같다. 또한 교사나 학생 모두에게 활용 가능한 강점 계발 프로젝트 목록과 그 내용은 〈표 5-10〉에 제시하였다.

〈표 5-9〉 학급에서 활용할 수 있는 강점 기반 활동

회기	제목	주제	학급에서 활용할 수 있는 강점 기반 활동 예
1	성격강점과의 만남	성격강점 이해와 발견	• 행복 관련 동화(동화 속 인물이 발휘한 성격강점) 등
2	행복의 의미와 대표강점 발견	대표강점의 발견	• 강점 골든벨, 텔레게임, 강점카드 등
3	소중한 대표강점 활용	강점 계발활동 I (대표강점 활용과 연계한 강점 활동)	• 위인전(강점을 대표하는 위인, 어려움을 극복하는 데 활용된 강점, 닮고 싶은 위인 등), 강점 나무 등

4	중요한 순간! 최고의 모습! (낙관성)	강점 계발활동 II (낙관성 연계 강점 활동)	• 어려움을 극복한 사람들에 대한 사례, 나의 강점 롤모델 찾기, 성공한 미래의 모습 그리기 등
5	향유하는 삶 (심미안)	강점 계발활동 III (심미안 연계 강점 활동)	• 상상놀이하기, 주변의 아름다움 찾기, 명상 등
6	친밀한 관계 (사랑)	강점 계발활동 IV (사랑 연계 강점 활동)	• 사랑 화분 가꾸기, 사랑 표현 목록, 적극적 건설적 반응 연습하기 등
7	삶의 고마운 대상 (감사)	강점 계발활동 V (감사 연계 강점 활동)	• 감사 편지, 하루 3가지 감사거리 찾기, 감사 일기 쓰기 등
8	용서에 이르는 길 (용서)	강점 계발활동 VI (용서 연계 강점 활동)	• 풍선 터뜨리기, 종이 찢기, 종이배나 비행기 날리기(상처받은 마음 보내기), 용서 경험 나누기 등
9	베풀 줄 아는 삶 (친절성)	강점 계발활동 VII (친절성 연계 강점 활동)	• 마니또 게임, 친절 목록표, 친절 선물하기 등
10	행복한 삶 살아가기	행복 실천	• 행복선언문, 행복일기 쓰기 등

<표 5-10> 강점 계발 개인 프로젝트

회기	강점 계발 개인 프로젝트	활동 예
1	자신의 강점에 대한 발견과 정리	• 성격강점검사, 타인의 피드백, 자신의 피드백 종합하여 대표강점 정리하기
2	강점 활용 일기 쓰기	• 강점 활용 일기 쓰는 법을 익히고 꾸준히 강점 활용 일기 쓰기
3	강점이 활용된 자신의 과거와 현재 경험 정리	• 과거나 현재의 어려웠던 경험을 생각하고, 어려움을 극복하는 데 도움이 된 강점 정리하기
4	강점 활용 롤모델 찾기	• 자신의 강점 활용에 적합한 롤모델을 찾아 정리하기(Who? Why? What?)
5	강점 활용 계획 세우기	• 자신의 대표강점을 활용할 계획서를 구체적으로 작성하기
6	내 인생의 로드맵(시나리오) 작성하기	• 대표강점을 활용하여 앞으로의 인생로드맵(시나리오)을 정리하기
7	강점을 활용하여 미래의 Best Possible Self 정리(그리기)	• 자신의 강점을 활용하여 미래에 최고의 모습을 상상하여 정리하거나 그림으로 나타내기

| 8 | 강점을 활용하여 행복을 실천하기 위한 다짐하기 | • 앞으로 강점을 꾸준히 활용하겠다는 다짐을 행복 실천 10계명으로 정리하여 나타내기 |
| 9 | 프로젝트 마무리하기 | • 지금까지의 활동을 모두 정리하여 제출 및 발표하기 |

제**6**장

성격강점 기반 인성교육의
효과적 실행을 위한 과제

1. 교과교육과 통합 연계 지도과제

성격강점의 의미와 가치를 이해하고 대표강점을 활용, 계발하기 위하여 관련 교과교육과 통합하여 지도하는 방안을 마련할 필요가 있다. 성격강점에 대한 보다 다양하고 깊이 있는 이해를 위해서는 성격강점과 관련된 주제를 다루는 교과교육 시간의 활용이 필요하다. 이를 위해서는 도덕을 비롯하여 국어, 사회, 과학 등 여러 교과의 교육과정을 분석하여 학습주제 및 내용과 관련된 성격강점을 추출한 후 이를 통합적으로 지도할 수 있도록 학습내용을 재구성하는 노력이 요구된다. 성격강점과 핵심덕목이 도덕과 교육과정에 제시된 인성요소와 관련됨을 밝힌 연구들(양미지, 2012; 양미지, 김성봉, 2012; 윤병오, 2011)은 성격강점에 대한 이해활동이 관련 교과활동과 통합하여 이루어질 수 있음을 보여 준다. 최근 실천적 인성교육이 크게 강조되면서 상대적으로 지식으로서의 덕에 대한 관심이 위축될 것을 우려하는 목소리가 나타나고 있다(이재호, 2014). 이러한 상황에서 인간이 건강하고 행복하게 성공적으로 살아가는 데 필요한 긍정적 특질로서 성격강점을 과학적으로 접근하는 긍정심리학 연구는 인간의 덕성과 가치를 새롭게 조명할 필요성을 제기하고 있다. 따라서 도덕적 가치에 대한 이해와 실천에서 균형과 통합이 이루어져야 한다는 측면을 고려하여 관련 교과시간에 성격강점의 의미와 가치에 대한 이해를 돕는 구체적인 활동이 이루어질 수 있다.

최근 성격강점과 덕목에 대한 도덕교육적 의미와 가치를 조명하는 접근은 다음과 같은 측면에서 의미가 있다. 성격강점과 덕목은 윤리학의 '덕'에 해당되는 것으로도 이해할 수 있는데 VIA 성격강점과 덕목의 분류체계는 통합적 인격교육으로서 덕교육이 가능하다는 시사점을 주고 있다. 그리고 실증적 접근을 강조함으로써 도덕교육의 과학적 접근성을 높여 주고 있다. 또한 성격강점과 덕목의 분류체계는 도덕교육에서 행복과 자기실현, 조화됨을 강조하고 있기에 기존의 의무와 금지로 상징되어 온 도덕에 대한 부정적이고 딱딱한 인상을 감소시켜 줄 수 있다. 윤병오(2011)는 2009 개정 중학교 도덕과 교육과정을 분석하여 24가지 성격강점이 학습요소와 모두 관련됨을 밝히고 있다. 또한 양미지와 김성봉(2012)은 2009 개정 초등학교 3~6학년 도덕과 교육과정을 분석하여 3, 4학년에서 개방성, 지혜, 사랑, 친절성, 사회지능, 용감성, 진실성, 활력, 끈기, 용서, 자기조절, 신중성, 공정성, 겸손, 시민의식, 낙관성, 감사 17가지가 학습요소와 관련되고 5, 6학년에서는 개방성, 호기심, 지혜, 사랑, 친절성, 사회지능, 용감성, 진실성, 활력, 끈기, 자기조절, 신중성, 공정성, 겸손, 시민의식, 리더십, 낙관성, 심미안, 감사, 유머, 영성 21가지가 학습요소와 관련됨을 밝힘으로써 성격강점의 연구와 결과가 도덕교육의 과학성과 행복교육 가능성을 높임으로써 덕교육 및 도덕교육의 지평이 새롭게 넓혀질 것을 기대하고 있다.

성격강점을 여러 교과와 연계하여 지도하는 것은 우리의 학교교육 현장에서 새로운 인성교육 시간을 확보해야 한다는 부담을 덜어 주며 여러 가지 측면에서 유익과 효과를 가져올 수 있다. 이러한 시도의 연구와 교육적 실천이 이루어지고 있는데 김광수와 조윤주(2013)는 초등학생들을 대상으로 용서를 증진하여 분노 감소와 학교생활 적응을 촉진하기 위하여 국어, 도덕, 음악, 과학 교과와 연계하여 프로그램을 구성하고 각 수업시간에 실시하여 그 효과를 경험적으로 입증하였다. 또한 정다정과 김광수(2016) 역시 아동의 낙관성을 증진하여 아동들의 학습동기를 향상시키기 위한 목적으로 낙관성 증진 프로그램의 구성요소와 프로그램에서 다루고자 하는 내용 및 전략을 선정한 후 국어, 사회, 도덕, 실과, 미술, 음악 등의 교과를 분석하여 낙관성과 관련 깊은 요소를 추출하고 교과 내용과 아동 수준에 맞게 재구성하여 수업시간에 실시하여 그 효과를 검증하였다. 그리고 이 효과는 오래 동안 지속되었는데 프로그램의 효과의 지속은 이 프로그램이 교과와 연계되어 교육과정의 일환으로 구성되어 진행되었기 때문으로 분석하고 있다. 즉, 교과연계가 프로그램 진행을 위한 시간을 확보해 주었을 뿐만 아니라 학생들로 하여금 프로그램에서 학습한 내용을 여러 실제적 상황에 적용하게 하여 이전 학습내용을 상기하고 반복할 수 있게 하는 효과를 가져왔다고 분석하고 있다. 교과연계 방식이 프로그램의 효과를 높이는 데 도움이 되었다는 것은 교과와 연계한 여러 프로그램의 효과를 입증한 연구들(김남경, 2016; 조윤주, 2011)에 의해 지지된다. 따라서 통합적이고 실효성 있는 인성교육을 위하여 성격강점들과 교과 간의 연계지도 방안을 꾸준히 연구하고 실천해 나갈 필요가 있다.

2. 학습활동 촉진 연계 과제

학습활동 영역에서도 성격강점을 인식하고 계발하도록 지속적으로 안내하고 격려할 필요가 있다. 학교교육 활동의 대부분은 학습활동으로 이루어져 있으므로 학습활동이 이루어지는 과정 중에 성격강점을 발휘하여 과제를 해결하도록 조력할 필요가 있다. 한국교육과정평가원(오상철 외, 2012)에서는 학습부진 초등학생과 중학생에게 적용하기 위한 강점기반 학습도움 프로그램을 개발하여 기초학력향상지원 사이트를 통해 제공하고 있으며 그 프로그램의 구성요소는 바로 VIA 분류체계에 따른 24개 성격강점이다. 초등학생의 경우 강점 발견 및 강점 기르기 프로그램 매뉴얼, 성격강점카드와 사용방법을 다운로드하여 활용할 수 있다. 김영빈 등(2012)은 학습부진 중학생에게 강점 발견 프로그램을 실시하여 성격강점에 대한 인식을 돕는 것이 자아개념, 학교적응, 자기효능감 향상에 기여함을 밝힌 바 있다. 이러한 결과는 긍정적인 인성발달이 학업향상에도 긍정적인 영향을 미칠 수 있음을 보여 준다. 또한 학교교육은 전통적으로 지적인 탁월함과 도덕적인 선을 동시에 추구해 왔으므로(이인재, 정수연, 2010) 2가지가 조화롭게 성취되려면 각 활동을 충실히 수행할 뿐 아니라 학습과정에서도 도덕적 가치를 실현하도록 지속적으로 격려할 필요가 있다.

학교는 역사적으로 의미 있고 즐거운 경험을 많은 학생에게 제공하려고 노력해 왔다. 그러나 오늘날 상당수 학생은 학교에서 지루함과 더불어 학습된 무력감에 시달리고 있다. 한편, Csikszentmihalyi(1990)는 일에서 높은 수준의 성취를 이루는 사람들은 몰입을 통해 삶의 즐거움과 자기충족감을 맛본다고 주장하며 몰입을 촉진하는 조건과 몰입 경험현상의 특징을 제시하였다. 몰입을 촉진하려면 과제 난이도가 개인의 기술과 능력 수준에 적합하고, 목표가 뚜렷하며, 분명하고 즉각적 피드백이 제공될 필요가 있다. 개인이 몰입을 경험할 때 행동과 자각이 통합되고, 자신과 과제에 대한 통제감과 자신감을 느끼며, 자의식과 과제 수행에 대한 두려움이 사라져 자기경계가 넓어지고, 과제 집중력이 높아지며, 시간이 빨리 흐르는 것처럼 느껴지고, 활동 자체가 목적이 되는 현상을 경험한다. 요컨대 몰입의 이론은 본질적으로 학습과 연관되어 있다.

몰입 경험은 그것으로 인한 기쁨 때문에 시간을 뛰어넘어 반복되고 자발적으로 선택되는 경향이 있다. 이런 심리적 선택의 과정은 특정한 흥미, 목표 그리고 재능을 발전시키며 그들이 사는 동안 중요한 역할을 한다(Delle Fave & Massimini, 2003). 몰입이 이루어지는 학습에 대한 학생 참여는 집중, 흥미, 즐거움을 가져온다. 몰입의 핵심인 집중 또는 몰두는 인지적 과정과 학문적 수행의 깊이를 포함한 의미 있는 배움과 관련되어 있다(Montessori, 1967). 흥미는 집중을 이끌고 내재적 동기를 가져오고 학습활동에 계속 참여하려는 열정을 자극하여 학업 성취로 연결된다(Schiefele, Krapp, & Winteler, 1992). 그리고 즐거움은 능력의 시연, 창조적인 성취, 학교생활과 관련된 긍정적인 감정으로 나타난다(Csikszentmihalyi, Rathunde, & Whalen, 1993; Nakamura, 1988). 이처럼 학습에 대한 학생 참여는 3가지 구성요소, 즉 집중, 흥미, 즐거움 이 모두가 동시에 자극되는 몰입 경험이 이루어질 때 가장 높아진다.

Peterson과 Seligman(2004)이 주장한 뒤 경험적인 성격강점 연구에서 밝혀지고 있는 바와 같이 개인 내 상위 성격강점인 대표강점과 관련된 일을 배우고 연습할 때 개인의 학습속도는 매우 빠른 것으로 나타나고 있다. 내브래스카 대학에서 이루어진 속독 능력 증진 관련 연구는 이러한 점을 실증해 주고 있다. 잘 고안된 속독훈련 프로그램에 참여하기 전 일반 학생집단(중고생)의 평균 속독 능력은 1분에 90단어 정도였고, 속독 능력에 강점을 가지고 있는 집단 학생의 평균 속독 능력은 1분에 350단어 정도였다. 그런데 두 집단이 속독 훈련 프로그램을 마친 후 일반 학생 집단은 1.5배 향상이 되었지만, 속독에 강점을 보인 학생들은 8~9배 향상이 되는 결과가 나타났다. 이러한 결과는 자신의 강점을 잘 발휘하는 학습이 이루어질 때 몰입과 동시에 빠른 학습을 통한 학업 성취가 증가되는 것을 보여 준다(김병완, 2013)

Sharifah, Habibah, Samsilah와 Sidek(2011)은 말레이시아에서 잠재적인 학습목표가 고등학생들에게 미치는 영향을 조사했다. 그 결과 숙달목표 는 몰입을 설명하는 데 중요한 공헌을 한 반면, 수행목표[2]는 몰입의 중요한 변수가 아닌 것으로 나타났다. 숙달목표는 학생의 배움과 능력향상을 강조하지만, 수행목표는 학생의 능력을 남들에게 증명하고 인정받는 것을 강조한다. 수행목표가 배움에서 유용한 역할을 할 수 있다는 것을 인정하지만 연구자들은 숙달목표가 학생들의 참여와 몰입을 높이는 데 주요한 요인이라는 것을 강조했다. 자신의 강점과 잠재력 등 대표강점을 발견하고 이를 개발하면서 본연의 자기가 되려는 것은 숙달목표의 달성과 관계가 있다. 학업 수행에 있어서 대표강점의 발견과 활용은 학생이 자신(강점과 재능, 잠재력 등)을 발견하고 이를 자발적으로 발휘해 나가면서 몰입경험을 통해 숙달목표를 달성해 나가면서 학업적 자기효능감을 증진하도록 도울 수 있다. 학습활동과 관련하여 이러한 경험이 이루어질 때 학생들은 학습에서 즐거움을 찾으며 학교 밖에서도 스스로 학습을 지속하려는 동기를 갖게 된다.

학생들의 학업적인 성취와 성격강점들의 관계에 대한 연구의 일환으로, 학생들의 IQ 점수를 통제한 후 끈기, 공정성, 감사, 진실성, 낙관성, 자기조절 등의 성격강점들이 학년 말의 평균 점수를 예언하는 것을 밝힌 종단적 연구(Park & Peterson, 2006)에 따르면, 학업 성취에 대한 비 지적 특성의 영향력, 즉 성격강점의 영향력을 보여 주고 있다. 초등학교 6학년을 대상으로 성격강점을 증진하는 멘탈 휘트니스 프로그램을 통해 시험불안 감소와 학습동기 증가를 가져온 연구(김태승, 2011) 그리고 동일한 멘탈 휘트니스 프로그램으로 자기주도적 학습능력, 학업 성취도 향상을 가져온 연구(손희정, 2012), 감사 성격강점을 증진함으로써 학생들의 학습태도를 변화를 가져온 연구(배수현, 김광수, 2013)와 낙관성 성격강점을 증진함으로써 학습동기 증진에 효과를 가져온 연구(정다정, 2016)들은 성격강점 개입이 학습에 있어서도 바람직한 변화를 가져오는 것을 보여 주고 있다. 이러한 결과는 성격강점 활용 인성교육의 효과적 개입 방안을 더욱 연구하고 적용하여 학습활동에서 학생들의 자발적 몰입과 성취를 증진하는 노력이 꾸준히 이루어져야 함을 보여 준다.

---

1) 과제 그 자체의 숙달에 의미를 두는 목표를 말한다.
2) 능력이나 역량을 보여 주거나 외부 평가나 기준에 도달하려는 목표를 말한다.

3. 진로교육 활동 연계 과제

진로교육 활동과 관련하여 아동이 성격강점을 인식하고 계발하도록 돕는 구체적인 방안이 마련될 필요가 있다. 진로 영역에 성격강점을 활용하는 방안은 2가지 접근이 가능하다. 하나는 직업군과 관련된 성격강점에 대한 정보를 활용하는 접근으로 Holland 이론과 관련된다. Holland 이론은 6가지 성격적 특성과 관련 높은 직업군을 제안하였다(Reardon & Lenz, 1999). 추후 실증적인 연구를 통해 6가지 직업군과 관련이 높은 특정 성격강점이 무엇인지 밝혀진다면 진로탐색, 선택과 준비과정에서 개인의 성격강점에 대한 정보가 유용하게 활용될 수 있을 것이다. 다른 하나는 진로발달과정에서 나타나는 우연한 기회를 긍정적으로 활용하는 역량으로서 성격강점을 활용하는 것으로 Krumboltz(1996)의 계획된 우연(planned happenstances) 이론과 관련된다. 계획된 우연은 진로발달과정에서 예기치 않게 일어난 사건이 개인에게 긍정적으로 작용하는 경우를 의미한다. Krumboltz는 개인의 삶에서 일어나는 우연한 사건들을 진로에 도움이 되도록 적극적으로 활용하는 기술로서 '호기심(curiosity, 새로운 학습 기회 탐색), 끈기(persistence, 좌절에도 불구하고 지속적으로 노력), 융통성(flexibility, 태도와 상황을 변화시킴), 낙관성(optimism, 새로운 기회를 긍정적으로 수용), 위험 감수(risk taking, 불확실한 결과 앞에서도 행동을 실천하는 용기)'의 5가지가 필요함을 제안하고 교육을 통해 이러한 기술 특성을 길러 주어야 한다고 보았다. Krumboltz의 제안은 호기심, 끈기, 개방성, 낙관성, 용감성과 같은 성격강점을 계발하는 것이 향후 진로선택과정에서 우연한 기회를 유용하게 활용할 수 있는 자원이 될 수 있음을 시사하며 이러한 제안은 경험적 연구를 통해 검증될 필요가 있다.

오늘날 지식과 정보가 폭발적으로 증가하고 인공지능 사회가 도래하면서 미래사회에 어떤 일을 어떻게 하면서 살아야 할지 예측하고 준비하는 것이 새로운 도전이 되고 있다. 미래학자들은 이전과는 현저하게 달라지는 변화의 시대에 평생 하나의 일이나 직업만을 가지고 사는 것이 아니라 여러 번 일을 바꾸어 가며 살고, 여러 가지 일이나 업종을 동시적으로 수행하며 살아가는 시대가 될 것이라고 예측하고 있다. 무엇보다 고용 불안과 취업난 문제가 심각해지면서 학교교육의 영역 중 특히 진로지도에 대한 기대가 높아지고 있는 상황에서 학생과 직업(전공)의 단순한 매칭을 넘어서는 진로지도가 요구되고 있다.

　　진로지도는 단순히 대학 진학이나 특정 직업을 선택하는 과정에 한정되지 않고 인생 전반에 걸쳐 나타나는 다양한 문제에 대하여 현명하게 선택하고 적응하는 방법을 익히면서 자기이해 및 잠재력의 발견과 계발을 돕는 과정이다(차정섭, 2009). 진로지도는 진로발달 이론과 대상의 특성에 대한 실증적인 자료를 바탕으로 이루어질 때 효과적일 수 있으며, 특히 초등학교 시기의 진로발달이 청소년기의 진로발달과 진로결정에 영향을 미치므로 초등학교 때부터 체계적인 진로지도가 이루어질 필요가 있다. 더구나 2015년「진로교육진흥법」이 발표되면서 학교교육은 한 개인이 자신의 생애개발 차원에서 진로를 이해, 탐색, 준비, 적응하도록 돕는 역할을 효과적으로 수행하도록 돕는 과제에 직면하고 있다.

　　국제진로계발협회(NCDA)는 진로계발을 심리학적 · 사회적 · 교육적 · 신체적 · 경제적 그리고 천성과 개인의 전체 인생에 걸친 중요한 일들에 영향을 주는 기회 요인적 · 종합적 과정이자 결정체로 정의하였다. 모든 것이 불확실하고 미래의 단순한 예측이 어려워진 4차 산업혁명의 시대에 접어들고 있는 오늘날 진로는 더 이상 이전처럼 단순하고 위계적이지 않게 되었다. 지금까지 학생들의 진로계발에 있어서 학교교사나 상담자들의 전통적인 역할은 학생의 적성, 흥미, 능력 등을 파악하고 취업 및 진학과 관련된 정보를 파악한 뒤 이 둘 사이를 연결해 주고 선택하는 것을 도와주는 일이었다. 그러나 한 사람이 직업세계를 다양하게 바꾸어 가면서 한평생을 살아야 하고 그리고 여러 영역에 걸쳐서 일하는 포트폴리오 직업 세계 적응이 요구되며 직업 간 경계가 약해져 가는 오늘날과 미래사회에서 진로를 탐색하고 준비하는 진로계발은 능력과 자아와 역동적인 직업의 세계에 대한 탐구를 끊임없이 요구하고 있다. 학생들은 정보에 접근하고, 평가하고, 효과적으로 사용(가장 핵심적인 정보를 얻고 활용)할 수 있는 능력이 필요하다. 본질적으로 이러한 진로, 직업, 취업 맥락의 변화는 진로계발에서의 교사와 학교 상담자들의 역할이 평생 학습자로서 학생들의 강점을 향상시키고 그들의 강점을 역동적이고 세계적인 직업 환경에서 활용할 수 있도록 조력하며 진로적응력, 진로탄력성을 강조해야 함을 시사한다. 이러한 시대 흐름의 영향은 단순히 진로 진학 및 취업 정보의 제공보다는 학생들이 역동적으로 진로를 계획하고, 결정하고, 앞으로 일생에 걸쳐서 변화하고 대처할 수 있는 능력을 개발하고 준비해 나가도록 조력하고 개입하는 학교 환경 조성 또한 요구하고 있다(Galassi & Akos, 2009).

　　Buckingham과 Clifton(2001)은 어느 직업을 갖든, 어느 영역에서 일하든 자신의 맡은 일

속에서 자신의 강점을 창의적이고 효과적으로 사용할 수 있는 것이 중요하며 이것이야말로 가장 성공적인 삶의 열쇠가 된다고 주장했다. 이들은 그동안 수많은 대상의 면접 사례 연구 분석 결과를 토대로 이루어진 강점 연구결과, 적성검사나 성격강점검사가 진로, 직업 선택과 관련하여 어느 정도 방향을 제시해 줄 수 있으나 어떤 강점이 어떤 직업과 매칭되는가에 대한 것에 대한 일관성이나 규칙성을 찾기가 쉽지 않다고 보았다. 대신에 분명한 것은 성공적인 직업생활을 하고 있는 사람들은 어떤 영역, 어떤 직업에서 일하든 자신의 강점을 자각하고 이를 효과적으로 발휘하고 있음을 밝히고 있다. 같은 강점을 가진 사람들이 다양하고 서로 다른 직업에서 일하고 있는 경우도 많은데 그들은 모두 자신의 영역에서 자신의 강점들을 다양하고 효과적으로 발휘하고 있음을 강조하고 있다. 수많은 직업인을 대상으로 이루어진 연구결과에 기초한 Buckingham과 Clifton(2001)의 주장은 우리 학교교육 현장에서 강점 기반 진로계발 교육을 통한 진로직업 적응력 형성이 중요함을 시사해 주고 있다.

최근 초등학교 6학년을 대상으로 적성 탐색 및 진로 선택 활동에 신중성, 개방성, 사회지능, 자기조절, 학구열, 끈기, 호기심, 진실성, 용감성, 시민의식, 겸손 강점을 관련지어 구성한 강점 기반 진로상담 프로그램을 실시하여 진로태도의 향상 효과를 검증한 연구(원연자, 2013)가 발표되었다. 또한 초등학교 6학년을 대상으로 대표강점을 통해 자신과 타인 이해(신중성, 개방성, 사회지능, 자기조절), 직업에 요구되는 강점 찾기(학구열, 호기심, 진실성), 대표강점 발휘할 직업 선택 및 정보 수집(신중성, 용감성, 진실성, 시민의식) 등의 내용으로 구성한 강점 기반 진로상담 프로그램을 실시하여 진로성숙도 하위 변인 중 계획성의 향상 효과를 검증한 연구(윤소민, 강진령, 2013) 그리고 초등학교 6학년을 대상으로 대표강점의 인식과 활용의 내용으로 구성된 성격강점 기반 진로집단상담 프로그램을 통해 진로 자기효능감 향상 효과를 검증한 연구(윤현영, 2016) 등은 성격강점 개발과 대표강점의 인식·활용을 촉진하는 교육적 개입이 미래사회의 진로계발과 생애개발 준비를 위한 효과적 개입이 될 수 있음을 시사해 준다.

인공지능의 급격한 도래와 더불어 맞게 되는 4차 산업혁명의 시대인 미래사회는 기존의 수많은 직업이 사라지고 새로운 직업 형성에 적응해 나가야 하는 진로직업 적응력과 탄력성이 요구되고 있다. 하는 일이 바뀌어도 자신의 강점을 중심으로 자신을 실현해 나가는 강점 기반 진로계발이 더욱 요구되고 있다. 따라서 성격강점을 포함하여 개인의 재능과 독특성을 발견하고 여기에 지식과 기술을 더하는 교육과 훈련을 통해 개인의 잠재적 강점 자원이 실제적 강점으로 계발되도록 조력하고 촉진하는 강점 기반 진로지도 방안과 프로그램 연구를 하고 이를 학교 진로교육 활동으로 연계하는 노력이 절실히 요구되고 있다.

4. 교사 역량 개발을 위한 과제

교사가 삶의 다양한 영역에서 자신이 지닌 성격강점을 인식하고 계발하는 모델이 되어 지도 역량을 발휘하도록 교사를 위한 인성 계발 프로그램을 마련하고 운영할 필요가 있다. 교육부(2014)에서 발표한 인성교육 강화 기본계획에 따르면 학교-가정-사회가 연계된 인성교육을 지향하고 있으며 학교에서의 추진과제 중 하나가 교원의 인성교육 역량 강화이다. 한국교육과정평가원(이명준 외, 2011)에서 학생 545명, 학부모 548명, 교사 541명을 대상으로 인성교육에 대한 설문조사를 실시한 결과, 인성교육이 잘되는 요인에 대한 응답 결과를 살펴보면 전체집단에서 '교사의 관심과 열의'가 73.7%로 가장 높게 나타났으며 교사 집단에서는 '상담활동의 강화'가 56.9%로 가장 높게 나타났다. 이러한 실태조사 결과는 인성교육에 있어 교사에게 거는 기대가 크다는 점을 보여 주며 교사들은 효과적인 인성교육을 위해 상담활동이 강화되어야 한다는 요구를 가지고 있음을 알 수 있다. 따라서 교사의 인성교육 역량을 강화하는 인성교육 프로그램을 운영할 때 여러 방안 중에서도 상담을 활용한 인성교육 활동, 특히 성격강점에 대한 이해, 인식, 계발(활용)을 돕는 활동을 익히고 적용하는 강점 중심 상담이 이루어질 필요가 있다. 인성교육을 지속적으로 실천할 교사들부터 성격강점의 의미와 가치에 대한 이해를 깊게 하고 일, 관계, 여가, 문제해결, 학생지도 및 상담 등 여러 영역에서 적극적으로 자신의 대표 성격강점을 인식하고 활용하여 그 유익에 대한 경험을 축적해 갈 때 교사의 성격강점을 활용한 학생 인성교육은 더욱 큰 시너지 효과를 가져올 수 있을 것이다.

오늘날 교사들은 학교교육 현장에서 학생들의 학업 및 생활지도와 더불어 수많은 업무를 처리하면서 학생들이 직면하고 있는 다양한 문제도 해결해야 할 사회적 기대를 온몸으로 받고 있다. 교사들은 과중한 업무와 획일적이고 평가 위주의 교육 시스템과 교권 추락의 현실 속에서 심한 스트레스와 어려움을 겪고 있다(임채은, 2011). 교사의 스트레스와 고통의 증가는 심리적 소진과 행복감의 감소를 가져오고 결과적으로 교육의 질을 떨어뜨리게 된다. 교사의 행복 수준과 직무만족 관계 연구들을 살펴보면 직무만족도가 높을수록 행복감도 높음을 알 수 있다(김하니, 2012). 또한 교사의 행복감이 높을수록 교사의 직업 성취를 나타내는 교사 역할 수행이 높게 나타나고, 교사의 이직도 낮아지는 것으로 밝혀졌다(이경애, 2010). 그리고 교사의 행복감이 높을수록 양질의 교수자 역할이 가능하였다(박유진, 2012). 즉, 행복 수준이 높은 교사와 생활하는 학생은 양질의 교육을 받을 수 있는 반면, 반대의 경우에는 상대적으로 낮은 교육을 받게 되므로 교사의 행복이 학교교육의 질을 향상시키는 요인이 됨을 알 수 있다(유미경, 1998).

특히 초등학교 시기는 교사의 영향력이 큰 시기이다. 교사는 학생들에게 학습내용을 전달할 뿐만 아니라 학생의 자아발달과 사회성 발달에 많은 영향을 주는 존재이다(강진아, 2010; 김보람, 2012; 유수경, 2004). 낮은 직무만족도와 열악한 환경 등의 스트레스 요인은 교사들의 직무수행에 영향을 주게 된다. 따라서 교사들의 스트레스를 낮은 수준으로 유지하는 것이 교육의 질을 향상시키는 중요한 요인이 될 수 있다(김보들맘, 신혜영, 2000). 다시 말하면 교사 직무만족도가 높을수록 개인의 행복, 대인관계, 삶의 질, 자기조절, 심리적 행복감 등이 높아지는 것을 알 수 있다. 그리고 교사의 행복 정도는 교직 수행에 영향을 주게 되어 교육의 질을 향상시키고 교직 직무만족의 정도를 좌우하고 있다.

최근 유아교사들에 대한 연구에서 그들의 행복, 직무만족, 성격강점 간에 유의미한 관계가 있음이 밝혀지고 있다. 그리고 행복 및 직무만족의 정도에 따라 성격강점 활용에 차이가 있는 것으로 나타나고 있다. 행복도 및 직무만족도, 즉 전반적인 삶과 직무에서 만족도가 높은 집단에서 공통적으로 높게 나타난 성격강점은 학구열, 감사, 심미안, 끈기, 친절성, 용서, 사랑 등이었다(최윤정, 2009). 유아교사 대상으로 성격강점의 빈도, 행복 경험과 성격강점의 상관을 분석하고, 유아교육 현장전문가 대상 포커스 집단 인터뷰 등을 통해 이루어진 다면적 연구에서는 유아교사에게 필요한 대표적 성격강점으로 낙관성, 감사, 용서, 친절성, 사랑 등이 선택되었다. 그리고 이러한 성격강점 기반 프로그램을 통해서 유아교사들의 행복도가 유의미하게 증진되는 효과가 검증되었다(김미진, 2015). 이러한 연구결과는 자신의 성격강점을 인식하는 과정에서 긍정적 자기지각이 가능해지고, 성격강점을 활용함으로써 몰입 경험과 의미 있는 경험을 인식하게 되기 때문에 성격강점을 인식하고 활용하는 것이 행복에 이르는 방안이 된다는 것(Bem, 1972; Seligman et al., 2005)을 현장교사들에게 시사해 주고 있다.

교사들 대상 성격강점 연구는 이제 시작 단계에 있으며, 특히 초·중등학교 교사를 대상으로 한 연구가 필요한 실정이다. 따라서 초·중등학교 교사를 대상으로 이들의 행복, 직무만족 등과 상관이 높은 성격강점을 추출하는 기초연구를 실시하여 초·중등학교 교사들의 교직수행에 있어서 계발할 필요가 높은 성격강점을 확인하고, 그 결과를 활용하여 프로그램을 개발할 필요가 있다. 예컨대, 초·중등학교 교사의 행복도, 직무만족도, 소명감 등의 결과에서 상위 집단에게서 높게 나타나는 성격강점을 추출하고 또 초·중등학교 교사들을 대상으로 포커스 집단 면접 등을 통해 나타난 결과 등과 통합해서 교사 수행력과 상관이 높은 성격강점 개발을 촉진하되 이를 각자의 대표강점 활용과 연계하는 프로그램으로 통합, 구성하여 그 효과를 검증한다면 초·중등학교 교사의 행복도 증진을 촉진하는 현장 프로그램으로 활용할 수 있을 것이다.

오늘날 교사의 직무 스트레스와 소진 현상을 줄이고 그들의 행복도와 직무만족도를 증진하는 것은 교육의 실효성을 높이는 매우 중요한 방안이 된다. 그리고 이렇게 할 수 있는 효과적 방안 중의 하나가 교사들에 대한 성격강점 기반 개입이다. 교사 역시 자신의 대표강점을 발견하고 이를 교직 수행과 다양한 삶의 장면에 활용해 나갈 때 긍정적 정서를 느끼며 몰입하고 의미와 성취를 경험하며 긍정적 관계를 경험하는 행복증진이 이루어질 수가 있을 것이다(김미진, 2015). 그리고 교사의 행복도가 높아질수록 양질의 교수자 역할이 증가함으로(박유진, 2012), 교사의 행복은 교육의 질을 향상시키는 중요한 요인이 된다(유미경, 1998). 따라서 교사의 행복도를 증진하기 위한 다양한 지원이 필요하며, 특히 교사 대상 성격강점 기반 프로그램을 다양하게 개발, 적용하여 교사들의 안녕과 행복도 증진에 기여할 필요가 있다. 이와 더불어 교사가 자신의 대표 성격강점을 기반으로 한 행복교육 프로그램 학습을 통해 성격강점을 학급운영과 학생지도에 적극적으로 활용할 수 있는 방안에 대한 연구와 실천 또한 병행하여 진행할 필요가 있다. 이를 위해서는 성격강점과 대표강점 등을 활용하여 교사가 학기 단위나 학년 단위로 학급을 운영하면서 교사와 학생이 교학상장(敎學相長)을 할 수 있는 프로그램이 개발되고 이에 대한 효과 검증이 실증적으로 이루어져야 한다. 이를 통해 성격강점과 대표강점이 학교현장에서 보다 과학적이고 체계적인 인성교육의 훌륭한 방안으로 기능할 수 있을 것이다.

　사람들이 자신의 대표강점을 활용할 때 나타나는 현상 중 대표적인 것이 몰입 현상이다. 교육장면의 몰입 상황에서 교사는 그들의 수업과 연결되는 것을 느낀다. 그들은 좋은 눈맞춤을 유지하고 수업과 학생지도에 집중한다. 16개의 다양한 음악 수업에서 178명의 음악 선생님과 605명의 학생들을 조사한 연구에서 몰입 경험은 학생과 교사를 긴밀하게 연결시킬 수 있다는 가설이 입증되었다(Bakker, 2005). 이 연구를 통해 학생과 교사의 몰입은 정말로 긍정적으로 연결되어 있다는 것이 발견되었다. 교사가 더 몰입할수록 학생들이 더 몰입을 경험하며 이것이 일어날 때 교실 역동은 '집단 몰입'을 경험하게 된다. 요컨대 몰입 상황에서 학생과 교사의 참여는 높은 상호작용을 가져온다. 특히 교사가 학생들 각자의 강점과 흥미와 능력이 다른 것을 고려하여 접근하고 그들의 차이점이나 특성에 맞게 적합하고 다양한 교수적 접근을 할 때 학생 개개인들은 자신만의 퍼즐을 푸는 것처럼 몰입에 젖어들게 된다.

　강점을 활용하면서 몰입을 경험하는 교육적 장면이야말로 최상의 학습 환경이 될 수 있다. 그리고 최상의 학습 환경은 교사가 학생들이 소속감을 가지고 동료들과 상호작용하는 기회를 제공하면서 학생들 각자의 자율성과 결단력을 지지할 때 더욱 강화된다. 몰입 모델을 적용한 연구자들은 좁은 의미에서 눈앞의 교육적 성과물에 집착하는 것을 넘어서 다양한 상황에서 교육적이고 발전적으로 상호작용하는 요인들이 학생 참여와 최상의 학습 환경을 만들어 내는 것을 발견했다. 그리고 최상의 학습 경험은 이러한 몰입 경험이 나타나도록 의도적으로 고안되어야 하는 것도 입증하였다(Shernoff, 2013). 몰입 관련 연구결과들은 학생들이 자신의 강점을 발견하고 이해하며 자신의 강점을 활용, 계발해 나가는 데에 있어서 교사의 역할과 역량이 얼마나 중요한지를 시사해 주고 있다. 따라서 교사의 역량 개발이야말로 인성교육에 있어서도 핵심과제임을 다시금 상기하게 된다.

5. 기타 연구과제들

지금까지 성격강점을 활용한 다양한 인성교육 활동이 학교교육 현장에서 보다 효과적으로 적용되기 위해 해결해야 할 구체적인 과제들로 교과교육과 통합 연계지도 과제, 학습활동 촉진과제, 진로교육 활동 연계 과제, 교사 역량 개발을 위한 과제 등을 살펴보았다. 마지막으로 성격강점을 활용한 다양한 인성교육 활동이 보다 효과적으로 적용되기 위해 해결해야 할 그 밖의 연구과제들을 몇 가지 제시하면 다음과 같다.

첫째, 각각의 성격강점이나 대표강점만의 개입보다는 다양한 성격강점의 상호작용의 결과로 나타나는 상조적인 효과, 즉 상호활성화(covitality) 효과를 가져오는 성격강점 개입 방안의 연구와 적용이 필요하다. 상호활성화는 여러 가지 긍정적인 사회 · 정서적 특성의 동시적인 상호작용의 결과로 나타나는 긍정적 구조의 상조적인 효과를 뜻하는데, 아동 · 청소년들의 최적의 발달적 성과들을 가져오는 방법에 대한 더 많은 이해를 증진하기 위해서는 상호활성화 연구가 필요하다(Renshaw, 2014). 따라서 성격강점 활용 인성교육 방안 개발에 있어서도 개인의 특성에 따라 그리고 학습, 대인관계, 진로계발 등 영역에 따라 어떤 강점들의 상호활성화가 아동 · 청소년의 최적의 발달과 효과를 가져올 수 있는지에 대한 연구, 적용이 이루어질 필요가 있다.

둘째, 성격강점 활용 인성교육 개입의 효과를 더욱 증진하기 위하여 다른 개입과 통합하여 적용하는 연구가 필요하다. 최근 회복탄력성 증진을 위한 기존의 성격강점 접근에서 몇몇 한계성을 보완하기 위해서 마음챙김 개입을 활용한 성격강점 증진 프로그램이 소개되고 그 효과가 제시되었다(남현우, 김광수, 2015). 이현주와 엄명용(2014)은 저소득 우울 여성 독거노인을 대상으로 성격강점을 포함한 긍정심리 개입과 해결중심상담의 통합적 집단프로그램을 개발하여 그 효과를 검증하였다. 이와 같이 성격강점 활용 인성교육 연구도 대상이나 목적에 맞게 더 효과적인 결과를 가져오기 위해 다양한 개입기법이나 방법과의 통합 연구를 통해 그 효과를 검증함으로써 현장과 대상에 더 적합한 실행 방안이나 프로그램으로 구성되어 활용할 필요가 있다.

셋째, 학교현장에서 이루어지는 성격강점 활용 인성교육의 학기별, 학년별 및 학교 전체적 운영 방안에 대한 연구와 이의 효과 검증이 필요하다. 현재까지 성격강점 활용 인성교육이나 상담교육 관련 개입 연구는 소규모 집단이나 학급집단 전체를 대상으로 몇 주에 걸친 단기적 개입 후의 효과를 검증하고 있다. 그리고 몇몇 연구에서 4주나 1달 정도 전후의 추후 효과 검증이 이루어지고 있다. 성격강점 활용 인성교육 개입이 단기간 집중적으로 진행되고 효과를 알아보는 것도 필요하지만, 학급운영 및 학생지도가 한 학기나 1년에 걸쳐 이루어지는 것이 우리 교육의 현실이므로 한 학기나 한 학년과정의 성격강점 기반 인성교육 방안 및 프로그램을 개발, 구성하여 효과를 검증함으로써 꾸준하고 지속적인 인성교육의 실시 방안을 구축해 나갈 필요가 있다. 한 학급이나 학년만이 아니라 학교 전체적 관점에서 성격강점 활용 인성교육이 이루어지고 더불어 학생 개인, 학급, 학년, 학교 전체 사례에 대한 연구와 함께 종단적 연구도 실시된다면 실증적 증거에 기반을 둔 체계적 인성교육 방안 구축에 기여할 수 있을 것이다.

넷째, 가정과 학교 그리고 지역사회의 연계 협력을 통한 인성교육 실천을 촉진하고 그 효과를 평가하는 연구가 필요하다. 인성교육은 학교만의 노력으로 이루어지는 것이 아니라 학교를 중심으로 가정과 지역사회가 연계되어 이루어질 때 시너지를 가져올 수가 있다. 따라서 학생의 성격강점을 발견하고 이를 활용하며 계발하도록 돕는 인성교육 실행에서 학교와 가정의 연계 협력 방안, 학교와 지역사회의 연계 협력 방안 그리고 가정과 지역사회의 연계 협력 방안을 잘 구축하여 실행하고 그 효과를 평가하여 이를 학교, 가정, 지역사회에 반영, 개선하는 체계적 연구가 필요하다. 이는 개인의 긍정 정서와 긍정 특질을 증진하기 위해서는 이를 돕고 촉진하는 긍정적 제도에 대한 연구를 통해 긍정 조직과 긍정 공동체가 이루어져야 한다는 긍정심리학 연구의 목표와 일치한다.

부록   성격강점 기반 행복증진 프로그램(빛나는
강점, 행복한 나) 지도안 및 활동지

☐ 1회기 지도안(도입)

'반짝반짝 빛나는, 행복한 나'의 첫걸음			
활동 목표	프로그램의 실시 목적과 24가지 성격강점에 대해 이해하며, 프로그램에의 참여의지를 높일 수 있다.		
준비 자료	활동지, 사인펜, 색연필, 필기구		
활동 절차	**활동내용**	**시간 (분)**	**집단구성※ 준비물■ 유의점▣**
준비 하기	• '행복'을 선과 색으로 표현하기 ■ 활동지 1-1에 1~2분 동안 자신의 '행복한 경험'을 생각하며 사인펜과 색연필로 선으로 나타낸다. ■ 자신이 생각하며 그린 '행복한 경험'을 발표한다. ■ 학생들의 발표대답을 통해 행복은 일부러 찾으러 다녀야 할 대상이 아니라 자기 주변에 있으며, 행복이란 자신의 변화와 마음가짐을 통해 바꿀 수 있는 것임을 언급한다. -학생들은 주로 자기 주변에서 경험한 행복을 이야기한다.	7'	※ 개인, 전체 ■ 활동지, 사인펜, 색연필 ▣ 선으로 그리기에 초점이 있는 것이 아니라 행복한 경험을 떠올리는 데 초점이 있음을 강조
활동 하기	• 프로그램 소개하기 '빛나는 강점, 행복한 나' 프로그램은 다양한 활동을 통해 행복을 높여 주기 위한 프로그램입니다. 행복을 높여 주는 방법 중 하나로 자신의 가장 대표적인 성격강점인 대표강점을 찾고, 일상생활에서 자신의 대표강점을 계속 사용하도록 하여 개개인이 가진 자신의 능력을 깨닫고, 행복한 생활을 할 수 있도록 도와주고자 합니다(활동지 1-1 프로그램 소개 요약).	3'	※ 전체 ■ 활동지
	• 24가지 성격강점 알기 및 나의 대표강점 추측하기 ■ 24가지 성격강점을 활동지 1-2를 보며 함께 24가지 성격강점을 크게 읽는다. 중간중간에 보충설명을 한다. ■ 나의 대표강점으로 보이는 것 3~5가지 찾아서 ○ 표시한다. • 지성: 창의성, 호기심, 개방성, 지혜, 학구열 • 인간애: 사랑, 친절성, 사회지능 • 용기: 용감성, 끈기, 진실성, 활력 • 정의: 공정성, 리더십, 시민의식 • 절제: 용서, 겸손, 신중성, 자기조절 • 초월: 심미안, 감사, 낙관성, 유머, 영성	10'	※ 전체, 개인 ■ 활동지

	• '성격강점' 텔레게임하기 ■ 전체 학생을 2모둠으로 나누어 게임 시범을 보이며, 게임방법을 설명한다. 이때 모둠이 나뉘어 활동을 잘할 수 있도록 영역을 정해 준다.	15′	※ 모둠 ■진지하게 게임에 참여할 수 있게 분위기 유도 ■친구들의 의견에 휩쓸리지 않고 자신의 생각대로 어깨에 손 올리도록 하기
	"즐겁게 춤을 추다가 그대로 멈춰라." 문장을 교사가 노래로 부르기 시작하면 학생들이 교실을 돌아다니다가, 교사가 노래를 끝마치면 그대로 멈추기 → 교사가 활동지 1-3 질문 중 1가지 하기 → 학생들은 질문에 가장 해당될 것 같은 친구 어깨에 손 올림 → 교사는 가장 많이 지목받은 학생에게 지금 기분과 해당 질문이 자신과 일치하는지 묻기 → 교사는 해당 학생에게 해당 질문 관련 강점으로 칭찬하기 → 활동 반복		
	• 약속 다짐하기 ■활동지 1-2 '우리들의 약속'에 들어갈 빈칸을 짝과 함께 찾아서 적는다. ■활동지 1-2 '우리들의 약속'을 선서를 하여 함께 크게 소리 내어 읽으며, 프로그램 참여 시의 규칙을 익힌다. ■프로그램 시간 동안 지켜야 할 약속사항을 진지하게 다짐한다.	8′	※ 개인, 단체 ■활동지
정리 하기	• 느낀 점 나누기 ■이번 시간에 느낀 점을 발표한다. • 과제 안내하기 ■활동지 1-3의 미션! 주변 사람(가족 등)이 말하는 나의 장점 및 성격강점을 찾아온다. • 다음 활동 안내하기 ■다음 시간에는 나의 대표강점을 찾아보는 시간을 갖는다.	7′	

활동지 1-1	행복을 선과 색으로 표현하기 & 프로그램 소개	이름	
		별칭	

📂 자신의 '행복한 경험'을 생각하며 선으로 표현해 보세요.

📂 '빛나는 강점, 행복한 나' 프로그램을 소개합니다.

　　여러분은 행복한 하루하루, 행복한 삶을 원하나요? 아마도 자신이 불행해지기를 원하는 사람은 아무도 없을 겁니다. 앞에서도 말했듯이 행복은 자기 스스로의 변화를 위한 노력과 어떤 마음가짐을 가지느냐에 따라 여러분에게 찾아오기도 하고 멀어지기도 합니다. 모든 것은 자기 마음먹기에 달려 있다는 말도 있잖아요. 하지만 요즘 한국 학생들은 성적문제, 친구문제 등으로 자신이 불행하다고 여기며 힘들어하고, 극단적으로 자살을 선택하기도 합니다. 특히 '나는 못났다. 나는 쓸모없는 사람이다. 나는 잘하는 것이 하나도 없다.'라고 생각하는 학생들도 있을 거예요. 그래서 '반짝반짝 별보다 빛나는 우리'라는 우리 반의 급훈에 걸맞게 여러분 스스로의 빛나는 성격강점을 찾고, 평소에 사용해 보면서 여러분 개개인이 가진 능력을 깨닫고, 행복한 생활을 할 수 있도록 '빛나는 강점, 행복한 나' 프로그램을 여러분과 함께 진행해 보고자 합니다. 여기서 성격강점은 쉬운 말로 장점과 비슷한 거예요. 즉, 장점은 자신이 잘할 수 있고 자랑할 수 있는 특성을 말하는데, 강점은 다양한 성격을 24가지로 나누게 됩니다. 이 중에서 자신이 평소에 자주, 자연스럽게, 자주 사용하는 3~5가지의 성격을 자신의 대표강점이라고 합니다. 여러분들 각자마다 대표강점을 가지고 있어요. 빛나는 자신의 대표강점을 찾고, 사용해 보면서 내가 잘할 수 있는 것이 있고, 누군가에게 도움을 줄 수 있는 '빛나는 나'라는 자신감을 가지면서 씩씩하게! 즐겁게! 행복하게! 생활을 하는 데 도움이 되길 바랍니다.

활동지 1-2 **우리들의 약속**

이름

별칭

우리는 자신의 성격강점, 즉 나의 장점, 내가 잘할 수 있고 자랑할 수 있는 나의 성격을 잘 알고, 일상생활에서 사용하면서 자신감을 얻고, 행복하게 살아가기 위해서 모였습니다. 우리는 여기서 자신의 모습을 솔직하게 보여 주고 친구들의 뜻밖의 모습도 보게 될 것입니다. 자신의 새로운 모습을 발견해 기쁘고, 친구들의 새로운 모습을 보며 관심이 생기기도 하겠지만 때로는 친구들과의 활동 중에 실망하거나 화가 나는 일이 생길 수도 있습니다. 하지만 보람 있고 행복한 시간이 되기 위해서 우리는 다음과 같은 약속을 지키려고 합니다.

우리들의 약속

• 나는 이 프로그램에 성실하게 적극적으로 참여하겠습니다.
• 나는 나의 생각과 느낌을 솔직하게 이야기하겠습니다.
• 나는 친구들의 이야기를 비판 없이 존중하며 있는 그대로 듣겠습니다.
• 나는 프로그램에서 나눈 이야기를 밖에 나가서 알리지 않겠습니다.
•

위의 약속을 반드시 지킬 것을 약속합니다.

20   년   월   일

이름: (인)

| 활동지 1-3 | 나의 대표강점 추측하기 | | 이름 | |
| | | | 별칭 | |

📁 나의 대표강점이라고 생각하는 것을 3~5가지 찾아 ○표 해 보세요.

지성 (슬기로움)	창의성	다른 사람은 잘 생각하지 못하는 새로운 생각이나 상상을 잘해요.	
	호기심	주변의 일이나 대상(사람, 동식물, 물건 등)에 관심과 흥미가 많아요.	
	개방성	마음이 열려 있어서 다른 사람의 생각을 잘 받아들여요.	
	학구열	공부하는 것, 새로운 것을 배우는 것이 즐거워요.	
	지혜	슬기로운 생각을 잘해서 다른 사람에게 도움이 되는 말을 해 줘요.	
인간애 (인자함)	사랑	다른 사람이나 동식물을 소중히 여기고 사랑하는 마음이 커요.	
	친절성	평소에 상냥한 말투와 친절한 행동으로 사람들을 대해요.	
	사회지능	주변의 분위기나 다른 사람의 마음과 입장을 잘 헤아릴 수 있어요.	
용기 (용감함)	용감성	겁이 없는 편이고, 옳다고 생각하는 일은 꼭 해내고 말아요.	
	끈기	어떤 일을 한번 시작하면 끝까지 열심히 해내요.	
	진실성	친구나 가족 등의 주변 사람들에게 거짓말을 하는 일이 없어요.	
	활력	쾌활한 성격이고, 언제나 활기와 에너지가 넘치는 것 같아요.	
절제 (참을성)	용서	친구나 가족이 나에게 잘못해도 금방 용서해 줄 수 있어요.	
	겸손	잘난 체하지 않는 성격이고, 누가 나를 칭찬해 주면 부끄러워요.	
	신중성	어떤 일을 결정할 때 곰곰이 생각하고 결정해서 나중에 후회하는 일이 별로 없어요.	
	자기조절	슬프거나 기쁘거나 화날 때, 내 마음·행동을 스스로 잘 조절해요.	
정의 (정의로움)	시민의식	질서와 규칙, 약속을 잘 지키며, 모둠활동에 책임감 있게 참여해요.	
	공정성	친구들이나 가족들 또는 주변 사람들을 공평하게 대해요.	
	리더십	친구들이 나를 잘 믿고 따르는 편이에요.	
초월 (긍정적임)	심미안	책을 읽거나 음악, 그림을 감상하는 일 또는 아름다운 자연을 보는 일이 정말 즐겁고 행복해요.	
	감사	나는 부모님, 친구들, 선생님 등에게 감사할 일이 많아요.	
	낙관성	나는 내가 하는 일들이 잘될 거라는 믿음을 가지고 노력해요.	
	유머	재미있는 말과 행동으로 사람들을 즐겁게 해 줄 때가 많아요.	
	영성	살아가는 이유나 목적에 관심이 있고 종교 행사에 잘 참여해요.	

📁 미션! 나와 가장 가까운 사람이 생각하는 나의 장점과 대표강점은?

나와 가장 가까운 사람이 생각하는 나의 장점들은? (여러 가지)

나와 가장 가까운 사람이 생각하는 나의 대표강점은? (1~2가지)

예시자료 1-3	'성격강점' 텔레게임	이름
		별칭

📂 질문 예시

분류	강점	질문
지성 (슬기로움)	창의성	종이 1장을 가지고 가장 재미있고, 놀라운 작품을 만들 것 같은 사람은?
	호기심	바퀴벌레를 보면 도망가지 않고, 어떻게 생겼나 하나하나 신기하다며 관찰할 것 같은 사람은?
	개방성	내 의견을 존중해 주고, 가장 잘 들어 줄 것 같은 사람은?
	학구열	한번 앉으면 엉덩이를 떼지 않고 공부에 빠져들 것 같은 사람은?
	지혜	고민 상담을 하면 솔로몬처럼 명쾌한 답을 해 줄 것 같은 사람은?
인간애 (인자함)	사랑	친구나 가족 등을 자주 잘 안아 줄 것 같은 사람은?
	친절성	쓰레기가 교실에 있으면 알아서 먼저 주울 것 같은 사람은?
	사회지능	내 기분이 어떤지 족집게처럼 알아맞힐 것 같은 사람은?
용기 (용감함)	용감성	왕따 친구가 있으면 먼저 나서서 도와줄 것 같은 사람은?
	끈기	컴퓨터 게임을 한번 하면 최고가 될 때까지 계속 게임할 것 같은 사람은?
	진실성	놀다가 이웃집 유리창을 깼는데, 본 사람이 없다. 그럼에도 불구하고 이웃집에 가서 바로 사과할 것 같은 사람은?
	활력	선생님이 교실 청소를 시켜도 노래를 부르며 즐겁게 청소할 것 같은 사람은?
절제 (참을성)	용서	의리가 있어서 친구를 절대 배신하지 않을 것 같은 사람은?
	겸손	100점을 받아도 잘난 척하지 않을 것 같은 사람은?
	신중성	물건을 살 때, 꼼꼼히 따져 보며 살 것 같은 사람은?
	자기조절	먹고 싶은 것이 있거나 게임을 하고 싶어도 잘 참을 수 있을 것 같은 사람은?
정의 (정의로움)	시민의식	약속을 하면 절대 약속시간에 늦지 않을 것 같은 사람은?
	공정성	피자 1판을 가장 공평하게 7명의 친구들에게 나누어 줄 것 같은 사람은?
	리더십	나중에 커서 대통령이 될 것 같은 사람은?
초월 (긍정적임)	심미안	만화책을 보며, 만화 그림에 푸욱 빠져들 것 같은 사람은?
	감사	내가 맛있는 것을 사 주면 고맙다고 가장 표현을 잘 할 것 같은 사람은?
	낙관성	빵점을 맞아도 속상해 하지 않고 '나는 잘할 수 있다'라고 외칠 것 같은 사람은?
	유머	나를 가장 배꼽 빠지게 웃게 해 줄 것 같은 사람은?
	영성	하느님 또는 부처님 등 절대적인 신을 가장 잘 따를 것 같은 사람은?

□ 3회기 지도안(성격강점 인식하기)

	'나'처럼 반응해 주세요		
활동 목표	좋은 대화의 방법을 익히고, 자기소개를 포함한 프로그램의 모든 활동에서 긍정적인 반응을 주고받으며, 자신의 대표강점에 깊은 관심을 가질 수 있다.		
준비 자료	고무공, 활동지, 필기구, 표정카드, 스티커		
활동 절차	활동내용	시간 (분)	집단구성※ 준비물■ 유의점▣
준비 하기	• 공 던지며 자신의 별칭 말하기 　■ 전체가 1번씩 공 던지기를 할 수 있도록 하고, 다음 시간에 　　전체 외우기 게임을 한다고 안내한다. 　　처음 공을 잡은 학생은 자신의 별칭을 말하고, 공을 던지고 　　싶은 친구에게 웃으며 "○○아~ 너의 별칭은 뭐야?"라고 물 　　은 뒤, 해당 학생에게 공 던지기 → 공을 받은 학생은 "내 별 　　칭은 ○○이야."라고 말하고, 앞의 행동 반복하기	3′	※ 전체 ■ 고무공 ▣ 남 → 여, 여 → 남 　으로 지목할 수 있 　도록 하기
	• 활동목표 소개하기 　　언제나 누군가와 이야기를 나눌 때에 필요한 좋은 대화의 방 　　식들이 있어요. 때와 장소에 따라 그 방법은 달라지겠지요. 　　이번 시간에는 좋은 대화의 방법을 익히고, 자기소개를 하면 　　서 친구들로부터 긍정적인 힘을 받고, 자신의 대표강점에 더 　　깊은 관심을 가지는 시간입니다. 더 나아가 '빛나는 강점, 행 　　복한 나' 프로그램이 진행되는 동안 서로에게 긍정적인 반응 　　을 주고받으면서 더 진지하게, 즐겁게 프로그램에 임해 주기 　　를 바랍니다.	2′	
활동 하기	• 나의 이야기를 들어 줘, 제발~ 　■ 교사가 활동 시범을 보이고, 모둠끼리 진행하도록 안내한다. 　　모둠원이 오른쪽으로 돌아가며 한 학생이 활동지의 예시질 　　문과 비슷한 질문 또는 옆 친구에게 하고 싶은 말을 자신의 　　오른쪽 학생에게 하면, 질문을 받은 학생은 질문과 상관없는 　　말을 해야 한다(질문에 '응' 또는 '아니' 등의 응답은 하지 말 　　아야 함). 이때 나머지 모둠원은 심판이 되어 질문에 대답하 　　는 학생이 질문에 응답하거나 질문에 알맞은 표정을 하면 패! 　　질문과 전혀 다른 대답을 하거나 관련 없는 행동과 표정을 하 　　면 승! 판정을 내리고, 승패의 여부에 따라 활동한 학생에게 　　스티커를 준다. 이후 활동을 반복한다.	15′	※ 모둠 ■ 활동지, 스티커 ▣ 승패에 연연하지 　않고, 활동에 임할 　수 있도록 주의시 　킴

	■ 활동을 하고 나서 관련 없는 행동이나 말을 하는 친구를 통해 자신의 기분은 어땠는지 그리고 알게 된 점을 발표한다. • 좋은 대화를 위한 행동을 찾아라! 　■ 교사가 활동 시범을 보이고, 모둠끼리 진행하도록 안내한다. 　앞의 활동처럼 같은 순서로 진행되며, 한 학생이 아무 질문이나 오른쪽 학생에게 함 → 질문을 받은 학생은 책상에 엎어진 표정(무표정, 웃음, 화남, 슬픔 등)카드에서 1장을 뽑고, 카드에 적힌 표정을 지으며 질문에 알맞은 대답을 함 → 해당 질문에 알맞은 표정인지 생각하며 질문을 한 학생이 "알맞은 표정입니다. 또는 알맞은 표정이 아닙니다."라고 대답함 → 나머지 모둠원은 심판이 되어 정답인지 아닌지 판정함 　■ 활동을 하고 나서 알게 된 점 또는 느낀 점을 발표한다. 　■ '나의 이야기를 들어 줘, 제발~'과 '좋은 대화를 위한 행동을 찾아라!' 모두 대화를 할 때, 적절한 반응을 해 주는 것의 중요성을 알아보는 것이었으며, 앞으로 진행될 모든 프로그램에서 친구들의 행동과 답변에 어떻게 반응하는 것이 좋을지 질문한다. • 소개 사인 받기(별칭, 대표강점 등) 　■ 교실을 돌아다니며 친구에게 자신의 별칭과 대표강점을 소개하고, 상대방은 친구의 소개를 들으며, 적극적으로 반응하고, 궁금증 등을 질문한다. 그 후, 활동지에 해당 친구의 별칭을 적고 친구의 사인을 받는다. 　■ 소개를 한 친구는 자신의 소개에 적극적으로 반응한 친구의 활동지에 스티커 붙여 주며 "고마워, 친구야."라는 말을 한다. 　■ 자기소개를 잘 한 친구는 누구인지, 적극적으로 반응한 친구는 누구인지 등을 학생이 발표하고, 교사도 해당 학생을 칭찬해 준다.	15′ 10′	※ 모둠 ■ 표정카드 ▣ 승패에 연연하지 않도록 함 ※ 전체 ■ 활동지, 스티커 ▣ 활동지 작성에만 집중하지 않고, 듣고 말하는 데에 집중해야 함을 강조
정리 하기	• 정리 및 느낀 점 나누기 　■ 이번 시간을 통해 알게 된 점, 나를 변하게 만든 것, 느낀 점, 아쉬웠던 점, 힘들었던 점 등을 발표한다. • 과제 안내하기 　■ 다음 시간까지 반 친구들의 별칭을 외워 오기	5′	

예시자료 3-1	나의 이야기를 들어 줘, 제발~ & 좋은 대화를 위한 표정 찾기	이름	
		별칭	

📂 '나의 이야기를 들어 줘, 제발~'과 '좋은 대화를 위한 행동을 찾아라!'

〈예시〉

1. 나 어제 학교 앞 지나다가 너 봤는데, 어디 가는 길이었어?

2. 어제 선생님이 내 준 숙제 했어?

3. 주말에 런닝맨 봤는데 진짜 웃기더라.

4. 오늘 나랑 방과 후에 축구할래?

5. 나 고민이 있는데 이야기 좀 들어 줄래?

6. 나 내일 생일이야. 우리 집에 이번 주말에 생일파티 하는데 와 줄 수 있니?

7. 쉬는 시간에 같이 할리갈리 게임하자.

📂 '좋은 대화를 위한 행동을 찾아라!' 표정카드

짜증 난다는 듯이, 인상 찌푸리는 표정	환하게 웃는 표정	한숨을 쉬며, 걱정 있는 듯한 표정
무표정	무시하는 듯한 표정	화난 표정
슬픈 표정	고개를 끄덕이며, 따뜻하게 미소 짓는 편안한 표정	호들갑 떨며 오버하는 표정
집중하지 않고 다른 곳에 정신 팔려 있는 표정	애교 있는 표정	귀 기울이며 이야기를 들으며 집중하는 표정

활동지 3-1	소개 사인 받기	이름
		별칭

돌아다니며 친구와 서로 자신의 별칭과 대표강점을 소개한 후, 사인을 받으세요.

※ 주의: 자기소개를 할 때 적극적으로 자신의 말에 반응해 준 고마운 친구를 찾고, 자신도 친구가 자기소개를 할 때 적극적으로 반응하는 친구가 되어 보세요.

별칭	대표강점(1~2가지 적기)	친구 사인

적극적으로 반응을 잘 한 친구에게 스티커를 붙여 주세요.

너는 참 적극적으로 반응해 주는구나~ 고마워, 친구야!

□ 4회기 지도안(성격강점 인식하기)

<table>
<tr><th colspan="4">특별한 '나'를 알아요 1</th></tr>
<tr><td>활동 목표</td><td colspan="3">같은 대표강점을 가진 모둠원과 함께 대표강점을 구체적으로 살펴보면서 특별한 '나'에 대한 유능감을 가질 수 있다.</td></tr>
<tr><td>준비 자료</td><td colspan="3">고무공, 4절 도화지, 색연필, 사인펜, 필기구, 활동지, 성격강점 관련 책</td></tr>
<tr><td>활동 절차</td><td>활동내용</td><td>시간(분)</td><td>집단구성※
준비물■
유의점▣</td></tr>
<tr><td>준비 하기</td><td>• 공 던지며 별칭 외우기 게임하기
■ 지난 시간의 과제였던 "친구들 별칭 외우기"로, 게임 시범을 보이고, 전체가 함께 게임을 하며, 친밀감 조성한다.

모둠원에서 1명씩 일어남 → 다른 모둠의 일어선 학생의 별칭을 말하며 공 던지기 → 별칭이 틀리면, 해당 모둠의 다른 모둠원이 일어남 → 활동 반복
※ 주의: 일어선 학생 중 1번 별칭을 외치며 공을 던진 학생에게 다시 공을 던질 수는 없음, 모둠원이 모두 1번씩 일어났다가 탈락하면 해당 모둠은 게임 끝

• 활동목표 안내하기

이번 시간에는 저번 시간에 찾은 여러분의 대표강점에 대해 구체적으로 찾아보는 시간입니다. 같은 대표강점을 가진 친구들과 나누어 준 다양한 자료를 통해 자유롭게 의논을 하며, 마인드맵을 만들어 보도록 하겠어요. 이번 활동으로 자신의 대표강점에 대해 더 자세히 알고, 특별함을 가진 자신에 대한 뿌듯함도 느끼는 시간이 되길 바랍니다.</td><td>15′

2′</td><td>▣회기 시작 1~2일 전, 예시자료 4-1에 4, 5회기에 알아볼 자신의 대표강점을 2가지 택함. 4회기에는 미리 정한 같은 대표강점 가진 학생끼리 모둠으로 앉도록 자리 배치
※ 전체
■ 고무공</td></tr>
</table>

활동 하기	• 마인드맵으로 대표강점 나타내기 1 　■ 먼저 마인드맵 예시자료를 보여 주며, 활동방법을 안내한다. 　　4절 도화지에 예시자료처럼 또는 다른 방식으로 마인드맵을 　　만들고, '모둠원들의 공통점, 해당 대표강점의 뜻, 관련 책 읽 　　기 및 책에서 찾은 대표강점 활용법 또는 느낀 점, 대표강점 　　의 좋은 점, 본보기 인물, 활용했던 경험, 활용할 방안'을 모 　　둠원과 의논하며 마인드맵에 적는다. 이때 해당 강점에 대해 　　자유롭게 성격강점 관련 자료들을 충분히 활용하여 활동하 　　도록 한다. 　■ 모둠원과 활발히 의견을 주고받으며 순서와 상관없이 자유 　　롭게 마인드맵을 작성하도록 하며, 한 사람만 모든 활동을 하 　　지 않고 협동하여 의견을 주고받으며 활동을 진행할 수 있도 　　록 하고, 꾸미기에 집중하지 않도록 한다. 또한 다른 모둠보 　　다 빨리 한 모둠은 자신이 가진 또 다른 대표강점과 관련된 　　책 읽기를 하도록 한다. 　■ 모둠별로 돌아가며 다 같이 앞에 나와 모둠의 대표강점에 대 　　해 발표한다. 이때 각 모둠의 발표 시에 긍정적인 반응을 할 　　수 있도록 한다. 또한 다 하지 못한 모둠이 있을 경우에 다한 　　모둠원들은 자신의 다른 대표강점과 관련된 책 읽기를 한다. 　■ 모둠별로 앞에 나와서 자신들의 대표강점에 대해 설명한다.	56′	※ 모둠 ■ 활동지, 4절 도화 　지, 색연필, 사인펜, 　성격강점 관련 책 ■ 의견을 활발히 나 　누도록 유도, 피드 　백, 순시, 코칭 ■ 시간에 따라 마인 　드맵에 들어갈 내 　용을 5개 내외로 　선택하여 쓰라고 　할 수 있음 ■ 프로그램이 진행 　되는 동안 마인드 　맵을 교실에 게시
정리 하기	• 정리 및 느낀 점 나누기 　■ 이번 시간을 통해 알게 된 점, 나를 변하게 만든 것, 느낀 　　점, 아쉬웠던 점, 힘들었던 점 등을 발표한다. 　-정확한 인식이 안 된 대표강점은 마인드맵 자료, 관련 책과 　　영화, 교사와의 대화를 통하여 대표강점을 인식할 수 있도록 　　한다. • 과제 안내하기 　■ 강점일기 쓰기 　-강점일기 쓰기 방법을 안내하며, 일주일에 2번 대표강점을 　　활용한 경험 일기를 쓸 수 있도록 안내한다.	3′ 4′	■ 활동지

| 지도자료 4-1, 5-1 | 대표강점 모둠 명단 | | 이름 |
| | | | 별칭 |

📂 대표강점 모둠 명단

강점	4회기 모둠 명단(월 일)	5회기 모둠 명단(월 일)
창의성		
호기심		
개방성		
학구열		
지혜		
사랑		
친절성		
사회지능		
용감성		
끈기		
진실성		
활력		
용서		
겸손		
신중성		
자기조절		
공정성		
리더십		
시민의식		
심미안		
감사		
낙관성		
유머		
영성		

참고자료 4-1, 5-1	마인드맵으로 대표강점 나타내기	이름
		별칭

📂 같은 대표강점을 가진 모둠원과 함께 마인드맵을 활용해서 대표강점에 대해 알아보세요.

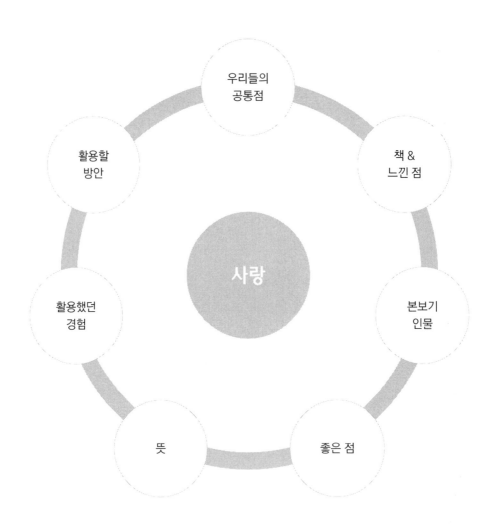

참고자료 4-2, 5-2	마인드맵으로 대표강점 나타내기	이름 별칭

📁 성격강점의 뜻과 활용방법 안내

창의성	다른 사람은 잘 생각하지 못하는 새로운 생각이나 상상을 잘해요. ☆활용방법: ① 창의적인 방법으로 레고 만들기 ② 창의적인 놀이를 만들어 친구들과 함께하기 ③ 나만의 독특한 그림 그리기 ④ 새로운 나만의 요리 만들기 ⑤ 새로운 발명하기 ⑥ 시를 써서 주변 사람들에게 소개하기 ⑦ 주변 물건을 다른 용도로 사용할 수 있을까 생각해 보기(예: 옷걸이, 종이컵 등) ⑧ 질문에 대해 예상하지 못했던 엉뚱하거나 독특한 대답하기
호기심	주변의 일이나 대상(사람, 동식물, 물건 등)에 관심과 흥미가 많아서 새로운 정보, 지식, 경험을 얻고 싶어 해요. ☆활용방법: ① 새로운 음식 먹어 보기 ② 새로운 장소 방문하기 ③ 관심 있는 분야에 대한 새로운 지식을 얻기 위해 책이나 잡지, 인터넷 검색 등 하루에 30분씩 꾸준히 투자하기 ④ 새로운 분야를 친구나 주변 사람들에게 소개해서 함께하기 ⑤ 친구가 잘하는 것(예: 리코더 불기, 만화 그리기 등)을 배우기 ⑥ 자신과 같은 취미를 가지고 있는 친구와 함께 배우기 ⑦ 궁금한 것은 바로바로 질문하기 ⑧ 관심 있는 것 주의 깊게 관찰하고 관찰일기 쓰기
개방성	마음이 열려 있어서 다른 사람의 생각을 잘 받아들여요. ☆활용방법: ① 중요한 일을 결정할 때, 장점과 단점을 적어 보기 ② 부모님이나 친구의 의견이 나와 달라도 귀 기울여 듣고 어떤 의견이 옳은지 적어 보기 ③ 학원이나 물건을 선택할 때, 주변의 의견을 들어 현명한 선택하기 ④ 내가 강력하게 믿고 있는 의견이 무엇인지 생각해 보고, 그것이 잘못된 것일 수 있음을 살펴보기

	⑤ 나의 행동에 대해 잘못된 것은 비판적으로 말해 줄 믿을 만한 친구 찾기 ⑥ 만족하지 못하는 나의 최근 행동 3가지를 찾고, 미래를 위해 어떻게 행동해야 할지 찾기
학구열	공부하는 것, 새로운 것을 배우는 것이 즐거워요. ☆활용방법: ① 매일 새로운 영어나 한자 단어 외우기 ② 시간 정해서 매일 문제집 풀기 ③ 친구에게 모르는 것을 가르쳐 주며 함께 공부하기 ④ 예습·복습하기 ⑤ 도서관에서 흥미를 느끼는 주제에 관한 책 읽기 ⑥ 뉴스, 신문 등을 통해 다양한 지식 익히기 ⑦ 자신이 관심 있는 분야의 자료를 다양한 방법(인터넷, 여행, 도서관, TV, 잡지, 신문, 박물관 등)을 통해 배우기 ⑧ 수업시간에 딴짓을 하지 않고 집중하기
지혜	슬기로운 생각을 잘해서 다른 사람에게 도움이 되는 말을 해 줘요. ☆활용방법: ① 친구의 고민을 잘 들어 주고 해결할 수 있도록 도움 주기 ② 동생에게 지혜로운 말과 행동으로 도움 주기 ③ 가족이나 친구들의 싸움을 현명하게 해결해 주기 ④ 내가 알고 있는 가장 지혜로운 사람을 생각하고 내가 그 사람인 것처럼 하루를 살아 보도록 노력하기 ⑤ 명언, 속담, 지혜가 담긴 책들을 읽으며 내가 평소에 사용할 수 있도록 적어 보기
사랑	다른 사람이나 동식물을 소중히 여기고 사랑하는 마음이 커요. ☆활용방법: ① 격려 메모 남기기 ② 칭찬 들었을 때 어색해하지 않고 '고맙다'라고 말하기 ③ 애완동물이나 주변 동물들에게 따뜻한 마음 전하기 ④ 식물에게 물을 주며 좋은 말 해 주기 ⑤ 아침에 가족에게 따뜻한 포옹해 주기 ⑥ 친하지 않은 친구를 만나도 밝게 웃으며 이야기 건네기 ⑦ 친구가 다치면 "괜찮아?"라고 진심으로 걱정해 주기 ⑧ 사랑하는 친구, 가족에게 창의적으로 사랑을 표현하기 ⑨ 사랑하는 사람들의 강점을 찾아보기 ⑩ 친절한 말투나 태도로 친구들과 대화하기 ⑪ 모두가 하기 싫어하는 일을 자기가 먼저 한다고 말하기

친절성	평소에 상냥한 말투와 친절한 행동으로 사람들을 대해요.
	☆활용방법: ① 친구들의 작은 부탁 들어주기 ② 아픈 친구 가방 들어 주기 ③ 인사 웃으며 예의 바르게 하기 ④ 가족들의 심부름 기쁜 마음으로 잘하기 ⑤ 집안일 도와주기 ⑥ 친구가 잘 모르는 것 가르쳐 주기 ⑦ 주변의 아픈 사람에게 병문안 가기 ⑧ 내가 교실주변 정리를 먼저 하기 ⑨ 편지나 전화로 친절하고 부드러운 말 쓰기 ⑩ 정기적으로 헌혈하기
사회 지능	주변의 분위기나 다른 사람의 마음과 입장을 잘 헤아릴 수 있어요.
	☆활용방법: ① 친구들이나 선생님이 이야기할 때 상대방의 입장을 생각하며 귀 기울여 들으려고 노력하고 고개 끄덕이기 ② 대화할 때 상대방의 표정, 말투, 행동이 어떤 의미인지 잘 생각하며 듣기 ③ 오늘 친구나 가족의 마음상태가 어떤지 헤아리며 분위기 맞추기 ④ 친구들이 힘들어하는 때를 느끼고, 격려해 주기 ⑤ 상대방과 서로 다른 의견이라도 반박하지 않고 먼저 상대방의 말을 듣기 ⑥ 소리를 끈 채로 TV를 보고, 관찰한 사람의 마음을 말해 보기
용감성	겁이 없는 편이고, 반대가 있더라도 옳다고 생각하는 일은 꼭 해내요.
	☆활용방법: ① 여러 사람 앞에서 씩씩하게 발표하기 ② 친구를 놀리는 친구가 있으면 나서서 도와주기 ③ 주변 동물들을 무서워하지 않고, 돌보아 주기 ④ 가족들이 반대해도 자신이 옳다고 생각하는 일을 해내기 ⑤ 아무도 발표하지 않을 때, 손을 번쩍 들고 용기 있게 발표하기 ⑥ 친구가 잘못된 행동을 하면, 선생님에게 알리기 ⑦ 새로운 활동을 할 때, 두려워하지 않고 새로운 친구들과 잘 어울리기 ⑧ 어려운 문제가 나와도 겁먹지 않기 ⑨ 밤에 혼자 집에서 있기 ⑩ 친구들 앞에서 나의 독특한(인기가 없을 수 있는) 생각 말해 보기 ⑪ 친한 사이라도 정당하지 않은 것을 요구하면 정중하게 거절하거나 말하기 ⑫ 먼저 발표하기

끈기	어떤 일을 한번 시작하면 끝까지 열심히 성실하게 해내요. ☆활용방법: ① 계획을 세워서 해야 할 일 열심히 하기 ② 줄넘기 목표 세워서 매일 20분씩 하기 ③ 강점일기 쓰기를 매일 열심히 하기 ④ 학교에서 내 준 숙제 성실하게 빠지지 않고 하기 ⑤ 문제집 한 권 정해서 정해진 날짜까지 꾸준히 풀기 ⑥ 이 프로그램을 처음부터 끝날 때까지 모든 활동에 열심히 참여하기 ⑦ 목표와 꿈을 적고, 규칙적으로 지킬 수 있는 곳에 붙여 놓기 ⑧ 끈기가 있는 주변 사람을 정하고, 그 사람처럼 행동해 보기 ⑨ 매주 2~3가지의 목표를 정하고, 매일 자기평가하기 ⑩ 다음 5년간 무엇을 이루고 싶은지 생각하고, 중간중간 해야 할 일들을 적고 실천하기 ⑪ 어려운 일을 끝까지 하려고 하기
진실성	친구나 가족들에게 거짓말을 하는 일이 없어요. ☆활용방법: ① 작은 것이라도 거짓말을 할 때 목록을 만들어 적기 ② 친구와 싸웠을 때, 친구 탓만 하지 않고 자신의 잘못을 정직하게 말하기 ③ 성적을 부풀리거나 숨기지 않고 정확하게 부모님께 말씀드리기 ④ 자신이 잘못한 것을 남이 안 보았다고 넘어가지 않고 진실을 이야기하고 사과하기 ⑤ 친한 친구가 잘못된 행동을 하면 그냥 넘어가지 않고, 친구의 잘못된 행동을 이야기해 　주기 ⑥ 친구에게 하는 거짓말(아부, 거짓 칭찬) 하지 않기 ⑦ 매일 작은 거짓말을 할 때마다 적고, 그 거짓말 횟수가 매일 줄어들 수 있도록 하기 ⑧ 친구들의 마음을 궁금해하고 묻기 ⑨ 자신의 의견을 솔직하기 말하기
활력	쾌활한 성격이고, 언제나 활기와 에너지가 넘치는 것 같아요. ☆활용방법: ① 규칙적으로 운동하기 ② 스스로에게 '왜 해야 되지?'보다는 '왜 하지 말아야 되지?'라고 말하기 ③ 심부름을 시켜도 즐거운 마음으로 열심히 하기 ④ 어떤 활동이든 최선을 다해서 즐기며 하기 ⑤ 이 프로그램에 활기차게 적극적으로 참여하기 ⑥ 친구들과 놀 때 어떤 놀이를 하든지 즐겁고 활기차게 참여하기 ⑦ 의무적으로 하는 일이 아닌 진정으로 잘하는 것을 정하여 매일 하기

	⑧ 한 주에 2~3번 운동하기
	⑨ 하루 동안 있었던 일을 가족과 즐겁게 이야기 나누는 시간 갖기
	⑩ 생동감 있고 에너지 있게 이야기하기
용서	친구나 가족이 나에게 잘못해도 금방 용서해 줄 수 있어요.
	☆활용방법:
	① 용서편지를 쓰고 한 주 동안 매일 읽기
	② 친구가 나에게 상처를 줘도 좋게 생각하고 넘기기
	③ 친구나 가족의 말이 기분 나빠도 상대방의 입장에서 생각하여 화내지 않기
	④ 동생이 잘못한 일이 있어도 때리지 않고 잘 헤아려 주기
	⑤ 약속을 지키지 않은 친구를 용서해 주기
	⑥ 누군가에게 용서받았던 기억 생각하고 적어 보기
	⑦ 자신이 경험한 불쾌한 감정은 담아 두지 않고 그날그날 바로 풀기
겸손	잘난 체하지 않는 성격이고, 자신의 장점이나 잘한 일을 지나치게 자랑하지 않아요.
	☆활용방법:
	① 다른 사람보다 잘하는 것이 있어도 뽐내지 않기
	② 내가 상 받았다고, '너는 상 못 받았지?'라고 약 올리지 않기
	③ 좋은 성적을 받아도 친구들 앞에서 티내지 않기
	④ 비싼 물건을 샀다고 과도하게 자랑하지 않기
	⑤ 친구를 몰래 도와주고 나서 나의 친절함을 여기저기에 떠벌리지 않기
	⑥ 부모님 몰래 좋은 일을 하고 나서 그것을 떠벌리지 않기
	⑦ 내가 남보다 공부를 잘한다고 친구를 무시하지 않기
	⑧ 친구가 잘하는 것을 관찰하여 칭찬해 주기
	⑨ 물건 아껴 쓰기 및 자연환경 보호하기
신중성	어떤 일을 결정할 때 곰곰이 생각하고 결정해서 나중에 후회하는 일이 별로 없어요.
	☆활용방법:
	① 말하기 전에 2번 생각하고 말하기
	② 물건을 살 때 꼼꼼히 따져 보고 고르기
	③ 학원을 등록할 때, 꾸준히 다닐 수 있을지 정말 도움이 될지 등을 생각하기
	④ 친구랑 약속을 하기 전에 그 약속을 지킬 수 있는지 생각해 보고 약속 정하기
	⑤ 부모님과 성적에 대한 약속을 정할 때 짧은 시간 내에 올릴 수 있는 점수인지 생각해 보고 약속하기
	⑥ 어떤 결정을 내리기 전에 소중한 사람들의 의견 참고하기
	⑦ 걱정과 불안을 다스린 후, 중요한 결정 내리기
	⑧ 곰곰이 생각한 후, 발표하거나 대답하기

자기조절	슬프거나 기쁘거나 화날 때, 내 마음과 행동을 스스로 잘 조절하고 목표를 이루기 위해 자신의 생각이나 강점, 행동을 잘 조절하고 통제해요. ☆활용방법: ① 몸에 안 좋은 간식을 참아 보기 ② 하고 싶은 것이 있어도 규칙적으로 정해 놓은 시간에 공부하기 ③ 중간에 안 좋은 성적을 받아도 흔들리지 않고 꾸준히 공부하기 ④ 기분 나쁜 일이 있어도 바로 화내지 않고 1번 더 생각하기 ⑤ 용돈을 낭비하지 않고 계획 속에서 적절히 쓰고, 저축하기 ⑥ 다른 사람을 욕하거나 뒷말하지 않기 ⑦ 열이 받을 정도로 화가 날 때, 큰 숨을 쉬거나 숫자를 10까지 세며 화를 누그러뜨리기 ⑧ 매일 규칙적인 운동계획 세워 운동하기 ⑨ 활동시간에 끝까지 앉아 있으려고 노력하기 ⑩ 충동적으로 생각하지 않기 ⑪ 기분 나쁜 말을 들었다고 바로 욕하거나 때리지 않기 ⑫ 가족의 잔소리로 기분 나빠도 부모님에게 안 좋은 행동이나 말하지 않기
시민의식	질서와 규칙, 약속을 잘 지키며, 모둠활동에 책임감 있게 참여해요. ☆활용방법: ① 우리 반을 위해 작은 봉사하기 ② 모둠활동에 적극적으로 잘 참여하기 ③ 모둠원 간 의견이 달라도 모둠원의 의견을 존중해 주기 ④ 횡단보도 건널 때, 교통질서 잘 지키기 ⑤ 학급규칙 잘 지키기 ⑥ 지하철에서 자리 양보하기 ⑦ 이 프로그램에서 모둠원과 싸우지 않고, 활동에 잘 참여하기 ⑧ 헌혈해 보기 ⑨ 매일 5분을 들여 주변의 쓰레기 주워서 휴지통에 넣기 ⑩ 자선단체나 봉사단체에 가입하여 활동하기 ⑪ 모둠원 중 소외된 친구가 있으면 도와주기
공정성	친구들이나 가족들 또는 주변 사람들, 모두를 공평하게 대하고, 좋아하거나 싫어하는 것에 관계없이 한쪽으로 치우치지 않아요. ☆활용방법: ① 싫어하는 사람의 장점 생각해 보기 ② 친한 친구 편만 들지 않기 ③ 먹을 것 있을 때, 공평하게 나눠 주기

	④ 놀이를 할 때, 공정하게 심판 보기 ⑤ 적어도 하루에 1번씩 자신의 실수를 인정하고 그것에 대해 책임의식 느끼기 ⑥ 다른 사람이 주장하는 말에 끼어들지 않고 끝까지 잘 듣기 ⑦ 외모나 친구들의 평가만으로 특정 친구를 무시하지 않기
리더십	친구들이 나를 잘 믿고 따르는 편이며, 나는 친구들을 격려하며 각자 해야 할 일을 잘 할 수 있도록 해요. ☆활용방법: ① 새로운 친구가 왔을 때, 앞장서서 환영해 주기 ② 모둠원이 활동에 잘 참여할 수 있도록 격려해 주기 ③ 놀이를 할 때, 친구들이 싸우지 않고 즐겁게 할 수 있도록 이끌기 ④ 모둠원이 하기 싫어하는 역할은 자신이 나서서 하기 ⑤ 좋아하는 리더(예: 대통령, 축구감독 등)를 정하여 관련 책이나 다큐멘터리 보기 ⑥ 불공평한 대우를 받는 친구의 편에서 도움 주기 ⑦ 솔선수범하여 준비물 준비나 선생님의 지시사항을 먼저 알아채고 준비시키기 ⑧ 선생님이 없어도 조용한 교실 분위기 만들기
심미안	책 읽기, 음악 감상, 그림 감상 또는 아름다운 자연을 보는 일이 정말 즐겁고 행복해요. ☆활용방법: ① 내가 본 주변의 아름다운 것들을 기록하는 아름다움 일기 적기 ② 하굣길이나 시간이 있을 때 식물, 새소리 등 자연환경 보며 생각에 잠기기 ③ 꽃향기 맡기 ④ 음악 듣는 것 즐겨 하기 ⑤ 미술작품이나 음악 관련 책 읽기 ⑥ 미술관이나 음악연주회 가기 ⑦ 만화그림 그리고, 만화그림 즐겨 보기 ⑧ 활동지를 꾸며 보거나 글씨 예쁘게 쓰기 ⑨ 자신이 만든 그림이나 음악연주를 누군가에게 보여 주기 ⑩ 친구에게 그림 그리는 방법이나 음악 연주하는 방법 알려 주기
감사	부모님, 친구들, 선생님 등 주변 사람들의 수고와 배려를 깨닫고 고마워할 줄 알아요. ☆활용방법: ① 자기 전에 감사할 일 3가지 생각하기 또는 적어 보기 ② 친구나 가족 등의 사소한 친절에 감사함 느끼기 ③ 좋은 일이 생겼을 때, 주변상황이나 도와준 사람들에게 감사편지 쓰기 또는 감사의 말, 문자 전하기 ④ 가족에게 감사의 쪽지 써서 주기

	⑤ 내가 하루 동안 "감사합니다."라는 말을 얼마나 많이 하는지 매번 진심으로 하는지 되새겨 보기 ⑥ 매일 저녁에, 하루 동안 잘 이루어진 일들을 적어 보기 ⑦ 사소한 것에도 도움을 받으면 "감사해요."라고 말하기
낙관성	나는 내가 하는 일들이 잘될 거라는 믿음을 가지고 항상 노력해요. ☆활용방법: ① 실패했던 일을 떠올리고 그것의 좋은 점 찾아보기 ② 지금 힘든 일이 있어도 좋은 생각을 하며 다시 목표 세우기 ③ 노력을 해서 시험을 봤는데 실패했어도 다시 또 노력하면 잘될 수 있을 거라고 생각하기 ④ 실패해서 힘든 친구에게 "다 잘 해낼 수 있을 거야."라는 희망의 말 전해 주기 ⑤ 하루 종일 실수투성이거나 기분 나쁜 일이 많이 일어나도 투덜대지 않고 좋은 쪽으로 생각하기 ⑥ 힘든 상황 속에서도 성공한 사람들의 이야기 듣기 ⑦ 1년, 5년, 10년 후에 어디에 있고 무엇이 되고 싶은지 그리기 ⑧ 자신에 대해 긍정적인 단어 쓰기(좋아, 잘될 거야, 괜찮아, 멋져, 잘한다 등) ⑨ 주변 사람으로부터 아무리 힘들고 실패해도 다시 오뚝이처럼 일어난 경험 듣기 ⑩ 힘든 친구가 있으면 긍정적인 말해 주기(좋아, 잘될 거야, 괜찮아, 멋져, 잘한다 등)
유머	재미있는 말과 행동으로 사람들을 즐겁게 해 줄 때가 많아요. ☆활용방법: ① 가족이나 친구 웃기기 ② 개그콘서트 등의 예능 프로그램이나 유머책, 인터넷을 통해 유머 익히기 ③ 기분이 안 좋은 친구에게 웃기는 말하며 즐거운 마음 가지게 도와주기 ④ 나만의 개그 만들기 ⑤ 시트콤이나 웃긴 쇼/영화를 보거나 만화 읽기 ⑥ 친구들에게 기분 좋은 농담하기
영성	교회, 성당, 절 등에 다니며, 종교 행사에 잘 참여해요. ☆활용방법: ① 하루를 시작하기 전에 10분간 기도하기 ② 종교 관련 책(성경, 불경 등) 읽기 ③ 부활절, 석가탄신일 등 종교행사에 잘 참여하기 ④ 같은 종교를 가진 친구들과 함께 종교 봉사활동하기 ⑤ 종교 활동 등에 적극적으로 참여하기 ⑥ 주말마다 교회, 성당, 절 등에 가기 ⑦ 인생의 목적을 생각하고 적어 보기 ⑧ 유서 써 보기

참고자료 4-3, 5-3	마인드맵으로 대표강점 나타내기	이름
		별칭

📁 대표강점 관련 책, 본보기 인물 안내

덕목	강점	책	본보기 인물
지성	창의성	• 조그만 발명가(현덕 글, 조미애 그림, 사계절, 2016) • 엉뚱씨(로저 하그리브스 저, 박인용 역, 나비북스, 2014) • 창의력을 키워주는 그림만화(우리누리 저, 세상 모든책, 2000) • 양배추 소년(초 신타 저, 고향옥 역, 비룡소, 2007)	마리 퀴리, 미켈란젤로, 빌 게이츠, 파블로 피카소, 토머스 에디슨, 월트 디즈니, 모차르트, 조앤 롤링
	호기심	• 발랄라이카를 연주하고 싶은 생쥐 트루블로프(존 버닝햄 저, 장미란 역, 논장, 2005) • 옆집 할아버지 관찰 일기(알리스 뒤마 글, 마르틴 라퐁 그림, 양진희 역, 교학사, 2007) • 조그만 발명가(현덕 글, 조미애 그림, 사계절, 2016) • 파브르 곤충기(장 앙리 파브르 저, 현소 역, 아이세움, 2008) • 호기심 박사 안철수 이야기(토리에듀 글, 유명희 그림, 미르에듀, 2012) • 호기심 대장(서지원 글, 백명식 그림, 좋은책어린이, 2012) • 화분을 키워 주세요(진 자이언 글, 마거릿 블로이 그레이엄, 공경희 역, 웅진주니어, 2001) • 늘 묻고 싶었던 질문에 대한 답(데이비드 웨스트 저, 승영조 역, 승산, 2001) • 쪽빛을 찾아서(유애로 저, 보림, 2005)	콜럼버스, 마젤란, 청각장애와 시각장애에도 불구하고 세상에 대한 놀라운 호기심 가지고 있었던 헬렌 켈러
	개방성	• 세상에서 가장 행복한 전쟁(데이비드 맥키 저, 민유리 역, 베틀북, 2005) • 빨간 왕관의 나라 하얀 왕관의 나라(김은숙 저, 효리원, 2007) • 은자로 마을 토토(민은경 글 · 그림, 다림, 2005) • 세상에서 가장 멋진 내 친구 똥퍼(이은홍 글 · 그림, 사계절, 2007)	자신의 생각과 정반대로 다른 사람 중 1명을 자신이 있는 하버드 대학에 데리고 오려고 노력한 윌리엄 제임스, 정복한 지역의 야만족이라도 능력만 있으면 자기편으로 받아들인 칭기스칸

	학구열	• 루비의 소원(S. Y. 브리지스 글, 소피 블랙올 그림, 이미영 역, 비룡소, 2004) • 파브르 곤충기(장 앙리 파브르 저, 현소 역, 아이세움, 2008) • 책 읽기 대장 니콜라(질 티보 글, 브뤼노 생오뱅 그림, 조민영 역, 어린이작가정신, 2010) • 책 읽기는 게임이야(한미화 글, 소복이 그림, 웅진주니어, 2011) • 도서관(사라 스튜어트 글, 데이비드 스몰 그림, 지혜연 역, 시공사, 1998) • 엄마가 사랑하는 책벌레(김현태 글, 박영미 그림, 아이앤북, 2007)	문법책을 빌리기 위해 30km를 걸어 도서관에 다녀온 젊은 시절의 아브라함 링컨, 대학 설립에 커다란 기여를 한 벤자민 프랭클린, 데카르트, 피아제, 루소
	지혜	• 할아버지가 하는 일은 언제나 옳아요(안데르센 저, 요술램프 역, 교학사, 2004) • 금메달은 내 거야!(토어 프리먼 글·그림, 이재원 역, 아이세움, 2008) • 오줌꿈을 산 문희(일연 저, 여원미디어, 2008) • 나라를 구한 난쟁이 재상의 재치(김지영 저, 한국가드너, 2005) • 충절의 본보기 박제상(김부식 저, 여원미디어, 2008)	예수, 석가모니, 처칠, 지미 카터
인간애	사랑	• 동물 아빠들(스니드 칼러드 저, 이한음 역, 마루벌, 2004) • 언제까지나 너를 사랑해(로버트 먼치 저, 김숙 역, 북뱅크, 2000) • 아낌없이 주는 나무(쉘 실버스타인 저, 이재명 역, 시공주니어, 2000) • 우리 언니(샬로트 졸로토 글, 마사 알렉산더 그림, 언어세상, 2002) • 터널(앤서니 브라운 글·그림, 장미란 역, 논장, 2002) • 로미오와 줄리엣(윌리엄 셰익스피어 저, 김미조 역, 규하 그림, 인디고, 2014) • 우리 엄마(앤서니 브라운 글·그림, 허은미 역, 웅진주니어, 2005)	로미오와 줄리엣, 엄마, 아빠

		• 동생을 팝니다!(마리안 스멧 글, 마리아 마이어 그림, 오영나 역, 책읽는가마, 2011) • 사랑과 사랑(오스카 브르니피에 저, 자크 데프레 그림, 박상은 역, 미래아이, 2009) • 우리 형이니까(후쿠다 이와오 글 · 그림, 김난주 역, 아이세움, 2010) • 사랑해 사랑해 사랑해(버나뎃 로제티 슈스탁 글, 캐롤라인 제인 처치 그림, 신형건 역, 보물창고, 2006)	
	친절성	• 아주 특별한 크리스마스(잰 피언리 글 · 그림, 손원재 역, 중앙출판사, 2002) • 가방 들어 주는 아이(고정욱 글, 백남원 그림, 사계절, 2003) • 키다리 아저씨(진 웹스터 저, 김양미 역, 김지혁 그림, 인디고, 2010) • 천사가 되세요!(나탈리 짐메르만 글, 에릭 엘리오 그림, 박미리 역, 교원, 2010) • 누구지?(이범재 글 · 그림, 계수나무, 2013) • 영이의 비닐우산(윤동재 글, 김재홍 그림, 창비, 2005) • 괜찮아(최숙희 저, 웅진주니어, 2009)	길에서 만난 나병환자의 몸을 자신의 체온으로 녹여 주었던 성 프란체스코, 9.11 테러 재난 시 도왔던 사람들, 테레사 수녀, 봉사활동에 참여하는 사람들, 한비야
	사회지능	• 방귀 만세(후쿠다 이와오 글 · 그림, 김난주 역, 아이세움, 2001) • 엄마 맘은 그래도… 난 이런 게 좋아(고미 타로 저, 이정선 역, 베틀북, 2001) • 기분을 말해 봐!(앤서니 브라운 글 · 그림, 홍연미 역, 웅진주니어, 2011) • 낙원섬에서 생긴 일(찰스 키핑 저, 서애경 역, 사계절, 2008)	간디, 프랭클린 루즈벨트, 오프라 윈프리, 로버트 케네디, 존 레논, 밥 딜런, 유재석
용기	용감성	• 용기가 필요해!(바르트 무야르트 글, 로트라우트 수잔네 베르너 그림, 김완균 역, 살림어린이, 2008) • 내 동생은 못 말려(김종렬 글, 이상권 그림, 아이세움, 2002) • 틀려도 괜찮아(마키타 신지 글, 하세가와 토모코 그림, 유문조 역, 토토북, 2018)	에베레스트산에 처음으로 등정한 에드먼드 힐러리 경, 암을 이겨 내고 세계사이클 대회에서 7연패를 달성한 랜스 암스트롱, 잔 다르크, 9.11 테러 당시 소방관, 전태일, 유관순

	• 피터 팬(제임스 매튜 배리 저, 메이블 루시 애트웰 그림, 김영선 역, 시공주니어, 2005) • 용기를 내, 무지개 물고기(마르쿠스 피스터 글·그림, 송순섭 역, 시공주니어, 2001) • 엄마는 내가 지킨다(바버라 M. 주세 글, 얀 유테 그림, 천미나 역, 책과콩나무, 2011)	
끈기	• 제발 물 한 모금만!(하이케 엘러만 저, 엄혜숙 역, 해와나무, 2008) • 넌 뭘 수집해?(위베르 뱅 크문 글, 레지 팔레 그림, 박미리 역, 교원, 2010) • 똥벼락(김회경 글, 조혜란 그림, 사계절, 2001) • 낱말 수집가 맥스(케이트 뱅크스 저, 신형건 역, 보물창고, 2008)	천재는 1%의 영감과 99%의 노력으로 이루어진다고 말한 토머스 에디슨, 6번의 낙선과 2번의 파산에도 불구하고 가장 위대한 대통령이 된 링컨, 수집가
진실성	• 빵점 맞은 날(스가와라 카에데 글·그림, 김지연 역, 그린북, 2007) • 돼지가 주렁주렁(아놀드 로벨 글, 애니타 로벨 그림, 엄혜숙 역, 시공주니어, 2006) • 알 낳는 거짓말(강민경 글, 윤희동 그림, 좋은책어린이, 2012) • 거짓말(고대영 글, 김영진 그림, 길벗어린이, 2009) • 똥벼락(김회경 글, 조혜란 그림, 사계절, 2001) • 도깨비감투(정해왕 글, 이승현 그림, 시공주니어, 2008) • 짧은 귀 토끼와 빵점 시험지(다원시 글, 탕탕 그림, 심윤섭 역, 고래이야기, 2012) • 가짜 백점(권태문 저, HomeBook, 2008) • 빨간 매미(후쿠다 이와오 저, 한영 역, 책읽는곰, 2008) • 빈 화분(데미 글·그림, 서애경 역, 사계절, 2006)	링컨, 아버지에게 자신의 잘못을 솔직하게 이야기 한 조지 워싱턴, 황희
활력	• 마법의 여름(후지와라 카즈에·하타 코시로 글, 하타 코시로 그림, 김정화 역, 아이세움, 2004) • 우당탕탕 2학년 3반(안선모 저, 청어람주니어, 2007) • 만년샤쓰(방정환 글, 김세현 그림, 길벗어린이, 1999)	세계 방방곡곡을 찾아다니며 늘 명랑하고 활기찬 모습으로 강연을 하는 달라이 라마, 영화 속에서 늘 쉴 새 없이 애드리브를 하는 로빈 윌리엄스

		• 민희네 집(권윤덕 글 · 그림, 길벗어린이, 2004) • 익살꾸러기 사냥꾼 삼총사(에드윈 워 글, 랜돌프 칼데콧 그림, 이종인 역, 시공주니어, 1995) • 혼자서도 신나벌레는 정말 신났어(권윤덕 글 · 그림, 재미마주, 2002)	
	용서	• 부루퉁한 스핑키(윌리엄 스타이그 저, 조은수 역, 비룡소, 1995) • 친구랑 싸웠어!(시바타 아이코 글, 이토 히데오 그림, 이선아 역, 시공주니어, 2006) • 용서해, 테오(질 티보 글, 주느비에브 코테 그림, 이정주 역, 어린이작가정신, 2009) • 미안해~! 화해하는 아이 괜찮아~! 용서하는 아이 (최효림 글, 박경은 그림, 글송이, 2009)	미국 남북전쟁을 끝내고 남부 사람들을 자비롭게 받아들인 링컨, 예수, 석가모니
절제	겸손	• 무지개 물고기(마르쿠스 피스터 글 · 그림, 공경회 역, 시공주니어, 1994) • 용기를 내, 무지개 물고기(마르쿠스 피스터 글 · 그림, 송순섭 역, 시공주니어, 2001) • 리디아의 정원(사라 스튜어트 글, 데이비드 스몰 그림, 이복희 역, 시공주니어, 1998) • 샤를마뉴 대왕의 위대한 보물(나디아 웨트리 글, 드보라 클라인 그림, 이경혜 역, 문학과지성사, 2003) • 구두장이 마틴(레프 톨스토이 저, 김은하 역, 비룡소, 2000)	링컨, 겸손의 반대말은 공격적이고 분노가 높은 사람들로 본다면 히틀러나 안데르센 동화의 벌거벗은 임금님과 반대되는 사람들
	신중성	• 딱 한 가지 소원만 들어주는 마법책(김선아 글, 이지연 그림, 머스트비, 2014) • 왜 언제나 조심해야 할까(프랑수아즈 라스투앵-포주롱 저, 이효숙 역, 교학사, 2006) • 내 딸아, 행복은 선택이 주는 선물이란다(오정은 저, 글고은, 2009) • 피바디선생님의 사과(마돈나 글, 로렌 롱 그림, 김원숙 역, 문학사상사, 2004) • 말을 삼킨 아이(권요원 글, 김현영 그림, 스푼북, 2014)	보통의 수준에서는 안전벨트를 매고, 폭풍 경고에 주의를 기울이는 사람들, 영웅 수준에서는 불난 건물에 주의 깊게 들어가는 소방관, 경찰관

정의	자기조절	• 돼지가 주렁주렁(아놀드 로벨 글, 애니타 로벨 그림, 엄혜숙 역, 시공주니어, 2006) • 용돈 지갑에 구멍 났나?(고수산나 글, 김미연 그림, 좋은책어린이, 2011) • 손톱 깨물기(고대영 글, 김영진 그림, 길벗어린이, 2008) • 소피가 화나면, 정말 정말 화나면(몰리 뱅 글·그림, 박수현 역, 책읽는곰, 2013)	수녀, 운동선수, 우주비행사 이소연, 매일 도서관에서 공부하는 사람들, 무술이나 요가를 평생 하는 사람들
	시민의식	• 돼지책(앤서니 브라운 글·그림, 허은미 역, 웅진주니어, 2009) • 무지막지 백작(까롤 트랑블레 저, 장혜경 역, 미세기, 2003) • 15소년 표류기(쥘 베른 저, 김윤진 역, 비룡소, 2005) • 길 아저씨 손 아저씨(권정생 저, 국민서관, 2006)	소방관들, 협동심 발휘하는 아이들, 한비야와 같은 자원봉사자들, 나라를 위해 싸우다 돌아가신 순국열사들
	공정성	• 사라, 버스를 타다(윌리엄 밀러 글, 존 워드 그림, 박찬석 역, 사계절, 2004) • 넬슨 만델라(이원준 저, 자음과모음, 2011)	차별 금지자들, 솔로몬
	리더십	• 민우야, 넌 할 수 있어!(고정욱 글, 허주연 그림, 아이앤북, 2010) • 우리 반 인기스타 나반장(최형미 글, 김윤영 그림, 키다리, 2012) • 잘난척 대마왕 강유리(김은중 글, 이세문 그림, 파란정원, 2011) • 여왕 기젤라(니콜라우스 하이델바흐 글·그림, 김경연 역, 풀빛, 2007)	알렉산더 대왕, 나폴레옹, 히딩크 축구감독, 처칠, 프랭클린 루즈벨트, 마틴 루터
초월	심미안	• 다니엘의 특별한 그림 이야기(바바라 매클린톡 저, 정서하 역, 키다리, 2009) • 미술관에 간 윌리(앤서니 브라운 글·그림, 장미란 역, 웅진닷컴, 2002) • 우리 마당으로 놀러 와(문영미 글, 조미자 그림, 우리교육, 2007) • 샤갈(실비 지라르데·클레르 메를로 퐁티·네스토크 살라 저, 최윤정 역, 길벗어린이, 2010)	호수, 야구 등에 완전 매료되는 사람들, 김홍도, 레오나르도 다빈치, 미켈란젤로 등과 같은 예술가

	• 김홍도(정하섭 글, 이은천 그림, 길벗어린이, 2010) • 그림 속 신기한 그림 세상(조이 리처드슨 저, 노성두 역, 다림, 2004) • 레오나르도 다빈치(실비 지라르데 · 클레르 메를로 퐁티 · 네스토크 살라 저, 최윤정 역, 길벗어린이, 2010) • 색깔 없는 세상은 너무 심심해(공주형 글, 정은희 그림, 토토북, 2006)	
감사	• 키다리 아저씨(진 웹스터 저, 김양미 역, 김지혁 그림, 인디고, 2010) • 행복한 한스(그림 형제 글, 펠릭스 호프만 그림, 김기택 역, 비룡소, 2004)	루게릭병에 걸렸는데 자신이 지구상에서 최고의 행운아라고 생각하며 가족, 팬, 동료들에게 감사의 은퇴선언을 하였던 뉴욕 양키스의 야구선수 루 게릭
낙관성	• 제발 물 한 모금만!(하이케 엘러만 저, 엄혜숙 역, 해와나무, 2008) • 강아지똥(권정생 글, 정승각 그림, 길벗어린이, 1996) • 건축가 로베르토(니나 레이든 저, 김경태 역, 주니어파랑새, 2006) • 내 꿈은 엄청 커!(밥 셰어 글, 레인 스미스 그림, 강이경 역, 담푸스, 2011) • 엄마 얼굴(고은설 글, 심문선 그림, 청개구리, 2009) • 오체 불만족(오토다케 히로타다 저, 전경빈 역, 창해, 2001) • 빨간 나무(숀 탠 글 · 그림, 김경연 역, 풀빛, 2002) • 지붕이 있는 집(리자퉁 글, 정후이허 그림, 나진희 역, 산하, 2011) • 어느 날 외톨이가 된 당나귀 발타자르(잉에 미스케르트 저, 김희정 역, 별천지, 2009)	로터킹, 아웅산 수지, 김대중, 14대 달라이라마, 지미 카터 등의 노벨 평화상 수상자들, 피터팬에 나오는 팅커벨
유머	• 배꼽 빠지게 웃기고 재미난 똥이야기(박혜숙 저, 미래아이, 2009) • 유머짱 배꼽맨(박태웅 글, 이지은 그림, 푸른뜰, 2012) • 훨훨 간다(권정생 글, 김용철 그림, 국민서관, 2003)	찰리 채플린, 코미디언

영성	• 베니의 빵(오브리 데이비스 저, 강석란 역, 국민서관, 2006) • 석가모니(손춘익 엮음, 정미영 그림, 웅진출판, 1995) • 아름다운 천사, 테레사(피터 리스 저, 이주영 역, 삼성당, 2006) • 액션 바이블(세르지우 카리에요 저, 강민정 역, 생명의말씀사, 2011) • 그림으로 만나는 어린이 성경(헤더 에이메리 저, 최은주 역, 홍진P&M, 2007) • 틱낫한 스님이 들려 주는 마음 속의 샘물(틱낫한 글, 보 딘 메이 그림, 이해인 역, 계림북스쿨, 2004)	슈바이처, 테레사 수녀, 달라이 라마	

참고자료 4-4, 5-4	강점일기 쓰기 방법 안내	이름
		별칭

📂 '강점일기 쓰기' 방법 안내

강점일기 쓰기 방법

1. 나누어 준 강점일기 쓰기 활동지에 일주일에 2번 이상 강점일기를 씁니다.
2. 대표강점 활용 일기 쓰기는 월요일, 목요일에 검사를 받습니다.
3. 나의 대표강점을 활용한 일기를 쓰도록 합니다.
4. 대표강점에 대한 정확한 이해가 안 될 때는 관련 책, 영화, 마인드맵 등을 참고하며, 언제든지 선생님에게 대표강점과 관련한 질문을 해도 좋습니다.

대표강점 활용 일기 예

20 . . . 일요일 날씨: 맑음

나의 대표강점: 감사

　오늘 아빠가 맛있는 요리를 만들어 주셨다. 사실 주말에 함께 놀러 가기로 약속했는데 아빠가 피곤하다며 집에만 있어서 나는 화가 나서 방안에 틀어박혀서 게임만 했다. 그런데 아빠가 저녁이 되어 약속을 지키지 못해서 미안하다며 맛있는 닭볶음탕을 해 주셨다. 화가 나 있던 나를 사르르 녹이는 세상 최고의 맛이었다. 아빠에게 화가 나 있었지만 지금은 아빠가 너무 좋다. 그래서 아빠가 잠자는 사이, 몰래 아빠의 지갑에 감사의 쪽지를 써서 넣어 두었다. 내용은 다음과 같다.
　'세상 최고의 닭볶음탕이었어요! 사랑해요. 그리고 감사해요! 아빠, 힘내세요!'

20 . . . 일요일 날씨: 맑음

나의 대표강점: 진실성

　오늘 부모님이 밖에 일이 있어서 나간 사이에 숙제는 하지 않고 계속 게임만 했다. 그리고 부모님 돌아올 시간이 다 되니 걱정이 되었다. 어떤 거짓말을 해야 부모님께 덜 혼날까 계속 생각하였다. 계속 고민하다가 나의 대표강점이 '진실성'이라는 것을 떠올렸다. 그래서 부모님께 사실대로 말씀드리고 혼도 실컷 나고, 다시는 부모님과의 약속을 어기지 말아야겠다고 다짐했다. 꾸중은 들었지만, 그래도 나의 대표강점을 사용해서 정직하게 말씀드리니 마음이 편안하였다.

20 . . . 일요일 날씨: 맑음

나의 대표강점: 유머

　오늘 TV에서 〈개그콘서트〉를 본 것처럼 성대모사를 하여 친구들을 즐겁게 했다. 친구들이 즐거워하니 나 또한 기분이 날아갈 듯이 기뻤다.

활동지 4-1, 5-1	강점일기 쓰기	이름
		별칭

📁 강점일기를 써 봅시다.

2019. . . 요일 날씨:

• 나의 대표강점:

2019. . . 요일 날씨:

• 나의 대표강점:

□ 5회기 지도안(성격강점 인식하기)

특별한 '나'를 알아요 2			
활동 목표	같은 대표강점을 가진 모둠원과 함께 대표강점을 구체적으로 살펴보면서 특별한 '나'에 대한 유능감을 가질 수 있다.		
준비 자료	책, 4절 도화지, 색연필, 사인펜, 필기구, 활동지, 성격강점 관련 책, ppt, 골든벨 판, 매직, 지우개		
활동 절차	활동내용	시간 (분)	집단구성※ 준비물■ 유의점▣
준비 하기	• '세상에서 하나뿐인 특별한 나' 책 읽어 주기 　■ppt에 제시한 책을 읽어 주며, '나'란 존재의 특별함을 알 수 있도록 자신에 대해 알아보는 노력이 필요함을 인식시켜 준다. • 활동목표 안내하기 　저번 시간에 이어서 이번 시간에도 또 다른 여러분의 대표강점에 대해 구체적으로 알아보는 시간입니다. 또 다르게 만들어진 같은 대표강점을 가진 친구들과 나누어 준 다양한 자료를 통해 자유롭게 의논을 하며, 마인드맵을 만들어 보도록 하겠어요. 이번 활동으로 자신의 대표강점에 대해 더 자세히 알고, 특별함을 가진 자신에 대한 뿌듯함도 느끼는 시간이 되길 바랍니다.	8′ 2′	▣미리 정한 같은 대표강점 가진 학생끼리 모둠으로 앉도록 자리 배치 ※ 전체 ■책
활동 하기	• 마인드맵으로 대표강점 나타내기 2 　■먼저 마인드맵 예시자료를 보여 주며, 활동방법을 안내한다. 　4절 도화지에 예시자료처럼 또는 다른 방식으로 마인드맵을 만들고, '모둠원들의 공통점, 해당 대표강점의 뜻, 관련 책 읽기 및 책에서 찾은 대표강점 활용법 또는 느낀 점, 대표강점의 좋은 점, 본보기 인물, 활용했던 경험, 활용할 방안'을 모둠원과 의논하며 마인드맵에 적는다. 이때 해당 강점에 대해 자유롭게 성격강점 관련 책과 별★보다 빛나는 나의 대표강점 노트의 자료들을 충분히 활용하여 활동하도록 한다. 　■모둠원과 활발히 의견을 주고받으며 순서와 상관없이 자유롭게 마인드맵을 작성하도록 한다. 한 사람만 모든 활동을 하지 않고 협동하여 의견을 주고받으며 활동을 진행할 수 있도록 하고, 꾸미기에 집중하지 않도록 한다. 또한 다른 모	50′	※ 모둠, 전체 ■활동지, 4절 도화지, 색연필, 사인펜, 성격강점 관련 책, 별★보다 빛나는 나의 대표강점 노트 ▣의견을 활발히 나누도록 유도, 피드백, 순시, 코칭 ▣프로그램이 진행되는 동안 마인드맵을 교실 게시

	둠보다 빨리 한 모둠은 자신이 가진 또 다른 대표강점과 관련된 책 읽기를 하도록 한다. ■ 모둠별로 돌아가며 다 같이 앞에 나와 모둠의 대표강점에 대해 발표를 한다. 이때 각 모둠의 발표 시에 긍정적인 반응을 할 수 있도록 한다. • 대표강점을 찾아라!(골든벨 게임) ■ 교사가 활동방법을 안내하고, 활동을 시작한다. 골든벨 게임 형식으로 진행되며, 모둠별로 한 팀이 되어 ppt로 제시한 질문에 해당하는 성격강점을 24가지 중에서 찾아서 골든벨 판에 적음 → 질문번호는 정해진 순서대로 모둠별로 돌아가며 선택 → 번호를 선택한 모둠이 정답이거나 오답이면 ppt에 나온 대로 점수를 받거나 잃게 되며, 다른 모둠이 정답이면 무조건 1점을 받음 -게임을 하며, 대표강점에 대해 학생들이 잘 이해하고 있는지 확인한다.	15′	※ 모둠, 전체 ■ ppt, 골든벨 판, 매직, 지우개 ▣ 경쟁에만 치중하지 않도록 하기
정리 하기	• 정리 및 느낀 점 나누기 ■ 이번 시간을 통해 알게 된 점, 나를 변하게 만든 것, 느낀점, 아쉬웠던 점, 힘들었던 점 등을 발표한다. -정확한 인식이 안 된 대표강점은 마인드맵 자료, 관련 책과 동영상 자료, 교사와의 대화 등을 통하여 대표강점을 인식할 수 있도록 한다. • 과제 안내하기 ■ 강점일기 쓰기	3′ 2′	

예시자료 5-1	대표강점을 찾아라! (골든벨 게임)	이름
		별칭

📁 대표강점을 찾아라! (예시자료)

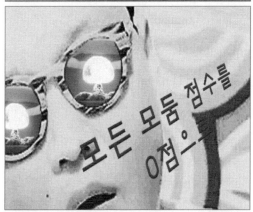

나는 우리 몸이 어떻게 만들어졌는지, 어떻게 손과 발이 꼼지락 꼼지락 움직이고, 사람들의 조그마한 머리에서 다양한 생각을 해내는지 너무나도 궁금하고, 그 이유를 알고 싶어요.

호기심

나는 이 감정이 굉장히 많은 아이예요. 친한 사람들을 꼬옥 안아주고, 힘든 친구가 있으면 함께 곁에서 함께 아파해주고, 아침 저녁으로 가족에게 "~해요" 라는 말을 말을 많이 해요.

사랑

출처: 초등교사 커뮤니티 인디스쿨(https://ko-kr.facebook.com/indischool/).

☐ 6회기 지도안(성격강점 인식하기)

감사하고 사랑해요				
활동 목표	자기·주변 등의 감사함을 찾고, 사랑하는 가족의 성격강점을 찾으며, 긍정 정서를 높이고 부정 정서를 낮출 수 있다.			
준비 자료	자갈, 사탕, 활동지, 필기구, 16절지, 사인펜, 색연필			
활동 절차	**활동내용**		**시간 (분)**	**집단구성※ 준비물■ 유의점▣**
준비 하기	• '자갈과 사탕' 놀이하기 ■ 교사의 다음과 같은 지시에 따라 학생들은 행동한다. 맛있는 사탕을 입에 넣고, 실내화에 자갈을 넣고 교실 주변을 돌아다니며 걸어 봅시다. ■ 활동을 하고서 느낀 점을 발표한다. ■ 대부분 신발 속 자갈의 불편함만 이야기하므로 부정적인 면보다 긍정적인 면에 초점 맞추는 것의 중요성을 언급한다. • 활동목표 안내하기 우리는 같은 상황에서도 다른 생각을 하기도 합니다. 예를 들어, 여러분은 평소에 비가 내리면 어떤 생각이 드나요? 어떤 사람은 "옷 다 젖겠다. 기분 안 좋아."라고 구시렁거리지만, 어떤 사람은 "비가 와서 식물들이 더 잘 자라겠네."라고 좋아하기도 합니다. 이렇게 사람마다 생각의 차이는 있지만 자신을 포함한 주변의 나쁜 점보다 좋은 점에 초점을 맞추어 감사함을 느낄 수 있는 것이 중요합니다. 그리고 가족(가장 가까이 있는 사람들 전부)의 좋은 점, 그들의 특별한 '성격강점'을 찾으며 가족들에게 사랑과 감사를 느껴 보는 시간을 갖도록 하겠습니다.		8′ 2′	※ 전체 ■ 자갈, 사탕 ▣ 활동 전에 어떤 힌트도 주지 않고 바로 활동 시작하기
활동 하기	• 감사한 순간 포착! ■ 모둠별로 자신이 가지고 온 물건 또는 대상의 사진 등을 보여 주며 감사하는 이유를 말하고, 전체를 대상으로 발표한다. ■ 활동지에 자신의 신체, 성격강점, 주변 환경 등의 감사거리와 감사한 이유를 적는다(가지고 온 사진이나 그림을 붙여도 됨). ■ 활동을 통해 알게 된 점 또는 느낀 점을 발표한다. -나와 나의 주변에 감사함을 느낄 것들이 많음을 느끼고, 자신이 가지고 있는 성격강점에도 감사함을 느낄 수 있도록 한다.		20′	※ 모둠, 전체 ■ 활동지, 감사하는 물건이나 대상 ▣ 사소한 것이라도 적을 수 있도록 함

	• 빛나는 성격강점 나무(가족 성격강점 나무)를 만들어요. ■ '빛나는 강점 나무를 만들어요'의 활동방법을 예시자료를 보여 주며 안내한다. 16절지에 가족들을 생각하며 빛나는 강점 나무를 만들고, 가족 각각의 캐릭터(별칭)와 성격강점 1가지씩 적어 보기 ■ 빛나는 성격강점 나무 만들기 활동을 한다. ■ 가족 중 한 사람의 별칭 및 성격강점을 발표한다. ■ 활동을 통해 느낀 점을 발표한다.	17′	※ 전체, 개인 ■ 16절지, 사인펜, 색연필 ▣ 미완성되더라도 과제로 제시하므로 지금까지 찾은 가족의 강점을 가지고 이야기 나누기 ▣ 대상의 상황을 고려하여 가족은 내 주변의 가장 가까운 사람들을 포함하여 언급할 수 있음
정리 하기	• 정리 및 느낀 점 나누기 ■ 이번 시간을 통해 알게 된 점, 나를 변하게 만든 것, 느낀 점, 아쉬웠던 점, 힘들었던 점 등을 발표한다. • 과제 안내하기 ■ 빛나는 성격강점 나무(가족 성격강점 나무) 완성하기 → 강점일기 쓰기 - 가족의 성격강점을 가족과 함께 의논하여 적는 시간을 가짐으로써 가족의 소중함을 느끼는 시간이 되도록 한다.	3′	

활동지 6-1	감사한 순간 포착!	이름	
		별칭	

📁 자신의 신체, 성격강점, 주변 환경 등에 대한 감사거리와 감사하는 이유를 구체적으로 적어 보세요.

예) 튼튼한 두 다리: 두 다리가 있어서 자유롭게 뛰어놀 수 있어요.

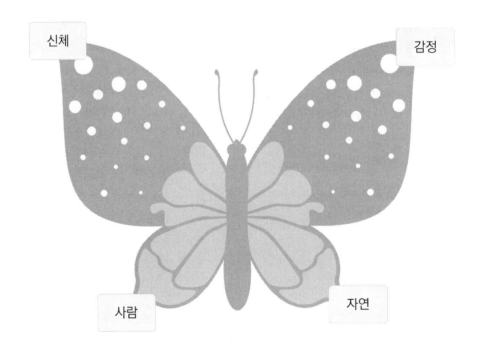

예시자료 6-1	빛나는 성격강점 나무	이름	
		별칭	

📂 가장 가까운 사람들과 함께 빛나는 성격강점 나무를 만들고, 그 사람들의 별칭을 지어 보고, 성격강점을 찾아서 적어 보세요.

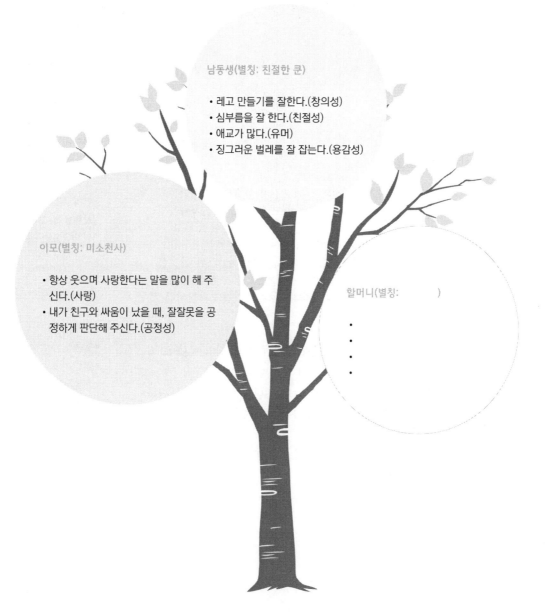

남동생(별칭: 친절한 콘)

• 레고 만들기를 잘한다.(창의성)
• 심부름을 잘 한다.(친절성)
• 애교가 많다.(유머)
• 징그러운 벌레를 잘 잡는다.(용감성)

이모(별칭: 미소천사)

• 항상 웃으며 사랑한다는 말을 많이 해 주신다.(사랑)
• 내가 친구와 싸움이 났을 때, 잘잘못을 공정하게 판단해 주신다.(공정성)

할머니(별칭:)

•
•
•
•

□ 7회기 지도안(성격강점 활용하기)

우리는 서로 돕고 아껴 줘요			
활동 목표	가족들이 사용하는 성격강점이 좋은 가족관계를 유지하는 데 중요함을 느끼고, 자신의 대표강점으로 가족들을 도우며, 가족과 좋은 관계를 형성할 수 있다.		
준비 자료	활동지		
활동 절차	**활동내용**	**시간 (분)**	**집단구성※ 준비물■ 유의점▣**
준비 하기	• 과제 느낀 점 발표하기 ■ 가족 성격강점 나무를 가족과 함께 완성하며 느낀 점을 말한다.	10′	▣수업시작 전, 미리 4회기에서 정해진 같은 대표강점을 가진 모둠원과 앉을 수 있도록 자리 배치
	• 활동목표 안내하기 누구에게나 특별한 자신의 성격강점이 있습니다. 여러분의 가족들 때문에 속상하거나 힘들 때도 있지만, 아마 가족들의 성격강점 덕분에 여러분이 편안하고 행복한 생활을 하고 있음은 분명할 것입니다. 이번 시간의 배움을 통하여 가족들의 성격강점 사용에 감사함을 느끼고, 여러분이 가진 특별한 대표강점으로 가족들을 돕거나 즐겁게 해 줄 수 있는 방법을 찾으면서 좋은 가족관계를 지속해 나갈 수 있기를 바랍니다.	2′	▣대상의 상황을 고려하여 가족은 내 주변의 가장 가까운 사람들을 포함하여 언급할 수 있음
활동 하기	• 만약, 나 홀로 집에? ■ 〈나홀로 집에 1〉 앞부분 내용을 말해 주고, 만약 나 홀로 집에 있으면 기분이 어떨지 생각하고 발표한다. ■ 만약 나 혼자 1달간 집에서 살게 된다면 좋은 점과 불편한 점(엄마가 없다면, 아빠가 없다면)을 활동지에 적고, 모둠원과 이야기 나눈다. ■ 모둠에서 1명씩 모둠원 이야기를 통합하여 발표한다.	15′	※ 모둠, 전체 ■ 활동지 ▣좋은 점보다 불편한 점이 더 많음을 인식하도록 하는 것이 중요

	• 넌 감동이었어!	20′	※ 짝, 개인 또는 모
	■ 짝과 함께 가족을 도울 수 있는 다양한 방법을 이야기 나누 며 활동지에 적는다.		둠, 전체
			■ 활동지
	■ 가족을 도울 수 있는 다양한 방법을 발표한다.		▣ 순시하며 활용법이
	■ 교사는 '나의 대표강점으로 가족을 도와줄 수 있는 방법' 예 시자료(예: '끈기' 부모님이 시키지 않아도 문제집을 매일 2장 씩 풀겠다)를 안내한다.		현실적인지, 지킬 수 있는 것인지 확 인 및 조언하기
	■ 각자 자신의 대표강점으로 가족을 도울 수 있는 방법을 적 는다.		
	‐대표강점으로 도울 수 있는 방법을 잘 찾지 못하는 학생들은 같은 대표강점을 가진 모둠원끼리 의논하며 적을 수 있도록 한다.		
	■ 자신의 대표강점으로 가족들을 도울 수 있는 방법을 발표 한다.		
정리 하기	• 정리 및 느낀 점 나누기	3′	
	■ 이번 시간을 통해 알게 된 점, 나를 변하게 만든 것, 느낀 점, 아쉬웠던 점, 힘들었던 점 등을 발표한다.		
	• 과제 안내하기		▣ 문자 보내는 마지 막 일시 및 시간 안내하기
	■ 넌 감동이었어! → 강점일기 쓰기		
	‐자신의 대표강점으로 몰래 가족을 도와준 후, 선생님께 ○월 ○일 ○시까지 미션 완수 문자 또는 사진 보내기		

활동지 7-1	만약, 나 홀로 집에?	이름
		별칭

▶ 오늘부터 1달간 우리는 〈나 홀로 집에〉의 케빈처럼 나 홀로 집에 있게 된다고 상상해 보세요. 만약 나 홀로 집에 혼자 있게 된다면 분명 좋은 점도 있을 것이고, 불편한 점도 있을 거예요. 어떤 좋은 점이 있을지 짝과 상상의 나래를 펼쳐 가며 적어 보세요. 그리고 함께 살고 있는 사람들이 없어서 어떤 점이 불편할 것 같은지 생각하며 스스로 적어 보세요. 자, 지금부터 나 홀로 집에 있는 내가 되어 보세요.

〈나 홀로 집에 있어서 좋은 점〉

〈나 홀로 집에 있어서 불편한 점〉

예) 삼촌: 용감한 삼촌이 없어서 바퀴벌레 등을 잡지 못하고 불안에 떨 것이다.
→ '○○한 삼촌'과 같이 가족마다 성격을 앞에 제시해 주세요.

활동지 7-2	넌 감동이었어!	이름	
		별칭	

📁 내가 가장 가까운 사람들(가족 등)에게 도움을 줄 수 있는 방법을 짝과 함께 생각하여 구체적으로 적어 보세요.

📁 나의 대표강점을 활용하여 가장 가까운 사람들(가족 등)에게 도움을 줄 수 있는 방법을 구체적으로 적어 보세요(잘 생각이 안 나면, 앞에 적은 것들이 나의 어떤 대표강점에 해당할 것 같은지 생각해 보세요).

대표강점	함께 살고 있는 사람들(가족)에게 도움을 줄 수 있는 구체적인 방법
예: 공정성	동생들이 싸울 때, 공정하게 판단을 내려 싸움을 말린다.

📁 미션! 넌 감동이었어!

앞의 방법 중 1가지를 택하여 가장 가까운 사람들(가족 등)에게 도움을 주거나 즐거움을 주고, 선생님에게 문자 메시지를 보내세요.

미션 완수 메시지는 "미션 완수! 저는 ○○○에게 저의 ○○ 강점을 사용하여 ~한 도움을 주었습니다."라고 보내세요. 사진 첨부도 가능합니다.

☐ 8회기 지도안(성격강점 활용하기)

우리는 좋은 친구예요			
활동목표	친구의 성격강점을 알고, 자신의 대표강점으로 도움을 주며 친구와 좋은 관계를 맺을 수 있다.		
준비자료	ppt, 활동지, 칭찬 라벨지, 필기구		
활동절차	**활동내용**	**시간(분)**	**집단구성**※ **준비물**■ **유의점**◩
준비하기	• '넌 감동이었어!' 과제 느낀 점 발표하기 ■ '넌 감동이었어!' 과제로 문자로 받은 메시지들을 학생들의 동의를 받아 ppt로 보여 주고, 열심히 과제에 임한 학생들을 칭찬한다. • 활동목표 안내하기 　저번 시간에는 가족의 성격강점을 찾고, 자신의 대표강점으로 가족을 도울 수 있는 방법을 알아봤다면, 오늘은 여러분이 가족만큼 소중하게, 때론 민감하게 생각하는 친구들의 성격강점을 찾아볼 것입니다. 또한 자신의 대표강점으로 친구들을 도울 수 있는 방법을 알아보고, 실제로 친구들을 도와줌으로써 친구들과 좋은 관계를 맺을 수 있기를 바랍니다.	6' 2'	◩수업 시작 전, 5회기의 같은 대표강점을 가진 모둠원과 앉도록 자리 배치 ※ 전체 ■ ppt
활동하기	• 유쾌한 칭찬 게임하기 ■ 모둠별로 앉고 4회기의 '친구들 별칭 외우기' 게임과 같은 방식으로 운영하는 게임임을 언급하고, 게임 시범을 보인다. 　전체 동작 4박자인 무릎, 손뼉, 오른손 엄지, 왼손 엄지로 "팅팅팅팅", 그다음 4박자로 "탱탱탱탱" "팅팅" "탱탱" "유쾌한 칭찬 게임"이라고 다 같이 외친 후, 한 학생이 자신의 별칭을 무릎, 손뼉을 친 후 "나는 수연"이라고 말하면 오른쪽 학생부터 무릎, 손뼉을 친 후 한 단어로 친구에게 칭찬한다. 　예) "친절해" → 그 옆 친구가 계속 "수연"을 한 단어로 칭찬함 → 그다음에 칭찬을 받은 옆 학생이 "나는 길동"이라고 하고 오른쪽 학생부터 한 단어로 칭찬을 해 줌 → 활동 반복 　유의사항) 머뭇거리거나 박자가 틀리지 않도록 하고 앞의 친구와 똑같은 단어로 칭찬하지 않도록 한다. 전체를 대상으로 하면 시간이 오래 걸리므로 전체 시범을 보인 후, 4개 모둠 정도로 나누어 6명씩 활동을 하도록 한다.	10'	※ 전체, 모둠 ◩칭찬을 하지 못하면 지는 게임이며, 사소한 것이라도 칭찬해 주라고 예시를 들어 줌 ◩모둠원 수가 적은 모둠은 2~3모둠을 묶어서 함께 게임을 진행할 수 있도록 함

	■ 5회기에서 같은 대표강점을 가진 모둠원과 함께 게임을 한다. ■ 활동 후, 기분 또는 느낀 점을 발표한다.		
	• 칭찬 페이퍼 쓰기 　■ 친구에게 칭찬하는 말 또는 닮고 싶은 점을 포스트잇에 쓰고, 해당 친구의 칭찬 페이퍼에 붙여 준다. 　- 칭찬 페이퍼를 쓰는 대상은 골고루 칭찬 라벨지를 받을 수 있도록(예: 1모둠 → 2모둠, 2모둠 → 3모둠) 작성방법을 안내한다. 　- 남들이 다 아는 친구의 장점이 아닌, 깊이 생각하여 내가 찾아낸 친구의 장점 또는 친구로부터 사소한 것이라도 도움을 받은 경험 또는 다른 친구나 선생님을 도와주는 모습 등을 떠올리며 칭찬할 수 있도록 한다. 　■ 친구에게 쓴 칭찬 라벨지를 발표하고, 친구의 숨은 장점을 찾아내 칭찬해 준 친구에게 칭찬해 준다. 　■ 칭찬 라벨지를 친구의 칭찬 페이퍼에 붙여 준다. 　■ 칭찬 라벨지를 받으니, 느낀 점을 발표한다.	15′	※ 전체 ■ 활동지, 칭찬 라벨지
	• 넌 감동이었어! 　■ 친구들을 도와주었던 경험을 발표한다. 그리고 교사는 발표한 학생의 경험적 행동과 관련된 '성격강점'으로 칭찬해 준다. 　■ 활동지에 구체적으로 나의 대표강점으로 친구들을 도와줄 수 있는 방법을 적는다(예: '유머' 강점으로 ○○을 웃겨 주겠다). 　- 대표강점으로 도울 수 있는 방법을 잘 찾지 못하는 학생들은 같은 대표강점을 가진 모둠원끼리 의논하며 적을 수 있도록 한다.	14′	※ 전체 ■ 활동지 ■ 같은 강점을 가지고 있는 친구들끼리 의논할 수 있음
정리 하기	• 정리 및 느낀 점 나누기 　■ 이번 시간을 통해 알게 된 점, 나를 변하게 만든 것, 느낀 점, 아쉬웠던 점, 힘들었던 점 등을 발표한다. • 과제 안내하기 　■ 넌 감동이었어! → 강점일기 쓰기 　- 자신의 대표강점으로 몰래 친구를 도와준 후, 선생님께 ○월 ○일 ○시까지 미션 완수 문자 또는 사진 보내기	3′	■ 문자 보내는 마지막 일시 및 시간 안내하기

예시자료 8-1	칭찬 스티커	이름	
		별칭	

📂 친구의 평소 행동이나 말, 표정 등을 보고 친구의 숨겨진 보석 같은 강점을 찾아서 칭찬해 봅시다. 칭찬 라벨지에 친구를 칭찬하는 말 또는 친구의 장점을 구체적으로 써 봅시다.

활동지 8-1	칭찬 페이퍼	이름	
		별칭	

여러분은 자신도 알게 모르게 친구들에게 많은 도움을 주고 있고, 도움을 줄 수 있는 존재입니다. 친구들로부터 받은 칭찬 라벨지를 읽으며, 자신에 대해 친구들이 어떻게 생각하고, 어떤 점을 고마워하는지, 어떤 점을 장점으로 꼽고 있는지 읽어 봅시다. 그리고 난 후, 자신의 친절한 행동을 헤아리고, 특별한 '나'를 느낄 수 있는 시간이 되기를 바랍니다.

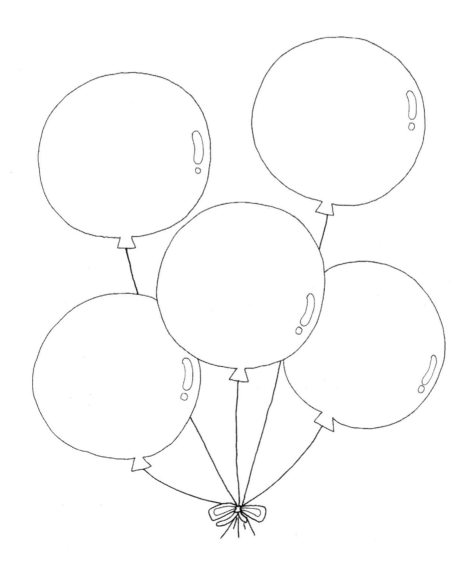

활동지 8-2	넌 감동이었어!	이름
		별칭

📂 자신의 대표강점을 활용해 친구를 도와줄 수 있는 방법을 적어 보세요.

📂 미션! 넌 감동이었어!

앞의 방법 중 1가지를 택하여 우리 반 친구 또는 주변 친구에게 도움을 주거나 즐거움을 주고, 선생님에게 문자 메시지를 보내세요.

미션 완수 메시지는 "미션 완수! 저는 ○○○에게 저의 ○○ 강점을 사용하여 ~한 도움을 주었습니다."라고 보내세요. 사진 첨부도 가능합니다.

예) 미션 완수! 저(친절한 김 모 씨)는 길동이에게 저의 친절성 강점을 사용하여 준비물을 빌려주고 함께 썼습니다.

□ 9회기 지도안(성격강점 활용하기)

나의 꿈을 이뤄요★			
활동 목표	나의 꿈과 목표를 이루기 위해 지속적으로 나의 대표강점을 활용하면서 긍정 정서를 높이고, 부정 정서를 낮출 수 있다.		
준비 자료	ppt, 노래동영상, 악보, 고무공, 사인펜, 색연필, 활동지, 편지 담을 병, 활동지		
활동 절차	활동내용	시간 (분)	집단구성※ 준비물■ 유의점◼
준비 하기	• '넌 감동이었어!' 과제 느낀 점 발표하기 　■'넌 감동이었어!' 과제로 문자로 받은 메시지들을 학생들의 　　동의를 받아 ppt로 보여 주고, 열심히 과제에 임한 학생들을 　　칭찬한다.	5′	※ 전체 ■ppt
	• '네모의 꿈' 노래 부르기 　■꿈을 이루기 위해 노력해야 할 점을 발표한다.	3′	※ 전체 ■노래동영상
	• 활동목표 안내하기 　여러분은 어떤 꿈과 목표를 가지고 있나요? 꿈과 목표가 있어야 행복한 미래를 이루는 데 한 걸음 더 가까이 다가갈 수 있답니다. 꿈과 목표를 이루기 위해 노력할 수 있는 방법은 다양하지만 그중에서 여러분이 지금까지 찾고, 탐구한 자신의 대표강점이 여러분의 꿈과 목표를 이루는데 때에 따라 도움을 줄 수 있을 것입니다. 그래서 이번 시간에는 자신의 꿈과 시간시간마다의 목표를 세운 후, 이것들을 이루기 위해 지속적으로 자신의 대표강점을 어떻게 사용할 것인지 알아보고, 실제로 나의 생활에서 대표강점을 사용하기를 바랍니다.	2′	
활동 하기	• '내 인생의 꿈지도' 만들기 　지목하고 싶은 학생에게 "○○아, 너의 별보다 빛나는 꿈은 뭐니?"라고 물어 보며 해당 학생에게 공을 던지기 → 공을 받은 학생이 자신의 꿈 말하기 → 대답한 학생이 다시 다른 학생에게 질문하며 공 던지기 → 활동 반복 　■별보다 빛나는 자신의 꿈에 대해 공 던지며 말하기 시간을 　　갖는다. 　■'내 인생의 꿈지도' 만들기 예시자료 보여 주며 만드는 방법 　　을 안내한다.	17′	※ 전체, 개인 ■고무공, 활동지, 　색연필, 사인펜 ◼구체적으로 자신 　의 목표를 설정하 　고, 그 꿈을 이루는 　데 활용될 강점을 　적도록 함

	■ 활동지에 자신의 꿈을 적고, 꿈을 이루기 위한 구체적인 목표(예: 지금, 중1~고3, 대학생, 26세, 30세, 35세)를 적고, 그러한 목표와 꿈을 이루는 데 나의 어떤 대표강점이 활용할 지 적는다. ■ 모둠원끼리 꿈지도를 돌려 보며 친구가 어떻게 꿈지도를 만들었는지 살펴본다. ■ 자신의 꿈지도를 발표하고, 교실 뒤 게시판에 게시한다. • '병 속에 담긴 편지' 쓰기 　■ '병 속에 담긴 편지' 예시자료 보여 주며 쓰는 방법을 안내한다. 　－편지 내용에 대표강점을 지속적으로 활용하고 있는 자신의 모습도 언급해 주도록 강조한다(예: 저의 대표강점은 ~인데, 제 꿈을 이루는 데 어떤 곳에 도움이 되었습니다. 아직도 ~ 대표강점을 ~에 사용하고 있습니다). 　■ 교사는 내가 나의 꿈을 이룬 상태를 상상하며, 그때의 자신이 되어 선생님에게 편지 쓰도록 안내하고, 학생들은 편지 쓰기 활동을 한다. 　■ 모든 학생의 편지를 모아 큰 병 속에 편지들을 담아서 ○년 뒤에 함께 열어 보도록 한다.	20′	※ 개인 ■ 편지 담을 병, 활동지 ■ 실제 병을 개봉할 연월일시를 정하여 진지하게 자신의 꿈과 목표를 생각하도록 분위기 조성
정리 하기	• 정리 및 느낀 점 나누기 　■ 이번 시간을 통해 알게 된 점, 나를 변하게 만든 것, 느낀 점, 아쉬웠던 점, 힘들었던 점 등을 발표한다. • 과제 안내하기 　■ 강점일기 쓰기	3′	

| 활동지 9-1 | 내 인생의 꿈지도 | 이름 | |
| 별칭 | |

나의 꿈을 적고, 나의 꿈을 이루기 위한 구체적인 목표(예: 지금, 14~19세, 대학생, 25~30세, 35세)를 차례대로 적어 보세요. 목표를 다 적었으면, 그 목표를 이룰 때 나의 어떤 대표강점을 사용할 것인지도 적어 보세요.

( )세

내가 이룬 나의 꿈:

꿈을 이루는 데 사용할 대표강점:

( )세

꿈을 이루기 위한 목표:

목표를 이루는 데 사용할 대표강점:

고등학생

꿈을 이루기 위한 목표:

목표를 이루는 데 사용할 대표강점:

대학생

꿈을 이루기 위한 목표:

목표를 이루는 데 사용할 대표강점:

중학생

꿈을 이루기 위한 목표:

목표를 이루는 데 사용할 대표강점:

초등학생

꿈을 이루기 위한 목표:

목표를 이루는 데 사용할 대표강점:

시작

활동지 9-2	병 속에 담긴 편지	이름
		별칭

📂 '내 인생의 꿈지도'에 적은 꿈을 이룬 나의 모습을 상상하며, 꿈을 이룬 나에게 날아가 보세요. 그리고 편지지에 '나의 가장 최고의 미래의 모습을 알리는 편지'를 선생님에게 써 보세요. 꿈을 이룬 자신의 현재 모습에 대한 기분과 지금 어떻게 살아가고 있는지 그리고 대표강점으로 지금의 꿈을 이루기 위해 어떻게 사용했는지, 꿈을 이룬 지금, 대표강점을 어떻게 사용하고 있는지 적어 보세요.

☐ 10회기 지도안(마무리)

반짝반짝 빛나는, 행복한 나			
활동 목표	'빛나는 강점, 행복한 나' 프로그램을 정리하며 새로워진 나를 느껴 보고, 앞으로 지속적인 대표강점 활용 의지를 다짐할 수 있다.		
준비 자료	성격강점 상장, 그동안 써 온 강점일기, 프로그램 파일, 활동지		
활동 절차	**활동내용**	**시간 (분)**	**집단구성※ 준비물■ 유의점▣**
준비 하기	• '작은 별' 노래 부르며 가위바위보 하기 　▣ '작은 별' 노래를 부르며, 짝과 함께 왼손은 위로 잡고, 오른 손으로 가위바위보를 하고 이긴 사람이 틀린 사람의 손등을 때린다. 　－반짝(오른손 들기) → 반짝(가위바위보하기) → 작은(오른 손 들기) → 별(이긴 사람이 틀린 사람의 손등 때리기) → 계 속 반복 • 활동목표 안내하기 　이번 시간은 '빛나는 강점, 행복한 나' 프로그램의 마지막 열 번째 시간입니다. 여러분들의 대표강점을 찾고, 사용하고, 친 구, 가족을 포함한 주변 사람들의 강점을 찾으며 감사함과 사 랑함을 느끼고, 자신의 꿈과 목표를 이루는 데 대표강점을 활 용할 방법을 찾아보는 과정들을 다시금 되돌아보며 지속적 인 대표강점 활용 의지를 다짐하는 시간이 되길 바랍니다. 또 한 이 프로그램으로 여러분의 대표강점을 통해 자신감과 행 복함, 주변 사람들과 더 좋은 관계를 맺는 데 많은 도움이 되 었길 바랍니다.	3' 2'	
활동 하기	• 그동안 써 온 강점일기 읽어 보기 및 이야기 나누기 　▣ 모둠원과 그동안 써 온 강점일기를 돌려 보며 꾸준히 일기 를 잘 쓴 모둠원에게 칭찬 댓글을 달아 준다. 　▣ 자신의 강점일기를 읽어 보며, 자신에게 칭찬 댓글을 달아 준다. 　▣ 느낀 점을 발표한다.	15'	※ 모둠, 개인, 전체 ■ 강점일기

	• 자신에게 성격강점 상장 주기 　■ 나누어 준 성격강점 상장에 특별히 자신이 자신에게 칭찬하는 점을 적고 교사에게 준 후, 다시 이름을 호명하면 성격강점 상장을 받으러 나온다. 모든 학생은 열심히 자신의 성격강점을 사용한 친구에게 칭찬의 박수를 쳐 준다.	10′	※ 개인 ■ 강점 상장
	• 프로그램 과정 되돌아보기 　■ 10회기까지의 프로그램 활동들을 프로그램 파일과 평가지에 나와 있는 활동들을 살펴보며, 다 함께 되돌아보는 시간을 갖는다. 　－1회기: ‘반짝반짝 빛나는, 행복한 나’의 첫걸음 　－2회기: ‘나’를 찾아봐요 　－3회기: ‘나’처럼 반응해 주세요 　－4회기: 특별한 ‘나’를 알아요 1 　－5회기: 특별한 ‘나’를 알아요 2 　－6회기: 감사하고 사랑해요 　－7회기: 우리는 서로 돕고 아껴 줘요 　－8회기: 우리는 좋은 친구예요 　－9회기: 나의 꿈을 이뤄요★ 　－10회기: ‘반짝반짝 빛나는, 행복한 나’	10′	※ 전체 ■ 프로그램 파일
	• 프로그램 소감문 작성하기 　■ ‘빛나는 강점, 행복한 나’ 프로그램이 나에게 어떤 도움이 되었는지 평가하고 소감문을 작성하는 시간을 갖는다.	5′	※ 개인 ■ 평가지 및 소감문
정리 하기	• 정리 및 느낀 점 나누기 　■ 10회기의 프로그램 활동을 하며, 전체적으로 자신이 알게 된 점, 나를 변하게 만든 것, 느낀 점, 아쉬웠던 점, 힘들었던 점 등을 발표한다. • 대표강점의 지속적인 활용을 위한 노력 다짐하기 　■ 상담활동이 끝나도 ‘반짝반짝 빛나는 나, 행복한 나’가 되기 위해 대표강점 활용과 일기 쓰기를 계속 실천할 것을 다짐하며 프로그램을 끝마친다.	5′	

활동지 10-1	프로그램 평가 및 소감

이름	
별칭	

• '빛나는 강점, 행복한 나' 프로그램에 대해 다음의 질문에 답하시오.

질문내용	매우 도움됨	도움됨	별로 도움 안 됨	전혀 도움 안 됨
1. 프로그램은 여러분이 행복한 생활을 하는 데 도움이 되었습니까?				
2. 프로그램은 자신의 대표강점을 아는 데 도움이 되었습니까?				
3. 프로그램은 자신의 대표강점을 평소에 사용하는 데 도움이 되었습니까?				
4. 프로그램은 평소 여러분이 행복, 기쁨 등의 긍정적인 마음을 높이는 데 도움이 되었습니까?				
5. 프로그램은 평소 여러분이 우울, 화남, 짜증 등의 부정적인 마음을 줄이는 데 도움이 되었습니까?				
6. 프로그램은 나의 능력에 대한 자신감을 높이는 데 도움이 되었습니까?				
7. 프로그램은 나의 능력에 대한 부정적인 생각을 줄이는 데 도움이 되었습니까?				
8. 프로그램은 친구와 가족 등의 주변 사람과 사이좋게 지내는 데 도움이 되었습니까?				
9. 프로그램은 친구와 가족 등의 주변 사람과 불편한 관계를 줄이는 데 도움이 되었습니까?				
10. 프로그램을 다른 친구들에게 추천하고 싶습니까?				

• '빛나는 강점, 행복한 나' 프로그램을 통해서 새롭게 알게 되거나 변화된 점은 무엇인가요?

_____

_____

• '빛나는 강점, 행복한 나' 프로그램을 마치면서 전체적인 소감을 적어 보세요.

_____

_____

• 지금까지의 프로그램 활동내용을 잘 읽어 보고, 다음의 물음에 대답해 보세요.

회기	제목	활동번호	활동내용
1	'반짝반짝 빛나는, 행복한 나'의 첫걸음	1-①	프로그램 소개하기
		1-②	24가지 성격강점 알기 및 나의 대표강점 추측하기
		1-③	'성격강점' 텔레게임하기
		1-④	약속 다짐하기

2	'나'를 찾아봐요	2-①	'나는, 미운 오리? 빛나는 백조!' 놀이하기
		2-②	자신의 대표강점 3~5가지 찾기
		2-③	별칭 짓기 & 성격강점 이름표 만들기
3	'나'처럼 반응해 주세요	3-①	나의 이야기를 들어 줘, 제발~
		3-②	좋은 대화를 위한 행동을 찾아라!
		3-③	소개 사인 받기(별칭, 대표강점 등)
4, 5	특별한 '나'를 알아요 1, 2	4, 5-①	마인드맵으로 대표강점 나타내기 1, 2
		5-②	대표강점을 찾아라!(골든벨 게임)
6	감사하고 사랑해요	6-①	감사한 순간 포착!
		6-②	빛나는 성격강점 나무(가족 성격강점 나무)를 만들어요
7	우리는 서로 돕고 아껴 줘요	7-①	만약, 나 홀로 집에?
		7-②	넌 감동이었어!
8	우리는 좋은 친구예요	8-①	칭찬 페이퍼 쓰기
		8-②	넌 감동이었어!
9	나의 꿈을 이뤄요★	9-①	'내 인생의 꿈지도' 만들기
		9-②	'병 속에 담긴 편지' 쓰기
10	반짝반짝 빛나는, 행복한 나	10-①	그동안 써 온 강점일기 읽어 보기 및 이야기 나누기
		10-②	자신에게 성격강점 상장 주기

- '빛나는 강점, 행복한 나' 프로그램의 활동 중에서 가장 도움이 되었고 재미있었던 활동과 가장 어려웠거나 참여하기 힘들었던 활동은 무엇인가요? 앞의 활동내용을 보며, 해당 활동내용의 활동번호와 그 이유를 적어 보세요.

도움이 되고 재미있던 활동		이유	
어렵고 힘들었던 활동		이유	

- 다음의 활동은 매 회기마다 과제로 제시되었던 활동들입니다. 과제를 하며, 느낀 점, 변화된 점, 알게 된 점 등을 자유롭게 써 주세요.
  - 친구 별칭 외우기, 강점일기 쓰기, 빛나는 성격강점 나무, 넌 감동이었어!

성격강점 상장

학교　학년　반
이름

　나는 '빛나는 강점, 행복한 나' 프로그램에서 훌륭한 나의 대표강점인 (

　　　　　　)을 찾고, 평소 이를 사용하기 위한 노력을 기울인 나를 칭찬하며, 이 상장을 드립니다.
　특히 (

　　　　　　)을 칭찬합니다. 이와 같은 빛나는 성격강점을 더욱 잘 살려 나 자신을 더욱 사랑하고 소중하게 가꾸어 나갈 것을 다짐합니다.

20 년 월 일
나 자신을 사랑하는 ○○○

참고문헌

강선보, 박의수, 김귀성, 송순재, 정윤경, 김영래, 고미숙(2008). 21세기 인성교육의 방향 설정을 위한 이론적 기초 연구. 교육문제연구, 30(30), 1-38.

강연정(2015). 긍정심리학 이론에 대한 기독교 상담학적 고찰-행복(Happiness)이론을 중심으로-, 복음과 상담, 23(2), 9-37.

강진아(2010). 초등학교 담임교사의 심리적 소진이 학생의 학교생활적응과 학업적 자기효능감에 미치는 영향. 한남대학교 대학원 석사학위논문.

경기도초등상담교육연구회(2012). 초등학생의 행복증진을 위한 성격강점 개발 프로그램.

교육과학기술부(2012). 인성교육비전보고서.

교육부(2013). 2013년 2차 학교폭력실태조사 및 정보공시 분석결과 발표.

교육부(2014). 인성교육 강화 기본계획.

교육부(2015). 인성교육진흥법.

교육부(2016). 2015 학교진로교육목표와 성취기준.

국회보(2015. 2.). 국회뉴스: 국회 인성교육실천포럼.

권석만(2008). 긍정심리학: 행복의 과학적 탐구. 서울: 학지사.

권석만(2011). 인간의 긍정적 성품. 서울: 학지사.

권석만(2017). 인간이해를 위한 성격심리학. 서울: 학지사.

권석만, 김지영, 한승수(2012). CST 성격강점검사 전문가 지침서(청소년용). 서울: 학지사.

권석만, 유성진, 임영진, 김지영(2010). CST 성격강점검사 전문가 지침서(성인용). 서울: 학지사.

김광수(2008). 용서상담 프로그램: 아동 및 청소년의 또래 대인관계 문제 개선과 정서능력 개발을 중심으로. 서울: 학지사.

김광수(2012). 긍정심리학에 기반한 초등학교 상담의 방향과 과제. 초등상담연구, 11(2), 193-217.

김광수(2013). 긍정심리학에 기반한 학교폭력 예방과 대처의 방향과 과제. 한국초등교육, 24(1), 1-23.

김광수(2014). 심리교육과 집단상담. 한국초등상담교육학회 편. 한국형 초등학교 생활지도와 상담

(pp. 591-636). 서울: 학지사.

김광수(2016). 인성교육 실현을 위한 학교상담의 역할과 과제. 초등상담연구, 특집호, 579-601.

김광수, 기경희(2017) 예비교사와 현장교사를 위한 강점기반 행복교육 프로그램 개발. 서울교육대학교.

김광수, 김경집, 기경희, 양곤성, 하요상, 한선녀(2016). 아동 성격강점카드 전문가 지침서. 서울: 인싸이트.

김광수, 김경집, 김은향, 양곤성, 하요상, 한선녀(2015). KICS 아동 진로성격강점검사 전문가 지침서. 서울: 인싸이트.

김광수, 조윤주(2013). 교과연계 용서상담이 초등학생의 분노표현 및 학교생활적응에 미치는 효과. 초등상담연구, 12(2), 219-241.

김광수, 한선녀(2015). 성격강점을 활용한 아동의 인성교육 방안. 초등상담연구, 14(2), 125-147.

김남경(2016). 교과연계 진로활동이 초등학생의 진로발달 및 진로자기 효능감에 미치는 영향. 고려대학교 대학원 석사학위논문.

김대오(2000). 아리스토텔레스의 행복론. 서양고전학연구, 15, 47-72.

김미진(2015). 성격강점에 기반한 유아교사의 행복증진 프로그램 개발 및 적용. 부산대학교 대학원 박사학위논문.

김민수(2014). 인성교육 담론에서 인성교육의 근거. 교양교육연구, 8(4), 169-206.

김병길(2011). 인성교육 및 창의성교육의 현실과 과제. 한국교육사상연구회학술논문집, 53, 3-14.

김병완(2013). 가슴 뛰는 성공 너만의 강점으로 승부하라. 서울: 멘토르.

김보들맘, 신혜영(2000). 어린이집 교사의 직무스트레스에 관한 탐색적 연구. 유아교육연구, 20(3), 253-276.

김보람(2012). 초등교사의 직무환경과 직무열의 및 심리적 소진의 관계에서 직무스트레스 대처방식의 조절효과. 이화여자대학교 대학원 석사학위논문.

김수연(2013). 성격강점기반 행복증진 프로그램이 초등학생의 주관적 안녕감에 미치는 효과. 서울교육대학교 대학원 석사학위논문.

김수연, 김광수(2014). 성격강점기반 행복증진 프로그램이 초등학생의 주관적 안녕감에 미치는 효과. 한국초등교육, 25(2), 261-277.

김수진(2015). 인성교육의 주요 쟁점 및 접근 분석. 이화여자대학교 대학원 박사학위논문.

김영빈, 조아라, 이아라(2012). 학습부진 중학생의 자아개념 향상과 학교적응을 위한 강점발견 프로그램 개발 및 효과성 검증. 중등교육연구, 60(3), 805-841.

김지영(2011). 성격강점이 긍정적 정신건강에 미치는 영향. 서울대학교 대학원 박사학위논문.

김지영, 권석만(2013). 성격강점의 인식과 활용이 정신건강에 미치는 효과. 한국심리학회지: 임상, 32(4), 783–802.

김지은(2012). 초등학생의 교우관계 증진을 위한 강점기반 집단상담 프로그램 개발. 한국교원대학교 대학원 석사학위논문.

김태승(2011). 긍정심리 집단상담 프로그램이 초등학교 고학년 학생의 시험불안 및 학습동기에 미치는 효과 검증. 고려대학교 대학원 석사학위논문.

김하니(2012). 보육교사의 정서지능, 교사효능감 및 직무만족도가 보육교사의 행복감에 미치는 영향. 부산대학교 대학원 석사학위논문.

김현미, 정민선(2014). 청소년의 외상 후 성장 관련 변인 탐색. 교육치료연구, 6(2), 213–228.

남현우, 김광수(2015) 마음챙김 활용 성격강점 증진 프로그램이 아동의 회복탄력성에 미치는 효과. 청소년상담연구, 23(2), 105–134.

도승이(2015). 사회정서학습 측면에서 인성교육과 인성의 측정. 교육심리연구, 29(4), 719–735.

박병기, 송정화(2007). 주관적 안녕의 2×3 다차원 요인구조. 교육심리연구, 21(3), 591–611.

박부금, 이희경(2012). 강점 활용척도의 타당화연구. 한국심리학회지: 일반, 31(3), 599–616.

박성미, 허승희(2012). 청소년용 통합적 인성 척도 개발. 아동교육, 21(3), 35–47.

박영식(2002). 서양철학사의 이해: 탈레스의 아르케에서 비트겐슈타인의 언어까지. 서울: 철학과 현실사.

박영태(2002). 창의적 인성교육을 프로그램 개발. 지방교육경영, 7, 235–264.

박유진(2012). 예비유아교사가 인식하는 안녕감과 자아탄력성. 이화여자대학교 대학원 석사학위논문.

배수현, 김광수(2013). 감사교육프로그램이 초등학생의 자아탄력성과 학습태도에 미치는 영향. 초등상담연구, 12(1), 49–67.

보건복지부(2014). 2013년 한국아동종합실태조사.

서울대학교 행복연구센터(2011). 행복교과서: 청소년들의 행복 수업을 위한 첫걸음. 서울: 월드김영사.

서정화(2015. 2. 6). 시론: 인성교육진흥법 성과 거두려면. 서울신문. http://www.seoul.co.kr/news/newsView.php?id=20150206031003

손경원, 정창우(2014). 교과교육학: 초, 중, 고 학생들의 인성 실태 분석 및 인성교육 개선 방안 연구. 윤리교육연구, 33, 27–52.

손희정(2012). 긍정심리 집단상담이 초등학생의 자기 주도적 학습능력과 학업성취도에 미치는 영향. 고려대학교 대학원 석사학위논문.

신우열, 김민규, 김주환(2009). 회복탄력성 검사 지수의 개발 및 타당도 검증. 한국청소년연구, 20(4), 105-131.

안태용(2015). 인성교육에 있어 드라마의 활용 가능성: Landy의 연극치료 원리 및 기법 활용을 중심으로. 초등상담연구, 14(4), 537-558.

양미지(2012). 긍정심리학의 'VIA 성격강점과 덕목 분류체계'에 따른 2009 개정 초등도덕과 교육과정 내용 분석. 한국초등도덕교육학회 학술대회자료집, 63-80.

양미지, 김성봉(2012). 2009 개정 초등 도덕과 교육과정에의 긍정심리학의 '성격강점과 덕목' 활용 가능성 탐색. 초등도덕교육, 40, 153-178.

오상철, 이화진, 김태은, 노원경, 김영빈(2011). 학습부진학생 지도의 실효성 제고를 위한 지원 연구: 강점기반 학습도움 프로그램 개발. 충북: 한국교육과정평가원.

오상철, 이화진, 김태은, 노원경, 김영빈(2012). 초등학생 강점 기르기 프로그램. 충북: 한국교육과정평가원.

원연자(2014). 강점기반 진로상담 프로그램이 초등학생의 진로태도와 주관적 안녕감에 미치는 효과. 경희대학교 대학원 석사학위논문.

원진숙, 김정원, 이인재, 남호엽, 박상철, 김광수, 류재만(2010). 글로벌 시대의 다문화교육. 서울: 사회평론.

유미경(1998). 유아교사들의 갈등 유형과 직무 만족도에 관한 연구. 건국대학교 대학원 석사학위논문.

유수경(2004). 교사-학생 상호작용 향상을 위한 학교사회복지 프로그램 효과성 연구: 서울 S중학교 교사와 학생을 대상으로. 서울여자대학교 대학원 석사학위논문.

윤병오(2011) 긍정심리학의 성격강점 활용을 위한 2009 개정 도덕과 교육 과정 분석. 윤리철학교육, 16, 129-149.

윤병오(2012). 긍정심리학의 VIA 성격강점 및 덕목 분류체계의 윤리학적 특성. 도덕윤리과교육, 37, 497-498.

윤병오(2013). 성격강점 및 덕목에 대한 VIA 분류체계의 도덕교육적 의의. 한국교원대학교 대학원 박사학위논문.

윤성민, 신희천(2012). 행복증진을 위한 긍정심리활동들의 효과비교: 개인-초점적 활동과 관계-초점적 활동. 한국심리학회지: 상담 및 심리치료, 24(1), 121-148.

윤소민, 강진령(2013). 강점기반 진로상담 프로그램이 초등학생의 진로성숙도와 성취동기에 미치는 효과. 학습자중심교과교육연구, 13(1), 103-123.

윤현영(2016). 성격강점기반 진로상담 프로그램이 초등학생의 진로 자기효능감에 미치는 영향. 서울교육대학교 대학원 석사학위논문.

이경애(2010). 유아교사의 행복과 직무관련변인의 관계분석. 동의대학교 대학원 박사학위논문.

이근철(1996). 도덕과에서의 인성교육방안. 초등도덕교육, 1, 211-235.

이명준, 진의남, 서민철, 김정우, 이주연, 김병준, 박혜정(2011). 교과교육과 창의적 체험활동을 통한 인성교육 활성화 방안. 충북: 한국교육과정평가원.

이민규(2004). 현대생활의 적응과 정신건강. 서울: 교육과학사.

이부영(2002). 자기와 자기실현. 서울: 한길사.

이승우(2013. 10. 11.). 정신질환으로 교편 놓은 교사 작년부터 급증. 연합뉴스. http://news.naver.com/main/read.nhn?mode=LPOD&mid=etc&oid=001&aid=0006529166

이윤옥(1998). 유아를 위한 인성 교육 프로그램. 서울: 창지사.

이인재, 손경원, 지준호, 한성구(2010). 초등학생들의 사회・정서적 능력 함양을 위한 인성교육 통합 프로그램의 효과 분석. 도덕윤리과교육, 31, 49-82.

이인재, 정수연(2010). 창의・인성교육을 위한 도덕지능의 함양 방안. 초등도덕교육, 33(33), 197-2 26.

이재호(2014). 인성의 의미와 인성교육의 방향에 대한 소고. 열린교육연구, 22(1), 375-390.

이정순(2011). 강점 인식, 태도 및 활용과 다차원적 완벽주의가 심리적 안녕감에 미치는 영향. 성균관대학교 대학원 석사학위논문.

이철주(2014). 실천지향의 인성 개념 탐구. 윤리교육연구, 34, 317-337.

이현주, 엄명용(2014). 저소득 우울여성 독거노인 대상 긍정심리・해결중심 통합 집단상담 프로그램개발 및 효과. 한국사회복지학, 66(3), 101-131.

임영진(2010). 성격강점과 긍정 심리치료가 행복에 미치는 영향. 서울대학교 대학원 박사학위논문.

임영진(2012). 주요우울장애 대학생을 대상으로 한 긍정심리치료의 효과. 한국심리학회지: 임상, 31(3), 679-692.

임은미, 강지현, 권해수, 김광수, 김정희, 김희수, 박승민, 여태철, 윤경희, 이영순, 임진영, 최지영, 최지은, 황매향(2013). 인간발달과 상담. 서울: 학지사.

임채은(2011). 초등교사의 완벽주의 성향과 심리적 소진과의 관계에서 지각된 정서적 유능성의 매개효과. 고려대학교 대학원 석사학위논문.

장상호(1986). 교육학의 비본질성. 교육이론 1(1), 5-53.

장상호(2000). 학문과 교육(하): 교육적 인식론이란 무엇인가? 서울: 서울대학교 출판부.

장성모(1996). 인성의 개념과 인성교육. 초등교육연구, 10(1), 5-18.

정다정(2016). 교과 연계 낙관성 증진 프로그램이 아동의 낙관성과 학습동기에 미치는 효과. 서울교육대학교 대학원 석사학위논문.

정다정, 김광수(2016). 교과 연계 낙관성 증진 프로그램이 아동의 낙관성과 학습동기에 미치는 효과. 청소년상담연구, 25(2), 65-91.

정창우(2015). 인성교육의 이해와 실천. 경기: 교육과학사.

정탁준, 이경원, 이왕주(2014). 인성교육의 핵심활동으로서 윤리상담에 대한 연구. 윤리교육연구, 34(34), 39-59.

정한길(2016). 인성교육에 대한 긍정심리학의 함의. 경인교육대학교 대학원 석사학위논문.

정혜진, 신선미, 정태연(2012). 사회기술 향상 프로그램이 결손가정 청소년의 심리적 안녕 및 대인관계에 미치는 영향. 한국심리학회지: 학교, 9(2), 227-249.

조연순(2007). 초등학교 아동의 특성변화와 인성교육의 요구. 한국초등교육학회 연차학술대회자료집, 15-38.

조윤주(2011). 교과연계 용서상담이 초등학생의 분노표현 및 학교생활적응에 미치는 영향. 서울교육대학교 대학원 석사학위논문.

지은림, 도승이, 이윤선(2013). 인성지수 개발연구. 세종: 교육부.

차정섭(2009). 진로: 학부모 개입 지침서 4. 서울: 한국청소년상담원.

청예단(2014). 2013년 전국 학교폭력 실태조사 발표 및 경향.

최용성(2016). 인성교육에 관한 긍정심리학적 성찰과 대안적 인성교육의 모색. 윤리교과연구, 42, 95-124.

최윤정(2009). 유아교사의 행복증진 프로그램 개발 연구. 성균관대학교 대학원 박사학위논문.

최정근, 서영민, 영성모(2014. 3. 28.). 중2병 앓는 교실… 멍드는 교사들. KBS 뉴스. http://news.kbs.co.kr/news/NewsView.do?SEARCH_NEWS_CODE=2834890&ref=A

최준환, 박춘성, 연경남, 민영경, 이은아, 정원선, 서지연, 차대길, 허준영, 임청묵(2009). 인성교육의 문제점 및 창의 인성교육의 이론적 고찰. 창의력교육연구, 9, 89-112.

하승수(2012). 청소년의 성격강점과 기질이 정신건강에 미치는 영향. 서울대학교 대학원 박사학위논문.

한국교육과정평가원(2011). 교과교육과 창의적 체험활동을 통한 인성교육 활성화 방안. 연구보고 RRC 2011-7-1.

한국교육학회(2001). 인성교육. 서울: 문음사.

한국초등상담교육학회(2016). 학교폭력의 예방 및 상담. 서울: 학지사.

현주 외(2014). 초·중등 학생 인성수준 조사 및 검사도구의 현장 활용도 제고 방안 연구. 충북: 한국교육개발원.

홍순혜(2014). 학교폭력으로부터의 아동 보호 방안: 인성교육. 초록우산 어린이재단 아동복지연구
　　소 2014년 제7차 아동복지포럼 주제발표문.

홍종관(2012). 학교폭력의 실태, 원인, 대처에 관한 연구. 초등상담연구, 11(2), 237−259.

Allport, G. W. (1937). *Personality: A psychological interpretation*. Oxford, England: Holt.

Anderson, E. C. (2004). *What is strengths-based education?: A tentative answer by someone
　　who strives to be a strengths-based educator*. Unpublished manuscript.

Atkinson P. A., Martin C. R., & Rankin J. (2009). Resilience revisited. *Journal of Psychiatric and
　　Mental Health Nursing, 16*, 137−145.

Bakker, A. B. (2005). Flow among music teachers and their students: The crossover of peak
　　experiences. *Journal of Vocational Behavior, 66*, 26−44.

Bandura, A. (1997). *Self-efficacy: The exercise of control*. New York, NY: Freeman.

Baumeister, R. F., Bratslavsky, E., Finkenauer, C., & Vohs, K. D. (2001). Bad is stronger than
　　good. *Review of General Psychology, 5*, 323−370.

Baumeister, R. F., & Exline, J. J. (2000). Self-control, morality, and human strength. *Journal of
　　Social and Clinical Psychology, 19*(1), 29−42.

Baumgardner, S. R., & Crothers, M. K. (2009). 긍정심리학(*Positive psychology*). 안신호, 이진환,
　　신현정, 홍창희, 정영숙, 이재식, 서수균, 김비아 공역. 서울: 시그마프레스. (원저는 2008년에
　　출간)

Begun, R. W., Huml, F. J. (1998). *Ready-to-use violence prevention skills lessons and activities
　　for secondary students*. San Francisco, CA: Jossey−Bass.

Bem, D. J. (1972). *Self perception theory*. New York, NY: Academic Press.

Buckingham, M. (2009a). 강점: 나를 가슴 뛰게 하는 에너지(*The truth about you: Your secret to
　　success*). 강주현 역. 경기: 위즈덤하우스. (원저는 2008년에 출간)

Buckingham, M. (2009b). 강점에 집중하라: 성공한 사람들의 첫 번째 원칙(*Go put your strengths to
　　work*). 한근태 역. 경기: 21세기북스. (원저는 2007년에 출간)

Buckingham, M., & Clifton D. O. (2001). *Now, Discover your strengths*. New York, NY: Simon
　　and Schuster.

Buckingham, M., & Clifton, D. O. (2006). 위대한 나의 발견, 강점 혁명(*Now, Discover your strengths*). 박정숙 역. 서울: 청림출판. (원저는 2001년에 출간)

Burgis, L., & Rendón, L. I. (2006). Learning with heart and mind: Embracing wholeness in learning communities. *Religion and Education, 33*(2), 1–19.

Buscaglia, L. F. (2018). 살며, 사랑하며, 배우며(*Living, loving & learning*). 이은선 역. 서울: 홍익출판사. (원저는 1982년에 출간)

Chan, D. W. (2009). The hierarchy of strengths: Their relationships with subjective well-being among Chinese teachers in Hong Kong. *Teaching and Teacher Education, 25*(6), 867–875.

Clifton, D. O., & Nelson, P. (2007). 강점에 올인하라: 특별한 성공의 레서피(*Soar with your strengths*). 홍석표 역. 경기: 솔로몬북. (원저는 1995년에 출간)

Compton, W. C. (2005). *An introduction to positive psychology*. Belmont, CA: Thomson Wadsworth.

Csikszentmihalyi, M. (1990). *Flow: The psychology of optimal experience*. New York, NY: Harper Perennial.

Csikszentmihalyi, M., Ratunde, K., & Whalen, S. (1993). *Talented teenagers: The roots of success ans failure*. New York, NY: Cambridge University Press.

Davidson, M., Khmelkov, V., & Lickona, T. (2010). The power of character: Needed for, and developed from, teaching and learning. In T. Lovat, R. Toomey, & N. Clement (Eds.), *International research handbook on values education and student wellbeing* (pp. 427–454). Dordrecht, Netherlands: Springer.

Delle Fave, A., & Massimini, F. (2003). Optimal experience in work and leisure among teachers and physicians: Individual and bio-cultural implications. *Leisure Studies, 22*(4), 323–342.

Diener, E. (1984). Subjective well-being. *Psychological Bulletin, 95*, 542–575

Diener, E., Emmons, R. A., Larsen, R. J., & Griffin, S. (1985). The satisfaction with life scale. *Journal of Personality Assessment, 49*, 71–75.

Durlak, J. A., & Wells, A. M. (1997). Primary prevention mental health programs for children and adolescents: A meta-analytic review. *American Journal of Community Psychology, 25*, 115–152.

Erikson, E. (1968). *Identity: Youth and crisis*. New York, NY: W. W. Norton & Company.

Fitzgerald, P. (1998). Gratitude and justice, *Ethics, 109*(1), 119–153.

Flankl, V. E. (1963). *Man's search for meaning: An introduction to logotherapy*. New York, NY:

Touchstone Book.

Fredrickson, B. (2002). Positive emotions. In C. R. Snyder & S. J. Lopez (Eds.), *The handbook of positive psychology* (pp. 120–134). New York, NY: Oxford University.

Fredrickson, B. (2009). 긍정의 발견(*Positivity*). 최소영 역. 경기: 북이십일. (원저는 2009년 출간)

Galassi. J. P., & Akos, P. (2009). *Strengths-based school counseling*. New York, NY: Routledge Tayler & Prancis Group.

Gander, F., Proyer, R. T., Ruch, W., & Wyss, T. (2013). Strength-based positive interventions: Further evidence for their potential in enhancing well-being and alleviating depression. *Journal of Happiness Studies, 14*(4), 1241–1259.

Gillham, J., Adams-Deutsch, Z., Werner, J., Reivich, K., Coulter-Heindl, V., Linkins, M., & Seligman, M. E. P. (2011). Character strengths predict subjective well-being during adolescence. *The Journal of Positive Psychology, 6*(1), 31–44.

Govindji, R., & Linley, P. A. (2007) Strengths use, self concordance and well-being: Implications for strengths coaching and coaching psychologists. *International Coaching Psychology Review, 2*, 143–153.

Green, S., Oades, L. G., & Robinson, P. (2011). Positive education: Creating flourishing students, staff and schools. *The Bulletin of the Australian Psychological Society, 33*(2).

Huebner, E. S. (1991). Initial development of the student's life satisfaction scale. *School Psychology International, 12*(3), 231–240.

Janowski-Bowers, K. M. (2006). A theory of capitalizing on personal strengths. Unpublished doctoral dissertation. Lawrence, KS: University of Kansas.

Joseph, S., & Linley, P. A. (2006). Growth following adversity: Theoretical perspectives and implications for clinical practice. *Clinical Psychology Review, 26*, 1041–1053.

Keyes, C. L. M. (2002). The mental health continuum: From languishing to flourishing in life. *Journal of Health and Social Behavior, 43*(2), 207–222.

Krumboltz, J. D. (1996). A learning theory of career counseling. Palo Alto, CA: Consulting Psychologists Books.

Linley, P. A., & Harrington, S. (2006). Playing to your strengths. *The Psychologist, 19*, 86–89.

Lopez, S. J., & Snyder, C. R. (2003). *Positive psychological assessment: A handbook of models and measures.* Washington, DC: American Psychological Association.

Lyubomirsky, S., King. L. A., & Diener, E. (2005). *The benefits of frequent positive affect*. New York, NY: Penguin Press.

Maddux, J. E., Snyder, C. R., & Lopez, S. J. (2004). Toward a positive clinical psychology: Deconstructing the illness ideology and constructing an ideology of human strengths and potential. In P. A. Linley & S. Joseph (Eds.), *Positive Psychology in Practice* (pp. 320-334). Hoboken, NJ: John Wiley & Sons.

Magyar-Moe, J. (2012). 긍정심리치료(*Therapist's guide to positive psychological intervention*). 이훈진, 최현정 공역. 서울: 시그마프레스. (원저는 2009년 출간).

Maslow, A. H. (1970). *Motivation and personality* (2nd ed.). New York, NY: Harper & Row.

McCullough, M. E., & Snyder, C. R. (2000). Classical source of human strength: Revisiting an old home and building a new one. *Journal of Social and Clinical Psychology, 19*(1), 1-10.

Miller, D. N., & Nickerson, A. B. (2007). Changing the past, present, and future: Potential application of positive psychology in school based psychotherapy with children and youth. *Journal of Applied School Psychology, 24*(1), 147-162.

Miller, J. P. (2000). *Education and the soul: Toward a spiritual curriculum*. Albany, NY: State University of New York Press.

Mitchell, K. E., Levin, S., & Krumboltz, J. D. (1999). Planned happenstance: Constructing unexpected career opportunities. *Journal of Counseling and Development, 77*(2), 115-124.

Montessori, M. (1967). *The absorbent mind* (1st ed.). New York, NY: Holt, Rinehart, and Winston.

Nakamura, J. (1988). Optimal experience and the uses of talent. In M. Csikszentmihalyi & I. S. Csikszentmihalyi (Eds.), *Optimal experience: Psychological studies of flow in consciousness* (pp. 319-326). New York, NY: Cambridge University Press.

Palmer, P. J. (2008). *The courage to teach* (10th ed.). San Francisco, CA: Jossey-Bass.

Park, N. (2004). Character strengths and positive youth development. *Annals of the American Academy of Political and Social Science, 591*, 40-54.

Park, N. (2009). Building strengths of character: Keys to positive youth development. *Reclaiming Children and Youth, 18*(2), 42.

Park, N., & Peterson, C. (2006). Character strengths and happiness among young children: Content analysis of parental descriptions. *Journal of Happiness Studies, 7*(3), 323-341.

Park, N., & Peterson, C. (2008). Positive psychology and character strengths: Application to strengths-based school counseling. *Professional School Counseling, 12*(2), 85–92.

Park, N., Peterson, C., & Seligman, M. E. P. (2004). Strengths of character and well-being. *Journal of Social and Clinical Psychology, 23*(5), 603–619.

Park, N., Peterson, C., & Seligman, M. E. P. (2006). Character strengths in fifty-four nations and the fifty US states. *The Journal of Positive Psychology, 1*(3), 118–129.

Peterson, C. (2006). *A primer in positive psychology.* New York, NY: Oxford University Press.

Peterson, C. (2010). 긍정심리학 프라이머(*A premier in positive psychology*). 문용린, 김인자, 백수현 공역. 경기: 물푸레. (원저는 2006년에 출간)

Peterson, C,, Park, N., & Seligman, M. E. P. (2005). Orientations to happiness and life satisfaction: The full life versus the empty life. *Journal of Happiness Studies, 6*(1), 25–41.

Peterson, C., Ruck W., Bermman, U., & Seligman, M. E. P. (2007). Strengths of character, orientations to happiness, and life satisfaction. *The Journal of Positive Psychology, 2*(3), 149–156.

Peterson, C., & Seligman, M. E. P. (2004). *Character strengths and virtues: A handbook and classification.* New York, NY: Oxford University Press.

Peterson, C., & Seligman, M. E. P. (2009). 긍정심리학의 입장에서 본 성격강점과 덕목의 분류(*Character strengths and virtues: A handbook and classification*). 문용린, 김인자, 원현주, 백수현, 안선영 공역. 서울: 한국심리상담연구소. (원저는 2004년에 출간)

Proctor, C. (2014). Enhancing well-being in youth. In M. J. Furlong, R. Gilman, & E. S. Huebner (Eds.), *Handbook of positive psychology in schools* (pp. 416–432). New York, NY: Routledge Taylor & Francis Group.

Proctor, C., Tsukayama, E., Wood, A. M., Maltby, J., Eades, J. F., & Linley, P. A. (2011). Strengths gym: The impact of a character strengths-based intervention on the life satisfaction and well-being of adolescents. *The Journal of Positive Psychology, 6*(5), 377–388.

Proyer, R. T., Ruch, W., & Buschor, C. (2013). Testing strengths-based interventions: A preliminary study on the effectiveness of a program targeting curiosity, gratitude, hope, humor, and zest for enhancing life satisfaction. *Journal of Happiness Studies, 14*(1), 275–292.

Quinlan, D., Swain, N., & Vella-Brodrick, D. A. (2012). Character strengths interventions: Building on what we know for improved outcomes. *Journal of Happiness Studies, 13*(6),

1145-1163.

Rashid, T. (2008). Positive psychotherapy. In S. J. Lopez (Ed.), Positive psychology: Exploring the best in people (Vol. IV, pp. 188-217). Westport, CT: Praeger.

Rashid, T., & Anjum, A. (2008). Positive psychotherapy for young adults and children. In J. R. Z., Abela & B. L. Hankin (Eds.), *Handbook of depression in children and adolescents* (pp. 250-287). New York, NY: Guilford Press.

Reardon, R. C., & Lenz, J. G. (1999). Holland's theory and career assessment. *Journal of Vocational Behavior, 55*(1), 102-113.

Renshaw, T. (2014). Covitality. In M. J. Furlong, R. Gilman, & E. S. Huebner (Eds.), *Handbook of positive psychology in schools* (2nd ed., pp. 12-32). New York, NY: Routledge Tayler & Prancis Group.

Roberts, R. C. (1995). Forgiveness. *American Philosophical Quarterly, 32*, 289-306.

Rogers, C. R. (1961). *On becoming a person: A therapist's view of psychotherapy*. La Jolla, CA: Western Behavioral Sciences.

Rosenberg, M. (1965). *Society and the adolescent self-image*. Princeton, NJ: Princeton University Press.

Ryan, R. M., & Deci, E. L. (2001). On happiness and human potentials: A review of research on hedonic and eudaimonic well-being. *Annual Review of Psychology, 52*(1), 141-166.

Ryff, C. D. (1989). Happiness is everything, or is it? Explorations on the meaning of psychological well-being. *Journal of Personality and Social Psychology, 57*(6), 1069-1081.

Ryff, C. D., & Singer, B. (1996). Psychological well-being: Meaning, measurement, and implications for psychotherapy research. *Psychotherapy and Psychosomatics, 65*, 14-23.

Ryff, C. D., & Singer, B. (2003). Flourishing under fire: Resilience as a prototype of challenged thriving. In C. L. M. Keyes & J. Haidt (Eds.), *Flourishing: Positive psychology and the life well-lived* (pp. 15-36). Washington, DC: American Philological Association.

Salmivalli, C., Voeten, M., & Poskiparta, E. (2011). Bystanders matter: Associations between reinforcing, defending, and the frequency of bullying behavior in classrooms. *Journal of Clinical Child and Adolescent Psychology, 40*(5), 668-676.

Schiefele, U., Krapp, A., & Winteler, A. (1992). Interest as a predictor of academic achievement: A meta-analysis of research. In K. A. Renninger, S. Hidi, & A. Krapp (Eds.), *The role of interest in learning and development* (pp. 183−212). Hillsdale, NJ: Erlbaum.

Schmutte, P. S., & Ryff, C. D. (1997). Personality and well-being: Reexamining methods and meanings. *Journal of Personality and Social Psychology, 73*(3), 549−559.

Schwartz, B., & Sharpe, K. E. (2006). Practical wisdom: Aristotle meets positive psychology. *Journal of Happiness Studies, 7*(3), 377−395.

Seligman, M. E. P. (1999). Positive psychology: An introduction *American Psychologist, 54,* 559−562.

Seligman, M. E. P. (2002). *Authentic happiness.* New York, NY: Free Press.

Seligman, M. E. P. (2007). *Optimistic children.* New York, NY: Mariner Books.

Seligman, M. E. P. (2009). 마틴 셀리그만의 긍정심리학(*Authentic happiness*). 김인자 역. 경기: 물푸레. (원저는 2002년에 출간)

Seligman, M. E. P. (2012). 플로리시(*Flourish: A visionary new understanding of happiness and well-being*). 우문식, 윤상운 공역. 경기: 물푸레. (원저는 2011년에 출간)

Seligman, M. E. P., & Csikszentmihalyi, M. (2000). Positive psychology: An introduction. *American Psychologist, 55*(1), 5−14.

Seligman, M. E. P., Schulman, P., DeRubeis, R. J., & Hollon, S. D. (1999). The prevention of depression and anxiety. *Prevention and Treatment, 2*(8).

Seligman, M. E. P., Steen, T. A., Park, N., & Peterson, C. (2005). Positive psychology progress: Empirical validation of interventions. *American psychologist, 60*(5), 410−421.

Seligman, M. E. P., Ernst, R. M., Gillham, J., Reivich, K., & Linkins, M. (2009). Positive education: Positive psychology and classroom interventions. *Oxford Review of Education, 35*(3), 293−311.

Sharifah, M. S. M., Habibah, E., Samsilah, R., & Sidek, M. N. (2011). Can mastery and performance goals predict learning flow among secondary school students? *International Journal of Humanities and Social Science, 1*(11), 93−98.

Sheldon, K. M., & King, L. (2001). Why Positive psychology necessary. *American Psychologist, 56,* 216−217.

Shernoff, D. J. (2013). *Optimal learning environments to promote student engagement.* New York, NY: Springer.

Simonton, D. K. (2000). Creativity: Cognitive, personal, developmental, and social aspects.

American Psychologist, 55(1), 151-158.

Snyder, C. R. (2000). *The handbook of hope*. San Diego, CA: Academic Press.

Snyder, C. R. (2002). Hope theory: Rainbows in the mind. *Psychological Inquiry, 13*(4), 249-275.

Snyder, C. R., & Lopez, S. J. (2007). *Positive psychology: The scientific and practical exploration of human strengths*. Thousand Oaks, CA: Sage Publications.

Tangney, J. P. (2000). Humility: Theoretical perspectives, empirical findings and directions for future research. *Journal of Social and Clinical Psychology, 19*(1), 70-82.

Tangney, J. P. (2002). Humility. In C. R. Snyder & S. J. Lopez (Eds.), *Handbook of positive psychology* (pp. 411-419). New York, NY: Oxford University Press.

Tedeschi, R. G., & Calhoun, L. G. (2004). Posttraumatic growth: Conceptual foundations and empirical evidence. *Psychological Inquiry, 15*, 1-18.

Tiger, L. (1979). *Optimism-The biology of hope*. New York, NY: Simon & Schuster.

U.S. Department of Education (2008). Partnerships in character education, state pilot project, 1995-2001, lesson learned.

Wood, A. M., Linley, P. A., Maltby, J., Kashdan, T. B., Hurling, R. (2011). Using personal and psychological strengths leads to increases in well-being over time: A longitudinal study and the development of the strengths use questionnaire. *Personality and Individual Differences, 50*, 15-19.

Wood, A. M., & Tarrier, N. (2010). Positive clinical psychology: A new vision and strategy for integrated research and practice. *Clinical Psychology Review, 30*, 819-829.

찾아보기

인명

Deci, E. L. 45
Durlak, J. A. 100

Exline, J. J. 52

Flankl, V. E. 47
Fredrickson, B. 86, 101
Freud, S. 43

Gander, F. 94
Gillham, J. 95
Govindji, R. 99

Habibah, E. 262
Huml, F. J. 33
Hurling, R. 99

Janowski-Bowers, K. M. 100
Jung, C. G. 43

Kant, I. 21
Kashdan, T. B. 99
Keyes, C. L. M. 46
Khmelkov, V. 25
Krumboltz, J. D. 264

Lickona, T. 25
Linley, P. A. 99

Maltby, J. 99

Maslow, A. H. 26
McCullough, M. E. 53
Miller, J. P. 19

Nelson, P. 100

Palmer, P. J. 18
Park, N. 53
Peterson, C. 24, 32, 53
Proctor, C. 95
Proyer, R. T. 94

Rendón, L. I. 19
Roberts, R. C. 52
Rogers, C. R. 26
Ruch, W. 94
Ryan, R. M. 45
Ryff, C. D. 37

Samsilah, R. 262
Seligman, M. E. P. 24, 32, 38
Sharifah, M. S. M. 262
Sidek, M. N. 262
Singer, B. 37
Snyder, C. R. 53, 101

Wells, A. M. 100
Wood, A. M. 99
Wyss, T. 94

내용

저자 소개

김광수(Kim Kwang-soo)

현재 서울교육대학교 교육학과와 교육전문대학원에 상담교육 전공교수로 재직하고 있으며 상담전문가이다. 서울대학교 사범대학 영어교육학과를 졸업한 후 동 대학원에서 교육상담 전공으로 석사, 박사 학위를 취득하였다. 학교교육 현장에서 중·고등학교 교사로 학생들을 가르치며 상담을 하였고, 서울대학교 학생상담센터에서 심리검사 및 개인상담과 집단상담을 수행하였으며, 한국청소년상담원(현 한국청소년상담복지개발원)에서 상담교수로 상담 및 교육연수, 상담 프로그램 개발 및 청소년 상담정책 개발 업무들을 수행하였다. 이후 전주대학교에서 국제상담대학원 결혼가족상담 주임교수, 교육대학원 상담교육 전공교수를 역임하였다. 미국 조지아대학교(University of Georgia) 연구교수로 학교심리 및 긍정심리를 연구하였고, 한국교육심리학회 이사 및 한국아동·청소년상담학회 이사로 활동했으며, 한국초등상담교육학회 이사 및 회장을 역임하였다. 한국상담학회 수련감독급(아동·청소년/가족상담/기독교) 전문상담사와 한국기독교상담·심리치료학회 수련감독급 전문상담사이며, 용서심리, 정서능력, 긍정심리, 학교상담 등에 관한 연구와 관련 프로그램 개발 연구를 진행하고 있다.

인간의 마음에 대한 이해와 탐구, 치유와 성장을 위한 연구모임인 '한국 용서와 화해 연구회' 모임을 20여 년간 함께 진행하고 있으며, 용서상담 프로그램 및 용서교육 지도자 워크숍 등을 진행하고 있다. 『용서의 심리와 교육프로그램』(한국학술정보, 2007), 『용서상담 프로그램』(학지사, 2008), 『용서하는 삶』(공역, 시그마프레스, 2014), 『용서를 통한 치유와 성장』(공저, 학지사, 2016) 등을 집필하였고 다수의 용서 관련 학술논문을 발표하였다.

또한 아동·청소년과 교사 및 상담자, 지도자의 건강한 자아와 관계, 공동체 형성을 통한 안녕, 성장, 행복을 탐구하는 긍정심리와 성격강점 연구 및 적용을 위한 긍정심리연구 모임을 진행하고 있다. 『담임교사와 함께하는 학급상담』(공저, 공동체, 2010), 『한국형 초등학교 생활지도와 상담』(개정판, 공저, 학지사, 2014), 『학교폭력의 예방과 상담』(2판, 공저, 학지사, 2016), 『아동 성격강점카드 전문가 지침서』(공저, 인싸이트, 2017), 『아동과 청소년 인성교육의 실제』(공저, 학지사, 2017), 『학교긍정심리학 1』(공역, 학지사, 2017), 『학교긍정심리학 2』(공역, 학지사, 2018), 『학교다문화교육론』(개정판, 공저, 사회평론아카데미, 2018), 『KICS 아동 진로성격강점검사 전문가 지침서』(공저, 인싸이트, 2018), 『인간발달과 상담』(2판, 공저, 학지사, 2019) 등의 집필과 다수의 관련 학술논문을 발표하였다.

아동·청소년 학생들과 교사들의 중요한 인생여행이 이루어지고 있는 학교와 교실 현장에서 학생이 상담자, 교사 및 다른 학생들과의 만남과 나눔을 통해 진정한 자신을 발견하고 표현하며 변화와 성장을 경험하고, 자신의 강점과 잠재력을 자신만의 빛나는 보석으로 가꾸어 갈 수 있기를 바라고 있다. 그래서 학생이 자신이 속한 삶의 공동체, 가정, 학교, 사회에 대한 애정을 가지고 조화롭게 살 수 있는 힘과 지혜, 역량을 증진해 나갈 수 있는 행복한 학생이 되기를 바라며, 이를 돕는 행복한 교사, 행복한 학교가 되는 꿈을 꾼다.

긍정심리학
성격강점 기반 인성교육
아동 · 청소년 행복을 위한 교육과 상담

Character Education Based on Character Strength
of Positive Psychology
Education and Counseling for Happiness

2019년 3월 25일 1판 1쇄 발행
2023년 3월 20일 1판 3쇄 발행

지은이 • 김광수
펴낸이 • 김진환
펴낸곳 • (주)**학지사**
　　　　04031 서울특별시 마포구 양화로 15길 20 마인드월드빌딩
대표전화 • 02)330-5114　　팩스 • 02)324-2345
등록번호 • 제313-2006-000265호

홈페이지 • http://www.hakjisa.co.kr
페이스북 • https://www.facebook.com/hakjisabook

ISBN 978-89-997-1804-5 93370

정가 18,000원

출판미디어기업 **학지사**

간호보건의학출판 **학지사메디컬** www.hakjisamd.co.kr
심리검사연구소 **인싸이트** www.inpsyt.co.kr
학술논문서비스 **뉴논문** www.newnonmun.com
교육연수원 **카운피아** www.counpia.com